정·약·용 정치사상의 재조명

丁若鏞

정약용 정치사상의 재조명

Chŏng Yagyong's Political Thought

함규진 著

서 문

정약용에 대해 '학문적' 관심을 갖게 된 것은 대학교 3학년 때부터였다. 서클 후배가 기말 리포트 과제로 정약용에 대해 쓴다며 침이 마르게 칭찬을 하는 것이었다.

"형, 그거 알아요? 이 사람은 정말 천재였어요. 그리고 시대를 앞서가도 한참 앞서갔어요. 조선시대에 민주주의를 세우려고 했으니까요."

"… 그래? 좀 오버 아닐까? 그 사람도 기본적으로는 유학자였다고 알고 있는데."

"잘 몰라서 그러시는 거예요. 다산의 사상이 실현되었다면 우리나라는 일본보다 앞서 근대화되고, 아시아에서 처음으로 민주국가가 되었을 거예요."

그로부터 십여 년이 흐른 지금에는 그 후배가 어떤 논문을, 누구의 책을 보고 그렇게 생각하게 되었는지 알고 있다. 그리고 그런 생각이 어떤 점에서 틀렸고, 어떤 점에서 오해인지도 안다. 아무튼 그 후배는 지금은 정약용과는 아무런 상관이 없는 삶을 살고 있고, 나는 당시 행정학과였던 전공을 대학원에서 정치외교학으로 바꾸고,

다시 정치사상, 그것도 한국정치사상을 전공하여 거의 매일처럼 다산의 글을 들춰 보는 생활을 하고 있다. 그리고 박사과정에서 논문 주제로 선택한 것도 정약용의 정치사상이었다.

어릴 때부터 곧잘 귀에 들어올 만큼의 유명한 역사적 인물이라면, 그만큼 그에 대한 오해도 많기 마련이다. 훌륭했지만 그래도 한 사람의 인간이었던 것을, 마치 신과도 같은 존재였던 것처럼 미화되기도 한다. 전혀 다른 의도를 가지고 했던 행동이 위대한 의지를 담은 행동으로 해석되기도 하고, 남긴 글의 의미가 전혀 다르게 읽히고, 실제와는 상당히 동떨어진 사상의 소유자였다고 널리 선전되기도 한다. 그런 오해와 왜곡을 최대한으로 없애면서(완전할 수는 없다. 결국 그들은 과거의 인간이므로) 있는 그대로의 그 사람을, 원래 있었던 대로의 행동을 찾아내자는 것이 역사학의 과제다. 그리고 우리의 정치사상사에 큰 영향을 미친 사람들이 남긴 글의 올바른 의미를 밝혀내고, 그리하여 그 사상의 의미를 바로잡으려는 것이 정치사상사의 과제다.

조금 더 구체적으로, 정치사상사의 접근방법에는 두 가지가 있다. 하나는 글 자체의 맥락(text)을 본다. 즉 다른 모든 정보를 차단하고, 오로지 문제가 되는 글에만 집중해 단어와 문장들 사이에 숨겨지고 덧씌워진 본래의 의미를 찾아내려고 한다. 다른 하나는 글이 씌어지던 당시의 시대적·사회적 맥락(context)을 본다. 글 자체의 문장적 의미를 넘어서 조선 시대라면 조선시대의, 개화기라면 개화기의, 양반이라면 양반의 특유한 맥락이 글에 배어들기 마련이다. 그러한 맥락을 바탕으로 글을 이해하고, 글의 이해를 바탕으로 그 시대와 사회를 이해하려는 것이다.

　과거에 정약용을 "민주주의자" "자유주의자" "자연과학자" 등으로 이해했던 시각은 시대적 맥락을 혼동한 경우가 많았다. 분명 정약용은 그 시대에 비하면 진보적이고 독특한 사상을 품었었다. 하지만 그 어떤 인간이라도 살아가는 시대와 사회적 배경에서 자유로울 수는 없다. 정약용을 클로즈업한 한 장의 초상 사진은 강렬한 인상을 줄 수 있다. 하지만 그 배경을 지워버리고 얼굴만을 남긴 사진은 자연스럽지는 않다. 그리고 이 사람이 지금 만세를 부르려는 것인지, 상대방을 위협하려는 것인지 여부는 그의 동작만 살펴본다고 쉽게 이해되지 않으며, 배경까지 함께 보아야 쉬워진다.

　하지만 한편으로 그러한 오해와 왜곡은 정약용의 글을 그 자체 맥락 차원에서도 엄밀히 살피지 않았기 때문이다. 여기에는 원문 해석의 난점 문제도 있다. 한문이라는 것이 굳이 오역이 없더라도 여러 가지로 해석될 여지가 있기 때문이다. 더욱이 한문 공부를 깊이 하지 않은 연구자가 2차 자료에 많이 의존한 연구라면(불행히도, 정약용처럼 널리 알려지고 많이 연구되는 사람일수록 그런 연구가 많게 된다), 오해와 왜곡의 가능성이 늘어날 수밖에 없다.

　그러므로 나의 논문은 자체 맥락 접근법과 배경 백락 접근법 모두를 취하였다. 이것이 얼마나 성공적이었는지는 불확실하다. 그래도 정치사상사 분야에서 씌어진 것으로는 공식적으로 제2호 논문이 되는(영산대학교에 계시는 배병삼 교수님이 제1호를 썼다) 논문으로서 그렇게 부끄럽지 않은 논문이 되었다고는 생각하고 있다.

　이 책은 나의 논문을 일부 수정, 보완하여 꾸민 것이다. 논문의 본래 체제와 문체를 그대로 사용했으므로 읽기에 부담이 되는 독자가 많을 것이다. 그러나 골치 아파 보여도 수학의 내용을 표현할 수 있는 최선의 방법이 여러 가지 수식인 것처럼, 논문의 형태를 빌려야 전할 내용을 가장 효과적으로 전할 수 있는 내용의 책도 있다. 이 책도 그런 경우의 하나라고 생각한다. 이 주제에 관심이 있으신 독자라면 부디 불편을 참으면서 일독해 주시고, 매서운 비평과 질타를 가해 주시기를 부탁드린다.

논문 작성 과정에서 이끌어 주신 성균관대학교의 임효선 교수님, 김비환 교수님, 송재소 교수님, 고려대학교의 정문길 교수님, 영산대학교의 배병삼 교수님, 여러 귀중한 조언을 아끼지 않으신 성균관대학교의 김성주, 김일영, 마인섭, 이국영 교수님, 단국대학교의 김문식 교수님, 한국학중앙연구원의 정윤재 교수님께 감사를 드린다. 또한 상업적으로 큰 기대치가 없는 원고를 책으로 다듬고 엮어 주신 한국학술정보에, 특히 골치 아픈 저자를 상대로 힘겨운 작업을 해주신 편집부의 윤옥화 선생님께 감사한다.

2008년 가을에, 함규진

목 차

1. 연구 배경 및 목적

1) 정약용 사상에 대한 그간의 연구 경향

지금 다산(茶山) 정약용은 전통 한국의 수많은 사상가들 가운데서도 퇴계 이황, 율곡 이이와 더불어 가장 유명한 사람이며, 많이 연구되는 점에서는 그들마저 능가하여 단연 독보적인 위치에 있다.[1]

하지만 그의 사상가로서의 명성이 처음부터 한결같지는 않았다. 조선인이 조선에 대해 기록한 가장 방대하고 종합적인 기록이라 할 수 있는 『조선왕조실록』에서 사상가 정약용의 모습은 찾아볼 수 없다. 실록에 그의 이름은 43회 나오는데, 각각 백 회가 넘게 나오는 (정약용의 시대와 동시대에 한정해서) 이황(李滉), 이이(李珥)에 비해 규모가 작은 것은 물론이고, 그 내용도 청년기의 임관(任官) 관련 기록과 천주교(서학) 사건과 관련한 단편적 사실 기록에 국한되고

---

1) 현재까지 정약용에 대해 발표된 논문은 1,000편을 넘어서는 것으로 보인다. 원재연, "다산 여전제의 사회 사상적 배경에 대한 일고찰", 「교회사 연구」 제10집. 1995. p.137.

있다. 이황, 이이는 물론 그와 같은 실학의 거두로 분류되는 유형원
(柳馨園)의 경우 그 학설에 대한 심도(深度) 있는 논의 기사가 상당
부분 나타나고 있는 점과 대조되지 않을 수 없다.

일제강점기 조선 유학 연구의 중심이 되었던 다카하시 도루(高橋
亨)의 경우 정약용을 가리켜 "박식(博識)함, 수집, 정리에 있어서는
위대하다고 할 수 있지만 순수한 유학자(사상가)로는 볼 수 없다."고
평가했다.[2] 1917년 출간된 『조선유교연원』에서도 장지연은 정약용을
"고금을 통하여 박식하였고 뜻을 백성과 나라에 두었다. 무릇 명물
(名物), 도수(度數), 백가(百家)의 기예에 통하지 않음이 없었다. 문
장과 경학에도 세상의 사람들보다 뛰어나……."라 하며 예찬하기는
했으되 여전히 사상가로서 특별히 평가하지는 않고 있다.[3] 해방 직
후(1949)에 출간된 현상윤의 『조선유학사』에서 정약용의 비중은 다
소 늘어났으나 그래도 이황, 이이 등과 어깨를 겨룰 만한 사상가에
는 전혀 미치지 못한다.[4]

---

2) 다카하시 도루, "朝鮮儒學大觀"(1925), 『다카하시 도루의 조선유학사』.
   이형성 역, 예문서원. 2001. p.94.
3) 장지연, 『조선유교연원(2)』. 조수익 역, 솔. 1998. p.139. 이 책에서 정약
   용의 선배 실학자 이익은 정약용보다 약 3배, 유형원은 2배의 분량으로
   소개되고 있으며 그들의 주요 학설도 설명되어 있다. 반면 정약용은 행
   장(行狀)과 일화(逸話), 주요 저서 목록을 기록했을 뿐 학설에 대해서는
   전혀 소개가 없다.
4) 현상윤, 『조선유학사』 민중서관. 1971(4판). pp.339-344. 여기서 정약용
   은 "실학의 대표자요 최고봉"으로 소개된다. 그러나 그런 '실학자'들은
   안정복, 이중환, 이긍익, 유득공 등이다. 다시 말해서 "역사학, 지리학 등
   에서 실용학문에 힘쓴 사람들" 중 대표자라는 것이며, 사상가로서의 가
   치는 높이 평가되지 않는다. 그의 학문을 소개하는 내용에서 경학은 "경
   서를 고증학(考證學)적으로 해석하고자 노력"했을 뿐이라고 간단히 언급

사상가 정약용에 대한 이러한 인색한 평가는 20세기 중반 이후 반전된다. 그 시초는 정약용 사망 100년이 되는 1935년을 계기로, 정인보, 안재홍, 최익한 등이 정약용의 『여유당전서』를 출간하는 한편 여러 논설에서 그의 사상을 재조명하며 시대를 앞서 갔다고 예찬한 것이었다. 그러나 그런 적극적이고 긍정적인 평가의 일반화는 1960년대 이후 '실학'에 대한 재평가 분위기를 타고서야 가능했다.[5] 천관우, 이우성 등이 '실학'론을 주도하며 정약용을 그 대표적 사상가 중의 한 사람으로 평가했고, 이을호는 정약용의 사상을 '근세 수사의 학(洙泗之學)'이라 하며, 정약용은 원시유교를 본받아 주자학을 초월했으며 경세치용(經世致用), 실사구시(實事求是), 이용후생(利用厚生)의 모든 실학적 성향을 종합하여 실학사상을 집대성(集大成)했다고 평가했다.[6] 이후 정약용 사상에 대한 연구는 한학과 역사학계에 국한되지 않고 철학, 법학, 정치학, 행정학, 경제학, 교육학 등 다양한 분야에서 활발히 전개되었으며, 1990년대 이후로는 퇴계학, 율곡학에 이어 '다산학'이 국내 학계의 한 분과로 정립되면서 그의 경학사상도 사서학(四書學), 예학(禮學), 역학(易學) 등으로 분과화(分科化)하여 각각 개별적인 심화 연구가 이루어지는 한편,[7] 그의 사상

될 뿐이며, 주로 『경세유표(經世遺表)』, 『목민심서(牧民心書)』, 『흠흠신서(欽欽新書)』 등 '일표이서(一表二書)'에서 실용적 제도개혁을 추구한 학사로만 기술된다. 이런 식의 평가는 조금 앞선 유진오의 "조선실학파에 대하여(李朝の實學派に對して)"(1942)와도 비슷하며, 정약용은 "체계적 철학이 결여된 경세학자" 정도로 평가된다.

5) 북한에서는 최익한이 1930년대의 정약용론을 다듬어 내놓은 1955년도가 전환점이 되었다.
6) 이을호, "정다산의 경학사상연구", 「동방학지」 제6집. 1963. p.220.
7) 장승구, "다산경학의 특성과 연구현황", 한국철학사연구회 편, 『다산경학

을 외국의 사상가들과 비교하는 연구도 이어지고 있다.[8] 오늘날에는 "다산은 한국이 낳은 최대의 사상가이다."[9] "주희에 견줄 인물은 동아시아를 통틀어 정약용 하나뿐이다."[10] "그의 유학에서의 독창성은 한국 유학의 최고봉으로 꼽히는 이황과 이이를 훨씬 능가하는 것으로 생각된다."[11] 등의 극찬도 아낌없이 베풀어지는 모습이다.

이처럼 정약용의 생전과 사후 한동안의 평가와 후대의 평가가 극명하게 차이가 나는 이유는 무엇일까? 먼저 그의 앞선 평가가 인색했던 데는 그가 정치적으로나 학파적으로 비주류에 머물렀다는 점이 크게 작용했을 것이다. 그는 남인으로서 정조(正祖) 치하에 잠시 빛을 보았을 뿐, 생애의 대부분을 유배와 무관심 속에서 보내야 했다. 정치계에서 노론(老論)의 헤게모니는 잠깐의 굴곡을 넘어 오래 이어졌으며, 사상계에서 이황, 이이로 대표되는 주자학의 헤게모니는 조선왕조가 종말을 맞은 후에도 이어졌다(한국유학 내지 한국철학의 영역에서). 또한 그의 사상이 세상에 소개되는 일이 너무 더딘 점도

의 현대적 이해』, 심산. 2004. pp.26-30.

8) 가령 한형조, 『주희에서 정약용으로』, 세계사. 1996; 하우봉, "정약용과 오규 소라이의 경학사상 비교 연구", 「다산학」 제3호. 2002; Don Baker, Thomas Aquinas and Chong Yagyong: Rebels Within Tradition, 「다산학」 제3호. 2002; 금장태, 『도와 덕: 다산과 오규 소라이의 <중용>, <대학> 해석』. 이끌리오. 2004; 전종훈, "아담 스미스와 정약용의 경제질서관 비교연구: 국가의 역할을 중심으로" 한국학중앙연구원 한국학대학원 박사학위논문. 2006.

9) 송재소, "정약용의 사상과 문학", 「사상」 12집. 1992. p.504.

10) 한형조, 앞의 책, p.9.

11) 차성환, 『글로벌 시대 정약용 세계관의 가능성과 한계』. 집문당. 2002. p.232.

있었다.12) 반면 후대의 평가가 후한 이유는 그의 사상 중 일부 요소들이 현대 사회에서 매력적으로 비쳐질 요인이 많았기 때문이며 실학이라는 학파를 정리해 볼 때 '실학자들' 가운데 정약용만큼 '방대한 저작'을 통해 경학과 경세학을 철저하고 종합적으로 천착(穿鑿)한 사람을 달리 찾을 수 없기 때문이라고 할 수 있겠다.

그러나 이러한 현실, 전대와 후대의 평가가 크게 어긋나며, 그의 사상이 어떤 사람에게는 진부하게, 어떤 사람에게는 혁명적이게 읽히는 사실은 정약용의 사상 자체에 내재된 여러 '모순(矛盾)'과 난제(難題)들 때문이기도 하다. 그러한 '모순'과 난제들은 정약용의 사상을 사상사 속에서 온전히 자리매김하는 일을 어렵게 만든다.

2) 정약용 사상의 '모순'과 난제들

다년간에 걸쳐 방대한 저작을 남긴 사상가들의 경우 종종 나타나는 일이지만, 정약용의 경우에도 저작 내용 사이에 모순되는 듯한 부분이 여럿 발견된다. 이는 그의 사상을 연구하는 연구자들 사이에

---

12) 조선왕조가 멸망하기 전까지 그의 저서들 중 소수(少數)만이 시중에 유통되었다고 한다(이광린, "개화기 지식인의 실학관", 「동방학지」 제54·55·56합집호, 1987. p.364). 그의 저서들이 본격적으로 긴행된 깃은 앞에서 밝힌 대로 사후 100주년이 되는 1935년 이후의 『여유당전서』 간행사업에 이르러서였는데, 그나마 편집이 온전치 않은 점이 많다는 지적이 나오고 있다. 이것은 그의 사상의 영향이 20세기 중반 이전에 전무(全無)했다는 뜻은 아니다. 뒤에 논하겠지만, 오히려 개화사상, 동학운동 그리고 고종의 개혁정책 등 조선왕조 말기의 '자체적 근대화 노력'은 대부분 정약용의 영향을 받고 있었다. 그러나 여기서는 사상사에서 정약용의 위치가 오랫동안 불확실했다는 점을 지적하는 것이다.

적지 않은 난제를 남기고 있다.

가령 정약용은 주자학(朱子學)을 극복한 사상가인가? 그의 사상이 주자학을 대체하는 사상이라고 할 수 있는가? 그는 한편으로 '수사지구(洙泗之舊)'를 말하며 주자학이 수사의 학, 즉 원시유교의 가르침에서 이탈했다고 비판한다.13) 하지만 다른 한편으로는 곳곳에서 주자의 경전 해석이 가장 참되고 유일하게 따를 만하다고 밝히는 한편, "내가 청년기에는 양명학(陽明學)이나 고증학에 경도되었으나 학문이 무르익은 뒤에는 결국 주자의 가르침에 귀의하게 되었다."14)고 말하기도 한다. 이를 두고 이전의 주자학자들도 주자를 기본적으로 따르며 약간의 자기 의견을 첨삭(添削)했듯 정약용도 주자학자에 불과했다고 보는 주장,15) 주자를 존숭(尊崇)하는 듯한 그의 언명(言明)은 '진심이 아니고' 주자학 일변도의 당시 분위기에 영합하기 위한 말치레에 불과하다는 주장16) 등이 대립한다.

그의 사상이 주자학의 일파이든, 원시유학(元始儒學)으로의 복귀이든 결국 그것은 근대 사상과는 무관한 것이 아닌가 하는 지적도 있다. 여기에 대해서 정약용은 '탁고개제(託古改制)'를 통해 '헌 것

---

13) 『여유당전서(與猶堂全書)』(이하 『전서』로 지칭함) 제2집 제3권, 「中庸自箴」(1) 故孟子論性善之理軌以嗜好明之觀 孔子引秉彝好德之詩 以證人性舍嗜好 而言性者非洙泗之舊也

14) 『전서』 제1집 제19권, 「詩文集」, "答李羅州" 往在幼眇時 果以謏淺之見 或得明末諸儒抉摘字句之間者 沾沾然自喜 而及其識趣漸長 涉獵稍廣 則此個意思日 以消落 以始能確然無疑於溯本深源之際

15) 가령 지두환, "조선후기 실학연구의 문제점과 방향", 「태동고전연구」 제3집. 1987.

16) 가령 배병삼, "다산 사상의 정치학적 해석", 김형효 외, 『다산의 사상과 그 현대적 의미』. 한국정신문화연구원. 1998.

의 외피 속에서 새로운 것을 추구했다.'는 주장[17]이 맞서는데, 한편으로 원시유교에서도 찾아볼 수 없는 그의 적극적인 상제(上帝) 사상은 결국 근대성과는 상반되지 않느냐는 지적이 다시 제기된다.[18]

정약용 사상이 근대지향적이냐 복고(復古)지향적이냐의 논란은 그가 결국 진보적 사상가이냐 아니면 보수적 사상가이냐의 논란과 연결된다. 대체로 그의 초기 저작에서는 진보적인 내용이, 말기 저작에서는 보수적인 내용이 인용되고 있다. 이는 정약용의 초기와 말기 저작들 중에서 어느 쪽에 더 비중을 두고 볼 것인가의 문제도 발생시킨다. 또한 상제 사상을 둘러싼 문제는 정약용이 서학에 얼마나 영향을 받았는지의 문제와도 이어진다.

이리하여 오늘날 사상가로서의 정약용에 대한 평가는 '근세 수사학파의 창시자', '주자학의 계승자', '선구적 근대사상가', '시대착오적 복고주의자', '유교의 탈을 쓰고 천주교 사상을 신봉한 사람' 등으로 다양하게 이루어진다. 어떤 사상가에 대한 평가가 다양한 것은 그만큼 그에 대한 연구가 활발한 덕으로 긍정할 수도 있다. 하지만 그 정도를 넘어, 정약용의 저작, 사상 전체를 총체적으로 이해하여 사상사에서 그의 위치를 온전히 규정하는 패러다임화 작업이 거의 무망(無望)하게 느껴질 만큼이라면 마냥 긍정할 수는 없으리라.

---

17) 가령 Mark C. K. Setton, "다산 정약용의 경학사상: 탁고개제의 구현", 「정신문화연구」 통권50호. 1993.
18) 가령 김형효, 『원효에서 다산까지: 한국 사상의 비교철학적 해석』. 청계출판사. 2000; 조성을, "조선후기 성리학 해체의 제양상", 「국학연구」 제5집 2004 가을－겨울; 이정우, "다산의 사유와 근대성", 「다산학」 제2호. 2001.

3) 정약용 정치사상에 대한 탐구와 문제점

　앞서 적은 대로 정약용은 본래 박학다식한 경세가 또는 정법(政
法) 중심의 실용학문을 추구한 사실학자(事實學者)처럼 인식되었다.
이후 사상가로서의 정약용이 주목되며 그의 경세학 역시 정치철학적
으로 탐구된다. 1930년대에 민족주의, 자유주의 이념의 선구자로 재
조명된 후, 1960～1970년대에 김한식, 윤재풍, 한영우 등은 정약용의
사상에서 민주주의와 평등, 인권 사상의 단초를 찾을 수 있다고 했
으며,[19] 박충석은 그가 정치 현실주의에 눈을 뜨면서 최한기와 함께
한국 근대정치사상을 개척했다고 평가했다.[20] 보다 최근의 연구자들
은 여기서 더 나아간다. 임형택, 이상익 등은 정약용이 백성(民)을
새로운 정치의 주체로 삼고 사회계약론에 흡사한 이론적 틀 위에 새
로운 정치 체제의 구축을 추구했다고 보았다.[21] 또한 배병삼, 장승
구 등은 정약용이 윤리－정치가 미분화되어 있던 동아시아의 '전근
대적' 이념에서 벗어나 정치의 영역을 구별해 냈다고 주장했다.[22]
　그러나 이러한 정치철학적 탐구 성과에는 문제점이 남는다. 첫째,

---

19) 김한식, 『실학의 정치사상』. 일지사. 1979; 윤재풍, "다산의 행정사상";
　　김운태 외, 『한국정치행정의 체계』. 박영사. 1982; 한영우, "다산 정약
　　용", 「창작과 비평」. 1967. 겨울.
20) 박충석, 『한국정치사상사』. 삼영사. 1982. pp.122－145.
21) 임형택, "다산의 '민'주체 정치사상의 이론적·현실적 근거", 강만길·
　　정창열 외 9명, 『다산의 정치경제사상』. 창작과비평사. 1990; 이상익,
　　"정약용 사회사상의 새로운 지평", 「철학」 제48집. 1996.
22) 배병삼, "다산 정약용의 정치사상에 관한 연구: 그의 경전 해석을 중심
　　으로", 경희대학교 대학원 박사학위논문. 1993; 장승구, 『정약용과 실천
　　의 철학: 다산 철학의 근대성 탐구』. 서광사. 2001.

그런 탐구 성과가 대체로 정약용의 경학과 경세학을 온전히 아우르지 않고 일부 요소만을, 어떤 경우에는 경학만을, 어떤 경우에는 경세학만을 중심으로 이루어졌다는 것, 심지어는 「원목(原牧)」, 「원정(原政)」, 「탕론(湯論)」 등 일부 소론(小論) 위주로만 이루어진 경향이 있다는 것이다. 둘째, 앞서 그의 사상 일반에 대해서 나타나는 것처럼, 그의 정치철학을 일관성 있게 이해하려 하면 여러 '모순'에 부딪힐 수밖에 없다는 것이다. 대체 민주주의의 선구자라는 사람이 동시에 비길 데 없이 강력한 왕권 옹호자일 수 있는가? 인성(人性)의 평등을 부르짖었다는 사람이 한편으로 노비(奴婢)제도를 긍정했단 말인가? 정약용은 정치의 영역을 독립시켰다는데, 그가 종종 윤리를 정치의 목표로 제시하고 있는 사실은 왜인가?

이러한 문제점에 대하여 일부는 정약용 말기의 저작들(특히 일표이서)은 현실 문제에 직면하여 내놓은 절충안이며, 정약용 정치사상의 본령은 어디까지나 초기의 '개혁적'인 논설에 있다고 한다.[23] 반면 그와는 정반대로 초기의 논설은 정약용의 사상이 아직 미성숙했을 때의 결과물일 뿐이고, 말기작(末期作)이야말로 그의 정치사상의 진면목(眞面目)이라고 보기도 한다.[24] 결국 정약용 사상의 정치철학적 이해에 있어서도, 그간의 많은 성과에도 불구하고, 그 온전한 이해에는 미흡함이 많다. 그것은 정약용 사상 자체의 '모순'에도 이유가 있지만, 한편으로 그의 사상에서 애써 '정치학'을 읽어 내고자 저

---

23) 가령 안외순, "다산 정약용의 정치권력 개념: 「원목」과 「탕론」 사이" 한국정치학회 세미나자료, 「21세기 한국정치의 개혁과 발전: 정치사상 — 정치이론」. 2001.
24) 가령 이영훈, "다산 경세론의 경학적 기초", 「다산학」 제1호. 2000. 5.

작 중에 일부 특수한 구절에만 지나치게 의미를 부여하거나, 일반사상－경학을 무시하고 정법－경세학만을 중시하는 경향을 보이는 점도 없지 않다. 특히 후자의 경우는 정약용을 단순한 경세론자로만 보려는 과거의 인식으로 후퇴하는 면마저 있어서, 그의 사상의 온전한 이해를 위해 바른 태도라고 할 수 없다.

4) 본 연구의 목적

이처럼 이미 많은 연구가 이루어졌음에도, 아직 여러 가지 '모순'과 난제로 인해 정약용의 사상은 추가 연구 가치를 남기고 있다. 특히 정치사상 분야에 있어서 정약용 사상의 이해는 보다 많은 연구 노력을 필요로 한다.

이에 따라 본 연구는 정약용의 사상에 대하여 경학과 경세학에 걸쳐 포괄적인 이해를 시도하되, 특히 정치사상 분야에 있어서 집중적으로 재조명(再照明)한다. 그리고 그 과정에서 그동안 노정된 '모순'과 난제들을 최대한 해결할 것을 시도한다.

아울러 본 연구에서 중점적으로 다루는 주제는 아니지만, 중심 논의 끝의 소론(小論)으로 정약용 사상의 '근대성' 문제를 간략히 다룬다. 이 소론은 이 연구에서 도출된 결론에 따라 전개되며, 또한 그 소론의 내용은 중심 논의의 이해를 더 심화시키는 효과가 있을 것이다.

2. 연구방법 및 범위

1) 정약용 사상의 문헌해석학적 이해

현실적으로 볼 때, 정약용의 생애에 걸쳐 사상의 변화가 나타났을 가능성, 심지어 현존하는 저작 위조(僞造)의 가능성조차 배제할 수는 없다. 그러나 여기서는 그의 사상이 대체로 일관된 입장을 갖고 있다고 가정한다. 그 이유는 우선 그가 말년에 자신의 글을 정리(定理)하고 편집(編輯)하며 일부는 수정, 보완했다는 점에 있다.[25] 따라서 그의 사상이 청년기와 장년기, 노년기에 따라 변화가 있었을 것임은 자연스럽게 추정되지만 그의 저작이 말년에 정리—편집 작업을 거쳤기 때문에 적어도 상당한 일관성(一貫性)을 가지게 되었으리라 여길 수 있다. 두 번째로는 정약용이 이미 백수십 년 전에 사망한 사람임은 물론이고, 그가 어떤 활발하고 영향력 있는 학파에 소속되어 있던 것도 아니기 때문에[26] 실질적으로 그의 사상을 검토할 수 있는

---

25) 『전서』 제1집 제16권, 「詩文集」, "自撰墓誌銘"
26) 그는 당파적으로 남인(南人) 계열이고, 이익(李瀷)의 제자들이 수립한 성호학파(星湖學派)의 일원으로 분류되며, 스스로도 여러 곳에서 이익에 대한 존경을 표시하고 있다. 그러나 천주교 박해를 맞아 학파의 중심인물인 이가환(李家煥), 권철신(權哲身) 등이 처형되는 것을 비롯해 스스로도 실각(失脚)한 후로는 옛 학우들과의 연결과 교류가 활발하지 못했다. "나는 유락(流落)된 후 모든 친교(親交)가 끊어져 버렸다. 사람들이 이미 나를 해진 짚신 버리듯 버렸으니, 그들에 대한 나의 정도 희미해져 간다. 날로 멀어지는구나, 날로 잊히는구나."(『전서』 제1집 제18권, 「詩文集」, "示二子家誡" 余自流落以來 親交盡絶 人旣棄遺如敝蹤 我情因亦疏澹 日遠日忘) 그는 다시 말년에 홍석주(洪奭周) 형제들을

근거는 그의 저작뿐이다. 그 저작의 변조(變造)가능성까지 염두에 둔
다면 우리는 연구의 안정적 토대를 확보하기 어렵다. 따라서 변조의
증거가 확실하고 분명한 부분이 아닌 이상은 그의 저작을 하나의 완
결된 문헌으로 간주(看做)하고 해석할 필요가 있다.

단지 여기서 예외적으로 고려하게 될 두 가지 해석상의 주의점이
있다.

첫째, 정약용이 말년에 그의 저작을 정리-편집했다고는 하지만
일관성 면에서 불완전한 부분이 없지 않다. 그 스스로 말하고 있듯,
사환(仕宦) 시절 군주(정조)와 함께 논의하고 군주의 일정한 평가를
받은 저작은 "감히 임금의 말씀을 고치거나 뺄 수 없어서" 최소한의
수정만을 가한 채 두었다.[27] 이처럼 정조(正祖)의 견해가 내용에 포
함된 저작이나 또는 사환 시절의 연회(宴會)나 학회(學會) 등 공식
적인 행사(行事)를 대상으로 이루어진 기록의 경우(이 경우에는 아
마도 이미 공표된 문서이므로 사후 편집이 어려웠기에) 그의 후기
사상과 일관성이 떨어지는 경우가 많다.[28] 그의 초기 저작에도 그의

비롯해 김매순(金邁淳), 신작(申綽) 등 노론과 소론 계통 학자들과 교류
했으며 서로 일정한 영향도 미쳤으나(이지형, 『다산경학연구』, 태학사.
1996. p.158), '학파'라고 할 만큼의 본격적이고 내실 있는 교류는 없었
던 것 같다. 홍길주(洪吉周)가 그의 문집에서 "다산은 수백 권의 책을
저술했는데, 비밀로 하고 남에게는 보여 주지 않았다."(홍길주, 『수여난
필속(睡餘難筆續)』 4-115)고 밝힌 점을 보더라도, 정약용은 말년까지
자신의 불리한 정치적·학문적 입장을 우려해 언론(言論)에 조심했던
듯하다. 따라서 이들 학자의 저작에서 정약용 사상의 궤적(軌跡)을 추
출해 내기란 어렵다고 여겨진다.

27) 『전서』 제1집 제20권, 「詩文集」, "答仲氏"

28) 가령 이일분수(理一分殊)를 긍정하거나 도덕주의적인 인사(人事) 원칙
을 주장하는 등, 후기에 비해 주자학자로서의 태도가 두드러지는 경우

사상 중에서 핵심이 되는 부분이 없지 않지만(당시의 생각 또는 이후 가해진 '최소한'의 편집에 따라), 이 연구에서 문헌 해석을 통해 정약용의 사상을 전체적으로 이해할 때는 이 점을 고려할 것이다.

둘째, 그는 오랫동안 사상적으로나 정치적으로 고립되고 감시받는 입장이었다. "역모죄보다도 주자를 능멸한 죄가 더 크다."[29]고 할 정도로 주자학을 절대적으로 존숭(尊崇)하는 노론(老論) 집권 세력의 박해로 이미 기존의 교리(敎理)와 다른 해석을 제시한 윤휴(尹鑴), 박세당(朴世堂) 등이 사문난적(斯文亂賊)으로 몰린 예가 있었으며, 그 자신은 천주교도로 지목되어 간신히 처형을 면했을 뿐 18년간 유배(流配) 생활을 해야 했다. 그러므로 그는 자신의 사상에 대해 완전히 솔직한 입장을 취할 수는 없었다고 추측할 수 있다. 실제로 그가 청년기의 자신이 무모(無謀)했다고 자탄하며 '여유당(與猶堂)'이라는 자신의 호를 "겨울에 시내를 건너듯 신중히[與], 사방에서 나를 엿보기라도 하는 듯 두려워하고 경계하며[猶]"라는 『노자(老子)』의 구절에서 따서 지었다는 점,[30] 혹시라도 박해의 근거가 될까 봐 자식이나 친지 등과 주고받는 편지도 조심해서 쓰고, 조금이라도 미심쩍은 부분이 있으면 없애 버릴 만큼 글을 남기는 일에 있어서 극도로 신중한 태도를 보였다는 점[31] 등은 그러한 추측을 뒷받침한다. 더 분명한 근거는 그의 저작 곳곳에서 확인되는 '자기 검열'의 흔적

가 많다. 경집(經集) 중에서 『시경강의』,『중용강의』 시문집 중에서는 「부용정시연기(芙蓉亭侍宴記)」, 「오객기(五客記)」, 「서암강학기(西巖講學記)」 등이 그런 예다.
29) 김태영, 『조선성리학의 역사상』, 경희대학교출판국. 2006. pp.626-627.
30) 『전서』 제1집 제13권, 「詩文集」, "與猶堂記"
31) 『전서』 제1집 제18권, 「詩文集」, "贐學游家誡"

이다. 마치 마키아벨리(Niccolo Machiavelli)가 정치적 입장이나 선전적 효과 때문에 일정 내용을 노골적으로 제시하지 않고 행간(行間)에 감추거나, 다른 서적과 비교했을 때 비로소 의미가 드러나게끔 하거나, 인용문을 일부러 윤색해서 제시하거나, 부자연스러운 침묵을 통해 오히려 그 의미를 강조했던 것처럼 정약용도 주희 집주(集注)를 비롯한 여러 주석들의 언급을 빼거나, 윤색하거나, 해당 구절의 중심 주제는 거론하지 않고 전혀 다른 주제를 논하거나, 여러 책을 비교해 보면 비로소 의문점이 드러나게 하는 방식 등으로 자기 검열법을 사용하고 있다.32) 따라서 이 점에 유의하여 그의 저작을 검토할 것이며, 한편 그러한 자기 검열의 흔적을 그의 사상을 이해하는 중요한 단서(端緒)로 삼을 것이다.

또한 문헌 해석을 통해 그의 사상을 이해하려고 할 때, 그가 저작에 실제 사용한 표현에만 반드시 집착하지 않고 기술적인 용어를 병용할 것이다. 이는 현대의 학술체계와 동떨어진 체제에 따라 구성된 전통 동아시아의 문헌을 해석할 때는 어느 정도 불가피하다. 그리고 이 연구에서는 일정한 '근본 관념(meta idea)'을 채택, 마치 정약용이 그 관념을 의식하고 자신의 논설을 전개한 것처럼 접근할 것이다. 가령 정약용을 '실학자(實學者)'나 '경세치용파(經世致用派)'로 지칭

---

32) 정약용이 당시 패권을 쥐고 있던 주자학과 정면충돌하는 것을 되도록 피하며 줄곧 주희를 존숭(尊崇)한다는 입장을 표방한 것도 그 예가 된다. 마키아벨리의 자기 검열법에 대해서는 Leo Strauss, *Thoughts on Machiavelli*(Chicago: the University of Chicago Press, 1958) 참조. 정약용이 마키아벨리와 비슷한 자기 검열법을 사용한다고 보는 예로는 박현모, "정약용의 군주론: 정조와의 관계를 중심으로", 「정치사상연구」 8집. 2003. 봄.

하는 것은 정약용 본인이 결코 스스로를 실학자나 경세치용파라고
의식한 적이 없었으며, 그의 저작에도 그러한 용어가 사용되지 않은
점을 보면 비정통(非正統)적인 접근이다. 그러나 오늘날 우리가 사
용하는 학술체계의 개념구도에 따라서, 정약용을 한국사상사 내지
동양사상사라는 틀 안에서 명확히 이해(理解)하려면 그러한 명칭, 그
러한 관념이 유용할 수 있다. 마찬가지로 이 연구에서는 '상(常)'이
라는 관념에 주목하고, 정약용을 '상 중심의 사상가'로 풀이할 것이
다. 나아가 그의 사상이 '리(理)에서 상(常)으로', '도(道)에서 덕(德)
으로'라는 두 가지 사상사적 전환을 노정하고 있다고 해석할 것이다.
이 모두가 정약용 스스로 의식적으로 저작에서 명시한 용어에 충실
한 표현은 아니다. 그러나 다시 말하지만 오늘날의 학문체계에서 그
의 사상을 이해할 때 전혀 실용적인 방법이라고 보며, 이 연구의 일
부분은 부적합하다고 여겨지는 다른 근본 관념을 반박하는 과정에
할애될 것이다.

이처럼 사상가가 실제 사용한 표현에 반드시 충실하지 않고, 큰
틀 속에서 그 사상을 이해하려는 해석 방식은 특정 사상의 '역사적
이해' 접근법과 연결된다.

2) 정약용 사상의 역사적 이해

'역사적 방법(the historical method)'에 따르는 사상의 이해는 특정
사상을 연구함에 있어 그 시대적 배경과 그 사상이 그 시대에 미친
영향을 중시하며, 해당 사상가가 명시적으로 남긴 사상체계를 넘어
더 큰 맥락(context)에서 그 사상의 의의(意義)를 평가한다. 그것은

해당 사상가가 남긴 문헌의 충실한 분석에만 주력하면서 해당 사상가가 자신의 체계를 어떻게 구축하려 했는지에 우선적인 관심을 두는 초역사적인 문헌(text) 위주 이해와 대조된다.

정약용의 사상체계, 특히 정치사상체계에 대한 이해는 앞에서 본 것처럼 아직 충분한 체계화 수준에 이르지 못했으며, 따라서 문헌 위주의 접근법은 상당히 필요하다. 하지만 서구 사상가들에 비해 함축적 의미를 표시하는 문자(한자)를 사용하고, 자신의 사상 전개 과정에서 고려해야 할 경전(經典)의 권위가 더 크며, 고도의 논리적 체계화가 미흡한 전통 동아시아 사상가의 한 사람인 정약용을 바르게 이해하려면 그가 처했던 역사적 맥락을 이해하려는 노력이 또한 중요하다고 본다.

따라서 이 연구에서는 기본적으로 역사적 방법에 따라 논의를 전개하되, 문헌 위주의 접근법을 논의의 저변(低邊)에서 활용하고자 한다. 그리하여 면밀한 문헌 이해를 통해 정약용의 진의(眞意)를 파악하고 그의 여러 저작들 사이의 상관관계를 밝히는 작업을 하지만, 그 결과를 역사적 맥락에서 분석하며, 또한 그 결과를 통해 당시의 역사를 재조명하게 될 것이다.

정약용은 많이 쓴 사람임에 앞서 많이 읽은 사람이다. 유학만 해도 주자학, 양명학, 고증학을 섭렵했고 도가와 불교 사상, 천주교 사상 그리고 일본 고학파(古學派)의 사상까지 두루 접했다. 여기에 이익, 유형원 등 선배 '실학자'들의 영향도 받았다.

따라서 그의 사상은 18세기 말~19세기 초 한국에서 접할 수 있었던 거의 모든 사상 조류를 종합하고 정리한 위에 수립되었다고 할 수 있다. 앞서 그의 사상이 활발한 학문적 교류의 산물이라기보다 개인의 고독한 천착의 결과로 볼 수 있고, 따라서 그의 사상을 동시대의 다른 학자들의 저작 속에서 재구성하기 어렵다는 점을 지적했다. 하지만 그 '고독한 천착' 자체는 다양한 사상을 흡수하고 소화하며 이루어졌던 것이다. 대략적으로 보면 이기론(理氣論)에 있어서 그는 이이와 이황의 상반된 입장을 절충하려다가, 마침내 이기론 자체에서 이탈하고 있다. 이때 리(理)와 성(性)을 단지 상식적 수준에서 이해하려는 시각은 대진(戴震)이나 오규 소라이(荻生徂徠) 등에게서 영향을 받았을 수 있다. 효제자(孝弟慈) 3덕(德)을 덕의 중심으로 삼는 인(仁) 우선의 덕론(德論)은 윤휴(尹鑴)에게서 시작된다. 또한 상제론(上帝論)은 천주교, 특히 마테오 리치의 『천주실의』의 영향이 두드러진다. 한편 전론(田論)을 비롯한 제도개혁론은 유형원과 이익의 사상을 계승하고 있으며, 황극론(皇極論)에는 허목(許穆) 등 남인(南人) 계통의 영향과 정조(正祖)의 영향이 남아 있다. 그리고 더욱 세부적으로 들어가 본다면 이보다 훨씬 복잡한 계통도가 이루어질 수 있다.

이처럼 그의 사상을 다른 사상가들과의 영향관계 속에서 파악하는 작업 또한 정약용 사상의 심층적 이해를 위해 중요할 것이 틀림없다. 하지만 이 연구에서 거기까지 충분히 다루기는 무리이며, 정약용 본위의 저작을 중심으로 그의 사상체계를 파악해 내고, 그 의의를 역사적 맥락 속에서 찾는 작업을 이 연구의 주된 내용으로 할 것이다. 그와 같이, 정약용이 과연 복고적 수사학(洙泗學)자인가, 다소 비주류적인 주자학자인가, '유학자의 탈을 쓴 서학자'인가 등의 쟁점 역시 이 연구에서 주제로 다루지는 않을 것이다.

3. 연구의 구성 및 각 장의 내용

본 연구의 주 내용은 크게 세 부분으로 구성된다. 첫 번째 부분은 정약용 사상을 '리(理)에서 상(常)으로'와 '도(道)에서 덕(德)으로'의 두 테마로 이해하는 부분이며, 제2장에서 다뤄진다. 두 번째 부분은 그 이해를 바탕으로 하여 정약용의 정치사상을 본격적으로 재조명하며, 제3장의 내용이다.

서론인 제1장에서는 정약용 사상에 대한 그간의 연구 동향 검토와 함께 문제 제기가 이루어진다.

제2장에서는 두 부분으로 나누어 먼저 1절에서 '리(理)에서 상(常)으로'의 테마를 다룬다. 먼저 정약용 사상을 관통하는 근본 관념으로서 종래 많이 거론되어 온 '실(實)'과 '상(常)'을 비교하여 상이 실을 포함하면서 정약용 사상의 다른 요처(要處)까지 포괄할 수 있음을 제시한다. 이어서 정약용 사상을 상(常) 중심으로 개괄적으로 살펴본 후, 정약용이 리 중심의 정통 주자학에서 이탈했음을 지적하고, 그 이탈을 다시 서구 상식철학의 맥락에서 이해할 수 있음을 논증한다.

다음으로 2절에서는 '도(道)에서 덕(德)으로'의 테마가 논의된다. 우선 도와 덕의 관념이 재조명된다. 그리고 정약용이 주자학에서처럼 천지(天地)와 합일되는 우주적 원리로서의 도에 대한 궁리(窮理)를 실천의 중심 목표로 삼지 않았다는 점, 정약용의 도는 천리(天理)와 미분화(未分化)된 우주적 도가 아니라 상식적 인도(人道)로서 그것을 실제 행동을 통해 실현하는 것이 덕이며, 실천철학의 중심 과제가 된다는 점을 논증한다. 아울러 정약용의 덕론(德論)에서 문제가 되는 부분을 검토한다. 상제(上帝) 문제를 비롯해서 인간의 도덕적 자율성(自律性)과 관련해 그동안 지적되어 온 난점들이 상(常) 중심으로 접근했을 때 대체로 해결된다는 점을 제시하며, 다만 정약용이 제시한 명덕(明德)에는 인(仁)만 강조되고 의(義)는 상대적으로 강조되지 않음을 지적하고 이를 향후 논의의 중요한 단서로 삼는다.

제3장은 2장의 논의를 토대로 하여 정약용 사상 중의 정치사상을 재조명하기 위해 마련되었다. 기본적으로 세 부분으로 논의를 나누어 전개한다. 정치철학의 기본 주제를 우선 정치의 정체성(正體性)을 묻고, 그 정치의 작동 방식을 묻고, 다시 정치가 사회의 다른 영역과 갖는 관계를 묻는 것으로 정리했다. 그리고 이를 각각 정치원론(政治原論), 정치권력론(政治權力論), 국가 체제론(國家體制論)으로 구분했다.

1절에 해당되는 정치원론에 있어서는 정약용이 정치를 어떻게 정립했는가를 정치와 자연의 관계, 정치와 윤리의 관계, 정치와 전통의 관계를 중심으로 검토한다. 그는 우선 자연철학과 정치철학을 분리했다고 본다. 그리고 윤리학과의 분리는 일부의 논의와는 반대로 정치와 윤리의 강력한 결합을 시도했다고 보며, 다만 그 윤리는 능동적이고 진취적인 윤리이며 다만 대의명분(大義名分), 춘추필법(春秋筆法)에 얽매이는 소극적이고 세세한 도덕주의가 아니라고 논증한다. 마지막으로 전통에 있어서 그는 전통을 창조적으로 재생(再生)함으로써 오히려 진보(進步)를 이루려 했으나, 덕의 수호에 대한 인간의 역량에 완전한 신뢰를 하지 못한 나머지 보수주의적인 면모 또한 가졌음을 제시한다.

2절의 정치권력론에서는 정약용이 정치권력을 누구에게, 어떻게 귀속시키려 했는지를 본다. 그는 신권(臣權)을 격하시키고, 정치의 중심에 강력한 왕권(王權)을 놓으며, 종래의 민본(民本)보다 진일보(進一步)한 민권(民權)을 논함으로써 전통적인 군(君)-신(臣)-민(民) 관계를 군(국가)-민 관계로 치환시켰다고 보고, 따라서 그의 정치권력론을 '국권론(國權論)'과 '민권론(民權論)'으로 구별해서 고찰한다.

그리고 3절의 국가 체제론에서는 국가가 사회의 체제에 대해 각각 어떤 태도를 취해야 한다고 보았는지를 검토한다. 경제 체제, 신분제, 국방 체제로 주제를 분류해서 논의할 것이다. 정약용의 경세학이 국가 체제론적으로 볼 때 일관된 한 가지 의도에 충실하게 구성되어 있음을 살피며, 그 한계와 예상되는 실제적 효과까지 검토할 것이다.

4절에서는 이제까지의 정치사상적 논의를 바탕으로 정약용 사상의 근대성 문제를 논한다. 세 가지로 논의가 구분된다. 먼저 사상 일반적으로 정약용을 '근대' 사상가라고 할 수 있는지 그리고 그의 정치사상이 '근대적'인지를 검토한다. 여기서 도대체 '근대'란 무엇을 의미하느냐를 묻고, '개인화'를 핵심으로 하는 사조의 변화를 근대의 본질로 볼 때 정약용의 상(常) 중심 사상과 덕론은 근대적이라고 할 수 있다. 그러나 심화된 근대와는 구별된다고 논증한다. 또한 정치철학적으로 정약용 사상과 서구 공화주의 전통의 공통점에 주목한다. 마지막으로 정치사회학적인 근대화론의 논의가 이루어지는데, 여기서는 무어(Barrington Moore)의 고찰에 입각해 볼 때 정약용이 추구한 사회는 어떤 근대화의 경로에 더 친화적인지를 논한다.

제4장, 결론 부분에서는 지금까지의 논의를 요약하고, 정약용의

사상이 갖는 의의에 대해서 종합적으로 살펴볼 것이다. 이를 통해 먼저 정약용의 사상이 당시에 어떤 의미였는지 그리고 오늘날의 시점에서는 어떤 의미를 찾을 수 있을지를 논한다.

1. 리(理)에서 상(常)으로

1) 정약용 사상에서 실(實)과 상(常)

'상(常)'이라는 한자어는 매우 다양한 그리고 심층적인 의미를 표상할 수 있다. 상수(常數), 상온(常溫)에서처럼 '불변하는(constant)' 또는 상도(常道), 윤상(倫常)에서처럼 '근본적인(fundamental)', '최고의 가치를 지닌(foremost)' 등의 의미를 나타내는 한편, 상무(常務), 상습(常習), 상투(常套)에서처럼 '보통의(usual)', '평범한(ordinary)', '흔한(abundant)', '반복적으로 나타나는(recurrent)' 등의 의미도 나타낸다. 또한 '상스럽다', '상놈' 등에서와 같이 '저속한(vulgar)', '비천한(ignoble)'의 의미마저 나타내기도 한다. 이처럼 常이라는 어휘 하나로 일정 현상에 대한 단순한 지시적 의미뿐 아니라 일정한 가치 평가적 의미도 나타낼 수 있고, 그 가치 평가는 최고에서 최저까지 넘나들 수 있다. 영어의 common 역시 이처럼 다양하고 심층적으로 해석이 가능한 어휘일 것이다.

이처럼 간단한 이해가 어려운 어휘를, 굳이 정약용 사상을 일관하는 근본 관념(meta idea)으로 채택하는 이유는 무엇인가?

정약용 자신이 스스로의 사상을 상(常)이라는 어휘로 분명하게 정의한 일은 없다. 그러나 이른바 '실학파의 최고봉'이라는 그가 스스로를 실학자라고 지칭하지도 않았고 실학이라는 용어를 사용한 적도 없듯, 오늘날의 학문체계에 비추어 '한국철학' 또는 '유학' 등 학문 분류 속에서 그의 사상을 규정하게 위해서는 단지 그 자신이 실제 사용한 언어를 정리하는 것을 넘어 그 의미를 재해석, 재정리할 필요가 있다. 그리고 그 언어적 의미를 대체로 일관함으로써 그의 사상을 표현하기에 가장 적합하다고 여겨지는, 일종의 근본 관념을 도출하는 작업이 요청된다.[33] 이제껏 그러한 관념으로는 '실(實)'이 주로 거론되어 왔다.[34]

그는 實理에 엇나가는 것은 믿으려고 하지도 않았다.[35]

---

33) 물론 정약용 사상을 '공부'하는 과정에는 그러한 작업이 반드시 필요하지 않으며, 오히려 잘못된 선입견 형성과 무리한 해석을 가져올 수도 있다. 그러나 정약용 사상을 오늘날의 관점에서, 사상사 속에서 체계적으로 '이해'하기 위해서는 이러한 작업이 필수적이다. 가령 "마키아벨리는 군주주의자인가, 공화주의자인가", "유교는 자본주의에 더 친화적인가, 사회주의에 더 친화적인가" 등의 질문은 진부할 수도 있으나 계속 되풀이하여 제기된다. 바로 그러한 이유 때문이다.
34) 이 외에 "합리성·과학성"(송재소, 앞의 글, p.498), "인간 중심성"(이명희, "다산 정치윤리사상의 이론구조", 「동양철학」 2 1991, pp.251-252) 등이 거론되었다.
35) 이을호, 『다산학의 이해』, p.147.

　　다산의 사상 전반에 일관하여 흐르는 것은 非‘實’적인 것의 배격에 있다.[36]

　　다산은 …… 구체적이고 다양한 개체를 주시하면서 경험적인 것, 현실적인 것을 토대로 사유하는 실사(實事)의 철학자, 행동의 철학자이다.[37]

이 실(實)은 방법론에서의 실사구시(實事求是), 실천론에서의 이용후생(利用厚生)으로 정리되기도 한다.[38] 추상적이고 초월적인 이념을 배제하고 오직 사실에 입각해서 사물을 판단하며, 명분(名分)에 얽매이지 않고 현실적인 효용성(效用性) 여부를 실천의 기준으로 삼는다는 것이다. 이에 따르면 ‘근대적’ 실증주의자이자 실용주의자로서의 모습이 사상가 정약용의 참모습이다. 또한 그것은 경세치용(經世致用), 실사구시, 이용후생 등으로 묘사되는 ‘실학’의 학문적 특성

---

36) 김한식, 앞의 책, p.218.
37) 장승구, 『정약용과 실천의 철학』. 서광사. 2001. p.16.
38) 이을호는 정약용이 “실학개념의 그 어느 일면에 치우치지 않고, 이들을 공유하며, 하나의 수기치인의 실천학으로 집약”했으며 “실증·실용·성실·실심 등의 모든 실학적 요소들이 그의 구성요소로서의 구실을 다하고 있다.”고 보았다(이을호, 앞의 책, pp.150-151). 또한 이지형은 정약용이 “공맹(孔孟)을 비롯한 옛 성현의 권위를 빌려 중세적 관념론을 부정하고 실증, 실용이라는 새로운 발전에로의 자기 독자적인 경전의 세계를 재창조”했다고 결론지었다(이지형, 앞의 책, p.37). 최근에도 이유진은 이 두 가지 측면을 ‘실증 위주의 경학론’과 ‘실용 위주 행례론(行禮論)’으로 정리하고, 그의 사상이 “당위의 세계에서 사실의 세계로 이행”했다고 보았다(이유진, “「춘추고징」의 경학과 주자학적 경학 사이의 연속성과 불연속성”, 한국철학사연구회 엮음, 『다산경학의 현대적 이해』, 심산. 2004. p.200; pp.209-216.).

을 그가 하나로 집대성했다는 의미로 풀이된다.[39]

정약용 사상의 요소요소를 실(實) 관념이 관통하고 있음은 분명하다. 그러나 그것만으로는 충분하지 않다. 먼저 '실(實)'이라는 표현은 '실학(實學)'이라는 표현 자체가 받고 있는 의혹, 즉 단지 불교, 도교 등을 '허학(虛學)'이라고 비판하며 유교의 현실 중시적인 태도를 스스로 옹호하는 의미로 쓰인 '실학'이라는 표현은 주자학을 포함해 거의 모든 유학 학파에서 사용해 왔으므로 그것을 유학의 한 학파의 명칭으로 내세울 수는 없다는 의혹[40]과 연관될 소지가 있다.

한편 정약용의 실(實)을 실증주의적, 실용주의적 성격으로 국한해 본다고 하더라도, 실(實)만으로는 이해가 되지 않는 부분, 설명하기 어려운 부분이 있다.

정약용 사상에서 핵심적이며 특징적인 부분인 성기호설(性嗜好說), 인심도심설(人心道心說), 효제자(孝弟慈) 삼덕(三德) 및 서(恕)에 대한 강조 또는 정약용 특유의 상제론(上帝論), 왕정론(王政論), 변등론(辨等論) 등은 모두가 실증주의나 실용주의로는 설명할 수가 없다. 또한 예(禮)를 정법학의 중심에 놓는 정약용 사상의 특징은 전통과 관행(convention)의 존중과는 가장 동떨어진 사상이라고 할 수 있는 실증주의, 실용주의의 본질과 부합하지 않는다. 도대체 정약용 사상은 단순히 사실적, 현실적이라 하기에는 너무나 많이, 너무나 뚜렷하게 당위(當爲)를 강조하며, 그중에는 감각 경험을 초월하는 영역

---

39) 이을호, 앞의 책, p.150.
40) 가령 한우근, 『이조 후기의 사회와 사상』, 을유문화사. 1961. 실제로 정약용이 '실(實)'이라는 표현을 썼다고 해서, 그 내용이 사실 주자학적 전통과 차이가 없는 내용임에도 불구하고 실증적, 실용적인 '혁신적 내용'으로 곡해하는 경우가 있다. 뒤의 462번 주석 참조.

에서 진행되는 논의도 있다.

그런 부분은 실(實) 중심으로 정약용을 이해하려는 연구자에게 일관성 없음 또는 사상적 후퇴로 비쳐지기도 한다. 예를 들면, "그는 자기 시대에 만연되어 있던 실질이 없는 명분의 공리공론에 대하여 실사적인 지식의 필요성을 절감했을 터이고, 당시 도덕성의 타락을 목도하면서 목민관의 도덕성이 자기 자리를 잡지 않으면 나라에 희망을 걸 수 없으리라는 예감을 가졌을 것이다. 그래서 실사적인 지성의 요구와 도덕 의지의 요청이 각각 그의 머리와 가슴에 동시적으로 움텄지만, 그는 그 두 가지를 철학적으로 연결시키는 논리 구축을 생각하지 않았던 것으로 보인다."[41] "……50대 전반기에 논어, 맹자, 중용, 대학 등을 고구한 후 경세유표의 저술과정에 상서연구와도 관련 지어 일정한 사상적 전회가 있었던 것일까. 특히 주례에의 복귀경향이 강하게 나타나면서 다산의 개혁사상의 일정한 수정 내지 복고 경향이 나타나고 있는 것을 간과할 수 없다."[42] 등 정약용의 사상에 일관성이 부족하다고 보는 견해와, "다산은 이용·후생, 즉 나라와 백성들을 이롭게 한다는 것만큼 正德, 즉 올바른 자세와 동기 또한 중요시했기 때문에 다른 소위 실학 사상가들처럼 엄격한 의미에서 실용주의자가 아닐 수도 있다."[43] "다산은 儒者들의 언어를 구체적 사물들과 구체적 행위들에 맞닿는 지시 작용적 의미론으로 되돌리려고 한다. 그리고 이런 경향은 모든 경험주의, 실증주의의 시초에 나타나는 공통된 경향이다. …… 그러나 다산은 리/성을 거부

---

41) 김형효, 앞의 책, p.549.
42) 김영호, "다산의 신분제 개혁론", 「한국사론」. 10. 1989. p.185.
43) Mark C. K. Setton, 앞의 글, p.140.

하는 그곳에서 상제를 긍정함으로써 중세 저편으로 뒷걸음질 친다. 서학의 영향으로, 다산은 인격신의 개념으로 기울어지며 고대적 신앙으로 회귀한다. …… 다산은 근대성의 문턱을 넘어 새로운 시대를 흘낏 보았지만, 끝내 그 문턱을 온전하게 넘어서지는 못했다.”44) “정약용 철학에서 인간과 자연이 존재와 당위로 분리되기는 하였으나 인간과 자연이 다시 모두 상제에 의해 지배를 받으므로 상제가 주자학에서의 천리＝태극을 대신하여 인간과 자연을 관통하게 되었다. 이것은 사상의 표면 구조로는 다시 주자학과 유사하게 되는 한편 서양 중세의 토미즘과 같은 것이 되어버렸다.”45) 등 그가 전근대적－주자학적 사상권에서 충분히 탈피하지 못했다고 보는 견해가 나타나고 있다.46)

하지만 그것은 정약용 사상의 핵심, 그 ‘근대적, 탈주자학적’ 특징을 실(實) 중심으로 보았기 때문에 부딪힐 수밖에 없는 난점이다.47)

---

44) 이정우, 앞의 글, p.27.

45) 조성을, “조선후기 성리학 해체의 제양상”, 「국학연구」, 제5집 2004 가을－겨울. pp.65－66.

46) 한편 정약용의 학문을 사실(事實, ‘實’이 아니라) 부문의 연구에 국한해 평가하는 쪽(앞서 거론했던, 다카하시 도루, 유진오, 현상윤 등 일제강점기와 1950년대의 연구자들)에게는 이러한 ‘모순’이 인식되지 않는다. 그들은 정약용을 역사학, 지리학 등 사실학적 업적을 세운 사람으로만 평가할 뿐, 그의 사상은 주자학을 답습하며 약간의 고증학적 재해석을 덧붙인 정도에 그친다고 보기 때문이다.

47) 이에 대하여 정약용의 사상을 실사구시, 이용후생의 측면에서만 이해하는 것은 불충분하며, 정약용은 오히려 ‘비실(非實)’적인 학문 전통, 즉 이황에서 이익으로 이어지는 주리론(主理論)의 학풍과 연결되어 있음을 상기해야 한다는 지적은 한형조, “실학의 철학: 이학에서 기학으로”, 한국사연구회 편, 『한국 실학의 새로운 모색』. 경인문화사. 2001. pp.184－192.

여기서 상(常) 중심 관점의 적실성과 유용성이 확인된다. 상은 실을 포함한다. 그리고 실을 뛰어넘는 의미의 영역을 표상한다. 상(常)에는 추상적이고 초월적인 담론을 꺼리고 실제적, 일상적인 차원에서 논의를 전개하려는 실증적 태도, 일상생활에서 효용이 있는가를 중요시하는 실용적 태도가 이미 포함되어 있다. 한편, 인식론적 기초에서 이론 구성을 시작하며 그 기초를 계속해서 반성(反省)함으로써 이론의 적실성을 검증하려는 상식철학적(常識哲學的) 태도 그리고 불변하는 인간성의 기본적인 요소에서 도덕의 원천을 찾으려는 태도까지 두루 포함된다. 실 대신 상을 정약용 사상의 근본 관념으로 설정할 때, 우리는 일견 모순적으로 보이는 그 사상의 여러 측면들을 종합적으로 이해할 수 있으며, 그의 사상이 갖는 시대적 의미를 더 심층적으로 파악할 수 있다.

2) 정약용 사상의 상(常) 중심 이해

정약용의 저작에서 간추려 정리해 본 상(常)의 논의는 대략 다음과 같이 구분된다.

(1) 사실에 입각한 검증 ─상식적 실증주의

정약용은 경전(經傳)을 재해석하고 자신의 사상을 구축하는 과정에서, 형이상학적 이념보다는 사실에 입각하여 검증과 판단을 하려는 자세를 보인다.

거름을 주지 않아도 비옥한 밭을 양전(良田)이라 하며, 길들이지 않아도 빨리 달리는 말을 양마(良馬)라고 한다.[48]

『맹자』의 「고자상(告子上)」 16에 대한 이 주석에서 주희는 "양은 본연의 선이다(良者 本然之善也)."라 하여 논의를 추상적 이념의 수준으로 끌어올리고 있다. 그러나 정약용은 양(良)의 의미를 단순히 일정한 사실적 현상을 지시하는 의미로 다시 끌어내린다. 정약용은 다양한 해석이 가능한 경전의 자구(字句)를 풀이하는 과정에서 이처럼 추상적 이념의 개입을 되도록 배제하려고 한다.

우리나라에서 답(畓) 자를 새로 만들었는데, 회의(會意)나 지사(指事)의 뜻으로 보아 수전(水田)을 답이라고 한다면 이는 원의(原義)에 맞는다. 그러나 만일 매사 이치를 따지는 자가 '답은 유형(有形)의 물질이니 답은 기(氣)이다.'고 한다면, 그 말이 틀리다고야 할 수 없지만 답 자의 원의는 아니다. …… 만약 글자를 만든 처음의 원의는 무시하고, 이치부터 따지는 무리의 전설(轉說)을 취하여 리(理)니 기(氣)니, 체(體)니 용(用)이니 한다면, 고경(古經)의 본래 뜻과 부합하지 않는 곳이 많을 것이다.[49]

'답'은 '논'일 따름이며, 그것에 대해 유형이니 무형이니, 이니 기

---

48) 『전서』 제2집 제6권, 「孟子要義」(2) 不糞而肥 謂之良田 不訓而驟 謂之良馬

49) 『전서』 제1집 제19권, 「詩文集」, "答李汝弘" 東人創造畓字 會意指事 必以水田爲畓 此原義也 於是 論物理者 指之曰畓者 有形之物 畓者 氣也 言未嘗有謬 而但非畓字之原義 …… 若不問造字家之原義 先取論理家之轉說 曰理曰氣曰體曰用 則古經本旨 多不相合

니 하는 논의는 불필요하며 부적당하다는 것이다. 정약용의 경전 재해석 방법에서 우선 두드러지는 것은 고증학적(考證學的) 방법이다. 즉 여러 경전의 내용을 비교 고찰하고 그에 따라 주자학적 해석을 비롯한 선유(先儒)들의 해석을 반박하는 이경증경(以經證經)의 방법이 가장 많이 등장하는데,[50] 이는 주자학의 권위에 도전하면서도 가장 조심스럽고 안전한 재해석 방법이라고 할 수 있다. 하지만 그는 위와 같이 "자구(字句)의 원의를 바로 파악해야 한다."는 문제를 제기하면서 일종의 실증적 방법을 동원하며, 그에 따라 무조건 이기론이나 음양론(陰陽論) 등 추상적 논의로 비약하는 경향을 통렬히 비판한다.

그런데 어떤 문제를 판단할 때 갖추어진 사실적 증거가 기본적 요건(要件)이 된다면, 반대로 사실적 증거가 갖추어지지 않았을 경우 문제가 되는 대상 자체의 실존성(實存性) 여부를 의심하는 것이 자연스럽다. 따라서 정약용의 이러한 자세는 음양론 등에서 전개되는 추상적 이념 자체의 신빙성을 의심하는 데까지 나아간다.

> 음양(陰陽)이란 햇빛이 비치고 가려지는 일에서 비롯된 이름이다. 해가 숨으면 음이라 하고, 해가 비치면 양이라 한다. 이는 본시 체질(體質)을 갖추지 못한 것이고, 단지 명암(明暗)의 구분이 있을 뿐이다. 본래 이는 만물의 부모(父母)일 수 없다.[51]

---

50) 이지형, 앞의 책, pp.94-106; 장승구, 앞의 책, p.25.
51) 『전서』 제2집 제4권, 「中庸講義補」(天命之謂性節) 陰陽之名 起於日光之照掩 日所隱曰陰 日所映曰陽 本無體質 只有明暗 原不可以爲萬物之父母

경전학을 넘어 사실학(事實學) 분야에서, 그의 이러한 자세는 온
갖 '신비하고 기묘한[靈幻怪詭]' 초자연적 힘을 일체 부정하는 입장
에서도 나타난다. 가령 그는 오직 경주 사람이 경주 지방에서만 불
어야 소리를 낸다는 "계림(鷄林)의 옥적(玉笛)"을 두고 다음과 같이
논한다.

> 내가 그 옥적을 보니, 옥적이 퉁퉁한 모양에다 구멍이 좁았다. 그러
> 니 소리를 쉽사리 내지 못하는 것이 당연하다. 그래서 타지(他地) 사
> 람들이 갑자기 불어 보면 소리가 나지 않는 것이며, 경주 사람은 어
> 려서부터 이를 익혀 늙도록 불었으니 그 부는 기예를 갖추고 있는 것
> 이다. …… 게다가 조령(鳥嶺) 북쪽에 이르자 소리를 내지 못했다는
> 것은 더욱 거짓된 말이다. 귤이 회수(淮水)를 건너면 탱자가 되고 구
> 관조는 면수(沔水)를 넘지 않는다고 한다. 그러나 그런 현상은 동식물
> 의 성질은 해당 지역의 차고 더운 기운에 좌우되기 때문이다. 옥적으
> 로 말하면 그냥 돌덩이일 뿐인데, 어찌 그와 같겠는가?52)

이러한 사실학에서의 그의 실증적 판단법은 자연(自然) 분야에 그
치지 않고 역사와 지리에까지 이른다. 우리나라의 역사와 지리를 개
괄(槪括)한 『아방강역고』에서 그는 단군(檀君)을 비롯해 이른바 건국
신화(建國神話)의 기사를 일체 싣지 않는다. 더욱이 가야(伽倻)의 난
생설화(卵生說話)에 대해서는 다음과 같이 냉소(冷笑)하고 있다.

---

52) 『전서』 제1집 제12권, 「詩文集」, "鷄林玉笛辨" 見其笛 肉肥而管窄 無
　　異乎出聲之艱也 出聲艱故 他人猝然遇之 不能聲 慶之人童習老專 而得
　　擅其藝也 …… 若夫至北而啞 尤其詐也 橘渡淮爲枳 鸜鵒不踰沔者 彼其
　　有動植之性 隨地氣之冷煖 而有所變異也 若笛頑石也 惡有是哉

44

정인지(鄭麟趾)의 『고려사』에는 금합(金榼), 금란(金卵)의 설이 실려 있다. 그러나 망령되고 천박하니, 여기서는 일체 싣지 않는다. 『한서』와 『삼국지』 위지(魏志)는 진한(辰韓), 변진(弁辰)의 왕이 모두 마한(馬韓) 사람이라 했으며, 이것은 모두 당시의 실제로 여겨진다. 진한의 석탈해(昔脫解)와 변진의 김수로(金壽老)는 모두 서한(西韓) 사람인 것이다. 그러나 뒤에 신라와 백제 사이가 벌어지자, 신라 사람이 그 전대(前代)에 백제의 명령을 받은 것을 부끄러워한 나머지 그 근본을 숨기려 하였다. 이에 독란(櫝卵)의 이야기를 지어내어 어리석고 속된 무리를 기만한 것이다.[53]

"괴력난신(怪力亂神)을 말하지 않는다."는 공자의 가르침 이후, 민간에서 유행하는 기이한 현상을 미신이라 하여 비판함은 유학자들의 일반적인 태도이긴 하다. 그러나 정치적으로 중요한 건국신화까지 '망령되고 천박하다[妄誕鄙俚]'며 부정하는 자세는 보기 드물다고 하지 않을 수 없다.

이처럼 사실을 중시하는 정약용의 접근법에서 '근대적' 자연과학자로서의 태도를 찾기도 한다.[54] 실제로 그는 천문학이나 기계학 등

---

53) 『전서』 제6집 제2권, 「疆域考」(2) "弁辰別考" 又按鄭史有金榼金卵之說 妄誕鄙俚 今並刪之 余謂漢史魏志 皆云韓弁辰之王皆以馬韓人爲之 此當時之實聞也 辰韓之昔脫解弁辰之金首露 皆係西漢之人 而新羅百濟後世竟成仇隙 新羅之人恥其前代受命百濟 諱其根本 遂造櫝卵之說 以欺愚俗

54) "수리(數理)를 기초로 한 기술발전에 대한 정다산의 사상은 우리나라에서의 과학기술을 도리(道理)의 구속에서 해방시킴으로써 그 자립적인 발전의 길에 코페르니쿠스적인 전회를 가져올 수 있는 획기적인 견해라 하지 않을 수 없다."(강재언, "정다산의 서학관", 강만길 외, 『다산학의 탐구』. 민음사. 1990. p.70); "그는 자연과학적인 근대정신, 즉 사물의 세계를 장악하는 도구적인 지성의 정신을 은연중에 중시했던 것이

서구의 자연과학적 성과에 관심이 많았으며, 그중 일부를 상당한 수
준까지 익히기도 하였다. 그러나 이런 태도를 자연과학으로까지 비
약해서는 안 된다. 그는 일상의 현실을 초월하는 이기론이나 음양론
의 세계를 회의(懷疑)한 한편, 역시 초일상적, 초월적인 이론과학의
거대 담론에 몰입할 자세가 되어 있지 않았다. 그는 지적 호기심과
기술적 효용을 얻으려는 생각으로 서학(西學)을 탐구했다. 그러나 상
식(常識)의 범위를 넘어서서 뉴턴(Newton) 이후의 자연과학적 세계
관과 가치관을 전면적으로 수용하지는 않았다.[55]

분명하다."(김형효, 앞의 책, p.539); "……이것은 경험적이요 합리적인
사고에서 온 것으로서 그의 실학적인 성격이 뚜렷하게 나타나고 있다.
다산의 이러한 합리적인 사고 형태는 역시 그가 자연과학과 기술에 대
한 연구에 관심이 컸고 조예(造詣)가 있었기 때문이라고 하겠다."(이지
형, 앞의 책, p.121); "다산의 비판적 안목은 모든 사물에 대하여 실증
적이고 객관적 검증이 가능한 과학적 사고를 기초로 삼고 있음을 확인
하였다."(권태욱, "『악서고존』에서 다산 악론의 사상적 기초" 한국철학
사연구회 엮음,『다산경학의 현대적 이해』. 2004. p.148.)

55) 가령 그는 자신의 형인 정약전(鄭若銓)에게 보낸 편지에서 이렇게 말하
고 있다. "선생께서는 최근 수학(數學)에 전념하시더니, 무슨 글을 보더
라도 반드시 수학으로 풀이하려 하시는 것 같습니다. 이는 마치 선유
(先儒)들 가운데 선(禪)을 좋아하는 나머지 불교로『대학』을 해석하려
던 것이나, 또 정현(鄭玄)이 별자리를 좋아하는 나머지 별자리로『주역』
을 해석했던 것과 같지 않습니까. 이는 실로 한쪽에 치우쳐 두루 섭렵
하지 못하는 병통입니다."(『전서』제1집 제20권,「詩文集」, "答仲氏" 先
生近日 專攻數學 觀文字必蒙之以數學 如先儒愛禪者 以佛法解大學 又
如鄭玄好星象 以星象解周易 此是偏而不周之病也) 또한 선비는 실무적
인 학문을 몰라서도 안 되지만 그런 학문의 전문가가 되어서도 안 된
다고 본다. "비록 간혹 민생(民生)의 일용(日用)에 도움이 될 수 있겠지
만, 그런 일에 전념한다면, 군자의 학문에 해가 될 것이다 …… 병농(兵
農)의 학문 역시 경세(經世)의 실무(實務)로서 군자가 몰라서는 안 된
다. 그러나 학문 하는 자가 이 일에만 전념한다면 심신성명(心身性命)

46

　또한 그의 '실증주의'도 서구의 '근대적' 실증주의와는 차이가 있다. 그는 냉혹하고 엄격한 가치중립적(價值中立的) 태도를 취한 일이 한 번도 없다. 따라서 그는 자연과학이나 실증주의를 뼛속까지 체득하여 오로지 수학적 논리와 실험으로 검증된 사실만을 진리로 인정하려는 근대세계의 인간[56]과는 거리가 있으며, 다만 공리공론(空理空論)을 앞세우지 않고 사실에 입각한 구체적 증거를 중심으로 판단하려는 상식인(常識人)에 가깝다. 그래서 그의 실증주의는 '상식적 실증주의'라고 평가해야 한다.

　상식의 범위를 넘지 않는 상식적 실증주의, 그 때문에 정약용의 실(實)은 상(常)에 귀속된다고 할 수 있다.

(2) 상식에 근거한 이론 구축 ─ 상식철학

　정약용은 다만 사실에 근거하여 경전이나 사건, 사물을 상식적으로 해석할 뿐 아니라, 기초적인 상식에 근거하여 특유의 이론을 구축해 나간다. 그가 이러한 '상식철학(常識哲學)'을 사상의 기본으로 삼게 된 정확한 계기는 불확실하나, 아직 주자학을 추종하는 가운데 고증학을 접하며 일부 납득이 가지 않는 주자학의 교리(敎理)에 의문을 품던 시절을 거쳐, 유배 시기를 거치면서 생각을 정리하여 마침내 상식에 따라 주자학을 논파하고 아울러 자신의 사상을 구축하

의 학문에 마침내 해독이 많을 것이다."(전서』 제2집 제9권, 「論語古今注」(3) 雖或有補於民生日用者　若專治此事　斯亦有害於君子之學也 ……　夫兵農之學　亦經世之實務　君子不可以不知　然學者專治此事　其於心身性命之學　終有些害)

56) 정확히 말하면 후기 근대적 인간. 이에 대해서는 후술한다.

게 된 것으로 보인다. 그러한 '계기' 중 하나를 보여 주는 사례가 그의 「시문집(詩文集)」에 실려 있다.

어느 날 저녁, 주인 노파가 곁에서 이런저런 이야기를 나누다가 돌연 "선생께서는 학문이 있으시니, 이 까닭을 아십니까? 부모의 은혜는 동등합니다. 오히려 어머니께서 수고를 더하시지요. 그런데 성인(聖人)께서는 가르침을 펴실 때 아버지를 중히 여기시고 어머니를 가볍게 여기셨지요. 성씨(姓氏)를 아버지를 따르게 하시고, 상복(喪服)도 어머니에게는 가볍게 하시며, 아버지 쪽 족속(族屬)은 한집안이라고 하면서 어머니 쪽은 외가(外家)라 하시니, 이는 너무 치우치심이 아니던가요?"라고 물었습니다.

그래서 저는 "아버지께서 나를 낳으셨으니 그렇소. 옛 경전에도 아버지는 나를 낳으신 시초라 적혀 있소. 어머니의 은혜가 깊더라도 하늘이 만물을 내는 은혜와 같은 은혜는 더욱 무거운 것이오."라고 대답했습니다.

그러자 그 노파는 "선생님 말씀이 미흡하군요. 제 생각은 이렇습니다. 가령 초목에 비유하면, 아버지는 씨요 어머니는 흙입니다. 씨 뿌리기는 미미한 일이고 흙이 그 씨를 길러 내는 공이 아주 큽니다. 그러나 밤 심은 데 밤이 나고 벼 심은 데 벼가 나니, 그 발육이야 흙의 기운으로 온전히 되지만 족류(族類)의 구분은 한결같이 씨를 따르는 것입니다. 성인께서 가르침을 펴시며 예법(禮法)을 제정하신 근본이 바로 여기에 있지 않을까요."하였습니다. 저는 뜻밖에 황연히 크게 깨닫고, 절로 공경하는 마음이 일었습니다. 천지간의 지정지묘(至精至妙)한 뜻이 바로 밥 파는 노파에게서 나올 줄이야 누가 알았겠습니까.[57]

---

57) 『전서』 제1집 제20권, 「詩文集」, "上仲氏" 一夕主嫗在旁閒話 卒然問曰 令公讀書 知此義否 父母恩同 母更努多 而聖人入敎 重父輕母 姓從其

정약용이 일반의 성리학자였다면 노파의 질문에 '음과 양의 이치'를 들며 추상론 위주의 설명을 했을 것이다. 그러나 고증학자로서의 입장이 뚜렷했던 당시의 정약용은 "경전에 그렇게 나와 있다."는 말로 부계(父系)를 중시하는 예법의 근거를 삼았다. 그러나 노파는 '씨와 흙의 이치'를 대신 제시했고, 정약용은 이를 "천지간의 지정지묘한 뜻(天壤間 至精至妙之義)"이라고 적극적으로 인정하고 수용했다.

이야말로 상민(常民)의 단순한 생각에서 나온 상식적(常識的) 설명이었다. 물론 부모의 유전자(遺傳子)가 절반씩 계승되는 사실을 알고 있는 오늘날의 우리로서는 이는 '상식 이하'의 설명이다. 하지만 당시에는 유통되기에 부족함이 없는 상식이었으며, 이로써 정약용은 자료의 철저한 고증 외에, 경전을 비판·재해석하고 나아가 자신만의 이론을 구축할 방법을 마련한 것이었다.

이러한 상식철학적 방법론은 특별한 반성(反省) 없이 통용되던 '상식적' 관념에 대해 단순한 사고에서 비롯되는 근본적인 성찰을 시도함으로써 그러한 관념을 해체하는 수단이 될 수 있다.

> 내 생각으로는, 이른바 중국(中國)이라는 것이 중앙(中)을 나타내는 까닭을 모르겠고, 이른바 동국(東國)이라는 것이 동쪽(東)을 나타내는 까닭도 모르겠다. 무릇 해가 머리 위에 올 때 정오(正午)라고 한다.

父 服降其母 父族成黨 母族外之 不已偏乎 答云父兮生我 故古書以父
爲始生己者 母恩雖深 乾元資始之恩 更重也 嫗曰令公之言未然 我則思
之 比之草木 父其種子也 母其土壤也 種之落地 其施至微 土之滋育 其
功甚大 然栗之子爲栗 稻之子爲稻 其全身所成 都是土氣 而畢竟族類
皆從種子 古聖人立教制禮想是緣此 我於是 不覺怳然大悟 惕然起敬 孰
知天壤間 至精至妙之義 乃爲賣飯嫗所發也

정오를 기준으로 해가 뜨고 지는 시각이 같다고 하면, 내가 서 있는 곳이 동서의 중앙임을 알 수 있다. …… 그곳이 동서남북의 중앙이 맞다면 어디를 가도 중국일 수밖에 없다. 그런데 어찌 동국이라고 하는가. 그리고 어디를 가도 중국인 것을, 어째서 따로 중국이라고 하는가.58)

뿐만 아니라 상식철학은 경전의 해석에서도 그 해석의 옳고 그름을 분변(分辨)할 수 있게 해 준다.

『주역』에서 인의예지(仁義禮智)를 진태이감(震兌離坎)에 짝 지어 놓았다. 그런데 이미 진태이감에 짝 지었으면 이는 바로 춘하추동(春夏秋冬)에 짝 지은 것이 되며, 다시 동서남북(東西南北)에 짝 짓고, 다시 수화금목(水火金木)에 짝 지은 것이 된다, 인의예지가 존중되고 있음이 대개 이렇다. 그러나 족구이목(足口耳目) 말고도 인체는 많으며, 용양치시(龍洋雉豕) 말고도 동물은 많다. 만일 이것만을 사괘(四卦)에 짝 지어 더할 수도 뺄 수도 없는 것으로 여긴다면, 이는 통할 수 없다.59)

---

58) 『전서』 제1집 제13권, 「詩文集」, "送韓校理致應使燕序" 以余觀之 其所謂中國者 吾不知其爲中 以所謂東國者 吾不知其爲東也 夫以日在頂上 爲午 而午之距日 出入其時刻 同焉 則知吾所立 得東西之中矣 …… 夫旣得東西南北之中 則無所往而非中國 烏覩所謂東國哉 夫旣無所往而非中國 烏覩所謂中國哉

59) 『전서』 제1집 제19권, 「詩文集」, "答李汝弘" 周易以仁義禮智 配於震兌離坎 旣配於震兌離坎 斯配於春夏秋冬 斯配於東西南北 斯配於水火金木 仁義禮智之所以尊重 凡以是也 然足口耳目之外人體尚多 龍羊雉豕之外物流亦繁 若必以配於四卦 而認之爲加減不得之物 則拘矣

정약용은 여기서 인의예지 - 진태이감 - 춘하추동 - 동서남북 - 수화금목 등으로 상이한 차원의 상징들을 포괄적으로 배열하는 음양오행론(陰陽五行論)에 기본적으로 찬동한다. 그러나 그것이 족구이목, 용양치시까지 이어지는 설에는 반대하는데, 그것은 인의예지와 마찬가지로 춘하추동, 동서남북 등은 네 가지로 뚜렷이 구분 - 완결(完結)되지만 신체에는 발, 입, 귀, 눈 외에도 많은 기관이 있고, 또 용, 양, 꿩, 돼지 말고도 동물은 많다는 사실에서 상식적으로 추론한 결과였다.

이처럼 상식론으로 지나친 경전 해석을 비판한 정약용은 한 걸음 더 나아가 문제가 되는 경전의 적실성 여부까지 의심할 수 있게 된다.

> 복숭아씨와 살구씨를 인(仁)이라고 하는 까닭은 『易例』에 인의예지를 진태이감에 짝 짓고, 설괘(說卦) 방위에도 동서남북에 진태이감을 짝 지었기 때문에 선유(先儒)가 "인덕(仁德)은 동쪽의 만물을 낳는 덕(德)이다."라고 한 것인데, 복숭아씨와 살구씨를 인이라고 하는 것도 이런 뜻이다. 그러나 『역례』에서 물상(物象)을 취한 것을 본받을 수는 없다. 용, 양, 꿩, 돼지도 진태이감에 짝 지었는데, 인은 용이 되고 의는 양이 되고 예는 꿩이 되고 지는 돼지가 된다고 말할 수 있겠는가?[60]

앞서는 인의예지를 족구이목이나 용양치시에 한정해 맞추는 일만을 부성하였는데, 이제는 그러한 맞춤을 비롯하게 한 경전의 논리

---

60) 『전서』 제2집 제6권, 「孟子要義」(2) 桃仁杏仁 謂之仁者 易例 仁義禮智 配於震兌離坎 而說卦方位 又以東西南北 配於震兌離坎 故先儒遂以仁 德爲東方生物之德 而桃仁杏仁之謂之仁 亦此義也 易例之取物象 不可 爲典 龍羊雉豕 亦配於震兌離坎 其將曰 仁爲龍 禮爲雉 智爲豕乎

자체까지 의심하며 '본받을 수 없다[不可爲典]'고 판단하고 있는 것이다. 이는 다음의 기사에서 더욱 발전된다.

천지간에는 만물이 분연히 일어나고, 그 성정은 각각 달라 법제가 상이하다. 어쩌다 수목(數目)이 우연히 들어맞을 수는 있으나, 이를 반드시 서로 짝 지어야 할 필요가 없다. 추연(鄒衍)과 『여씨춘추(呂氏春秋)』는 천지만물 중에 혹은 다섯 혹은 넷이 되는 것은 무조건 오행(五行)에다 짝을 지었으니 그 모두의 이치가 합당하겠는가?

오음(五音)은 궁(宮)이 처음에 오고, 오행(五行)은 토(土)가 가운데 오니 합치되지 않는 첫 번째이다. 오음은 하나하나 쌓여 있기 때문에 아래는 크고 위는 작다. 반면 오행은 가지런히 나열되어 있으므로 그 덕(德)의 힘은 서로 겨루니, 합치되지 않는 두 번째이다. 오음은 궁상각미우(宮商角微羽)로 정해져서 바꿀 수 없는데, 만약 오행과 짝을 지어 각미궁상우(角微宮商羽)라 한다면 순서가 뒤섞여 버리니, 합치되지 않는 세 번째이다. 비록 그 법에 따라서 말하더라도, 오음은 궁이 미를 낳고, 오행은 화가 토를 낳으니 상반된 것이다. 오음은 미가 상을 낳고, 오행은 토가 금을 낳으니 서로 어긋나는 것이다. 오음은 궁에서 비롯되고, 오행은 순환하여 서로 낳으니, 이리저리 재 보아도 하나의 뜻도 묘합(妙合)됨이 없는데, 억지로 그것을 짝 지음이 옳겠는가?

오성을 오행에 짝 짓는 것은 아직 정해지지 않은 논의이거늘, 각성(角聲)을 듣는 사람이 동방(東方)의 목덕(木德)의 인(仁)에 감화되어 갑자기 측은(惻隱)한 마음이 일어난다면 괴상한 일이 아니겠는가? 이런 잡설(雜說)은 모두가 실리(實理)의 큰 장애물이다.[61]

---

61) 『전서』 제4집 제4권, 「樂書考存」(4) 天地之間 萬物紛興 性情各殊 規制
不侔 或其數目偶同 不必配合 鄒呂以來 凡天地萬物之或五或四者 悉以
配之於五行 其皆合於理乎 五音宮居首 五行土居中 其不合一也 五音層

정약용은 천지만물의 성정은 제각기 다양하다고 하면서, 그 다양성을 넷이나 다섯의 숫자에 맞추는 것은 억지일 뿐이라고 한다. 또한 가령 오음은 소리의 분류이고 사덕(四德)은 덕목의 분류인데, 서로 차원이 다른 분류를 억지로 합치시키는 것은 '실리(實理)'에 어긋나는 '잡설(雜說)'일 따름이라는 것이다. 이렇게 정약용은 기초적인 상식에서 출발해 오행설이라는 초월적 담론의 당위성을 일체 부정하는 데까지 나아갈 수 있었다.

"천지만물의 성정이 다양하다(天地之間 萬物紛興 性情各殊)."는 정약용의 인식은 이미 그가 주자학의 이일분수(理一分殊) 교리에서 벗어났음을 알게 해 준다.[62] 오직 하나의 리(理)가 있으며, 만물은 다양해 보이지만 사실상 그 리가 여러 가지 모습으로 깃들어 이루어진 것이며, 따라서 만물의 성질[性]은 하나의 이치[理]에 귀의한다. 결국 성은 곧 이이며[性卽理] 인성(人性)과 물성(物性)은 근본적으로 동일하다는 것이야말로 성리학의 핵심 중에서도 핵심적 교리이다. 그러나 정약용은 상식적으로 보았을 때 만물의 성질이 하나로 설명된다는 말은 납득할 수 없다고 본다.

層纍上 故下大上小 五行濟濟平列 故德力相醜 其不合二也 五音宮商角徵羽不可移易 若配五行角徵宮商羽 此序顚錯 其不三合也 雖以其法言之 五音宮生徵 五行火生土 相反者也 五音徵生商 五行土生金 相乖者也 五音稟生於宮聲 五行循環以相生 左絜右度 無一義之妙合 而強使之配合 可乎 五聲之配於五行 尙未論定 而聞角聲者 感東方木德之仁 遽發惻隱之心 非怪事乎 此等雜說 皆實理之大蠹也

62) 이는 다음의 언명(言明)에서 더욱 구체화된다. "참으로 이치가 하나라면 어떻게 만 가지로 다를 수 있겠는가? 이치가 하나라는 설은 아마도 폐단이 있지 않을까 한다."(『전서』 제2집 제6권, 「孟子要義」(2) 誠若理一 何得分殊 理一之說 恐有流弊)

내가 혼자 생각해 보니, 본연(本然)의 성은 원래 각각 다르다. 사람은 선(善)을 좋아하고 악(惡)을 부끄러워하며, 수신(修身)과 향도(向道)의 성향을 본연으로 갖고, 개는 밤에 집을 지키며 도둑을 보면 짖고, 오물(汚物)을 먹으며 짐승을 쫓는 성향이 그 본연이며, 소는 멍에를 차고 무거운 짐을 나르며, 풀을 먹고 되새김질하며, 뿔로 들이받는 성향이 그 본연이다. 이는 각각 천명(天命)을 받은 것으로 바꿀 수 없는 것이다. 소에게 사람 하는 일을 억지로 시킬 수 없고, 사람에게 개가 하는 일을 억지로 시킬 수 없는 것은, 그 형체가 같지 않아 서로 통할 수 없기 때문이 아니고, 곧 그들이 품부(稟賦)받은 이치[理]가 원래 다르기 때문이다.[63]

그러한 시각은 인간이나 사물에 각각 깃들어 있다는 성(性)을 어떤 이데아(Idea)와 같은 초월적인 원리가 아니라, 말 그대로(상식적으로) 각각의 대상에서 인식되는 성향(性向)에 불과할 따름으로 여기는 태도를 전제하지 않을 수 없다. 그리하여 정약용은 그의 유명한 '성기호설(性嗜好說)'을 제시한다.

성(性)이라는 글자는 마땅히 꿩의 성[雉性], 사슴의 성[鹿性], 풀의 성[草性], 나무의 성[木性] 등과 같이 읽어야 한다. 본래 기호로써 그 이름이 이루어진 것이니, 고원광대(高遠廣大)한 말을 갖다 씀은 불가하다. …… 기호에는 두 가지가 있다. 하나는 눈앞의 탐락(耽樂)을 기

---

63) 『전서』 제2집 제6권, 「孟子要義」(2) 臣獨以爲 本然之性 原各不同 人則
樂善恥惡 修身向道 其本然也 犬則守夜 吠盜 食穢蹤禽 其本然也 牛則
服軛任重 食芻齝觸 其本然也 各受天命 不能移易 牛不能强爲人之所爲
人不能强爲犬之所爲 非以其形體不同 不能相通也 乃其所賦之理 原自
不同

호라 할 수 있으니 가령 꿩이 산을 좋아하는 성향이나 사슴이 들을 좋아하는 성향, 성성이가 술을 좋아하는 성향과 같은 것으로, 이것을 하나의 기호라 한다. 또 하나의 기호는 그렇게 해야만 하는 삶의 본태(本態)를 기호라 하니, 가령 벼는 물을 좋아하는 성향이 있고 기장은 건조한 곳을 좋아하는 성향이 있다. …… 이와 같은 것으로 또 하나의 기호라 한다.[64]

선유(先儒)들은 성을 말함에 너무 불분명했으며, 지금 사람들은 또더러 착오를 범하고 있다. 살아 있을 때는 성이라고 하고, 죽으면 혼(魂)이라 한다는데, 실제로 성과 혼은 다른 것이며, 성은 우리 인간의 대체(大體)에 대한 전체적인 명칭은 아니다. 내가 말하기로는, 성이란 기호에 중점을 두고 말한 것이다. 가령 "사안석(謝安石)은 음악을 좋아하는 성향이었고, 위정공(魏鄭公)은 성향이 검소를 좋아하였다."라는 말과 같다. 혹은 성향이 산수(山水)를 좋아하고 혹은 성향이 서화(書畵)를 좋아한다고 하는 것은, 모두 기호를 가지고 성이라 말하는 것이다.[65]

굳이 높은 수준의 자연과학적 사고를 하지 않더라도, 벼가 물이 많은 토양에서 잘 자라는 것과 위정공이 검소함을 좋아하는 것을 같

---

64) 『전서』 제2집 제2권, 「心經密驗」 性之爲字當讀之如雉性鹿性草性木性本以嗜好立名不可作高遠廣大說也 …… 嗜好有兩端 一以目下之耽樂爲嗜好 如云 雉性好山 鹿性好野 猩猩之性好酒醴 比一嗜也 一以畢竟之生成爲嗜好 如云 稻性好水 黍性好燦 …… 比一嗜也

65) 『전서』 제2집 제6권, 「孟子要義」(1) 先儒言性 亦太渾融 今人又或錯誤生則曰性 死則曰魂 其實性與魂異 性非吾人大體之全名也 余謂 性者主於嗜好而言 若所謂謝安石性好聲樂 魏鄭公性好儉素 或性好山水 或性好書畫 皆以嗜好爲性

은 범주로 묶는 것에 당혹감을 느낄 것이다. 그런데도 정약용이 이처럼 '기호로서의 성(性)'을 온갖 '성향'에 적용한 것은 성(性)에 대해 본체론적(本體論的)인 설명을 일체 배제하고 지극히 상식적인 인식론적(認識論的) 설명을 채택했기 때문이다. 식물의 '성향'과 사람의 '성향'은 전혀 다른 원리, 목적, 작용을 갖는다. 그런데도 두 가지를 모두 '성향'이라는 한 단어로 지칭할 수 있음은 우리가 그런 현상들을 전혀 선입견이 없는 상태로 관조(觀照)하기 때문이다. 벼를 보니 물이 많은 곳에서 잘 자라는 것 같고, 꿩은 들보다 산에서 사는 것 같고, 사안석은 음악을 좋아하고 위정공은 검소한 생활이 몸에 맞는 것 같다. 그래서 대상이 가진 정체성(正體性)을 가장 기초적으로 인식할 수 있는 수준이 바로 성(性)이며, 이를 그 대상의 기호(嗜好)라고 이해할 수 있는 것이다.

이른바 고원광대(高遠廣大)한 말, 일체의 추상적, 초월적인 이념체계를 배제하여 정초(定礎)된 이러한 심성론(心性論)은 사람의 마음에 도심(道心)이라 명명할 수 있는 특별한 도덕지향적 성향이 있다고 인식하는 단계까지 발전한다.

우리의 영체(靈體) 안에는 본래 뭔가를 하고자 하는 욕망(慾望)의 일단(一端)이 있다. 만약 이런 욕망의 마음이 없다면, 천하의 일은 도무지 이루어지지 않는다. 이욕(利慾)에 밝은 자의 욕망은 이욕을 좇아 꿰뚫어 나가며, 의리에 밝은 자의 욕망은 도의에 따라 꿰뚫어 나간다. 욕망의 지극함에 이르러서는 이 두 욕망이 모두 자기 목숨까지 주저 없이 버리도록 한다. 이른바 탐욕스런 사람(貪夫)은 재물을 위해 죽고, 열사(烈士)는 이름을 위해 죽는다. 내 일찍이 어떤 사람을 보았는데 그의 마음이 담박(淡泊)하여 무욕(無慾)하였다. 그러니 선한 일도 못 하고 악한 일도 못 하며, 글공부도 이루지 못하고 돈벌이도 하지 못한 채 단지 천지간에 쓸모없는 존재가 되었다. 인간이 어찌 욕망이 없을 수 있는가?[66]

사람은 항상 악의 구렁텅이에 빠져 있는데, 그러한 것을 성선(性善)이라 함은 어떤 까닭일까? 사람은 언제나 한 가지 선행을 행하면 반드시 마음이 유쾌해진다. 이는 그 적성(適性)에 알맞기에 유쾌함이 아닐까? 사람은 언제나 한 가지 악행을 행하면 반드시 허전한 마음이 들며 스스로 위축된다. 이는 그 성을 거슬렸기에 허전한 마음이 드는 게 아닐까? 갓난아이가 우물에 빠지면 반드시 황급히 달려가 구해 내며, 그런 뒤에야 마음이 편해진다. 의롭지 못한 오리고기가 있다면 반드시 사양하여 먹지 않으며, 그런 뒤에야 마음이 편해진다. 머리가 허연 노인과 동행한다면 반드시 그의 무거운 짐을 나눠 짊어지며, 그런 뒤에야 마음이 편해진다. 선한 사람이 모함(謀陷)을 당했다면, 반드시 그의 원한을 풀어 준다. 그런 뒤에야 마음이 편해진다. 무릇 이와 같은 경우에 처해 실행하지 못한 사람들은 모두가 부끄러워하고 위축되며 편안치 못하니, 그 까닭은 자신의 성(性)대로 행했느냐의 여부에 달려 있지 않겠는가? 그러므로 자신의 성에 따르면 선해질 수 있다 하는 것이다. 성에 따르는 그것을 도(道)라고 하며, 성에 따라 우러나는 마음을 도심(道心)이라 한다.[67]

---

66) 『전서』 제2집 제2권, 「心經密驗」 吾人靈體之內本有願欲一端 若無此欲心則天下萬事都無可做 唯其喩於利者欲心從利祿上窄去 其喩於義者欲心從道義上窄去 欲之至極二者皆能殺身而無悔 所謂貪夫殉財 烈士殉名也 余嘗見一種人其心泊然 無慾不能爲善 不能爲惡 不能爲文詞 不能爲産業 直一天地間棄物 人可無欲哉

67) 『전서』 제2집 제3권, 「中庸自箴」(1) 人恒陷於惡 其謂之性善者何也 人每行一善事 其心必愉然以快 豈非適性故愉然乎 人每行一惡事 其心必

사람에게는 항상 두 개의 상반(相反)된 뜻이 있어 일시에 같이 발하게 되니, 이것이 곧 인귀(人鬼)의 관계이며 선악(善惡)의 기미이다. 인심과 도심이 교전(交戰)하여 의가 이기느냐 욕이 이기느냐 하는 판결에서, 사람이 이에 대해 맹성(猛省)하여 힘써 이기게 되면 도에 가깝게 된다. 하지 않아야 할 것과 하고자 하지 말아야 하는 것이 도심에서 발하게 되면 이것이 바로 천리(天理)이고, 하지 않아야 할 것을 하고, 하고자 하지 말아야 할 것을 하고자 하는 것이 인심에서 발하게 되면 이것은 사욕(私慾)이다. 하지 않아야 할 것을 하지 않고, 하고자 하지 말아야 할 것을 하지 않음으로써, 인심을 잘 제어하고 도심을 따르게 되면 이것이 이른바 자기의 사욕을 극복하여 예로 돌아간다는 것이다.[68]

정약용은 인간이 욕망의 덩어리라는 현실을 냉정하게 관찰한다. 그것이 인간의 두드러진 기호(嗜好), 성향이다. 하지만 선행을 하면 뿌듯해하고(아무리 악인이라 해도), 악행을 하면 부끄러워하는 낙선치악(樂善恥惡)의 성향도 일반적으로 관찰된다. 그렇다면 그것은 선이 인간의 근본적인 성향이기 때문일 것이다. 따라서 맹자의 성선설

欲然自慊 豈非拂性故欲然乎 赤子入井 必急往援出 而後安於心 駃肉當前 必固辭不食 而後安於心 班白同行 必分其重任 然後安於心 善人被誣 必暴其怨枉 然後安於心 凡遇此而不能行者 皆而心慊不安 其安與不安豈非適性與拂性之故乎 故曰率性可以爲善 率性之謂道 故性之所發謂之道心

68) 『전서』 제2집 제6권, 「孟子要義」(2) 人恒有二志相反 而一時並發者 此乃人鬼之關 善惡之幾 人心道心之交戰 善勝欲勝之判決 人能於是乎猛省而力克之 則近道矣 所不爲所不欲 是發於道心 是天理也 爲之欲之 是發於人心 是私欲也 無爲無欲 是克制人心 而聽命於道心, 是所謂克己復禮也

(性善說)도 긍정할 수 있다. 하늘이 내린 것이 성(性)이며, 그 성에 따르는 것이 도(道)라고 하는 『중용』의 교리(天命之謂性 率性之謂道)도 긍정할 수 있다. 주자학을 따라서 성(性)이나 리(理)를 어떤 우주적(宇宙的)인 본체로 상정하지 않고도 그러한 긍정이 가능했던 것이다.

가장 평범하고, 어느 누구나 자연스레 받아들일 수 있는 상식적인 관념으로부터 정약용 사상의 근본은 싹을 틔웠고, 이윽고 만발하여, 고원광대(高遠廣大)한 이념의 토양에서 자라난 주자학의 꽃과 자웅(雌雄)을 겨루게 되었다.

(3) 효용(效用)에 근거한 학문과 실천 ― 상식적 실용주의

이제까지 정약용의 사상을 상(常) 중심으로 풀이하면서, 경전, 사건, 사물을 해석하고 판단하며, 나아가 자신의 이론을 구축하는 '이론(理論)'의 측면을 검토하였다. 그러면 '실천(實踐)'의 측면에서 정약용의 사상은 어떻게 상(常)으로 풀이되는가? 먼저 그 '실용주의적' 태도를 살펴볼 수 있다.

앞서 말했듯, 정약용은 추상적인 거대 담론에 몰입하지는 않았으나 서학(西學)의 과학적 성과나 주역(周易)의 원리에 대해 깊이 탐구하였다. 그 이유는 그의 개인적인 지적 욕구에도 있겠지만, 정약용 자신은 그러한 지식의 실용성(實用性)에서 학문의 의의를 찾고 있다.

『주역』에 또 무슨 신비[幽]한 의미가 있단 말인가. 설괘(說卦)를 지어 양우마시(羊牛馬豕)의 형상에 비유하고, 익전(益傳)을 지어 그 변하여 옮기며 오고 가는 자취를 표현하고, 아홉이니 여섯이니 하는 숫

자를 빌려 그 변동하고 흘러가는 바의 쓰임을 제시하였다. …… 이로
써 국가의 일을 결정할 때 의문이 드는 점을 해결하고, 백성의 일용
(日用)을 편리하게 해 주려 했을 뿐, 『주역』에 또 어떤 내밀(內密)한
의미가 있겠는가.69)

군자(君子)가 『주역』을 좋아하는 이유는 무엇인가? 바로 오르고 내
리며, 오고 가며, 나아갔다 물러서며, 줄어들고 늘어나는 현상을 완미
(玩味)하고 경계할 수 있기 때문이다. …… 이로써 수신(修身)하여 지
나친 잘못이 없도록 하고, 이로써 치민(治民)하여 백성들이 혜택을 입
도록 하고, 이로써 처세(處世)하여 위험에 빠지지 않고, 이로써 사물
을 관찰해 상앙(祥殃), 화복(禍福)을 분명히 예견할 수 있은 뒤에야
비로소 성인(聖人)의 책이라 할 수 있다.70)

이처럼 정약용에게 있어서 학문의 의의는 실용(實用)에 있다. 그
는 '오학론(五學論)'에서 성리학, 고증학, 문장학(文章學), 과거학(科
擧學), 술수학(術數學) 등 당시 선비들이 섭렵하던 제 학문(諸學問)
을 두루 논평하며 실용성 여부가 학문의 가치를 결정한다는 주장을

---

69) 『전서』 제1집 제11권, 「詩文集」, "易論" 且易亦何有之 有爲之說卦 以喻其
羊牛馬豕之象 爲之翼傳 以著其推移往來之跡 爲之曰九 而曰六 以顧其變
動遷流之用 …… 以決國疑 以前民用易 亦何幽之有
70) 『전서』 제1집 제19권, 「詩文集」, "與尹畏心" 君子之喜易也何哉 亦唯是昇
降往來進退消長之象 是玩是戒耳 …… 以之修身 而身無過惡 以之治民 而
民蒙利澤 以之處世 而不機辟 以之觀物 而祥殃禍福之來 可以逆覩無錯 夫
然後方可謂聖人之書. 또한 그는 『주역』의 「說卦傳」에서 "옛날 성인이 『역』
을 지을 때 장차 성명(性命)의 이치에 따르고자 하였다(昔者 聖人之作易也
將以順性命之理)."라는 구절에 대해 주석을 생략하였으며, 그렇게 함으로써
『주역』을 자연철학과 인문학이 결합된 성리(性理)의 전범이 아니라 단지
인문학적 텍스트로 읽으려 하였다. 이러한 시각은 황병기, "다산 정약용의
역상학", 연세대학교 철학과 박사학위논문. 2004. p.201. 참조.

폈다. 그는 특히 당대의 성리학자들의 공학(空學)·현학적(衒學的)
태도를 다음과 같이 비판한다.

> 예(禮)는 효제충신(孝悌忠信)을 실행하는 절문(節文)이다. 그런데
> 이를 모르고는 '명물(名物)과 도수(度數)는 도학(道學)의 말절(末業)'
> 이라 하고, '제기(祭器)를 다루는 일은 따로 담당자가 있다.'고 한다.
> 악(樂)은 효제충신을 즐겁게 행하도록 하는 방법이다. 그런데 이를 모
> 르고는 '영가무도(詠歌舞蹈)는 외사(外事)일 뿐이다.'고 하고, '악(樂),
> 악 하는데 종과 북이 악이겠는가.'라는 소리만 늘어놓는다. 형정(刑政)
> 은 효제충신을 이루도록 보조한다. 그런데 이를 모르고는 '형명공리
> (刑名功利)는 성문(聖門)에서 꺼리는 바이다.'라고 한다.[71]

당대의 선비들이 필수적인 실용 학문의 원래 의미를 모르고, 외면
하고 있다는 이 주장은 결국 예악(禮樂), 형정(刑政)은 그 실용성에
의의가 있으며, 비록 유가의 경전에 "음악은 그것을 실제 연주하는
악기(樂器)에 본래 의의가 있지 않다."거나 "군자는 형정(刑政)을 꺼
린다."는 말이 있으되 그 의미는 실용성을 기준으로 해석해야 마땅
하다는 뜻을 포함하고 있다.

정약용은 개인의 수양(修養) 역시 실용성을 무시할 때 공허할 수
밖에 없다는 점을 분명히 한다. 가령 그는 『맹자』「진심상(盡心上)」

---

71) 『전서』 제1집 제11권, 「詩文集」, "五學論" 禮者 所以節文乎孝悌忠信之
行者也 則勿知焉曰 名物度數 於道末也 曰籩豆之事 則有司存 樂者 所
以悅樂乎孝悌忠信之行者也 則勿知焉曰 詠歌舞蹈 於今外也 曰樂云樂
云 鐘鼓云乎 刑政者 所以輔成乎孝悌忠信之行者也 則勿知焉曰 刑名功
利之學 聖門之所忌也

25의 주석에서 정이(程頤)가 "다만 주경(主敬)을 하면 그것이 곧 선행(善行)을 함이다(只主於敬 便是爲善)."라고 한 데 반하여 이렇게 반박하고 있다.

> 어버이를 섬기는 자는 닭이 울 때 일어나 세수하고 이를 닦고 머리를 빗고 쪽을 찌고 비녀를 꽂고서 부모의 처소에 나아가야 한다. 임금을 섬기는 자는 닭이 울 때 일어나 목욕하고 홀을 꽂고 용모를 단정히 하고 패옥의 소리를 살피고 가묘(家廟)에 읍(揖)하고서 수레를 타고 임금의 처소에 나아가야 한다. 어느 겨를에 눈을 감고 꿇어앉아 주경(主敬)의 공부를 일삼겠는가? 이는 부모가 돌아가신 뒤인 사람 또는 임금을 섬기지 않는 사람이라야 가능한 일이다.72)

일상적인 예절(禮節)과 업무를 수행하는 것이 혼자 묵좌정존(默坐正存)하며 내밀한 세계로 몰입하는 것보다 내실(內實) 있다는 주장은 그의 저작 여러 곳에서 되풀이된다. 그는 또한 일반 민중의 덕행(德行)에 대해서도 실용성의 기준을 들이댄다.

> 세상사 가운데 자기 목숨을 끊는 일보다 더 흉한 일이 없다. 자기 목숨을 끊는 일에서 무얼 배울 게 있겠는가? 오직 그것이 의(義)에 합당한 경우에만 타당할 것이다. 지아비가 맹수나 도적을 만나 피살되었는데, 아내가 그를 지키다가 함께 죽었다면 이는 열부(烈婦)이다. 또는 자신이 도덕이나 치한에게 욕보일 위기에 끝까지 저항하다가 죽

---

72) 『전서』 제2집 제6권, 「孟子要義」(2) 事親者 鷄鳴而起 咸盥漱櫛縱 笄總 以適父母之所 事君者 鷄鳴而起 沐浴搢笏 習容觀玉聲 揖私朝 登車以 適君所 何暇瞑目危坐 以事主敬之工哉 此惟父母既沒 又不事君者 方得 爲之

었다면 이는 열부이다. 또는 일찍 과부가 되었다가 부모 형제들이 강제로 재가(再嫁)시키려는 것을 끝까지 항거하다가 죽음으로 맞섰다면 이는 열부이다. 지아비가 억울함을 품고 죽을 때 아내가 울부짖으며 정상을 밝히려다 끝내 뜻을 이루지 못하고 함께 처벌당해 죽었다면 이는 열부이다.

지금 논하는 경우는 이런 경우가 아니다. 지아비가 편안히 천수(天壽)를 누리다 안방 아랫목에서 조용히 죽었는데 아내가 따라 죽으면 이는 공연히 자기 목숨을 끊은 것이다. 그 죽음이 어찌 의롭다 하겠는가. 분명히 말하건대 공연히 자기 목숨을 끊는 일만큼 흉한 일이 없다. 의롭지 않은 자살은 천하의 가장 흉한 일이다. 그런데 이처럼 천하의 가장 흉한 일을 두고 백성을 다스리는 직분에 있는 자들은 그 마을에 정문(旌門)을 세우고, 호역(戶役)을 면제해 주고, 그 아들과 손자들까지 요역을 덜어 준다. 이는 천하의 가장 흉한 일을 좇아서 따르도록 백성들에게 권하는 셈이니, 어찌 옳다고 하겠는가.

지아비의 죽음은 일가(一家)의 불행이다. 또한 늙은 시부모를 봉양할 사람이 없고 어린 자녀들을 양육할 사람이 없으면, 과부(寡婦)는 마땅히 슬픔을 억누르고 생계에 힘써야 한다. 위로는 외로운 시부모를 보양하다가 세상을 떠나면 장사와 제사를 드리고, 아래로는 외로운 자녀들을 기르다가 장성하면 관례와 혼례를 시켜 주어야 옳다. 그런데 별안간 스스로 독한 마음을 먹어, "그 사람이 이미 죽었으니 내가 시부모를 위해 살겠느냐. 그 사람이 이미 없으니 내가 자녀들을 위해 살겠느냐."고 생각하고는 그대로 돌아보지 않고 도리에 목을 매어 죽고 만다. 이런 사람을 어찌 고집스럽고 잔혹하며 불효하고 무자비하다고 하지 않을 수 있겠는가.[73]

---

73) 『전서』 제1집 제19권, 「詩文集」, "烈婦論" 夫天下之事之凶 未有甚於殺其身者也 殺其身 奚取焉 唯殺其身 當於義是圖也 夫爲虎狼盜賊所逼迫妻從而衛之死焉 烈婦也 或已爲賊人淫人所逼迫 强之汚 不屈而死則烈

정약용은 당시 일종의 유행처럼 번지던 '열녀 만들기' 풍조의 허위(虛僞)를 통렬히 고발한다. 그러면서 그는 열(烈)이라는 덕목 자체에는 의문을 품지 않으며, 다만 그런 덕행은 직접 지아비를 도와 목숨을 걸든지, 아니면 지아비가 먼저 죽은 다음 시부모와 자녀를 돌보는 일이 되어야지 단순히 지아비를 따라 목숨을 끊는 일은 아무 실용(實用)이 없기에 덕행이 될 수 없다는 입장을 분명히 하고 있다.

이처럼 정약용은 공허한 명분(名分)이나 경박한 학풍(學風)에 구애되지 않으며, 이익으로든 도덕으로든 일상생활에서 도움이 되느냐 여부를 기준으로 학문이나 제도(制度), 행동의 가치를 평가했다. 하지만 이런 그의 입장은 어떤 근본적인 가치의 존재를 부정하며 개인의 관심(觀心)과 의미 부여에 따라 대상의 가치가 정해진다는 '심화된' 근대 실용주의의 입장과는 거리가 있다.[74] 그가 어떤 도구주의

婦也　或蚤寡　其父母兄弟欲奪己之志　以予人拒之不能敵　以死則烈婦也
其夫抱冤而死　妻爲之鳴號　暴其狀不白　並陷刑以死則烈婦也　今也不然
夫安然以天年終于正寢之中　而妻從而死之　是殺其身而已　謂之殺其身
當於義則未也　吾固曰殺其身　天下之凶也　旣不能殺其身當於義　則是徒
爲天下之凶而已　是徒爲天下之凶者也　而爲民上者　且爲之綽其楔　丹其
榜　復其戶　蠲其子若孫絲役　是勸其民相慕效　爲天下之凶也　惡乎可哉
丈夫死　有家之不幸也　或舅姑老無所養　或諸子女有無所有育　爲死者妻
者　當忍其哀　黽勉其生　仰而養其無所養者　至其死也　爲之葬薶焉　祭祀
焉　俯而育其無所育者　至其長也　爲之冠笄焉嫁娶焉可也　一朝悍然自刻
于心曰　一人死　吾無所爲舅姑矣　一人死　吾無所爲子女矣　於是引吭　自
經于桁樾之下　而弗與顧也　若是者　庸詎非狼戾殘忍　大不孝不慈者也

74) "실용주의는 한마디로 반(反)본질주의(antiessentialism)이다."(Richard Rorty, 『실용주의의 결과』, 민음사, 1996. p.338) 정약용은 일부 그런 식으로 해석될 소지가 있는 주장을 펴기도 한다. 가령 『중용강의보』에서 그는 이벽(李蘗)의 말을 빌려 "군자(君子)의 정책은 반드시 삼대(三代)에서 실행했다는 증거를 찾지 못해도 된다. 백성들이 그렇게 믿어 준다면 그

(道具主義)를 지향하고 있는 것도 아니다. 따라서 이는 "학문이든 뭐든, 뭔가 쓰임새가 있어야 하지 않느냐"는 소박한 실용주의, 상식적인 실용주의라고 보아야 한다.

(4) 세속의 관행에 대한 존중 ― 상식적 현실주의

정약용은 경서의 고증, 사실의 검증 그리고 상식적 분석을 통해 탐구 대상이 되는 경전이나 이념, 제도 등을 철저하게 파고드는 면모를 보여 준다. 하지만 그는 한편으로 그렇게 해서 얻어진 지식을 현실에 적용할 때, 지나치게 현실의 상황(勢)을 도외시하고 이상(理想)을 추구해서는 안 된다는 입장 또한 견지하고 있다. "무릇 일이 상정(常情) 밖에서 나온 것은 폐단이 없을 수 없다."[75]고 밝힌 그는 국가와 사회의 운영에 예(禮)의 실용성이 특히 중요하다고 하면서도[76] 고례(古禮)를 지금의 현실에 곧이곧대로 적용할 수는 없다고

게 바로 삼대의 정치가 된다."는 언급을 하고 있다(『전서』 제2집 제4권, 「中庸講義補」(子曰吾說夏禮節) 然則無徵而揆自一矣 何必切切於徵哉 不然被三王者從何出道耶 亦不過本諸身徵諸民而已). 하지만 이를 심화된 실용주의적 주장으로 해석한다면 사실(事實)에 입각해 대상을 판단하는 그의 '상식적 실증주의'와 모순된다. 이는 결국 증거를 구하나 현실적으로 얻기가 불가능할 경우, 상식윤리학적인 입장에서 '백성에 의한 증명'을 통해 그 진가(眞假)를 확인하나는 방침으로 보아야 할 것이다.

75) 『전서』 제1집 제18권, 「詩文集」, "答李基慶" 夫事之出於常情之外者 不能無弊

76) "예는 상하의 지위를 정하고 혐의를 분별하는 것으로, 예를 알지 못하면 보지도, 듣지도, 말하지도, 움직이지도 못한다. 따라서 몸을 바로 세울 수 없게 된다."(『전서』 제2집 제13권, 「論語古今注」(7) 禮 所以定上不別嫌疑 不知禮 則無以視聽言動 故不能植其身)

밝힌다.

　　고례(古禮)를 지금 시행하지 않는 것은 감히 옛것을 가벼이 여겨서 행하지 않는 것이 아니다. 예(禮)는 천지의 정으로 인정(人情)에 합치해야만 한다. 그런데 동한(東漢) 이후 위서(緯書)가 범람하여 우벽(迂僻)한 설이 정리에 맞지 않게 되었다. 예는 이로 말미암아 폐하여지고 비속하고 약삭빠르고 천박한 습속이 그 틈을 타서 만연되었다. 그 처음에 바로잡지 못한다면 그대로 답습하는 오류를 구제할 수 없게 되며 따라서 옛것을 회복할 수 없게 될 것이다. 그러므로 힘써 배척하고 바로잡았으며, 감히 진실을 굽혀 따르지는 않았다. 그러나 뜻이 순수(純粹)하고 별 흠이 없는 것은 삼가 지키고 잃지 않도록 했다[77]

　　그는 예학(禮學)을 본격적으로 다룬 저작인 「상례사전」의 서두에서는 이렇게 변명(辨明)조로 "힘써 배척하고 바로잡았으며, 감히 진실을 굽혀 따르지는 않았다."고 말한다. 하지만 실제 민간의 풍속을 교화(敎化)하는 문제를 놓고서는 다음과 같이 보다 적극적인 현실수용론을 전개한다.

　　지금은 백성들의 거주 방식에 일정한 법도가 없고, 도덕과 기예를 배우고 익힌 선비들이 교야(郊野)에 흩어져 살고 있다. 따라서 현자를 높이고 백성들을 추스르는 예(禮)를 해당 관리들이 시행할 수 없으니, 민간에서 일반인들끼리 향례(鄕禮)를 시행하는 것도 역시 시대에 맞

---

77) 『전서』 제3집 제1권, 「喪禮四箋」(序) 古禮之不今行 非敢薄古而不爲 禮者天地之情 協乎人情而協 東京而降 緯書大興 迂僻之說 不協于情 禮由是廢 而鄙俚儇薄之俗 得以抵其隙 不厭初不匡 沿襲之誤不可救 而古不可復 故力觚排矯繩 不敢曲從 若夫純粹無疵者 謹守而勿失

추어 조처하는 뜻(時錯之義)이다.[78)]

　예(禮)란 일정한 지위를 가진 사람을 기준으로 만들어진 것이다. 지위가 없는 사람은 재산 또한 없게 마련이다. 지위도 없고 재산도 없으면서 예를 갖추려고 하는 것은 예가 아니다. 이 두 가지가 없으면, 습(襲)할 때 옷을 다 갖출 필요가 없고, 염(斂)할 때 이불이 있어야 할 필요가 없고, 관(棺)에 반드시 곽(槨)이 있어야 할 필요도 없으며, 매장할 때 반드시 봉분(封墳)을 만들 필요도 없다. 오직 각자의 능력에 따르면 그만이다.[79)]

　정약용은 국가개혁 정책을 입안(立案)하면서도 그것이 비록 옛 예제(禮制)나 이상(理想)에 부합한다고 해도 당시의 현실에 적용하기 무리라면 시도하지 않는다는 입장을 보인다. 가령 그는 자신이 가장 역점(力點)을 두었던 토지개혁안을 논하며, 앞선 왕망(王莽)의 개혁 사례에 대해 이렇게 말한다.

　왕망은 스스로 선왕의 법을 회복한다고 했지만, 실제로 위로는 고법(古法)과 합치되지 않았으며, 아래로는 순속(順俗)에 실패했으니 그러기에는 역부족이었다.[80)]

---

78) 『전서』「詩文集」 권12 "江皐鄕射禮序" 今也 居民無法 學道習藝之士 散處郊野之外 而興賓屬民之禮 有司者不能擧 則鄕禮之行於草茅之間 亦時錯之義也
79) 『전서』「詩文集」 권14 "題檀弓箴誤" 禮也者 爲有位者而作 其無位者 亦復無材 無位無材 而欲備禮者 非禮也 二無者 襲不必具稱 斂不必有 衾 棺不必有槨 葬不必有封 唯其力也
80) 『전서』 제5집 제6권, 「經世遺表」(6) "地官修制 田制"(5) 王莽自以爲復 先王之法 而其實 上不協古 下不順俗 不足以與於是也 그는 왕안석(王

그는 불변의 원칙을 고수하면서도 그 실제 적용에 있어서는 그 시대의 현실에 맞는 형태로 제시할 필요가 있다고 보았다.

> 은(殷)나라 사람이 하(夏)를 계승하고서 줄이고 보태는 일이 없을 수 없었고, 다시 주(周)나라 사람이 은을 대신하고서도 역시 줄이거나 보탤 수밖에 없었다. 세도(世道)라는 것은 강물의 흐름과 같으니, 한 번 정한 것이 만세(萬世)토록 변동하지 않는다는 것은 이치상 불가능하기 때문이다.[81]

어떤 원칙을 제시하면서 그것이 현실적인 이유로 통용(通用)될 수 없다고 스스로 억제하는 모습은 개혁가나 사상가에게 일반적으로 어울리지 않는다. 실제로 서구의 상식철학자들은 이런 입장 때문에 더러 비판을 받았으며, 상식 자체가 무조건적인 보수(保守)의 근거가 된다는 견해도 상당하다. 하지만 비판적 상식철학은 현실을 무조건 추종하려는 것이 아니다. 다만 현실을 존중하고, 어떤 이념이 현실 상황에서 보편적으로 받아들여질 수 있는 조건을 선호할 따름이다. 정약용 역시 비록 '시착지의(時錯之義)'와 '순속(順俗)'을 말하고 있으나, 결코 무시할 수 없고 타협할 수도 없는 불변의 원칙을 지향했다.[82] 그리고 정약용은 단지 현실에 타협하고 조정할 뿐 아니라, 상

安石)의 개혁에 대해서도 비슷한 평가를 한다(후술함).

81) 『전서』 제5집 제1권, 제1권, 「經世遺表」(1) "邦禮艸本 引" 殷人代夏 不能不有所損益 周人代殷 不能不有所損益 何則 世道如江河之推移 一定而萬世不動 非理之所能然也

82) 앞서 든 사례를 보아도, 그것을 현실에 임해 이상을 굽힌다고만 볼 것이 아니라, 냉엄한 현실 가운데서도 원칙을 조금이나마 지켜 나가려고 애쓴다고 볼 수도 있을 것이다. 다시 다른 각도에서 보면, 그는 오행설

식철학을 통해 구축한 원칙을 근거로 다른 이론, 이념을 비판하는 적극적인 입장도 나타낸다. 『맹자요의』에서 양주(楊朱), 묵적(墨翟)을 논하며, 이들은 각기 나름의 도(道)를 추구하였으나 너무 지나친 나머지 무부(無父)와 무군(無君)에까지 이르렀고, 이는 중용(中庸)을 잊고 몰상식(沒常識)에 빠진 것으로 모범으로 삼을 수 없다는 주장 등이 그것이다(이에 대해서는 후술한다).[83]

결국 이것은 현실을 넘어서는 이상을 원칙적으로 배제하며, 경험적으로 확인가능, 계량가능한 이익(利益)만을 추구할 가치로 삼는 냉혹한 현실주의, 이른바 서구 근대의 현실주의(Realpolitik)와는 다르다. 이상의 가치를 견지하면서도 그 적용에 대한 타협과 절충의 여지를 남기는 그리고 이상을 검증해 나가는 과정에서 상식을 중시하는 상식적 현실주의다.

(5) 불변의 보편적 원칙의 추구 ─ 상식윤리학

앞서 정약용의 상식철학적 탐구가 인간의 마음에서 도덕을 지향하는 기호(道心)를 찾아내는 데 이르렀다고 했다. 그렇다면 그 도덕의 내용은 무엇인가? 우리는 어떻게 그것이 도덕인지 여부를 알 수 있

(五行說)을 불신하면서도 오행을 일체 폐기해야 한다고 주장하지는 않았고, 성리학에 비판적이면서도 되도록 심리학을 정면으로 공격하지 않았다. 말하자면 그는 '낡은 이념 / 새로운 현실' 두 가지 모두를 지켜 가야 할 '불변의 원칙'에 비추어 절충했던 셈이다.

83) 정약용은 여기서 양주, 묵적의 예를 들고 있으나, 그가 한때 귀의(歸依)했으며 그 때문에 평생 제약을 받아야 했던 천주교를 빗대면서 자신이 이미 완전히 배교(背敎)했음을 고백하고 있는 것인지도 모른다. 당시 천주교를 공박하는 기본적 논지가 무부무군이었기 때문이다. 김영일, 『정약용의 상제사상』, 경인문화사. 2003. pp.52-55. 참조.

는가?

앞서 정약용의 성기호설과 그에 따른 인심도심설에 따르면 한 인간의 선악(善惡)은 초월적인 도리(道理)나 그에게 내재된 기질(氣質)이 아니라 그 스스로의 의지에 따른 행동의 선택에 따라 결정되는 것이다. 사람에게는 선을 좋아하는 기호가 있는가 하면 악을 좋아하는 기호도 있고, 여기서 자신이 가진 '자주지권(自主之權)'에 따라 선을 택했을 때만 그가 참으로 선하다고 칭송(稱頌)할 수 있고, 반대로 악을 택했을 때 악하다고 징계(懲戒)할 수 있는 것이다. 호랑이가 사슴을 잡아먹었다고 호랑이를 잔인하다며 징계할 수는 없다. 호랑이에게는 다른 행동을 고려하고 선택할 자주지권이 없으며, 호랑이는 자신에게 주어진 기호(嗜好)대로 행동했기 때문이다.

기린은 본래 선하도록 되어 있다. 따라서 그 선한 것이 공(功)이 되지 않는다. 표랑(豺狼)은 악하도록 되어 있다. 따라서 그 악한 것이 죄(罪)가 되지 않는다. 그러나 인간은 그 재(才)가 선할 수도 악할 수도 있다. …… 식색(食色)에 대한 욕망은 안에서 유혹하고, 명리(名利)에 대한 욕망은 밖에서 끌어당긴다. 인간은 사적(私的)으로 볼 때 편안함을 좋아하고 수고로움을 싫어하는 기질(氣質)을 갖는다. 그러므로 그 세(勢)가 선을 따르기는 높은 곳을 오르는 것과 같고, 악을 따르기는 흙담이 무너지는 것과 같은 것이다. 하늘이 몰라서 그렇게 만든 것이 아니다. 이와 같이 한 후에야 선행이 참으로 귀한 것이 되기 때문이다.[84]

---

84) 『전서』 제2집 제32권, 「梅氏書評」(4) "閻氏古文疏證百一抄" 麒麟定於善 故善不爲功 豺狼定於惡 故惡不爲罪 人則其才可善可惡 能在乎自力 權在乎自主 故善則讚之(以其有可惡之機故讚之), 惡則詰之(以其有能善

한편 도덕 원칙의 내용 역시 어떤 천리(天理)에 따라 정해지는 것이 아니라 '사람들 사이의 교제(交際)'에 임해 자연스럽게 요청되어 규정되는 것으로, 상식윤리학적으로 이해된다. 우리는 각자 상이한 도덕 준칙을 가지고 있다. 기독교를 믿는 사람과 이슬람교를 믿는 사람의 도덕 준칙은 서로 다른 점이 있고, 때로는 상반(相反)되기도 한다. 이 밖에도 계층(階層)의 차이나 성(性)의 차이, 국적(國籍)과 세대(世代)의 차이 등이 저마다의 독특한 도덕관을 만든다. 그러나 어느 누구도 인정할 수밖에 없는 보편적이고 불변하는 도덕 원칙도 있다. 바로 사람과 사람이 만날 때, 상호작용을 하면서(交際) 자연스럽게 이루어지는 공경(恭敬), 배려(配慮) 등의 덕목(德目)이다. 자신의 처지를 헤아려 타인을 배려하는 것, 그것이 곧 혈구지도(絜矩之道),[85] 즉 모든 행동의 준거인 서(恕)다.

우리 도(吾道)는 무엇을 하자는 것인가. 교제를 잘하자는 것뿐이다. 교제를 잘한다는 것은 무엇을 말하는가? 윗사람에게서 싫어하는 것으로 아랫사람을 부리지 말라는 것이며, 아랫사람에게서 싫어하는 것으로 윗사람을 섬기지 말라는 것이며, 앞사람에게서 싫어하는 것으로 뒷사람에게 하지 말라는 것이며, 뒷사람에게서 싫어하는 것으로 앞사람을 따르지 말라는 것이며, 오른쪽 사람에게서 싫어하는 것으로 왼

之才故詰之) …… 食色誘於內　名利引於外　又其氣質之私　好逸惡勢　故其勢從善如登　從惡如崩　天非不知而使之然也　爲如是然後　其爲善者可貴也

85) "혈구(絜矩)란 직각자[矩]로써 헤아리는[絜] 것이다. 상하사방(上下四方)을 서(恕)로 헤아림은 모두가 사람과 사람 사이의 교제인 것이다."(『전서』 제2집 제1권, 「大學公議」(3) 絜矩者　絜之以矩也　上下四方　絜之以恕　皆人與人之交際也)

쪽 사람을 사귀지 말라는 것이며, 왼쪽 사람에게서 싫어하는 것으로 오른쪽 사람을 사귀지 말라는 것이니 이것을 일컬어 교제를 잘한다는 것이다. 이를 한 글자로 총괄해 말하면, 곧 서(恕)가 아니겠는가?[86]

　　하나의 서(恕) 자로 상하, 전후, 좌우를 꿰뚫었으니, 이는 다만 "자기가 하고 싶지 않은 일을 남에게 베풀지 말라."는 것이다. 그 도(道)는 지극히 간략하여, 오직 서(恕) 한 자이지만 이를 내놓으면 육합(六合)을 가득 채운다. 육합은 정방형(正方形)으로, 자로 잴 수 있는 것이다. 누가 내 아버지를 멸시하면 나는 그를 미워하리라. 그러므로 『대학』의 양로(養老)의 예(禮)는 남의 아버지를 공경하는 것이다. 그러면 그 결과 백성들 사이에 효(孝)의 기풍이 이루어지게 된다. 누가 내 형(兄)을 멸시하면 나는 그를 미워하리라. 그러므로 『대학』의 서치(序齒)의 예는 남의 형을 공경하는 것이다. 그러면 그 결과 백성들 사이에 제(弟)의 기풍이 이루어지게 된다. 그러므로 군자에게 혈구지도가 있다고 하는 것이다.[87]

　　즉 선과 악의 기호가 모두 인식될 때, 타자와의 관계에서 선을 선택하도록 힘쓰는 것이 근본적인 도덕의 의미이다. 그리고 타인과의 관계에서 자연스레 정립된 서(恕)의 원칙, "자기가 하고 싶지 않은

---

86) 『전서』 제2집 제13권, 「論語古今注」(7) 吾道何爲者也, 不過爲善於其際耳 善於際何謂也 所惡於上毋以使下 所惡於下毋以上 所惡於前毋以先後 所惡於後毋以從前 所惡於右毋以交於左 所惡於左毋以交於右 斯之謂善於際也 括之以一字非卽爲恕乎
87) 『전서』 제2집 제1권, 「大學公議」(3) 一恕字 以貫上下 以貫前後 以貫左右 但曰 己所勿欲 勿施於人 其爲道至簡至約 只一恕字而放之 則彌乎六合 六合正方 可絜之以矩也 人慢我父 我則惡之 故太學養老之禮以敬人父 而民果興孝 人侮我兄 我則惡之 故太學序齒之禮以敬人兄 而民果興弟 是故 君子有絜矩之道也

일을 남에게 베풀지 말라."는 상식적인 원칙이 나온다. 이 상식적 원칙을 군신(君臣)의 관계, 부자(父子)의 관계, 붕우(朋友)의 관계 등 다양한 교제의 방식에 적용하고, 그에 따라 얻은 정식화된 도덕 준칙, 정약용은 그것을 "군군 신신 부부 자자(君君 臣臣 父父 子子)"로 이해했다. 즉 인륜(人倫)이야말로 상식철학적 도덕 준칙의 내용이다.

> 사람이 선을 행함에 오륜(五倫)의 범위 안에서 벗어나지 않는 것이며, 그러면 역시 오륜을 버리고서 덕(德)이라고 말할 수는 없다. …… 『대학』의 명덕(明德)만이 효제자(孝弟慈)가 되는 것이 아니며, 모든 경전에서 덕이라고 하는 것은 오륜에서 오지 않는 것이 없다.[88]

이와 같이 정약용은 "선의 기호와 악의 기호가 인간에게 모두 존재"라는 상식적인 인식에서 출발해 "자주지권에 따라 선을 택하는 것이 도덕"이라는 명제를 이끌어 냈고, 다시 '교제를 잘 한다'는 상식적인 인식에서 출발해 '서(恕)'라는 도덕 원칙을 이끌어 냈고, 여기서 "인륜(人倫)이 곧 도덕 원칙의 내용"이라는 결론에 도달했다. 과연 군신유의(君臣有義), 부부유별(夫婦有別), 장유유서(長幼有序) 등 인륜의 내용이 오늘날에도 '불변의 보편적인 도덕 원칙'인지는 의문의 여지가 있을 것이다. 그러나 정약용의 시대에 그보다 더 의심의 여지가 없는 상식은 없었다. 이렇게 해서 정약용은 자신이 평생을 걸쳐 추구할 바람직한 가치가 무엇인지를 확립하였다.

---

88) 『전서』제1집 제18권, 「詩文集」, "上弇園書" 人之爲善 不出於五倫之內 則亦未有舍五倫而稱德者 …… 非但大學明德爲孝弟慈 大凡經傳所稱德者 莫非從五倫來

3) 주자학적 이기론에서의 이탈

이상과 같이 정리해 본 정약용 사상의 상(常) 중심적 성향은 그가 주자학을 정면으로 비판, 부정하지 않으면서도 그 핵심에 해당되는 이기론(理氣論)에서 이탈하는 결과를 가져왔다.

(1) 리(理)의 격하(格下)

리(理)는 주자학의 핵심 중 핵심이었다. 주희는 리가 우주의 본체(本體)이며 천지만물은 모두 리를 근거로 존재한다고 보았다.[89] 나아가 그는 심(心), 혼(魂) 등 정신적, 인간적 영역까지도 하나의 리(理)로 설명된다고 못 박았다. 물질과 정신, 자연과 사회의 모든 영역을 하나의 리로 풀이하는 역사상 최대의 일원론(一元論)이라고 볼 수 있었다.

정약용은 태학생(太學生) 신분이던 23세 때 정조(正祖)의 질문에 답변하는 형태로 처음 이루어졌고, 나중에 보완한 『중용강의』에서 처음 주자학의 철저한 리(理) 중심성에 의문을 던진다.

기(氣)란 스스로 있는 물[自有之物]이며, 이란 의존적인 것[依附之品]이므로 반드시 스스로 있는 기를 의지한다. 따라서 기발이이승지(氣發而理乘之)라는 말은 가능하지만 이발이기수지(理發而氣隨之)라는 말은 불가능하다. 어찌 그런가? 리란 스스로 설 수 없는 까닭에 먼저 발(發)할 수 없다. 그러므로 미발(未發) 이전에 설령 리가 있다 하더라도, 발할 때는 반드시 기가 앞서게 된다.[90]

---

89) 張立文, 안유경 역, 『리의 철학』. 예문서원. 2004. p.229.

여러 연구자들이 이 부분을 지적하면서, 이로써 정약용이 주자의 전능적(全能的) 리(理)를 단숨에 밑바닥까지 격하시켰으며 주자학의 이기론에서 완전히 탈피했다고 평가했다. 또한 그러한 '코페르니쿠스적 전환'을 감행할 수 있었던 배경은 『천주실의』 등을 통해 전해진 서학(西學), 구체적으로는 토마스 아퀴나스(Thomas Aquinas)의 신학의 영향이었다고 보았다.[91]

그러나 이 문제는 보다 미묘하다. 주희 자신이 리(理)는 자립할 수 없으며 기(氣)에 의존해야 하고, 따라서 기가 먼저 발(發)하면 비로소 리의 검증이 가능해진다고 규정했기 때문이다.[92] 그런데 주희는 리가 자립할 수 없다고 하면서도 "리는 기에 선행(先行)한다."고 못 박음으로써[93] 논리를 불분명하게 교착시켜 놓았다(이런 난점이 없었다면 애초에 이발기발 논쟁이 생겨나지도 않았을 것이다). 어떻게 보면 정약용의 언급은 주희의 주장에서 조금도 벗어나지 않았다

---

90) 『전서』제2집 제4권,「中庸講義補」(朱子序) 氣是自有之物 理是依附之品

91) 한형조, 앞의 책, p.200; 금장태, 『다산실학탐구』. 소학사. 2001. p.29; Don Baker, 앞의 글, pp.42－43; 오문환, "다산 정약용의 근대성 비판: 인간관 분석을 중심으로", 「정치사상연구」제7집. 2002. 가을. p.11; 한자경, "다산 사유의 깊이, 어디에서 찾을 것인가?", 「교수신문」 2005년 8월 2일자.

92) "소위 혼연한 전체는 소리도 냄새도 말할 수 없고 형상을 볼 수도 없다. 그런데 어떻게 그처럼 찬연히 조리가 있음을 알겠는가? 대개 리(理)는 검증할 수 있으니, 다른 것이 발한 곳에서 검증할 수 있다."(『朱熹集』, 제58권. "答陳器之" 所謂渾然全體 無聲臭之可言 無形象之可見 何以知其粲然有條如此 蓋是理之可驗 乃依然就他發處驗得); "기가 결집하지 않으면, 리가 부착할 수 없다."(『朱子語類』 제1권. 若氣不結聚時 理亦無所附者)

93) "그 본원을 논하자면, 리가 있고 나서 기가 있다."(『朱熹集』, 권59. "答趙致道" 若論本源 卽有理然後有氣)

고도 할 수 있는데, 다만 '自有之物'을 "리(理)의 존재를 필요로 하지 않는 물(物)"로 해석하고, '依附之品'의 '品'을 '속성(屬性)'으로 보아 "리는 기에 의존하는 하나의 속성"이라고 해석한다면 과연 정약용이 주희의 논리에서 크게 이탈했다고도 여길 수 있다.

생각해 보면 '속성'이 '의존'한다는 것은 개념 논리가 적절해 보이지 않는다. 또 그렇게 해석할 때는 뒤에 나오는 "미발(未發) 이전에 설령 리가 있다 하더라도"라는 문구와 상충(相衝)된다. 아무튼 이 부분에서 정약용이 그렇게까지 현격하게 주자학과 길을 달리했다고 보기는 무리일 것이다. 당시 20대의 학생에 불과했던 정약용은 주자학에 대해 뚜렷이 자립(自立)을 주장할 역량이 미흡했고, 설령 역량이 있다 해도 그 사실을 공개할 처지가 못 되었다. 그래서인지 그의 저작 중에서도 『중용강의』에는 주자를 존숭(尊崇)·추종(追從)하는 듯한 표현이 유난히 많이 보인다. 단지 우리가 읽는 것은 나중에 원래의 강의 내용을 보완 수정한 『중용강의보』이며, 따라서 성기호설 등 그의 후기 사상의 산물로 보이는 요소가 없지 않다. 그래도 정약용이 20대에 이미 주희와 확실히 선을 그었다고는 생각할 수 없으며, 사실 그는 말년(末年)에 이르러서도 주자학에 정면으로 충돌하는 모습은 삼갔다.

그러나 이발기발(理發氣發) 논쟁에 관한 기사에서 대체로 조심스러운 태도를 보인 그이지만,94) 성즉리(性卽理)의 교리를 명시적으로

---

94) 그러한 조심스러움은 이 문제를 놓고 따로 저술한 「이발기발변」에서도 마찬가지다. 그 내용은 보통의 성리학자의 저술과 차이를 찾기 어려울 정도다. 그가 이 주제(主題)에 그토록 신중했던 이유에는 주자학과의 정면충돌을 피하는 문제뿐 아니라 이황(李滉), 이이(李珥)라는 조선 주자학의 두 거두이자 동서(東西) 당파의 정신적 지주가 되는 두 사람에 관해 분명한 입장

부정함으로써, 그의 '주자학적 이기론에서의 이탈'은 본격화된다.

　　어찌 일찍이 무형(無形)의 것을 리라 하고 유형(有形)의 것을 기라 하며, 천명(天命)의 성(性)을 리라 하고 칠정(七情)이 발한 것을 기라 하였던가? 『주역』에는 "중덕(中德)이 리(理)에 통한다." 하고, 다시 "건곤(乾坤)의 도(道)는 쉽고 간단하면서 천하의 이치[天下之理]를 얻을 수 있다." 하였고, 『예기』「악기」에는 "천리(天理)가 멸했다." 하였고, 다시 『주역』에 "궁리진성(窮理盡性)으로 천명에 이른다." 하였고, 또 "천명의 리[命之理]에 따른다." 하였다. 이에 조용히 그 글의 뜻을 살펴보면, 모두 맥리(脈理), 치리(治理), 법리(法理)의 뜻을 가차(假借)한 글이다. 그러면 성즉리(性卽理)는 고전에 어떤 근거가 있는가?[95]

　　고증학적 방법을 내세워 '성즉리'란 고전에서 찾아볼 수 없는 교리이므로 인정할 수 없다는 것이다. 하지만 이는 표면적인 근거이며, 앞서 지적했듯, 상식적 실증주의의 관점에서 얻은 "천지만물은 각기 다양한 성(性)을 가진다."는 명제로는 하나의 리(理)가 모두를 관통하고 리가 곧 성이 된다는 교리를 받아들일 수 없었던 데서 그의 '이탈'은 시작되는 것이다.

을 제시하기가 곤란했던 점도 있었을지 모른다.

95) 『전서』제2집 제6권, 「孟子要義」(2) 曷嘗以無形者爲理 有質者爲氣 天命之性爲理 七情之發爲氣乎 易曰 黃中通理 又曰易簡而天下之理得矣 樂記云 天理滅矣 易曰 窮理盡性以至於命 易曰 順命之理 靜究字義 皆脈理治理法理之假借爲文者 直以性爲理 有古據乎

(2) 물리(物理)와 인리(人理)의 구분

이와 같이 일단 성즉리의 교리를 깬 정약용은 이일분수(理一分殊)
설을 본격적으로 비판하며, 나아가 물리와 인리의 구분을 시도한다.
정약용은 금석(金石)의 이치나 동식물의 이치가 사람의 이치와 같다
는 식의 주장을 상식적 실증주의에 따라 거부하며, 또한 상식철학에
의해 무기적(無機的)이고 실체(實體)가 없는 리(理)가 유기적(有機
的)인 실체를 직접 생성(生成)한다는 주장을 거부한다.

> 후세의 학문에서는 천지만물 중 무형(無形), 유형(有形), 영명(靈明),
> 완준(頑蠢)을 통틀어 하나의 리에 귀속시키고 대소(大小)와 주객(主
> 客)을 구분하지 않는다. 이른바 하나의 이치가 흩어져 만 가지 다른
> 것이 되었다가 끝내 다시 하나의 이치로 합해진다는 것이다. 이는 조
> 주(趙州)의 만법귀일설(萬法歸一說)이나 진배없다. 대체로 송유(宋儒)
> 들이 초년에 대부분 선(禪)에 빠졌었는데, 회심한 뒤에도 오히려 성리
> 설만 답습하였다. …… 만 가지로 다른 것을 뭉뚱그려서 하나의 리(理)
> 에 귀속시켰다가 다시 뒤섞어 놓으면 천하의 일은 전부 불가사의(不
> 可思議)가 되고, 무엇이 무엇인지 분별할 수도 없게 될 것이다. 오직
> 마음을 명막(冥漠)하게 하여 적연부동(寂然不動)을 무상의 묘법으로
> 삼을 뿐이니, 이것이 어찌 수사(洙泗)의 구관(舊觀)이겠는가? 대체 리
> (理)란 무엇인가? 이에는 애증(愛憎)도 없다. 이에는 희로(喜怒)도 없
> 다. 텅 비고 막막하며, 이름도 형체도 없다. 그런데 우리가 그것에서
> 성(性)을 받았다고 한다. 이 역시 도(道)로 받아들일 수 있겠는가.[96]

---

96) 『전서』 제2집 제6권, 「孟子要義」(2) 後世之學 都把天地萬物無形者有形
者靈明者頑蠢者 並歸之於一理 無復大小主客 所謂始於一理 中散爲萬
殊末複合於一理也 此如趙州萬法歸一之說 毫髮不差 蓋有宋諸先生 初
年多溺於禪學 及其回來之後 猶於性理之說 不無因循 …… 束萬殊而歸

리(理)는 본래 무지(無知)하며, 또한 무능(無能)하다. 그 어디에 삼가고 조심할 데가 있으며, 그 어디에 두려워하고 꺼려할 데가 있는가?[97]

본체(本體)로서의 성질도, 존숭해야 할 인간의 근원(根源)으로서의 성질도, 일체 부정당한 리(理)를 향해 정약용은 이렇게 한마디를 던진다.

천지가 생성하는 리(理)가 나와 무슨 상관이 있는가?[98]

(3) 이학(理學) 공부의 의미 축소

자연의 이치가 사람이 일상생활을 영위하는 이치와 다르다면, 그런 이치를 열심히 탐구해야 할 필요가 있을까? 아마 있을 것이다. 자연과학을 연구하는 사람들이 어찌 그것으로 사회 문제, 정신적 문제를 포함한 모든 문제를 해결할 수 있다고 믿고 연구에 전념하겠는가? 그러나 정약용은 다음과 같이, 이학 공부의 의미를 크게 축소해 버린다.

一 復成混沌 則凡天下之事 不可思議 不可分別 惟有棲心冥漠 寂然不動爲無上妙法而已 斯豈洙泗之舊觀哉 夫理者何物 理無愛憎 理無喜怒 空空漠漠 無名無體 而謂吾人稟於此而受性 亦難乎其爲道矣

97) 『전서』 제2집 제3권, 「中庸自箴」(1) 理本無知 亦無爲能 何所戒以愼之 何所恐而懼之乎

98) 『전서』 제2집 제4권, 「中庸講義補」(天命之謂性節) 天地生成之理 於我 何與哉

이른바 지성(知性)이란 내 성의 낙선치악(樂善恥惡)함을 아는 것, 그리하여 하나의 생각이 싹틀 때 그것의 선악을 따지고, 성(性)대로 따르고 닦아서 천덕(天德)에 이르고자 하는 것이다. 만약 이를 성이라고 하며 궁리(窮理)를 지성이라 여기고, 이의 발출(發出)에 대해 아는 것을 지천(知天)이라 하며 드디어 그 이의 발출을 아는 것을 진심(盡心)이라고 한다. 그러면 우리의 평생 사업은 오직 궁리 한 가지 일만 있을 따름인데, 궁리가 무슨 소용인가? 이가 성이라면 천하 만물의 수화(水火), 토석(土石), 초목(草木), 금수(禽獸)의 이도 모두 성이니, 필생토록 이를 궁구하여야 성을 알 것이다. 그렇다면 사친(事親), 경장(敬長), 충군(忠君), 목민(牧民), 예악(禮樂), 형정(刑政), 군려(軍旅), 재부(財賦) 등 실천실용(實踐實用)의 학문에 많은 결함이 없을 수 없게 될 것이니, 지성이나 지천이 높고 머나먼 데 빠져 실(實)이 없는 것이 아니겠는가? 선성(先聖)의 학문은 결코 이와 같지 않으리라.[99]

거듭 말했다시피 정약용 스스로 서학이나 주역학 등에 다대한 시간과 노력을 투자하며 초월적인 질서에 대해 공부했지만, 그는 상식적 실용주의에 따라 인간의 직접적인 생활에 효용이 있는 것에 학문의 의의를 한정했던 것이다. "궁리가 무슨 소용인가(窮理將何用矣)?" 분명 궁리는 실천실용의 학문과 별개이며, 근본적으로 인륜(人倫)에도 무관한 것이었다.

---

99) 『전서』제2집 제6권, 「孟子要義」(2) 此所謂知性者 欲知吾性之能樂善恥惡 一念之萌 察其善惡 以率以修 以達天德也 若以理爲性, 以窮理爲知性, 以知性之所從出, 爲知天, 遂以知理之所從出爲盡心, 則吾人一生事業, 惟有窮理一事而已. 窮理將何用矣? 夫以理爲性, 則凡天下之物, 水火土石草木禽獸之理皆性也. 畢生窮此理而知此性. 仍於事親敬長忠君牧民, 禮樂刑政軍旅財賦, 實踐實用之學, 不無多少缺欠, 知性知天, 無或近於高遠, 而無實乎 先聖之學, 斷不如此

정약용은 상식적 사실주의에 따라 성즉리, 이일분수 등의 주자 이
기론(理氣論)의 핵심 교리들을 회의했고, 다시 상식철학에 의해 물
리와 인리를 구분했다. 그리고 이렇게 해서 상식윤리학적으로 볼 때
지켜 나가야 할 상도(常道)에도 맞지 않고, 도무지 인간의 일상(日用
常行)과 동떨어진 것으로 판별된 리(理)에 대한 공부를 상식적 실용
주의에 따라 필요성이 크지 않다고 격하시켰다. 하지만 그런 가운데
이기론 자체를 전면 폐지하지는 않았으니, 당대의 주류(主流)임을 부
정할 수 없었던 주자 이기론에 정면으로 도전하지 않고 우회적으로
그 핵심만을 논파(論破)함은 상식적 현실주의의 일환이라 할 수 있
었다.

이렇게 정약용은 주자학에 대한 표면상의 경의(敬意)를 거두지 않
은 채, 그 핵심인 리(理)를 중심으로 이루어진 학문세계에서 상(常)
을 중심으로 하는 학문세계로 옮겨 갔다.

4) 서구 상식철학 전통과의 비교

(1) 서구 상식철학의 전통

철학은 …… 상식 원칙(the principles of Common Sense) 밀고는 그
어떤 뿌리도 갖고 있지 않다. 철학은 상식에서 자란다. 그리고 상식을
통해 자양분(滋養分)을 얻는다. 그 뿌리에서 잘려지면, 그 영광은 수
그러들고, 그 수액(樹液)은 마르고, 죽어서 썩어 버린다.[100]

---

100) Thomas Reid, *Inquiry and Essays*, edited by ronald E. Beanblossom and
Keith Lehrer (Indianapolis: Hackett Publishing Company, 1983), p.7.

상식, common sense는 철학의 주된 관심 대상이 못 된다는 게 오랫동안 '상식'이었다. 도무지 '상식'을 "일정 시대, 일정 지역에 사는 보통 사람들이 갖고 있는 체계화되지 못한 관념의 집합"이라고 할 때, "정신 영역에서의 보편적 지식을 추구하는 엄밀(嚴密)하고 체계화된 기술(技術)"을 표방하는 철학으로서는 상식은 극복의 대상이지 존중의 대상일 수 없을 것이다. 상식을 깨는 것이 철학이며, 철학을 거부하는 것이 상식이다. 상식철학이란 거의 형용모순(形容矛盾)처럼 인식될 정도다. 정치·사회의 진보(進步) 면에서도 상식의 담론은 전혀 융통성(融通性) 없는 극단적 보수 담론이며, "상식이라는 것은 과거에 분명했던 것과 혼란된 것이 혼합되어 전해진 것 이상은 결코 아니"[101]라는 경멸적인 시각이 통용되는 수가 많다.

그러나 '상식'이 그렇게 부정적이고 무의미하지 않을 수도 있다. 토머스 리드(Thomas Reid)를 비롯한 스코틀랜드 상식학파의 기본적 주장은, 흄(David Hume)의 생각과는 달리, 우리의 인식은 어떤 공통적이고 원초적인, 자명(自明)한 원칙에의 믿음을 필요로 하며 그것은 상식이라는 것이었다. 따라서 플라톤과 같이 초월적인 존재(存在)의 세계를 독단적으로 상정하는 것도 불가하지만, 데카르트의 "모든 것을 회의(懷疑)한다."는 자세 역시 근본적으로 무의미하다.[102] 또한

---

101) Alasdayr MacIntyre, 김민철 역, 『윤리의 역사, 도덕의 이론』. 철학과현실사. 2004. p.308.
102) 사실은 데카르트의 '코기토' 역시 원초적이고 부정할 수 없는 명제에서 출발한다는 점에서 상식철학과 일맥상통하는 점이 있다. 그러나 데카르트에게 그 과정은 철저히 개인적인 과정이었으며, 그는 신학적, 철학적 도그마(dogma) 외에도 '타인의 일반적 의견'의 가치를 무시했다. Daniel J. Boorstin, 강정인·전재호 역, 『탐구자들』. 세종서적. 2000. pp.274-275. 참조.

상식에의 반성(反省)은 '근본으로 돌아간다[反本]'의 의미도 가질 수 있다. 우리는 상식을 통해 서로 다른 입장들끼리의 대화와 이해를 실현하고, 상식을 기준으로 일반적으로 통용될 수 없는 억견(臆見)들, 잘못된 논설(論說)을 골라낼 수 있다. 상식에 의한 소통(疏通)과 진보가 가능하다는 것이다. 코우츠(John Coates)는 상식에 대한 이러한 접근을 '비판적 상식주의(Critical Commonsensualism)'라고 부르며, 새뮤얼 존슨(Samuel Johnson)에서 시작하여 리드, 스튜어트 등 상식철학파, 포퍼, 퍼스, 시즈윅, 무어, 콰인 등 영미철학의 전통에서 두루 찾아내고 있다.103) 일본의 도사카 준 역시 '내용(內容)으로서의 상식'과 '수준(水準)으로서의 상식'을 구별하였다. 그에 따르면 '내용으로서의 상식'이란 잡다하고 무질서한 지식의 집합에 불과하며(후설의 '자연적 태도'에서 얻을 수 있는 것과 같은), 표준적인 지식과 학술에 환원됨으로써 극복되어야 하는 원시적(原始的) 지식이다. 그러나 '수준으로서의 상식'은 사회구성원들이 공통으로 옳다고 여길 수 있는 근본적 표준, 이상(理想)이며, 지식의 아래에 있는 것이 아니라 도리어 독자적인 규준(規準)으로서 다른 모든 지식의 척도가 된다고 하였다.104)

필자는 이것을 '일반적인 의미에서의 상식'과 '상식철학'으로 구분한다. 일반적인 의미에서의 상식은 일정한 공동체 구성원들에게 우연히 존재하는 공통된 인식, 통념이며 따라서 합리적으로 정당화되

---

103) John Coates, *The Claims of Common Sense: Moore, Wittgenstein, Keynes and the Social Sciences*(Cambridge, UK: Cambridge University Press, 1996). pp.14-38.

104) 戶板潤, 『일본イデオロギー論』(岩波文庫, 1977), pp.78-91. 中村雄二郎, 양일모·고동호 역, 『공통감각론』. 민음사. 2003. pp.21-36에서.

기 어렵고, 비판을 견뎌낼 수 없다. 하지만 상식철학은 '과연 무엇이 상식인가'라는 의문에서 시작하여 그 공동체(최소한)에서 장기지속(長期持續)하며 일반적으로 옳다고 받아들여지는 원초적 신념을 찾아낸 것이다. 우리는 실제로 상식이 진보와 개혁의 근거가 되는 경우를 볼 수 있다. 급진적인 민주주의자였던 토머스 페인(Thomas Paine)은 『상식(Common Sense)』이라는 제목의 책에서 구체제를 신뢰할 수 없는 것은 상식이라고 주장한다.[105] '원칙과 상식이 통하는

---

105) 그는 자신이 "지극히 단순한 사실, 평범한 논의 그리고 상식"을 말할 것이며 "편견과 선입견을 버리고 이성과 감정으로 하여금 스스로 판단하게 하며, 인간의 참된 성격을 갖고, 아니 차라리 그것을 버리지 않고 너그럽게 자신의 견해를 넓힘으로써 눈앞의 일만 보지는 말아야 한다."라고 주문한다(토머스 페인, 박홍규 역, 『상식, 인권』 서울:필맥. 2004. p.45). 그리고 열 살도 안 된 왕이 성인인 수백만 국민의 행동을 제약하는 법에 거부권을 갖는 것이나, 인구와 면적이 훨씬 큰 아메리카가 영국에 종속되는 것 등은 누가 봐도 어리석다는 주장을 한다. 이런 그의 입장은 분명 '상식'에 의거해 단순한 통념(通念)을 배척하고 있다.
도덕철학적으로 사실 이러한 관점은 서구 상식철학과 영미철학 전통의 경계를 훨씬 넘어선 지점에서부터 찾아볼 수 있다. 바로 모든 규범은 다만 관행(convention)이며, 자연(nature)이라는 초월적, 초인간적 기원을 찾는 것은 억지라는 소피스트 이래의 관점이다. 이 관점에 따르면 어떤 도덕적·사회적 문제를 논할 때 신이나 자연 같은 초월적인 근거에 의존하는 것은 잘못이며, 인간 사회에서 '자연히' 형성되어 장기 지속하는 기본 원칙에 돌아갈 필요가 있다. 물론 이러한 관점은 상대주의나 허무주의로 귀속될 가능성이 있다는 점에서 어떤 보편성에 대한 신뢰를 저버리지 않는 상식철학적 관점과 반드시 동일시할 수 없지만, 도덕적·사회적 논의에 초월적 근거가 불필요하다고, 심지어 유해하다고 본다는 점에서는 맥락을 같이한다. 관행과 자연의 개념에 대해서는 George H. Sabine, *A History of Political Theory*(revised edition, New York: Henry Holt and Company, 1951), pp.29-32; Karl R. Popper, 이한구 역, 『열린사회와 그 적들』, 민음사. 1990(7판). 1권

사회'란 선거전에서 진보를 표방한 후보자들이 즐겨 채택하는 표어다. 이때 상식철학은 우원하고 복잡한 이념체계들 사이의 대립과 갈등을 지양(止揚)하고, 근본적으로 합의가 가능한 단순한 원칙에 입각하여, 모두에게 수용가능한 구체적인 정책에 합의하고 추진하도록 하는 실천원리(實踐原理)로 기능할 수 있다.[106)]

즉 동양의 상(常) 관념이 다양한 의미를 내포하는 가운데 지극히 평범한, 그러나 불변하는 지고(至高)의 가치를 지시하듯, 상식, common sense도 가장 평범하고 단순하면서 가장 근본적인 철학의 근원으로 무한한 가치를 담지(擔持)하는 대상으로 여겨질 수 있다.

(2) 서구 상식철학의 기본적 내용

리드 이래 발전해 온 서구 상식철학의 내용은 매우 다양하고, 단순하지 않다. 여기서는 그 핵심적인 공통 입장들만 정리해 본다.

먼저 상식철학은 "우리는 우리가 안다고 생각하는 것에 대해 진정

---

pp.89－122.

106) 이러한 관점의 한 예로는 "형이상학이나 추상적인 원리의 수준이 아닌 보다 구체적인 실천적(實踐的) 원리의 차원에서는 다양한 종교들 사이의 협력이 얼마든지 가능히다고 본다. 예컨대, 기독교와 유교는 세계의 생성과 존재 방식에 대해서는 전혀 상이한 견해를 제시할 수 있지만 타인을 존중하고 타인의 생명과 재산을 탈취해서는 안 된다는 구체적인 행동 원칙에 대해서는 전적으로 동의할 수 있다. 이런 합의가 사회 전체의 운영 원리의 수준에서는 가능하지 않을 것이라고 단정할 이유가 없다."(김비환, "현대 한국 정치와 유교 전통" 성균관대학교 동아시아 유교문화권 교육연구단 편, 『근대 극복을 꿈꾸는 동아시아의 도전』, 청아람미디어, 2004. p.232)

으로 '많이' 알고 있다."[107]고 전제한다. 공동체 성원 일반이 공유하는 '의견'의 경우, 그것은 체계적 과정을 거쳐 도출된 '지식'과 부합하는 점이 많다는 것이다.

다음, 상식철학은 거의 모든 사람이 인지하고 있는 명제들이 존재한다고 본다. 그런 명제들은 "확실히 정의되지 않지만 자명(自明)한, 무형(無形)의 원칙들의 집합체"이며, "이 원칙들은 일상생활(日常生活)에서 우리의 판단 기준이 된다."[108]

또한, 우는 그런 명제들을 기초로 여러 철학적 이론이나 사상적 이념을 검증한다. 그것은 "상식에 부합되지 않는 이론은 거짓이다."는 입장을 뜻하지는 않는다. 그러나 "'나(연구자 또는 사상가)와 우리 중 다수'가 알고 있는 상식에 부합되지 않는 이론은 거짓일 가능성이 많다."는 입장을 뜻한다.[109] 그러한 상식 명제와 배치되는 이론이 존재할 때, 우선 상식 명제의 진실성을 신뢰하는 편이 현명하다.

그러나 한 번 정립된 상식은 절대적인 교리(敎理)가 아니다. 우리는 상식이 근본적으로 모호성을 띠고 있음을 인정해야 하며, 그것은 곧 철학 및 인간의 지식이 갖는 모호성에 대한 인정이기도 하다. 우리는 "상식이 무엇인지", "이 상식이 과연 '아직도' 상식인지" 끊임없는 질문을 던져야 한다. 보완(補完)되고 정련(精練)된 상식은 곧 학문과 대등해진다.[110]

상식은 공동체 내 성원들이 공유하는 공통 감각이며, 그 문명(文

---

107) Noah Lemos, *Common Sense: A Contemporary Defense*(Cambridge, UK: Cambridge University Press, 2004). p.5.
108) John Coates, 앞의 책, p.15.
109) Noah Lemos, 앞의 책, p.7.
110) John Coates, 앞의 책, pp.18－19.

明)의 기표(記標)다.[111] 따라서 상식은 어떤 정치적 타협(妥協), 사회적 약속(約束), 윤리적 공감(共感)을 상정한다. 그러한 타협·약속·공감의 결과물인 "무엇이 근본적인 선악인가의 일부 명제를 포함한 일정한 도덕 명제들"은 곧 상식의 일부로서 우리에게 '즉각적으로(immediately)' 공유되어 있다.[112] 대중은 상식으로 복귀함으로써 그 집단적 도덕성을 유지한다. 사상가·이론가는 상식을 보완하고 정련함으로써 사회의 도덕성 유지에 기여한다.[113]

이처럼 서구 상식철학은 기본적으로 인식론 중심으로 형성되어 현실주의, 실증주의, 실용주의의 초기적 수준을 포함한다. 그러나 부정할 수 없는 원초적 관념에서 논의를 시작하고, 또한 누구나 받아들이는 불변의 도덕 원칙을 궁구하고 그것에서 도덕률을 이끌어 내는 점이 상식철학의 본령이라고 할 수 있다.

(3) 정약용 사상과 서구 상식철학

앞에서 본 대로 정약용 사상을 상(常) 중심으로 이해하면, 그것은 "사실에 입각한 검증, 상식에 근거한 이론 구축, 효용(效用)에 근거한 학문과 실천, 세속의 관행에 대한 존중, 불변의 보편적 원칙의 추구"로 살펴볼 수 있다. 이는 가가 상식적 실증주의, 상식철학, 상

---

111) 김선욱, 『정치와 진리』, 책세상. 2001. pp.96-97; Robert Cox, 홍기빈 역, 『다수 문명에 대한 사유 외』 책세상. 2005. p.95, 100.

112) Noah Lemos, 앞의 책, p.157.

113) Henry Sidgwick, *Methods of Ethics*(Indianapolis: Hackett Publishing Company; 7TH edition. 1981). p.466.

식적 실용주의, 상식적 현실주의, 상식윤리학으로 이해할 수 있다.

　구체적으로 비교해 보면 서구 상식철학에서는 실증주의에 대한 강조가 적은 반면(18세기 중엽이던 당시 시점에서, 서구의 전반적 학문 풍토 자체가 이미 실증주의를 '상식화'하고 있었던 점을 감안해야 할 것이다), 현실주의와 실용주의에 특히 중점을 둔다(이는 한편 유학의 경우, 서구 전통사상에 비해 본래 현실성·실용성이 두드러진다는 점이 고려될 수 있다). 그리고 부정할 수 없는 상식적 명제에서 이론 구축을 시작하는 점과, 상식적 도덕명제에서 상식윤리학을 이끌어 내는 점은 정약용의 사상체계와 매우 유사하다.

　정약용이 18세기 스코틀랜드를 중심으로 유행했던 상식철학에 접했을 가능성이 아주 없지는 않으나, 적어도 지금까지 그런 근거는 찾아볼 수 없다. 그러나 환경의 변동과 학문적 발전단계의 유사성이, 그 환경·학문 전통의 현격(懸隔)한 동떨어짐에도 불구하고, 유사성이 많은 사상을 낳았으리라고 짐작할 수 있다. 18세기 스코틀랜드는 농업사회에서 산업사회로 이행하는 과정에서 사회적 혼란을 겪고 있었고, 구체제(舊體制)의 기반 이념과 학문이 의심을 받으며 계몽주의(啓蒙主義)와 자유주의(自由主義)가 힘을 얻고 있었다. 이런 상황에서 리드 등 스코틀랜드 상식학파만이 아니라, 플래처, 허치슨 등 다수의 사상가·학자들이 과거와의 급속한 결별과 지나치게 과격한 정치·사회변혁을 피하고, '부(富)와 덕(德)'이라는 사회 전환기의 문제를 원만하게 해결하고자 상식철학적 주장을 내놓고 있었다.[114] 그들은 당시의 새로운 현실을 어느 정도 인정하면서도 급격한 사회변

---

114) 전종훈, 앞의 글, pp.28-29.

화에 따른 공동체의 분열과 타락을 막기 위해 누구나 일반적으로 납득할 수 있는 '상식'에 기초한 '덕'의 향상을 추구했던 것이다.

정약용 역시 전환과 불안의 시대를 살았다. 조선 후기에 접어들며 건국 초에 설정했던 국가 사회의 기본 틀은 더 이상 시대 변화에 따른 역동성을 처리하지 못하고 있었으며, 당쟁(黨爭)과 세도정치(世道政治)의 결과 극소수 유파(流派)와 문벌(門閥)을 제외한 다수 양반층이 관계(官界)에서 배제되어 실의(失意)의 나날을 보내고 있었다. 그러는 한편 새롭게 획득한 부를 바탕으로 일부 소민(小民)이나 천민(賤民)들이 몰락 양반들을 제치고 세력을 다져 가는 상황이었다. 두 차례의 대규모 전쟁 이후 노출된 국가 체제의 문제점이 제대로 바로잡히지 못한 상태에서 국가재정은 위축되고 다수 서민(庶民)들은 과도한 수탈(收奪)에 시달렸다. 그리고 조선 중기 이후 육경(六經)을 중심으로 하는 고학(古學)에 대한 관심이 늘고 서학의 영향도 미치면서 기존의 주자학과 동떨어진 모색을 하는 사상가·학자들이 늘었지만, 한편 정치권력과 문화권력을 장악한 세도정치의 담당자들에 의해 혹독한 견제와 탄압을 받고 있는 형국이었다.

이런 상황에서 정약용도 서구 상식철학자들이 느꼈던 문제의식, 위기의식을 느꼈을 것이다. 새로운 현실에 대처하고, 학문과 사상의 변화필요성에 부응하면서, 급격한 변화로 인한 공동체의 분열·붕괴와 타락을 억제할 필요성을 절감했을 것이다. 그리하여 정약용 개인의 순수한 학문적 성향과는 별도로, 자신의 사상을 상(常) 중심으로 편제하여 변(變)이 두드러지는 세상에 대응하려고 했을 것이다.

5) 소결(小結)

기존의 주자학에 비해 정약용의 사상은 현실적이다. 사실을 중시한다. 실용을 모색한다. 정약용의 사상은 상행(常行)을 염두에 두고, 상도(常道)를 추구한다. 정약용의 사상은 범상(凡常)함을 소중히 여긴다. 그리고 심지어 상스럽다.[115] 그의 사상은 상식적이다. 정약용의 사상은 상식의 사상, 상(常)의 철학이다.

정약용의 사상을 주자학에 약간의 고증학적 손질을 가했을 뿐이라고 보기도 하고, 육경고학(六經古學), 수사학(洙泗學)이라 보기도 하고, 천주교의 영향에 젖은 변형 유학이라고 보기도 한다. 또 실증주의, 실용주의 등 실(實)을 중심으로 한 독특한 사상으로, 다분히 근대적인 사상이라고도 본다. 그러나 정약용 사상을 한국사상사의 맥락에서, 또 세계사의 맥락에서 바로 이해하려면 상(常) 관념을 중심으로 볼 것이 요청된다. 또한 그것은 서구 상식철학과의 친화성(親和性)을 염두에 두어야 한다.

누구나 공감하는 단순한 상식에서 출발하여, 모두가 수긍하는 불변의 도덕 원칙을 중심으로 자신의 사상체계를 구축한 정약용은 실천의 영역에서 '덕(德)'의 진흥을 중심적으로 추구하게 된다.

---

115) 저 높은 곳의 천리(天理)를 앙모해 멀리 하늘을 쳐다보던 사람이, '바로 지금 여기'에서 벌어지는 인(人)과 민(民)의 진솔한 생활을 들여다보고, "천지가 생성하는 이치가 나와 무슨 상관이냐."라고 내뱉으니, 상스럽지 않겠는가? 앞서 '양(良)'이라는 관념의 해석 차이에 있어서도 볼 수 있듯, 주희의 문장은 자꾸만 하늘로 올라가려고 한다. 반면 정약용의 문장은 자꾸만 땅바닥을 기어 다니려고 한다.

2. 도(道)에서 덕(德)으로

1) 도와 덕

'도에서 덕으로'라는 문구를 접하면 당황하는 경우가 많을 것이다. 통상적으로 유교사상에서 도와 덕은 대립되는 관념이 아니며, 심지어 뚜렷이 구분되지도 않는 관념이기 때문이다. 굳이 말하자면 도(道)는 "(우주에) 존재하는 진리, 불변의 원칙"이며, 덕(德)은 그 도가 구체화, 내면화된 것이다.[116] 말하자면 덕은 도의 아래 단계에 있고, 도에 종속된 존재다.[117] 또한 도는 형이상(形而上), 덕은 형이하

---

[116] "따라가야만 하는 것을 도라 하고, 스스로 충족되어 있어 외부에 의존할 필요가 없는 것을 덕이라 한다."(韓愈, 「原道」 由是而之焉之謂道 足乎己無待於外之謂德); "현대 중국의 저술가들은 ethics에 대한 번역어를 찾을 때 복합명사인 도덕—'길과 미덕'—을 선택하였다. 도는 공적이며 객관적인 지침이다. 덕은 도가 반영되어 나타나는 인격의 특성, 기량, 성향이 된다. 덕은 인간 체제의 어떤 부분—가족이나 국가나 개인—에서 도가 실제적으로 구현된 것이다. 덕은 우리가 도를 내면화함으로써 얻은 것이거나, 타고난 것이 된다."(채드 핸슨, "중국 고전 윤리" 피터 싱어 엮음, 『윤리의 기원과 역사』 p.172.)

[117] "소옹(邵雍)은 삼대(三代) 사회에서 당대 현실에 이르기까지의 역사 전개과정을 이상적인 단계로부터 점차 변화하여 크게 네 단계를 거친다고 이해했다. 皇, 帝, 王, 伯의 단계가 그것이었다. 각 사회 단계는 또한 그에 걸맞은 치세 방식이 있었는데 황의 사회는 道, 제의 사회는 德, 왕의 사회는 功, 백의 단계는 力으로 도를 유지한다고 함이었다. 곧 황의 단계란 도를 가지고 道를 실현하며, 왕의 단계는 덕, 제의 단계는 공, 백의 단계는 '이력위치(以力爲治)'하여 도를 실현하는 그런 사회였다."(정호훈, 『조선후기 정치사상 연구: 17세기 북인계 남인을 중심으로』 혜안. 2004. p.45.)

(形而下)의 영역에 해당된다고 여겨진다.[118]

이때 "존재하는 진리, 불변의 원칙"으로서의 도(道)가 자연계와 인간계 어느 쪽에 해당하느냐 또는 모두 해당하느냐, 자연계와 인간계의 도는 동일한가, 별개인가 등의 문제가 제기될 수 있다. 주희는 이에 대해 "자연계와 인간계의 도는 동일한 단 하나의 도이다."는 입장을 천명하였고, 이는 주자학의 최고 교리(敎理) 중 하나로 정립되었다.

> 성은 바로 리(理)이다. 하늘이 음양과 오행으로 만물을 낳으매 기(氣)로 형체를 만들고 리(理)를 부여하니, 마치 명령(命令)과 같다. 이에 사람과 물(物)이 이루어질 때 각각 품부받은 리(理)를 건순(健順), 오상(五常)의 덕으로 삼으니, 이른바 성(性)이다. 솔(率)이란 따름이며, 도(道)는 마치 노(路)와 같다. 사람과 물이 각각 그 성(性)대로 자연(自然)을 따르면 일상 속에서 각기 마땅히 행하여야 할 길이 있으니, 이것을 도(道)라고 한다.[119]

이렇게 볼 때 인간계의 불변의 원칙, 즉 상(常)도 도(道)이며, 자연계의 진리, 즉 리(理)도 도이다. 성즉리(性卽理)의 교리에 따라 인

---

118) "도는 리(理)이며 형이상학적인 것이다."(정도전, 『三峰集』 권9 「佛氏雜辨」, "佛氏昧於道器之辨"); "형이상적 진리에 부합하는 것이 도라면 형이하학적 법칙에 부합하는 것이 덕이라 하겠다."(오문환, "다산 정약용의 근대성 비판: 인간관 분석을 중심으로", 「정치사상연구」 제7집. 2002. 가을. p.18)

119) 주희, 『中庸集注』 「天命之謂性節」 性卽理也 天以陰陽五行 化生萬物 氣以成形而理亦賦焉 猶命令也 於是 人物之生 因各得其所賦之理 以爲健順五常之德 所謂性也 率循也 道猶路也 人物各循其性之自然 則 其日用事物之間 莫不各有當行之路 是則所謂道也

92

성(人性)은 이미 도를 온전히 구현하고 있으며, 따라서 모든 인간은 온전한 덕(德)을 날 때부터 갖추고 있는 것이 된다. 그러면 어째서 악인(惡人), 악행(惡行)이 있는가? 그것은 사람이 자신의 참된 본성을 잊고 있기 때문인데, 여기서 본연지성(本然之性)과 달리 기질지성(氣質之性)이 개입한다. 즉 각기 품부(稟賦)받은 기질은 사람마다 청탁(淸濁)의 차이가 있으며, 기질이 보다 맑은 사람은 쉽게 본성을 회복하여 선인이 되고, 기질이 보다 탁한 사람은 본성을 회복하기가 어려워서 악인이 되기 쉽다.

> 받은 것이 후(厚)하고 청(淸)하면 그 인(仁)이 부자(父子)간에 지극하고, 의(義)가 군신(君臣) 간에 극진하고, 예(禮)가 빈주(賓主) 간에 공손하고, 지(智)가 현부(賢否)에 밝고, 성인(聖人)이 천도(天道)에 부합되지 않음이 없다. 그리하여 순수함이 또한 그치지 않으나, 박(薄)하고 탁(濁)하면 이와 반대가 되니, 이는 모두 이른바 명(命)이라는 것이다.[120]

사람과 동물이 태어날 때에 똑같이 천지의 리(理)를 얻어 성(性)을 삼았고, 똑같이 천지의 기(氣)를 얻어 형체[形]를 삼았다. 그 같지 않은 점은 단지 사람은 형기의 올바름[形氣之正]을 얻어 본성을 온전히 보존할 수 있는 것이 조금 다를 뿐이다. 이때 비록 조금 다르다고 말하나, 사람과 동물의 구분되는 점은 실로 여기에 있나. 중인(衆人)들은 이를 알지 못하여 버리니, 이름은 비록 사람이라 하나 실제는 동

---

120) 주희, 『孟子集注』「盡心章句下」 24. 所稟者厚而淸 則其仁之於父子也 至 義之於君臣也 盡 禮之於賓主也 恭 智至於賢否也 哲 聖人至於天 道也 無不脗合而純亦不已焉 薄而濁 則反是 是皆所謂命也

물과 다를 것이 없고, 군자(君子)는 이를 알아 보존한다.[121]

　결국 정약용 당시의 사상계에서 패권(覇權)을 쥐고 있던 주자학에서는 자연의 도와 인간의 도를 구분하지 않는 한편, 도와 덕 사이의 구분도 사실상 없애고,[122] "도에 맞추어 덕을 쌓는 노력"이 아니라 "이미 갖추어져 있는 덕을 발견하는 노력"이 필요하다고 보았다. 그리하여 경전의 학습 외에 주경(主敬) 공부(工夫) 등 정적(靜的)·내향적인 수양이 중요시되었고,[123] 수양의 내용은 자연, 즉 천지만물과 일체가 되어 궁극의 도(道)에 도달하는 것을 목표로 했으며,[124] 이때 선천적(先天的)으로 주어진 기질의 청탁 여부에 따라 노력의 효

---

121) 주희, 『孟子集注』 「離婁章句下」 19. 人物之生 同得天地之理 以爲性 同得天地之氣 以爲形 其不同者 獨人於其間 得形氣之正而能有以全其性 爲少異耳 雖曰少異 然人物之所以分 實在於此 衆人 不知此而去之 則名雖爲人 而實無以異於禽獸 君子 知此而存之

122) "도와 덕은 확연히 두 가지로 구분되지 않는다."(陳淳, 『北溪字義』. 「德」道與德不是判然二物)

123) "일상의 생활 속에서도 저 혼연한 본체는 마치 냇물이 쉬지 않고 흐르며, 하늘이 운행하는 것과 같이"(『朱熹集』 제32권, 「答張敬夫」, "夫日用之間 渾然全體 如川流之不息 天運之不窮耳"); "과거 전통적 수양론(修養論)은 인간의 인성 중에서 고상한 차원의 일면만을 지나치게 중시한 반면 범속적이거나 깊은 내면의 차원에 대해서는 소홀한 측면이 있다. 또한 자주 외재적인 사회규범과 내재적 가치의 근원을 혼동한 나머지 이를 구분하지 않았다."(余英時, 김종윤 역, 『중국 전통적 가치체계의 현대적 의의』, 전주대학교출판부. 1997. p.122.)

124) "성리학은 유학 공부에 있어 '천인합일의 오묘함을 얻는 것', '인을 체득하여 천지만물과 일체가 되는 것'을 강조한다. 이것은 '그것이 바로 너이니라'의 통찰, '내 마음이 곧 네 마음'의 통찰과 다름 아니다."(한자경, "유교와 천주교 사이의 다산: 인간 본성의 이해를 중심으로 논함", 「오늘의 동양사상」 통권13호. 2005 가을－겨울), p.133.)

율성이 달라질 수 있다고 보았다.

2) 도학(道學) 전통에 대한 비판

이러한 주자학의 도덕(道德) 교리에 대해, 정약용은 자신의 상(常) 중심 사상을 통하여 반기(反旗)를 든다. 그는 우선 자연의 도를 인간의 도와 분리하고, 리(理)를 인간의 도(道)로서의 상(常)에서 축출한다.

> 인(仁)은 사람이 사람 된 소이(所以)의 리(理)이다. 그러나 인은 리(理)이며, 사람은 물(物)이니, 인의 이가 사람의 몸에 합한 것을 말하면 이른바 도(道)이다.[125]

『맹자』「진심하(盡心下)」 16에 대한 주희의 이와 같은 주석에 대해, 정약용은 이렇게 정면으로 비판한다.

> 인(仁)은 사람이다. 사람으로서 인(仁)을 행하는 것이 바로 도(道)이다. 아마도 리(理)와 신(身)은 도가 될 수 없으리라.[126]

여기서 인(仁)은 주희의 말처럼 어떤 추상적인 무형(無形)의 원칙, 리(理)의 일종이 아니며, '인간다움 그 자체'가 된다. 인간이 인(仁)

---

125) 주희,『孟子集注』「盡心章句下」16 仁者　人之所以爲人之理也　然仁理也　人物也　以仁之理　合於人之身而言之　乃所謂道者也
126)『전서』제2집　제6권,「孟子要義」(2) 仁者　人也　人而爲仁　於是乎道也　理與身　恐不可以爲道

을 행하는 것이, 다시 말해 인간이 인간답게 행동하는 것이 바로 도 (道)라고 한다. 그렇다면 정약용에게 도(道)란 무엇인가?

> 도(道)라는 것은 사람이 말미암는 바이며, 태어나면서부터 출발해 죽음에 도달하는 것을 도라고 한다. 나면서부터 죽음에 이르기까지를 도라고 하는 것은, 초(楚)나라에서 출발해 진(秦)나라에 이르는 것을 도라고 하는 것과 같다. 『중용』에 "도는 잠시도 떠날 수 없는 것이다." 하였으니, 이것은 마치 초나라에서 진나라까지 가는 자는 그 몸이 길에 있어 잠시도 떠날 수 없는 것과 같다. 도가 인간에게서 멀지 않은 것이 이와 같은데, 장재(張載)는 기화(氣化)를 도라 하였다. 저 음양(陰陽)의 조화와 금목수화토(金木水火土)의 변동은 내 몸이 말미암을 수 있는 바가 아니니, 어찌 우리 도이겠는가? 일음일양(一陰一陽)을 도라고 하는 것은 『역전』에 근본을 둔 것이다. 이는 천도(天道)를 말한 것이지 인도(人道)는 아니며, 역도(易道)를 말한 것이지 천도(天道)는 아니니, 어찌 우리 인간의 솔성지도(率性之道)가 일음일양의 도에 귀속되겠는가?[127]

우선 정약용은 도(道)의 의미를 단순한 '길 도(道)'의 의미로 봄으로써 논지를 시작하는데, 이것은 앞서 여러 유학자들도 취한 해석 방식이었다.[128] 그러나 그것들에는 "반드시 따라가야 할"이라는 당

---

127) 『전서』 제2집 제6권, 「孟子要義」(2) 道者 人所由也 自生至死曰道 自生至死曰道 猶自楚至秦曰道 中庸曰 道也者 不可須臾離 如自楚至秦者 其身在道 不可須臾離也 道不遠人若此 而張子以氣化爲道 夫陰陽造化 金木水火土之變動 非吾身之所得由 則豈吾道乎 若云一陰一陽之謂道 本之易傳 則是言天道 不是人道 是言易道 不是天道 豈可以吾人率性之道 歸之於一陰一陽乎

128) 예를 들어, 주희는 도를 "사람들이 모두 따라야 할 길(人所共由之路)"

위(當爲)의 의미가 우선시되는 반면, 정약용은 "태어나서 죽을 때까지 따라갈 수밖에 없는" 사실(事實)의 의미가 강조된다. 왜 따라갈 수밖에 없는가? 그것은 우리 인간이 태어나서 죽을 때까지 인간들 속에 있으며, 그래서 인간(人間)이기 때문이다. "도는 인간에게서 멀지 않다(道不遠人)." "자신의 인성(性)을 따르는 것이 도(道)다." 그러므로 우리의 도(吾道)는 단지 인간들 사이에서 교제를 잘 하는, 매우 상식적인 차원의 당위(當爲)만을 갖게 된다.[129] 결국 그것은 어디까지나 인간의 도, 인간이 걷는 길이며, 천지가 운행하는 도리(道理)와는 상관없다. "어찌 우리 인간의 솔성지도(率性之道)가 일음일양의 도에 귀속되겠는가(豈可以吾人率性之道 歸之於一陰一陽乎)?"

도(道)가 천도(天道), 천리(天理)와 상관없는 한편, 도가 구현된 덕(德) 역시 사람이 타고난 천성(性)과 일치되지 않는다.

> 명(命)과 도(道)가 있으매 성(性)이라는 이름이 있으며, 나와 네가 있으매 행(行)이라는 이름이 있으며, 성과 행이 있으매 덕(德)이라는 이름이 있다. 그러므로 성(性)만으로 덕이 될 수는 없다.[130]

이라고 정의한다(『論語集注』 「學而」 14). 또한 앞서 주석 116번의 한유의 도(道) 해석을 보라.

129) 교세를 살 하기를 거부하면, 인간은 고립되고 끝내 생존하지 못할 것이다. 그러니 "따라갈 수밖에 없는" 것이 아닌가? 즉 이는 당위이지만 동시에 사실이기도 하다. 주자학에서 '도를 따라간다'는 행동을 매우 개별적이고 선택의 여지가 많은 수양(修養)이라는 행동으로 읽고 있음과 비교해 보자. 그 경우에 수도(修道)는 단지 당위일 뿐이다.

130) 『전서』 제1집 제10권, 「詩文集」, "原德" 因命與道 有性之名 因己與人 有行之名 因性與行 有德之名 徒性不能爲德也

인간은 일정한 시간과 장소에 태어나서 일정한 인생을 살고 죽게
된다. 그렇게 명(命)을 받고, 그렇게 (인간들 사이에서) 도(道)를 걷
는 인간이 존재하므로 인간 특유의 속성인 성(性)이 있다. 인간과 인
간 사이에는 상호작용이 이루어지며, 그래서 행(行)이 있다. 고유의
속성을 '바르게' 실행하면 그것을 덕(德)이라고 한다. 그러므로 성은
곧 덕이 아니며, 성만 있고 바람직한 행이 없다면 덕이 되지 못하는
것이다. 즉 인간은 태어날 때 덕을 쌓을 수 있는 가능성(또는 잠재
력)을 갖고 태어난다. 그것이 앞서 거론한 '낙선치악(樂善恥惡)'의
성향이다. 하지만 그뿐, 아무런 실천도 없이 본래부터 인간에게 덕이
내면화되어 있지는 않다.

마음에는 본래 덕이 없으며, 오직 바른 본성만 있다. 우리의 바
른 마음을 행동으로 옮길 수 있다면, 그것을 덕이라 한다(덕(德)은
바른 마음[直心]이라는 글자를 합친 글자이다). 선을 행한 다음에야
덕의 이름이 세워지니. 행하지도 않은 몸[身]에 어찌 명덕(明德)이
있겠는가?[131]

이러한 정약용의 고찰은 『맹자』에 나타나 있는 '사단(四端)'의 단
(端)의 의미를 '머리(首)', 즉 '단초(端初)'의 의미로 보느냐, '꼬리
(尾)', 즉 '단서(端緖)'의 의미로 보느냐에 따라 분명히 확인될 수 있
다. 주희의 경우 단을 단서라고 본다. 즉 측은지심(惻隱之心)이나 수
오지심(羞惡之心) 같은 현상은 인간 내면에 인(仁), 의(義) 등의 완

---

131) 『전서』 제2집 제1권 「大學公議」(1) 心本無德惟直性 能行吾之直心者
    斯謂之德(德之爲字行直心) 行善而後德之名立焉 不行之前身豈有明德乎

전한 덕이 갖추어져 있음을 엿볼 수 있게 하는 단서다. 마치 실 꾸러미가 든 상자 귀퉁이에 실 꼬리가 한 가닥 나와 있어, 그 상자 속에 실 꾸러미가 있음을 알려 주는 것과 같다는 것이다.[132] 그러나 정약용은 이와는 반대로 단을 단초라고 해석한다.

> 사단(四端)의 뜻은 맹자가 직접 스스로 주(注)를 달아서 불이 처음 타기 시작하는 것과 같고 샘물이 처음 솟아오르기 시작하는 것과 같다고 하였으니, 두 개의 시(始) 자가 뚜렷이 그 뜻을 드러내고 있어 단이 시(始) 됨은 이미 분명하다.[133]

> 인의예지(仁義禮智)는 비유하면 꽃의 열매와 같으니, 오직 그 근본은 마음에 있다. 측은과 수오의 마음은 안에서 발하고 인과 의는 바깥에서 이루어지며, 사양과 시비의 마음은 안에서 발하고 예와 지는 바깥에서 이루어진다. 지금의 유자(儒者)는 인의예지라는 네 개의 물건이 사람의 배 속에 마치 오장(五臟)처럼 있어 사단이 모두 이로부터 나온다고 인식하고 있으나, 이것은 잘못이다.[134]

주희의 생각과는 정반대로, 측은지심, 수오지심 등 사단의 존재는

---

132) "단은 실마리이다. 정(情)이 발함으로써 성(性)의 본연(本然)을 볼 수 있게 된다. 마치 물건이 가운데에 있을 때 실마리가 밖에 나타남과 같은 것이다."(주희, 『孟子集注』「公孫丑章句上」 6 端 緒也 因其情之發 而性之本然 可得而見 猶有物在中而緒見於外也)

133) 『전서』 제2집 제5권, 「孟子要義」(1) 四端之義 孟子親自注之曰 若火之始然 泉之始達 兩箇始字 磊磊落落 端之爲始 亦其明矣

134) 『전서』 제2집 제7권, 「論語古今注」(1) 仁義禮智 譬則花實 惟其根本在心也 惻隱羞惡之心發於內 而仁義成於外 辭讓是非之心發於內 而禮智成於外 今之儒者 認之爲仁義禮智四顆 在人腹中 如五臟然 而四端皆從此出 則誤矣

"감춰진 존재의 끄트머리"가 아니라 "아무것도 없는 가운데 희미하게 보이는 첫머리"라는 것이다. 즉 인간의 본성에는 도덕적 가능성은 있으나 인간이 본래 도덕적인 것은 아니다. 인간은 그 존재 자체, 즉 도(道)만으로는 아무것도 아니며, 단지 가능성에 불과한 성(性)만으로도 아무것도 아니다. 행동을 통해 덕을 쌓아야 비로소 가치 있는 인간이 된다.

> 아, 선행이 쌓여야 덕이 된다. 『전(傳)』에는 덕이란 얻음(得)이라고 하였다. 고인(古人)은 안에 있는 심성(心性)을 덕이라고 말한 경우가 없었다. 무릇 일과 행위로써 나타나지 않으면, 덕이 될 수 없는 것이다.[135]

선행을 쌓아야 덕을 이룰 수 있다면, 도(道)를 궁구하기 위해 주자학에서 중시하는 내적 수양은 덕을 위해서는 전혀 가치 없는 활동이 된다. 정약용은 그러한 공부(工夫)가 좌선(坐禪)과 다를 게 없는 허망한 행위일 따름이라고 정면으로 비난한다.

> 맹자의 이른바 양성(養性)이란 오늘 한 가지 선행을 하고, 내일 한 가지 선행을 하면서, 의(義)를 모으고 선(善)을 쌓음으로써 낙선치악의 성(性)을 기르는(養) 것, 그리하여 호연지기(浩然之氣)가 충만하여 그치지 않게끔 하는 것이다. 그런데 후세의 이른바 양성이란 눈을 감고 소상(塑像)처럼 앉아서, 오로지 미발(未發) 전의 기상을 살피며 활발한 경지를 구하는 것이니, 이른바 함양(涵養)이라는 것이다.[136]

---

135) 『전서』 제1집 제18권, 「詩文集」, "上弇園書" 噫善之積爲德 傳曰 德者得也 古人未有以在內之心性稱德者 蓋不顯於事爲 則不可爲德也

생각해 보면 성의(誠意)의 공부(工夫)란 어찌 행사(行事)가 아니겠는가? 하지만 요즘 사람들은 치심(治心)을 성의라 한다. 그들은 다만 허령불매(虛靈不昧)한 본체(本體)에 미쳐 텅 비운 내면에 잡아 둠으로써, 그 진실무망(眞實無妄)한 리(理)를 돌이켜 관조(反觀)하려고만 한다. 이런 공부는 평생을 정좌만 하면서 묵묵히 내관(內觀)해야 비로소 가경(佳境)에 든다고 한다. 이것이 좌선이 아니고 무엇이겠는가?[137]

그런데 이러한 정약용의 비난은 주자학으로서는 다소 '억울'할 수도 있다고 한다.[138] 주희를 비롯한 주자학자들은 선(善)이나 덕(德)을 위한 방법으로 단지 정좌와 묵상, 즉 '상학공부(上學工夫)'만을 고집한 것은 아니며, 일상의 실천을 중시하는 '하학공부(下學工夫)' 역시 강조했기 때문이다.[139] 정약용은 다음 단계, 즉 기질지성에 대

---

136) 『전서』 제2집 제6권, 「孟子要義」(2) 孟子之所謂養性者 今日行一善事 明日行一善事 集義積善 以養其樂善恥惡之性 使浩然之氣充然不餒也 後世之所謂養性者 瞑目塑形 專觀未發前氣象 以求活潑潑地 此所謂涵養也

137) 『전서』 제2집 제1권, 「大學公議」(1) 誠意之工 顧不在於行事乎 今人以治心爲誠意 直欲把虛靈不昧之體 捉住在腔子內 以反觀其眞實無妄之理 此須終身靜坐默然內觀 方有佳境 非坐禪而何

138) 정순우, "실학의 공부론에 나타나는 새로운 인간이해: 순암과 다산을 중심으로", 한국정신문화연구원 편, 『유교의 공부론과 덕의 요청』 휴머니스트, 2004. pp.150-152.

139) 가령 "내 생각으로는 도(道)의 전체가 비록 높고 크다고 하나 그 실상[實]은 일상의 미세하고 비근(卑近)한 일에 관계되지 않는 것이 없다. 만일 그 높고 큰 것을 좋아해 비근한 것을 가벼이 여기고, 큰 것만을 사모하여 미세한 것을 버린다면. 실제의 체험을 점진적으로 키우지 못하게 된다. 다만 공허하게 생각만 하고 발돋움해서 바라보는 수고만 있을 뿐, 끝내 스스로 도달하는 것이 없을 것이다."(주희, 『朱子大全』 제54권, "答王季和" 盖所謂道之全體雖高且大 而其實未嘗不貫乎日用

한 주자학의 교리를 비판하는 데서도 주자학의 원래 내용을 왜곡하
면서 무리하게 비판하고 있다는 의심을 받을 수 있다.

　맹자는 성(性)을 논하며 불선(不善)을 함닉(陷溺) 탓으로 돌렸는데,
송나라의 유학자들은 성을 논하며 불선을 기질 탓으로 돌렸다. 함닉
은 그 자신에서 말미암으니 벗어날 수 있지만, 기질은 하늘에서 말미
암으니 벗어날 길이 없다. 그렇다면 누군들 자포자기(自暴自棄)하여
스스로 타락하고 비천해지지 않겠는가? 하늘이 부여해 준 것이 원래
고르지 못하여 누구에게는 순청(純淸)의 기질을 주어 요순(堯舜)처럼
되도록 하고, 누구에게는 순악순탁(純惡純濁)한 기질을 주어 걸(桀)임
금이나 도척(盜拓)처럼 되게 한다면, 하늘의 불공평함이 어찌 그리 심
하단 말인가?
　이른바 요순의 선행이 단지 청한 기질을 얻은 까닭인지 나는 모르
겠으며, 이른바 걸과 도척의 악행이 단지 탁한 기질을 얻었기 때문인
지 나는 모르겠다. 이미 그들에게 청한 기질을 주고 또 성인(聖人)의
이름을 갖도록 했다면 어찌 그리 요순에게만 후하단 말인가? 이미 그
들에게 탁한 기질을 주고 또 악인의 이름을 더하였다면, 어찌 그리도
걸과 도척에게만 박하단 말인가? 만약 걸과 도척이 죽어서 이를 안다
면 날마다 하늘을 보고 울부짖으며 그 원통함을 호소하리라.140)

細微切近之間　苟悅其高而忽於近　慕於大而略於細　則無漸次經由之實
而徒有懸相跂望之勞　亦終不能以自達矣)
140) 『전서』 제2집 제6권, 「孟子要義」(2)　孟子論性　以不善歸之於陷溺　宋儒論
性　以不善歸之於氣質　陷溺由己　其救有術　氣質由天　其脫無路　人執不自
暴自棄　甘自歸於下流之賤乎　天之賦予　原自不均　或予之以純美純淸之氣
質　使之爲堯爲舜　或予之以純惡純濁之氣質　使之爲桀爲跖　天之不公　胡至
是也　夫所謂堯舜者　吾不知其爲善　適其所得者　淸氣也　而所謂桀跖者　吾
不知其爲惡　適其所得者　濁氣也　旣予之以淸氣　又歸之以聖人之名　何厚於
堯舜乎　旣予之以濁氣　又加之以惡人之名　何薄於桀跖乎　使桀跖而死而有

사람의 선악(善惡)은 기품(氣稟)의 청탁(淸濁)과 무관하다. 주발(周勃), 석분(石奮)은 기질이 대체로 탁했고, 왕망(王莽)과 조조(曹操)는 기질이 대체로 청했다. 또한 상나라의 수(受)는 재주로 이름을 날렸고, 송나라의 양공(襄公)은 기질이 혼후(渾厚)했으니, 어찌 반드시 청한 자가 현인이 되고 탁한 자가 악인이 되겠는가?

순(舜)임금의 선기옥형(璿璣玉衡)은 총명함과 지혜로움이 없다면 불가능하다. 그러나 하늘을 우러러 울부짖음으로써 완악한 아버지의 마음을 돌린 일은 총명과 지혜와는 관계가 없었다. 지금 여느 고을의 미천한 백성들 중에는 소처럼 둔하면서도 능히 효자의 덕행(德行)을 이룬 자가 헤아릴 수 없이 많다. 또 여인들 중에 맑은 목소리로 노래하고, 절묘한 동작으로 춤을 추고, 말재주 있고 총명하며 기민한 여인으로서 음란하지 않은 경우가 적지만, 누렇게 뜬 머리에 검게 그은 얼굴을 한 어리석고 천한 여자들 중에는 열녀(烈女)의 절개를 지킨 경우가 많다. 선악이 타고난 기의 청탁과 무관함이 이와 같다.[141]

위에 든 두 번째 인용문은 『맹자』의 「고자상(告子上)」 6에 대한 주석인데, 여기서 정약용은 정이의 "타고난 기품이 청한 자는 현인(賢人)이 되고, 탁한 자는 우인(愚人)이 된다(氣有淸濁 稟其淸者爲賢 稟其濁者爲愚)."는 주석을 인용하여 비판의 대상으로 삼고 있다. 즉 주자학에서는 개인의 타고난 기질지성을 문제 삼음으로써, 태어

知也 則將日號泣于旻天 以愬其寃枉矣

141) 『전서』 제2집 제6권, 「孟子要義」(2) 人之善惡 不係氣稟之淸濁 周勃石奮 氣質大抵濁 王莽曹操 氣質大抵淸 商受有才力之稱 宋襄有渾厚之氣 豈必淸者爲賢 濁者爲惡 舜之璿璣玉衡 非聰慧者不能 而號泣旻天 底豫頑嚚 不係乎聰明才識 今閭巷卑微之民 椎鹵如牛 而能成孝子之行者 不可勝數 婦人淸歌妙舞辯慧機警者 鮮不爲淫 而黃首黑面怐愁陋劣者 多辨烈女之節 善惡之不係乎淸濁也如此

날 때부터 누구는 선인이 되고 누구는 악인이 되기로 정해진다는 가혹한 예정설(豫定說)을 교리로 하며, 이는 수사(洙泗) 성현의 가르침에 대한 고증과 역사적 사례에 대한 실증을 통해 볼 때 허위라는 것이다. 하지만 정이의 주석에서 정약용이 인용을 생략한 부분은 이렇게 이어진다. "그러나 배워서 알면 기의 청탁에 관계없이 모두 선(善)에 이르러 성의 근본을 회복할 수 있으니, 탕무(湯武)가 몸소 실천하여 성을 회복했다는 것이 바로 이것이다. 공자께서 말씀하신 '미련하여 어쩔 수 없는 자(下愚不移)'란 지레 자포자기하는 사람을 가리키신 것이다(學而知之 則氣無淸濁 皆可至於善而復性之本 湯武身之是也 孔子所言下愚不移者 則自暴自棄之人也)."

사실 태어날 때 이미 선악이 정해져서 아무리 노력을 해도 정해진 운명을 바꿀 수 없다는 극단적인 주장을 주자학이 교리로 삼았다면, 그것은 유학의 전통과 완전히 어긋나는 정도가 아니라, 아예 사상으로서 뿌리를 내릴 수 없었을 것이다. 이 부분, 즉 기질지성의 영향력과 개인의 노력의 가능성에 대한 부분은 앞서 이발기발의 경우처럼 주자학 교리 중에서 다소 모호한 부분이기는 하다. 그러나 주희나 정이가 그토록 가혹한 예정설을 편 듯이 정약용이 비판한 것은 자신의 주장 효과를 극대화하기 위한 일종의 윤색(潤色)처럼 보인다.

하지만 다소의 과장과 윤색이 있더라도, 정약용이 제기한 문제점은 유효(有效)하다고 할 수 있다. 주자학이 상학 못지않게 하학의 공부도 중시했다지만, 그 논리는 근본적으로 행동에 의한 덕 쌓기[積德]의 가능성을 제한하고 있었다. 반면 정약용은 "사람은 오직 행동으로만 의로워진다는" 이론을 제시했다. 또 주자학이 후천적 노력에 의한 선인(善人)이 가능하다고 규정했더라도, 기질의 차이가 마치 학과 공부에 있어서 지능이나 재능의 차이가 작용하듯 그 노력의 효율성에 작용한다는 점은 분명하다. 이에 대해 정약용은 덕을 쌓고 선인이 되는 과정에서 그러한 변수(變數)는 개입하지 않으며, 단지 노력이 있을 뿐이라고 주장한다고 볼 수 있다.

이상과 같이 정약용의 도덕론(道德論)을 주자학의 그것과 비교해 고찰한 결과, 다음과 같은 결론이 정리된다. 첫째, 주자학에서 도(道)와 리(理)와 성(性)과 덕(德)은 동일하다고 보면서 자연의 도와 인간의 도가 같고, 덕은 내재된 도로서 사람에게 선천적으로 온전히 부여되어 있다고 보는 반면, 정약용은 도, 이, 성, 덕이 모두 다르며, 자연의 도와 구별되는 인간의 도는 인간의 존재 그 자체나 다름없는 최소한의 당위이고, 덕은 후천적인 실천에 의해서만 쌓을 수 있는 것으로 천성(天性)은 그 단서만 제공한다고 본다. 둘째, 주자학에서 덕을 쌓는 공부는 바로 도에 통하기 위한 공부로서 상학(上學)을 통해 자신을 천지만물과 일치시키고 이를 다시 하학(下學)으로 일상에서 함양해야 한다고 보는 반면, 정약용은 하학만을 인정하면서 오직 선의 실천만이 덕을 이룰 수 있다고 한다. 셋째, 주자학이 기질지성의 차이가 개인의 공부 성과에 영향을 준다고 보는 반면, 정약용은 그런 입장에 반대한다.

이는 결국 덕을 쌓는 과정, 선을 추구하는 과정에서 자연에 대한 탐구 필요성을 제거했을 뿐 아니라, 도는 단지 기본일 뿐이며 실제 성취는 선행을 통한 덕의 추구가 전부이므로 도보다는 덕을 우선 관심사로 바꾸는 것이었다. 즉 '도에서 덕으로'의 전환이 정약용 사상에서 이루어지는 것이었다. 도의 공부가 심오한 경지에 이르기까지 초세속(超世俗)적인 수련과 깊은 학문적 소양을 필요로 하는 반면, 덕의 공부, 덕의 추구는 일상생활 속에서, 전혀 똑똑하지도 유식하지도 않은 평민들에 의해서도 가능하다. "백성의 천성은 미덕을 좋아한다. 충순(忠順)한 사람은 집집마다 있다."142) 이것은 윤리학에서만이 아니라 정치철학적으로도 심대한 의미를 갖는다. 평민이 귀족과 동등하게 덕을 쌓을 수 있고, 세상의 주체가 될 수 있는 것이다.

그러나 덕에 대한 정약용의 사상은 보다 복잡한 면이 있다. 이를 더 면밀히 검토하기 위해, 정약용의 덕론(德論)을 세분해서 살펴보기로 한다.

3) 정약용의 덕론(德論)

(1) 덕의 본질(本質)

앞서 본 것처럼, 정약용은 우선 덕(德)의 의미를 '마음을 바로 함[直心]'과 '얻음[得]'으로 이해한다. "마음을 바로 하고 행하여(直心所行)" 자신에게 얻어진 것이 덕이다. 그 내용은 상(常), 즉 인륜(人倫)이 된다.

그런데 정약용은 『대학공의』 첫머리에서 『대학』의 강목(綱目)을 논하며, 이른바 "대학지도 재명명덕(大學之道 在明明德)"의 '명덕'은 곧 '효제자(孝弟慈)'이며 효제자는 인륜을 요약하는 세 개의 덕(德)이라고 규정했다.

---

142) 『전서』 제5집 제7권, 「經世遺表」(7) "地官修制 田制"(9) 民之秉彝 好是懿德 忠順樂善之人 世固有之

명덕이란 효제자이다. …… 『요전(堯典)』에서는 "삼가 오전(五典)을 빛낸다."고 했고, 또한 "공경하여 오교(五敎)를 편다."고도 했는데, 오전, 오교란 부의(父義), 모자(母慈), 형우(兄友), 제공(弟恭), 자효(子孝)이다. 『춘추』에서 사극(史克)의 말도 이를 명확히 하고 있다. 그런데 형우와 제공을 합쳐 말하면 제(弟)이며, 부의, 모자를 합쳐 말하면 자(慈)이다. 그러므로 효제자 세 글자는 오교를 총괄한다.[143]

이 효제자는 다시 한 번 합쳐 말해서 효제(孝弟)라 할 수 있고, 더 줄이면 효(孝) 한 글자로 압축할 수 있다.[144] 그런데 그것은 다시 인(仁)의 본질과 같은 것으로 풀이된다.[145] 인은 결국 인륜의 본질이

---

143) 『전서』 제2집 제1권, 「大學公議」(1) 明德者孝弟慈 …… 堯典日 愼徽 五典 日敬敷五敎 五典五敎者 父義母慈兄友弟恭子孝也 春秋傳 史克 之言 明白如此 然兄友弟恭合言之 則弟也 父義母慈合言之 則慈也 然 則孝弟慈三字乃五敎之總括

144) "오전(五典)과 오교(五敎)를 요약하면 효제자(孝弟慈)이다. 군신, 부부, 장유, 붕우는 오전과 오교에 들어 있지 않은데, 등한시하기 때문이 아니라 효(孝)를 하면 반드시 충성스럽게 되고, 공경을 하면 반드시 공손해지며, 부부의 화합은 굳이 애쓰지 않아도 이루어지며, 친구 간의 신의도 다시 노력하지 않아도 저절로 되기 때문이다. 유자(有子)가 요약하여 효경(孝敬)이라 한 것은, 자(慈)는 짐승들도 할 수 있기 때문이며, 증자(曾子)가 요약해서 『효경(孝經)』을 지은 것은 효(孝)를 하는 사람 중에 공경하지 않는 사람이 없기 때문이다. 효 하나만으로 모든 선(善)에 이를 수 있다."(『전서』 제1집 제21권, 「詩文集」, "示兩兒" 五 典五敎 約之則孝弟慈也 君臣夫婦長幼朋友不與焉 不與焉者 非外之也 孝則必忠 弟則必恭 夫婦之和 非所勉也 朋友之信 無再勖也 有子約之 爲孝弟者 慈乃禽獸之所能也 曾子約之爲孝經者 孝未有不弟也 一孝而 萬善畢之)

145) "인(仁)은 효제로부터 비롯되니, 이것이 인의 근본을 이룬다."(『전서』 제2집 제7권, 「論語古今註」(1) 仁自孝弟 故日 爲仁之本也); "효제는 또한 인이며, 인은 또한 효제이다. 다만 인은 총명(總名)으로 사군(事

며, 인도(人道)를 바르게 걸어감을 의미하는 덕(德)의 본질이다.[146]

그런데 오전, 오교의 내용은 모두가 가족, 친족(親族) 사이에 이루어지는 덕이다. 정약용은 이를 덕의 본질로 규정한 다음, 이 효제자가 다시 공공(公共) 영역에서의 덕으로 확충된다고 말한다.

경(經)에서 "옛 명덕(明德)을 천하에 밝히고자 하는 자는 반드시 그 나라를 다스린다." 하였으니, 옛 글에서 인용한 것과 대조해 보자면, 명덕의 해석은 마땅히 치국평천하절(治國平天下節)에서 찾아야 할 것이다. 그러므로 심성혼명설(心性昏明說)은 아무런 가치도 없다. 오직 그 위 절에서 "효란 군주를 섬기는 것이며, 제란 어른을 섬기는 것이며, 자란 대중(大衆)을 부리는 것이다."라 하였으며 그 아래 절에서는 "노인을 노인으로 대접하면 백성들 사이에 효가 부흥하고, 어른을 어른으로 대접하면 백성들 사이에 제가 부흥하고, 고아를 구휼하면 백성들이 배반하지 않는다." 하였으니, 이 두 절에서 주장하는 뜻은 모두 효제자 세 글자를 벗어나지 않는다. 이것이야말로 명명덕의 올바른 해석이다.[147]

君), 목민(牧民), 휼고(恤孤), 애환(哀鰥) 등 모든 것을 포괄하지만, 효제는 전칭(傳稱)으로 사친경장(事親敬長)을 실상으로 삼았을 뿐이다." (『전서』 제2집 제7권, 「論語古今註」(1) 孝弟亦仁 仁亦孝弟 但仁是總名 事君牧民恤孤哀鰥 無所不包 孝弟是傳稱 惟事親敬長 乃爲其實)

146) 『전서』 제2집 제1권, 「大學公議」(3) 與人之相接而盡其本分 斯謂之仁

147) 『전서』 제2집 제1권, 「大學公議」(1) 經曰 古之欲明明德於天下者 先治其國 古文皆有引起照應 則明明德全鮮當于治國平天下絶求之矣 乃心性昏明之說 無影馨 惟其上節曰 孝者所以事君也 弟者所以事長也 慈者所以使衆也 其下節曰上老老而民興孝 上長長而民興弟 上恤孤而民不倍 兩節宗旨 俱不出孝弟慈三字 是則明明德正義也

이렇게 해서, 마침내 정약용은 『대학』의 8조목(條目)을 다음과 같이 서로 대응시킴으로써 '덕의 계통도'를 완성해 제시한다.

명명덕(明明德) ― 효로써 임금을 섬기고(孝者所以事君), 제로써 어른을 섬기고(弟者所以事長), 자로써 민중을 부린다(慈者所以使衆) ― 이것은 천자에서 서인까지 수신의 근본이다(天子庶人修身爲本).

친민(親民) ― 노인을 노인으로 대접하면 백성들 사이에 효가 부흥하고(老老而民興孝), 어른을 어른으로 대접하면 백성들 사이에 제가 부흥하고(長長而民興弟), 고아를 구휼하면 백성들이 배반하지 않는다(恤孤而民不倍) ― 이것은 집(家)에서 인을 실천해 나라[國]에서 인이 부흥토록 하는 것이다(家仁 國興仁).

지어지선(止於至善) ― 사람으로서 자식이면 효에 이르러야 하고(爲人子止於孝), 사람으로서 신하이면 경에 이르러야 하고(爲人臣止於敬), 한 나라의 백성끼리는 신으로써 사귀어야 하고(與國人交止於信), 사람으로서 아비이면 자에 이르러야 하고(爲人父止於慈), 사람으로서 임금이면 인에 이르러야 한다(爲人君止於人) ― 이것은 덕을 융성하게 하고 지선(至善)에 이름으로써 백성이 결코 잊지 못하게끔 하는 것이다(盛德至善民不能忘).[148]

그런데 이 계통도에서 효(孝)가 세 번, 인(仁)도 세 번 언급되며 거듭 강조되고 있는 반면, 인과 함께 유교의 대표적인 덕목인 의(義)는 한 번도 언급되지 않는다. 오교, 오전에서 효제자에 이르는 명덕

---

148) 『전서』 제2집 제1권, 「大學公議」(1)

(明德) 풀이 과정에도 그렇다. 다만 오교, 오전에 부의(父義)가 한 항목으로 들어 있지만 이것은 아버지로서 가족에게 보이는 엄격함 같은 것으로, 일찍이 맹자가 "오직 이것이 있을 따름"이라고 강조해 말한 인과 의의 한 축인, 위대한 덕목 의(義)와는 동떨어져 있다.

『대학』에는 8조목에 뒤이어 "한 집안이 인(仁)하면 한 나라에서 인이 흥(興)하고, 한 집안이 사양[讓]하면 한 나라에서 사양함이 흥한다."149)는 구절이 있다. 군주의 수신(修身)의 중요성을 일깨우는 내용이라 하여 주자학적 정치론에서는 중요시하는 구절인데, 여기서 '양(讓)'은 곧 의(義)를 나타낸다. 그런데 정약용은 이 구절에 대한 논의에서 의나 양에 대해서는 전혀 언급하지 않고 서(恕)만을 논한다. 서는 곧 인(仁)을 행하는 방식이 아닌가?

정약용이 강조하는 명명덕(明明德)의 경우 인 - 효제를 부흥시킴을 그 실체로 삼지만, 공자는 한편 숭덕(崇德)을 논했다. 『논어』「안연편(顔淵篇)」에서 그는 "충신(忠信)을 주로 하여 의(義)로 옮아간다면 곧 숭덕이다."150)고 밝혔는데, 이는 곧 인(仁)이 의(義)로 옮아갈 수 있음과 인과 의가 합쳐졌을 때 덕이 온전해진다는 내용으로 풀이된다.151) 그런데 정약용은 『논어고금주』에서 이 부분에 대해 별다른 언급이 없다.

선행 연구에서는 대체로 무시된 듯하지만,152) 우리는 여기서 정약

---

149) 『대학』 一家仁 一國興仁 一家讓 一國興讓
150) 『논어』「顔淵」 10 子曰主忠信徙義崇德也
151) 陳大齊, 안종수 역, 『공자의 학설』, 이론과실천. 1996. p.242.
152) 정약용이 다른 덕에 비해 유독 인(仁)만을 강조하고 있다는 시각은 장
  승희, 『다산 윤리사상 연구』, 경인문화사. 2005. p.175. 배병삼은 정약
  용이 효제자를 강조한 것을 덕(德)을 '가정윤리'에 국한시키면서 정치

용 사상의 진정 모호한 부분을 만나게 된다. 정약용이 의(義)라는 덕
목을 퇴출(退出)시킨 것은 아니다. 그랬다면 그 자신이 성리학에서뿐
아니라 유학에서도 퇴출당했으리라. 다만 합당하다고 여겨지는 강조
와 주목을 하지 않을 뿐이다.

를 윤리와 구분하고 정치는 철저한 제도와 법리(法理)에 따라 진행되
도록 하는 법가적인 면모로 읽었다(배병삼, "다산의 유학세계: 고적제
의 정치학", 「동양정치사상사」 제1권 1호. 2002. pp.103－104; p.133).
분명 천도(天道)와 인도(人道)가 구분된다고 본 점에서나, 예(禮)의 정
치적 의미를 강조한 점에서 정약용 사상은 순자나 법가의 사상과 일
맥상통한다. 그러나 이미 본 것처럼 정약용은 순자가 인간에게 존재하
지 않는다고 여긴 성선(性善)의 단(端)을 발견했으며, 인－효제의 덕이
정치영역에서 실현되는 계통도를 제시했다. 그리고 뒤에서 다루겠지만
(3장 1절), 그가 정치사상에서 중시한 예는 법가류의 실용적인 '현재의
예'가 아니라 인과 의 모두에 복무하는 규범적인 '선왕(先王)의 예'였
다. 정약용을 단지 실용주의적·현실주의적 정치사상가로만 읽는다면
그의 사상에 관류하는 상(常)에 대한 추구를 놓치는 것이다.
한 가지 예를 들면, 『논어』「述而」 14에는 공자가 위(衛)의 괴첩(蒯
輒)을 도울 것인지 여부를 제자인 자공(子貢)이 백이(伯夷), 숙제(叔
齊)를 빗대어 알아보았다는 내용이 있다. 백이와 숙제는 고죽국(孤竹
國)의 왕자들로 서로 왕위를 사양하여 초야(草野)에 묻혔고, 괴첩은
괴외(蒯聵)의 아들인데 할아버지 영공(靈公)이 괴외를 내쫓은 다음 왕
위에 오르고, 아버지 괴외가 돌아오려고 하자 이를 저지했다. 즉 괴첩
은 백이, 숙제에 비해 권력 앞에서 불인(不仁)한 행동을 한 셈인데, 이
를 놓고 춘추공양전(春秋公羊傳)은 괴첩이 정당한 왕위계승자라고 하
면서 "가정의 일로 군주의 일을 사양할 수는 없지만 군주의 일로 가
정의 일을 사양할 수는 있기 때문(不以家事 辭王事 以王事 辭家事
是)"이라고 했다. 그런데 정약용은 이를 "이치에 맞지 않고 상(常)을
혼란시킨다(悖理亂常)."고 맹비난하고 있다. 아버지를 거역한 괴첩의
죄악은 "천지간에 피치 못할 것"이며, 그러한 부도덕을 정치적, 실정
법적 이유에서 정당화할 수는 없다는 것이다(『전서』 제2집 제17권, 「
論語古今註」(11)). 이 외에도 정약용은 예와 법을 논할 때 항상 그 근
본은 인의(仁義)의 덕에 있다는 입장을 거듭 분명히 하고 있다.

　사실 공자는 의(義)를 그렇게까지 앞세우지 않았고, 인(仁)을 주로 강조했다. 인과 의를 나란히 세운 사람은 맹자였다. 그런데 정약용은 『맹자요의』에서 "의는 사람이 걷는 바른 길"[153]이라는 『맹자』 본문의 언급에 대해 한결같이 논평(論評)을 하지 않고 침묵한다. 이것은 그런 언급마다 반드시 재확인을 하는 주희와는 매우 다른 태도이며, 앞서 본 대로 정약용은 "사람이 걷는 바른 길"을 의가 아니라 인(仁)에 해당시키고 있다. 또한 그는 「이루상(離婁上)」 27에서 "의의 실제는 형에게 순종하는 것이다(義之實, 從兄是也)."라고 언급한 데 대하여,[154]

　　형에게 순종하는 일이 꼭 의가 되지는 않는다. 맹자는 대개 효제(孝弟)로써 인의(仁義)의 실체(實)를 삼았으니, 이는 호문(互文)인 듯 하다.[155]

라고 하여 경전의 본문을 곧이곧대로 받아들이지 않고 인-효제의 덕에 연결한다. 정약용 자신은 지어지선(止於至善)을 풀이하며 "사람으로서 신하이면 경에 이르러야 하고(爲人臣止於敬)"라 했으니,

---

153) 『맹자』 「離婁上」 10 "義　人之安路也"; 「萬章下」 7 "夫義　路也". 또한 주희는 자신의 『집주』에서 「滕文公下」 2의 "천하의 대도(天下之大道)"가 다름 아닌 의(義)라고 해석하고 있다. "천하의 대도는 의다."(大道義也)

154) 주희는 이를 충실히 받아서 "의는 공경을 위주로 하는데, 공경은 형에게 순종하는 것이 가장 먼저이다(義主於敬而敬莫先於從兄)."라고 주석하고 있다.

155) 『전서』 제2집 제5권, 「孟子要義」(1) 從兄　未必爲義　孟子　蓋以孝弟爲 仁義之實　有似互文

결국 그는 신하가 가져야 할 덕목인 경(敬)을 의(義)라기보다 효제, 즉 인(仁)에 귀속된다고 규정한 셈이다.

이처럼 정약용이 이상할 정도로 의에 대한 강조와 주목을 피하는 이유에 대해 우리는 어떻게 받아들여야 할까? 첫째, 정약용은 의(義)가 인(仁)에 포함된다고 또는 인으로써 의를 대표해 말할 수 있다고 여겼기 때문에 굳이 인에 짝하여 의를 강조하지 않았다고 생각할 수 있다. 사실 그는 「원덕」 등에서 그러한 입장을 밝히고 있다.[156]

하지만 그렇게 볼 경우, 정약용이 '덕의 계통도'를 만드는 과정에서만큼은 의(義)를 언급했어야 하지 않은가, 정약용이 의의 중요성을 일반적인 유학자들과 다름없이 평가하고 있었다면 왜 『맹자』가 의(義) 규정에 대해 침묵하는 것은 물론 다른 곳에서도 의에 대해서 독립적인 의미 풀이를 꺼린 이유가 무엇인가 등의 의문이 남는다. 이 의문은 정약용이 각기 다른 정체성을 가진 덕(德)들을 요약, 연계하는 방식을 더 면밀하게 살펴볼 때 증폭된다.

정약용은 '다양한 성격의 대상들을 무리하게 하나로 뭉뚱그리는 논리'에 반발하여 리(理)와 성(性)을 구별하고, 천도(天道)와 인도(人道)를 구분했던 상(常) 중심 사상가이다. 그렇다면 어떻게 오륜이 효제자로 정리될 수 있을까? 어떻게 각기 다른 효, 제, 자가 효제가 되고, 다시 효가 될 수 있을까? 그는 두 가지의 서로 다른 의미로 덕을 요약하기니 연계한나. 먼저 효제자를 확충하여 사적인 덕에서 공적인 덕까지 포괄하는 것으로 규정하는 경우, 그 덕의 본질과 기능

---

156) 『전서』 제1집 제10권, "原德" 仁義禮智 謂之四德 然有子曰 孝弟也者 其爲仁之本 仁爲四德之統 然孟子又以四德之實 歸之孝弟 則是孝弟之外 德之名無所立也

이 서로 연계될 수 있음을 밝힘으로써 덕의 연계도를 제시하는 방식을 쓴다. 자식으로서 부모를 섬기는 뜻과 마음을 그대로 적용하면 신하로서 임금을 섬길 수 있다. 동생으로서 형을 섬기는 뜻과 마음을 그대로 적용하면 아랫사람으로서 윗사람을 섬길 수 있다. 그리고 부모로서 자식을 부리는 뜻과 마음을 그대로 적용하면 목민관으로서 백성을 부릴 수 있는 것이다. 이처럼 비록 다른 영역을 대상으로 한다고 해도 본질이 유사하고 기능이 상통하므로 덕을 서로 연계하거나 요약할 수 있게 된다.

반면 효제자 삼덕을 줄여서 효제라고 할 때는 이와는 다른 접근법이 사용된다. 효제자 모두가 각기 뚜렷한 정체성을 지니고 있고, 특히 자(慈)는 다른 두 덕과 달리 아랫사람에 대해 윗사람이 갖는 덕이므로 제를 생략하면 모를까 자를 생략해서는 안 될 것 같다. 그러나 자를 생략할 수 있는 이유는 "자는 동물도 행하는 것이라" 반드시 귀하게 내세울 수 없기 때문이다.157) 자기 자식을 사랑하고 아끼는 행동은 동물에게서도 볼 수 있으며, 따라서 인간에게 고유한 것이라 여겨지는 효, 제와 나란히 삼덕(三德)으로 내세우기는 곤란한 점도 있어서 '효제자'를 '효제'로 요약할 수 있다는 것이다. 이것은 이론의 필요성에 의해서가 아니라 어떤 정치적 내지 교육적 필요성에서 표현을 단속하는 '검열(檢閱)'의 한 형태라고 볼 수 있다.

그렇다면 정약용의 의(義)에 대해 미묘하게 소홀히 다루는 듯한 태도는 어떤 요약-연계 방식을 따르고 있을까? 만약 기능과 본질상의 상합성(相合性)에서 비롯되는 방식을 취했다면, 이전의 "인이 의

---

157) 『전서』 제1집 제21권, 「詩文集」, "示兩兒" 慈乃禽獸之所能也

를 포괄 또는 대표하기에 인만을 강조해도 충분하다고 여겼다."는 가설이 뒷받침된다. 그러나 정약용이 일종의 자기 검열로서 의에 대해 미묘한 태도를 취했을 가능성을 배제할 수 없다면, 우리는 두 번째 가설을 살펴볼 수 있다.

두 번째 가설은 정약용이 의를 인과는 상당히 다른 성격을 가진 덕으로 보았으나, 어떤 필요성(비이론적인) 때문에 인(仁)만을 유독 강조하고(달리 말하면 인의(仁義)를 인으로 줄일 수 있음을 강조하고), 의에 관한 논의를 대체로 유보(留保)했다는 것이다.

정약용은 앞서 인용한 『중용자잠』의 기사에서 "우물에 아이가 빠지는 것을 보고 달려가 구해 낸다."는 인(仁)의 실례(實例)에 짝하는 의(義)의 실례를 "의롭지 못한 오리고기가 있다면 반드시 사양하여 먹지 않는다."로 들었다. 또한 『맹자요의』에서는 덕의 예를 두 가지로 들어 "『대학』에서는 효제자로 명덕(明德)을 삼고, 『논어』에서는 나라를 사양한 것으로 지덕(至德)을 삼았다."고 했다.[158] 효제자는 분명 인(仁)이며, 나라를 사양했다는 것은 의(義)다. 이 두 가지 기사에서 우리는 정약용이 인만이 아니라 의 역시 대표적인 덕(德)으로 상정했다는 점 그리고 의란 "적절하지 못한 대안을 두고 자신의 이익을 포기하는 것"에서 실현된다고 보았다는 점을 알 수 있다.

그런데 우물에 빠지는 아이를 구해 내는 행동은 적극적이고 타인의 일에 개입하는 향외적(向外的)인 행동인 데 반해, 의롭지 못한 음식이나 지위를 사양하는 행동은 소극적이고 자신의 일에 결단을 내리는 향내적(向內的)인 행동이다. 정약용이 주로 이런 방향으로

---

158) 『전서』 제2집 제6권, 「孟子要義」(2) 大學 以孝弟慈爲明德 論語 以讓 國爲至德

의(義)의 성격을 이해하고 있었다는 사실은 다음의 기사에서 더 분명해진다.

> 의(義)란 나를 선(善)하게 하는 것이다. 의란 뭔가 소중히 여기는 것이 내게 있음이니 인과는 같지 않다. 그래서 응소(應劭)의 『풍속통(風俗通)』에는 "사람을 사랑하는 것이 인이며 나 자신을 좋게 하는 것이 의다."라 하였다. 이는 인의(仁義)의 훈고(訓詁) 중에 가장 좋은 것이다. 어떤 물건을 받는 일로 내가 선하면 받고, 받아서 내가 선하지 않다면 물리친다. 그렇게 나를 선하게 할 뿐이니, 이것이 의다. 위기를 만나 그 위기를 피함으로 내가 선하다면 피하고, 피해서 내가 선하지 않다면 죽음도 무릅쓴다. 그렇게 나를 선하게 할 뿐이니, 이것이 의다. 의는 때로 주변 사람을 돌아보지 않는 경우가 있다. 단지 주변 사람만이 아니라, 효자가 부모를 외면하고 자부(慈父)가 처자를 외면하기도 한다. 그 소중히 여기는 것이 나에게 있기 때문이다. 인(仁)자(字)는 인(人)에서 비롯되고, 의(義) 자는 아(我)에 비롯되니 여기에 깊은 의미가 있다.[159]

양주와 묵적을 논한 다음의 기사 역시 재음미할 필요가 있다.

> 성인(聖人)의 도는 구애됨이 없으며, 막힘이 없으며, 의(義)를 따르

---

159) 『전서』 제1집 제19권, 「詩文集」, "答李汝弘" 義之爲物　所重在我　與仁不同　故應劭風俗通　愛人曰仁　善我曰義　此詁訓之最善者也　得一物焉受之而我得爲善　則受之　受之而我不得爲善　則却之　歸善我而已　斯之謂義也臨一難焉免之而我得爲善　則免之　免之而我不得爲善　則死之　歸善我而已斯之謂義也　義之爲物　有時乎不顧傍人　豈有傍人耳　孝子有時乎不顧父母慈父有時乎不顧妻子　其所重在我　而不在人　故仁字　從人　義字　從我　有淵味也

니, 이를 시중(時中)이라고 하는 것이다. 그러나 그 가운데에는 항상 양묵(楊墨)의 의(義)가 공존했다. 스스로의 몸을 홀로 선하게 함이 위아(爲我)가 아닌가? 천하 사람들 모두를 선하게 함이 겸애(兼愛)가 아닌가? 다만 어느 한쪽으로 편중되지 않을 뿐이다. 요순(堯舜)의 치세 때는 우직(禹稷)이 손발이 트도록 힘써 노력하여 겸애(兼愛)하였고, 노위(魯衛)의 난세 때는 안회(安回)가 문을 걸어 잠그고 위아(爲我)하였다. 양묵은 그렇지 않았으니, 양자(楊子)는 궁달(窮達)을 불문하고 독선(獨善)에 주력하고, 묵자(墨子)는 치란(治亂)을 불문하고 겸선(兼善)에 주력했다. 이 때문에 도(道)에 어긋났던 것이다.

대체로 독선하는 자는 산림에 숨어 과오(過誤)를 적게 하기만을 구하는데, 만약 모든 사람이 이를 따른다면 임금은 장차 누구와 함께 나라를 다스리겠는가? 자로(子路)가 그 장인(丈人)에게 "군신(君臣)의 의(義)는 폐할 수 없다."고 말하였으니, 위아는 무군(無君)의 도가 아니겠는가? 천하 사람들에 겸선을 추구하는 자는 온통 땀투성이에, 먼지투성이가 되면서 공로를 세우려 하는데, 만약 모든 사람들이 이를 따른다면 규문(閨門)의 수행을 하며 부모를 봉양하는 자가 아마도 적어질 것이다. 위무지(魏無知)가 "증삼(曾參)은 부모를 떠나지 않았으니 함께 일을 꾸밀 수가 없지만, 그가 한번 겸제(兼濟)에 뜻을 두는 날이면 반드시 자기 집을 돌보지 않을 것이다."라고 말하였으니, 겸애는 무부(無父)의 도가 아니겠는가?

그러나 양묵은 모두 현인(賢人)이며, 맹자는 그 병폐를 걱정해서 부정한 것일 따름이다. 지금 사람들은 『맹자』를 잘못 읽고는 양자를 인색한 사람으로, 묵자를 광객(狂客)으로만 여겨, 발모마정(拔毛磨頂)이 모두 비유일 뿐 두 사람의 실제 일[實事]이 아니라는 것을 모른다. 머리카락 한 올을 뽑아서 천하를 이롭게 한다는 것은 자기의 일 척(一尺)을 굽혀 남의 팔 척(八尺)을 곧게 한다는 말과 같다. 무고한 한 사람을 죽여서 천하를 얻을 수 있어도 그렇게는 하지 않는 것도 위아의 학이니, 과격하게 말하여 이것을 "머리카락 한 올을 뽑아서 천하를 이롭게 할 수 있어도 하지 않는다."고 하는 것이다. 문자의 회의(會意)로 보면 사람을 사랑하는 것이 인(仁)이고, 나를 착하게 하는 것이 의(義)니, 진덕수(陳德秀)의 말이 의미가 있다.160)

앞서 본 것처럼 이 기사는 양주와 묵적이 각자 극단에 치우침으로써 무부무군(無父無君)의 몰상식(沒常識)에 이르렀다는, 정약용의 상식철학적－상식 현실주의적 사상을 드러내 주는 기사다. 그런데 이를 다시 읽어 보면 양주와 묵적은 각각 의와 인을 추구했다. 그러나 묵적은 지나치게 향외적으로 되어 천하 사람들의 선을 두루 살피느라 정작 자신의 부모를 친애(親愛)하지 못할 상황이 되었으니 몰상식하고, 반대로 양주는 지나치게 향내적으로 되어 오직 자신의 의로움만 돌봄으로써 군신의 의를 폐할 위험을 초래했으니 역시 몰상식하다는 것이다. 즉 일반적으로 알려진 것처럼 의(義)는 본래 적극

---

160) 『전서』 제2집 제5권, 「孟子要義」(1) 聖人之道 不拘不滯 義之與比 故謂之時中 然其中楊墨之義 未嘗不俱存也 獨善其身 非爲我乎 兼善天下 非兼愛乎 惟其所執 不滯一偏 當堯舜之世 則禹稷胼胝而兼愛 當魯衛之亂 則顔回閉門而爲我 楊墨則不然 楊子不問窮達 而獨善爲主 墨子不問治亂 而兼善爲主 此其所以悖於道也 大抵獨善其身者 惟當隱居山林 求其寡過而已 天下之人 以此爲敎 則人主將誰與共國 子路謂丈人曰 君臣之義不可廢 爲我非無君之道乎 兼善天下者 惟當沾體塗足 求其立功 天下之人 以此爲敎 則修閨門之行 以養其親者 或寡矣 魏無知謂 曾參不離其親 不可與圖大事 一向以兼濟爲務 則必不顧其家 兼愛非無父之道乎 然楊墨皆賢人也 孟子慮其弊而距之 今人誤讀孟子 以楊子爲吝人 墨子爲狂客 不知拔毛磨頂 皆說喩之言 非二子之實事也 拔一毛而利天下 猶言枉己之尺直人之尋也 殺一不辜 而得天下 不爲 亦爲我之學 甚言之 則斯云拔一毛利天下 不爲 文字會意 愛人曰仁 善我曰義 西山之言有味

적인 사회 개혁과 정의 실현의 덕이 아니다. 자기 스스로를 단속하고 부적절한 일을 하지 않는 소극적, 개인적인 덕이 그 본체(本體)이다. 정약용은 의(義)라는 문자가 아(我)에서 비롯되며, 의는 선아(善我)로 풀이된다고 함으로써 그러한 생각을 확증하고 있다.

그런데 정약용이 생각하는 의는 이처럼 소극적이고 개인적인 덕이었을 뿐 아니라, 어쩌면 '도덕적 덕(moral virtue)'조차 넘어서는 의미마저 갖고 있었을지 모른다. 그는 아들에게 보낸 한 편지에서 이렇게 말하고 있다.

> 듣자니 네가 닭을 기른다더구나. 양계(養雞)는 분명 좋은 일이지. 하지만 그중에도 품위 있음과 저속함, 청탁(淸濁)의 차이가 있단다. 농서(農書)를 숙독(熟讀)하고 그중에서 좋은 방법을 찾아내 시험하며, 닭의 색깔이나 종류를 구분하고, 홰를 개량하거나 하여 특별한 관리를 통해 닭이 살찌고 번성하여 다른 집 닭들을 능가하게 할 수 있다. 또 가끔은 시를 지어서 닭들이 노니는 정경을 읊으며 사물을 관조할 수 있다. 이것이 바로 독서가(讀書家)의 양계법이니라. 만일 이익에 눈이 어두워 의(義)를 알지 못하며, 그저 기를 줄만 알았지 취미를 모르면서 미욱하게 노력할 뿐 이웃의 포노(圃老)와 밤낮 다투기만 한다면, 이는 궁벽한 시골에 사는 졸부(拙夫)의 양계법이니라. 너는 어느 쪽을 택하려 하는지 모르겠구나.[161]

---

161) 『전서』 제1집 「詩文集」 21권, "寄游兒" 聞汝養雞 養雞固善 然養雞之
中 亦有雅俚淸濁之殊 苟能熟讀農書 擇其善法而試之 或別其色類 或
異其塒桀 使雞之肥澤繁衍 勝於他家 又或作詩 使雞情景 以物遣物 此
讀書者之養雞也 若見利不見義 知爹不知趣 葷葷滾滾 與鄰人圃老 早
莫爭鬪者 此直三家村里拙夫子之養雞也 未知汝何所安

여기서 정약용은 무식한 일반 민중의 양계법을 지식인의 양계법과 비교하며 전자(前者)를 "의를 모르고 이익만 아는(見利不見義)" 방식이라고 평가하고 있다. 그러면 그 반대로 '의를 아는' 선비의 양계법은 어떤가? 농서를 참조하거나 하여 더 효율적인 양계 기법을 개발하는 것과 양계의 정경을 관조하며 시를 짓고 즐기는 것이 그 내용이다. 그렇다면 이 때 의(義)는 수준 높은 지식, 특별한 소양, 고상한 취향 등과 연관되는 관념인 것이다. 여기서 이른바 '도덕적 덕'의 관념은 찾아볼 수 없다. 효율적인 양계 기법을 개발하는 것도 이익을 추구하기는 마찬가지이다. 다만 '졸부(拙夫)'의 이익 추구 방식에 비해 지혜롭고 세련될 따름이다. 이때의 의(義)는 전통 유교의 덕보다는 아리스토텔레스(Aristoteles)가 분류한 '지적인 덕(intellectual virtue)'에 가깝다.[162]

그렇다면 의(義)라는 덕은 매우 개인적일 뿐 아니라 개인의 특유한 자질, 지식의 수준과 깊이 연관되는 덕이다. 앞서 양주와 묵적을 비판하는 과정에서 중용을 알아야 의(義)를 이룰 수 있음이 확인되었는데, 중용이란 아무나 알 수 있는 것이 아니다.[163] 그리고 여기 '양계론'에서는 '청탁(淸濁)'이라는 표현이 등장하고 있다. 앞서 개인

---

162) '지적인 덕'의 개념은 Aristotle, David Ross(trans.), *Nicomachean Ethics* (Oxford University Press, USA; Reprint edition. 1998), 1103a, pp.15－25. 아리스토텔레스의 덕 분류와 전통 유교의 덕 분류의 대조는 이상임, 『비교철학 연구 ― 윤리학의 문제들』 범조사. 2002. pp.111－112.

163) "나의 생각으로는 소인(小人)이란 반드시 중(中)을 극진히 할 수 없으며, 또한 변함없는 떳떳함[常]을 가질 수도 없다. 그러므로 중용이라는 이름을 세울 도리가 없다."(『전서』 제2집 제4권, 「中庸講義補」(仲尼曰 君子中庸節) 以爲小人 必不能致中 亦不能有常 則自立中庸之名亦無 是理)

의 기질이 도덕의 추구에 무관함을 강조하며 특히 타기(唾棄)했던 표현이 바로 '청탁' 아니었던가?164)

결국 선천적인 기질이나 재능과는 관계없이 누구나 "행하기만 하면 이룰 수 있는"165) 인(仁)에 비하여, 의(義)는 선천적인 자질과 특별한 학습이 상당히 필요한 덕이다. 정약용으로서는 그러한 덕을 일반 백성이 누구나 달성할 수 있다고 주장하기는 꺼려했던 것 같다. 과연 학문도 부족하고 자기 수양의 훈련도 덜 된 민중, 눈앞의 이익에 급급해 드잡이하며 살아가는 서민이 자신을 적절하게 단속하고, 의롭지 못한 이익을 분명히 거부하며, 고상하고 우아한 삶을 견지해 나갈 수 있을까? 그것은 상식을 넘어서지 않는가?166) 그러나 그러한 문제를 분명히 제시한다면 주희의 교리에 내재된 사람의 차별가능성을 '과장'까지 해 가며 반박했던 정약용의 입장이 의심받게 쉽다. 그래서 그는 명덕(明德)을 논하며 인(仁) 위주로 설명하고 의(義)의 문제에는 '자기 검열'을 통해 유보적인 태도를 취한 것이 아닐까?

또한 의(義)를 '소홀히' 다루는 태도는 그의 보다 구체적인 정치철

---

164) 정약용은 사(士)를 논할 경우에는 명덕을 논할 때 기피하던 '타고난 자질'을 거침없이 거론하고 있다. "사람의 천성이 제각기 같지 않은데 그것을 사품(士品)을 가지고 구별한다. 그 하등자는 논할 것이 없고, 상등자 중에는 청사(淸士), 고사(高士), 기사(奇士)가 있다."(『전서』 제1집 제13권, "右副承旨庚塢韓公七十 壽序" 人性之有不同 而士品以別 其下者已之 上之有淸士焉 有高士焉 有奇士焉)

165) "사람이란 인을 하고자 하면 인하게 되고, 인을 하고자 하지 않으면 인하지 못하게 된다. 그래서 인은 공(功)이 되고 불인은 죄(罪)가 되며, 인은 상을 주고 불인은 벌을 준다."(『전서』 제2집 제5권, 「孟子要義」(1) 人之爲物 欲仁則仁 不欲仁則不仁 故仁者爲功 不仁者爲罪)

166) "소민(小民)은 재물을 중시하고 의(義)는 경시한다."(『전서』 제5집 『經世遺表』(7) "地官修制 田制(9)" 小民重財而輕義)

학적 입장과도 연계해 볼 수 있다. 의는 개인적 차원에서는 '좋은 취향'에 그칠 수 있으나 정치적 차원에서는 엄격한 정명(正名), 인정(人情)을 돌아보지 않는 형정(刑政), 즉 현실적 문제에서 대의명분(大義名分)을 강조하며 '춘추필법(春秋筆法)'에 따라 사안을 진단하고 대응하려는 도덕주의적 태도로 나타날 수 있다. 이 또한 사대부의 일반적 성향과 일치하는데, 정약용은 의(義)를 특히 강조한 나머지 '세도정치(世道政治)'로까지 도달하는 당대의 붕당(朋黨)과 군약신강(君弱臣強)의 정치문화에 반대하는 입장이었다(후술한다). 그러므로 그의 경학(經學)에서 의(義)의 덕이 유난히 강조되지 않고 있다고도 추정해 볼 수 있을 것이다.[167] 그리고 이것은 그의 덕론(德論)을 넘어 정치철학에 이르기까지 중대한 의미를 갖게 된다.

(2) 인간이 덕을 추구할 수 있는 이유

앞서 정약용이 인간의 덕을 천도(天道)와 구분하고, 오직 행동에 의해서만 덕을 추구할 수 있다고 밝혔음을 살펴보았다. 그런데 과연 구체적으로 어떻게 인간이 덕을 추구할 수 있는지에 대해서는 몇 가지 쟁점(爭點)이 남는다.

---

167) 조선의 경우 주류(主流) 주자학 정치론에서 의(義)의 중요성이 유독 강조된 나머지 정치적 긴장과 분열이 연속되었다는 분석은 강광식, 『신유학사상과 조선조 유교정치문화』, 집문당. 2000. pp.36−38. 또한 영조(英祖) 당시에 군신관계를 '부자관계'로 상정하여 인(仁)의 덕을 우선시하며 군권(君權)을 강조한 군주와 그에 대항하여 군신관계를 '의리의 관계'로 상정하여 의(義)를 앞세워 신권(臣權)을 옹호한 신료들 간의 정치 갈등의 추이에 대해서 유미림, 『조선후기의 정치사상』. 지식산업사. 2002. pp.142−145.

먼저 정약용의 인심도심(人心道心)설과 성선설(性善說) 사이에 초점의 불일치가 존재한다는 비판이 몇몇 연구자들에 의해 제기되었다.[168] 인간의 성은 본래 선하다는 그의 낙관적 주장은 영육(靈肉)의 일치 또는 육체에 대한 영혼의 지배를 담지하는 '일원론(一元論)'인데 반해, '영명지기호(靈明之嗜好)'와 '형구지기호(形軀之嗜好)'로 풀이되는 인심과 도심이 인간 내면에 공존하고 있으며 이들 사이에는 '쟁송(爭訟)'이 그치지 않는다는 것,[169] "인심에 따르기는 쉽고 도심에 따르기는 어렵다."[170]는 것은 인간성을 선악혼합의 관점에서 이해하거나 정신과 육체가 대립한다고 보는 '이원론(二元論)'이라는 것이다.

하지만 이는 정약용의 사상을 상식철학적으로 이해하지 못했기 때문에 빚어지는 오해다. 거듭 말하지만 정약용은 성(性)을 존재론적으로 파악하지 않는다. 그는 인간 행동을 관찰하고, '선을 좋아하는 듯

---

168) 김형효, 앞의 책; 정순우, 앞의 글; 이상익, "정약용의 윤리사상에 대한 주자학적 반성", 「동방학지」 제119집. 2003.

169) "사람에게는 항상 두 개의 상반(相反)된 뜻이 있어 일시에 같이 발하게 되니, 이것이 곧 인귀(人鬼)의 관계이며 선악(善惡)의 기미이다. 인심과 도심이 교전(交戰)하여 의가 이기느냐 욕이 이기느냐 하는 판결에서, 사람이 이에 대해 맹성(猛省)하여 힘써 이기게 되면 도에 가깝게 된다."(『전서』 제2집 제6권, 「孟子要義」(2) 人恒有二志相反 而一時並發者 此乃人鬼之關 善惡之幾 人心道心之交戰 善勝欲勝之判決 人能於是乎猛省而力克之 則近道矣)

170) "순자(荀子)는 『도경(道經)』을 인용하여 '인심(人心)은 위태롭고 도심(道心)은 은미하니 위태롭다. 은미한 기미는 오직 명철한 군자여만 알 수 있다.' 하였다. …… '人心惟危 道心惟微' 두 구절은 지극한 이치를 담고 있으며, 정확하기 비할 데가 없다."(『전서』 제2집 제2권, 「心經密驗」 荀子引道經曰 人心之危 道心之微 危微之幾 惟明君子而俊知 …… 人心惟危 道心惟微 此二句乃足至理 寓正確無比)

한 행동'과 '악을 좋아하는 듯한 행동'을 모두 목격한다. 따라서 "인간에게는 선의 기호(嗜好)도 있고, 악의 기호도 있다."고 판단한다. 그러나 그것은 인간성에 선악이 공존한다는 의미는 아니다. 이 기호는 그의 말처럼 단순한 실마리이며, 인간의 내면에 그 기호를 단서(端緖) 삼아 추적할 수 있는 선과 악의 본성이 감추어져 있는 것은 아니다. 그러면 어째서 성선(性善)이라고 하는가? 그것은 '악을 좋아하는 듯한 행동'을 하고 난 후에는 거리낌과 불안을 느끼지만, '선을 좋아하는 듯한 행동'을 하고 난 후에는 만족감과 편안함을 느끼기 때문이다. 어쩌면 그런 거리낌을 계속 느끼면서도 악행을 멈추지 않는 사람이 있을지도 모른다. 그러나 그렇다고 해서 그의 본성이 천부적으로 사악한 것은 아니다. 이 세 가지의 기호는 모두 현상을 상식적으로 인식한 결과이며, 정약용은 인간의 심성(心性)에 대해 본질직관을 시도하지 않았다. 따라서 그가 성선론자인가, 성선악혼재론자인가 하는 문제는 근본적으로 성립되지 않는다. 정약용 자신은 이렇게 밝히고 있다.

인간의 능력은 자력(自力)에 있고, 인간의 권한은 자주(自主)에 있다. 그러므로 선하면 칭찬을 받으며(악할 수 있는 기틀을 가지고 있으므로 칭찬하는 것이다) 악하면 비난받는다(선할 수 있는 재질을 가지고 있으므로 비난하는 것이다). 양웅(楊雄)은 이 점을 파악했으므로 성을 선과 악이 혼재되어 있다고 말했으나 잘못 본 것이다. 세(勢)란 영지(靈智)의 처지 또는 기틀이다. 식욕·색욕은 안에서 유혹하고 명예욕과 이욕은 밖에서 끌어당긴다. 기질의 사사로움은 편안함을 좋아하고 수고로움을 싫어한다. 그러므로 그 세가 선을 따르는 것은 높은 곳을 오르는 것과 같고 악을 추종하는 것은 흙담이 무너지는 것과 같으니, 하늘이 몰라서 그렇게 하도록 한 것이 아니다. 이와 같이 한 연후에야 선을 하는 것이 가치 있는 것이 되기 때문이다. 순자(筍子)는 이를 파악했기 때문에 성악이라고 말했으나 잘못 본 것이다.[171]

양웅은 사람에게서 선의 기호와 악의 기호를 읽고, 그 경향을 곧 존재론적 본성으로 여겨 선악혼재설을 주장했다(더욱이 그는 낙선치악의 경향을 고려하지 않았다). 한편 순자는 현실적인 세(勢)가 악쪽이 우세함을 보고, 세를 곧 인간의 본성이라 여겨 성악설을 주장했다. 그러나 이들은 모두 개념상의 오류를 범하고 있다는 것이다.

그렇다면 현실에서 악이 만연하게 되는 이유, 즉 '세(勢)'는 어떤 것일까? 이상익은 이와 관련해서 정약용의 사상에 모순점이 있다고 주장한다.[172] 우선 '세'에 따라 사람이 악의 유혹을 이기지 못하고 함닉(陷溺)되었다면, 그것은 외부의 힘 때문이니 해당 개인에게 책임을 물을 수는 없는 것 아닌가? 이에 대해 정약용은 "세가 절대적이지는 않다."는 뜻에서 다음과 같이 밝히고 있다.

함닉은 형기(形氣)의 사욕 때문에 또는 습속의 오염 때문에 또는 외물(外物)의 유혹 때문에 발생한다. 이 때문에 양심(良心)이 함닉되어 큰 악(大惡)에 이르게 되니, 어찌 기질(氣質)의 탓이라고만 하겠는

---

171) 『전서』 제2집 제32권, 「梅氏書評」(4) "閻氏古文疏證百一抄" 人則其才可善可惡　能在乎自力　權在乎自主　故善則讚之(以其有可惡之機故讚之),　惡則詰之(以其有能善之才故詰之)　揚子有見乎是　故曰善惡渾以之言性　則非也　勢者其地其機也　食色誘於內　名利引於外　又其氣質之私好逸惡勢　故其勢從善如登　從惡如崩　天非不知而使之然也　爲如是然後其爲善者可貴也　荀子有見乎是　故曰性惡以之言性　則非也

172) 이상익, 앞의 글(2003). pp.301－304.

가? 요, 순, 주공, 공자 등도 일찍이 몇 차례 이런 위해(危害)를 겪었다. 그러나 이해(利害)에 밝고 상앙(祥殃)에 밝아서 그 위해를 잘 극복해서 함닉에 빠지지 않고 상지(上智)가 되었다. 풍년(豊年)에는 자제들 중에 힘입을 만한 경우가 많지만 그래도 혹 실패하는 자도 있으니, 요임금의 아들 단주(丹朱)가 그런 경우이다. 또 흉년에는 자제들 중에 포악한 경우가 많지만 그래도 혹 포악하지 않은 자도 있으니, 고수(瞽瞍)의 아들 순임금이 그런 경우이다.173)

상황이 좋아도 악에 빠지는 사람이 있고, 반대로 상황이 어려워도 선을 지키는 사람이 있으므로 '세'에 책임을 미룰 수는 없다는 것이다. 이상익은 이에 대해 다시 문제를 제기한다. 단주가 사악해지고 요순이 선량함을 지킨 것은 결국 개인의 자질 차이가 아니냐는 것이다. 그렇다면 선악이 개인의 선택에 달린 문제가 아님은 물론이고, 기질 내지는 다른 천부적 속성에 좌우된다는 말이 아닌가? 하지만 이상익의 이 주장은 논리적 비약(飛躍)을 포함한다. 요순이 어려운 상황을 극복했다고 해서 그들이 반드시 우수한 자질을 가졌기 때문이라고는 할 수 없다. 가령 "어려운 환경에도 불구하고 우수한 성적으로 대학에 합격하는 사람들이 있다."는 명제는 "대학 진학은 학생의 생활환경에 전적으로 좌우된다."는 명제를 효과적으로 논박한다. 그러나 그 명제는 "그러한 사람들은 특출한 자질의 소유자들이다." 는 명제를 반드시 수반하지 않는다. 그렇지 않겠느냐는 추측을 해

---

173) 『전서』 제2집 제5권, 「孟子要義」(1) 陷溺之術 或以形氣之私慾 或以習俗
之薰染 或以外物之引誘 以此之故 良心陷溺 至於大惡 何得以氣質爲諉乎
堯舜周公 未嘗無數者之害 而明於利害 察於祥殃 故能克去其害 而不爲所
陷溺 所以爲上智也 豊年 子弟多賴 而猶或有亡賴者 堯子丹朱之類也 凶
年 子弟多暴 而猶或有不暴者 瞽子虞舜之類也

볼 수는 있겠지만!

그러나 '세'가 현실을 크게 좌우하고 있음은 부정할 수 없으며, 따라서 도덕의 향상을 개인의 노력에만 맡기고 '세'의 개선(改善)을 도모하지 않을 수는 없다. 이것은 곧 정치(政治)의 문제이며, 다음 장들에서 논의할 것이다. 아무튼 '세'를 중심으로 하는 현실에서의 도덕 향상 문제는 앞서 제시한 '두 번째 가설'의 문제를 떠올리게 한다. 그에 따르면 정약용은 일반 백성들 사이에서 인(仁)에 비해 의(義)의 향상이 세불리(勢不利)하다고 본 셈이다. 그것은 결국 도덕적 비관주의(悲觀主義)로 이어지는 것일까? 꼭 그렇지만은 않을 것이다. 만약 타인을 배려하고 사랑하는 마음과 스스로를 단속하고 매사 세심한 주의를 기울이는 마음 사이에서 하나만 선택할 수 있다면, 전자(前者)만이 존재하는 사회가 더 나은 사회가 아닐까? 비록 무분별하고 심약(心弱)할지언정 서로를 아끼는 마음만은 충분한 사람들이 사는 사회라면, 그것은 톨스토이(L. Tolstoy)가 그려낸 '바보 이반의 바보 나라'처럼 가장 이상적(理想的)인 사회일지도 모른다. 그렇게 보면 '민중의 의(義) 추구 능력의 불신'도 그렇게 절박하지만은 않지 않을까?

아무튼 이 문제는 정치사회의 영역에서 자세히 논해야 하는데, 그 이전에 정약용 덕론의 한 가지 문제만 더 검토하기로 하자.

(3) 덕의 추구와 상제(上帝)

정약용은 유난히 상제(上帝)를 강조했다는 점에서 다른 유학자들과 다르며, 이른바 실학자들 중에서도 유별나다고 할 수 있다. 앞서 보았듯 이 점은 정약용 사상의 '근대성'을 주장하는 연구자들에게 난점(難點)이었다. 그리고 상제가 도덕의 '원천'이자 '감시자'가 된다는 점에 있어서는, 정약용 사상에 중대한 모순점이 있다는 지적이 있어 왔다.

상제란 무엇인가? 천지(天地)와 신인(神人)의 밖에 있으면서, 천지 신인과 만물지류(萬物之類)에 조화(造化)를 부리고, 재제(宰制)하고 안양(安養)하는 존재이다.[174]

상제(上天)는 지극히 공정(公)하고, 지극히 인(仁)하며, 지극히 의(義)로운 덕을 갖는다.[175]

무릇 사람이 배태(胚胎)되면, 상제(天)는 곧 영명무형(靈明無形)의 체(體)를 부여한다. 그것은 낙선오악(樂善惡惡)하고, 호덕치오(好德而恥汚)하는 것이다. 이를 성(性)이라 하며, 따라서 성이 선하다고 한다.[176]

군자는 어두운 방에 홀로 있더라도 두려워 떨며, 감히 악을 범하지 않는다. 상제가 자신에게 임해 있음을 알기 때문이다.[177]

군자의 학문은 부모 섬기기로 시작해서, 상제 섬기기로 끝난다.[178]

---

174) 『전서』 제2집 제36권, 「春秋考徵」(4) 上帝者何 是於天地神人之外 造化天地神人萬物之類 而宰制安養之者也
175) 『전서』 제2집 제17권, 「詩經講義」(1) 上天至公至仁至義之德
176) 『전서』 제2집 제3권, 「中庸自箴」(2) 蓋人之胚胎旣成 天則賦之以靈明無形之體 而其爲物也 樂善惡惡 好德而恥汚 斯之謂性也 斯之謂性善也
177) 『전서』 제2집 제3권, 「中庸自箴」(1) 君子處暗室之中 戰戰慄慄 不敢爲惡 知其爲上帝臨女也

주자학에서는 물론 고대의 원시유교(元始儒敎)에서도 인격신(人格神)으로서의 상제에 대한 진지한 논의는 거의 없었으며, 정약용의 상제론은 천주교의 영향을 받았으리라는 주장은 별로 반박의 필요성이 없어 보인다. 나아가 그가 비록 배교(背敎)했지만 마음속으로는 여전히 천주를 믿고 있었으며, 천주교인으로서 생을 마쳤다는 주장179) 역시 반박할 필요가 없다. 앞서 말했듯 이 연구는 정약용 사상의 형성 과정과 추이를 면밀히 밝히려는 목적을 갖고 있지 않으며, 도대체 한 인간의 내면적 믿음의 진실성 문제를 학술연구에서 논단(論斷)하기란 곤란하다고 보기 때문이다.

그러나 그가 명시적으로 남긴 저작들, 그로부터 이해할 수 있는 그의 사상을 볼 때, 정약용이 시종(始終) 진실하고 정통적인 천주교 신자였다는 주장에는 찬성하기 어렵다. 다음과 같은 이유에서다.

첫째, 기독교(천주교)에는 '불합리하므로(하더라도) 믿어야 할' 필수 요소들이 있다. 삼위일체(三位一體), 처녀 잉태, 부활 등등이다. 그러나 정약용은 자신의 저작에서 그런 요소를 일체 언급하지 않았으며, 앞서 본 대로 일체의 비합리적인 신비 현상에 철저한 배격으로 일관했다. 특히 건국 신화마저 '어리석은 사람들을 속이기 위한 거짓'이라고 매도했다.

둘째, 불멸의 영혼(靈魂)을 믿고 그 내세(來世)에서의 상벌(賞罰)을 믿는 것이 기독교인의 핵심적 조건이다. 그러나 정약용은 영명

---

178) 『전서』 제2집 제7권, 「中庸講義補」(1) 君子之學 始於事親 終於事天
179) 금장태, "다산의 유학사상과 서학사상", 최석우 외, 『다산 정약용의 서학사상』, 다섯수레. 1997. pp.99－100.

(靈明)은 논했으나 그것은 영혼과는 다른 '신령스러운 성질'이며, 인간의 혼백(魂魄)은 죽으면 흩어진다는 전통 유교적 사고방식을 답습했다.

셋째, 종파에 따라 차이가 있지만 대체로 기독교는 인간이 태어날 때부터 원죄(原罪)를 품고 있다고 보며, 선한 행동을 통해 스스로 구원받을 가능성을 부정하고, 오직 신의 은총(恩寵)에 따라 구원받는다고 한다. 그러나 정약용은 오직 행동에 의해서만 덕을 쌓고 선해진다고 하였으며, 기독교에서 신과 통하기 위해 시도하는 것과 같은 묵좌정존법을 배격하였다.

넷째, 제사(祭祀)를 금지하며, 군주에 대한 충성에 앞서 신에 대한 복종(천주교의 경우에는 교황청에 대한 경외도 포함)을 강조하는 기독교는 무부무군(無父無君)이라는 비난을 받아야 했다. 그런데 앞서 보았듯 정약용은 양주·묵적의 사상을 무부무군의 몰상식이라 하여 비판했으며, 효(孝)와 제례(祭禮)의 중요성을 특히 강조하고, 군주권의 강화를 제시했다.

다섯째, 기독교는 신분이나 남녀의 차별 없이 함께 모여 예배(禮拜)하는 방식을 지향했으며, 그에 따라 조선의 여성이나 하층민들에게 인기를 얻기도 했다. 그러나 정약용은 예제(禮制)의 문란과 다른 신분끼리 뒤섞이는 생활 방식을 특히 개탄, 배격했다.

정약용이 그의 형이나 아들들, 선배, 친구들 등에게 보낸 사신(私信)들에는 어디에도 천주교적인 가르침을 부각시키는 내용이 없다.[180] 심지어 그는 '상제(上帝)'라는 표현은 사용하되 '천주(天主)'라는 표현은 한 번도 사용하지 않았다.[181] 또 『천주실의』의 내용을 원용한 듯한 흔적은 간혹 보이지만,[182] 『성서』에서 원용한 듯한 구절은 전혀 찾아볼 수 없다. 따라서 그가 명시적인 저작에서 본심을 속였고 내심은 천주교 신자로 남아 있었을 가능성을 배제하지는 못하나, 그의 저작에서 이해할 수 있는 그의 사상에는 천주교의 영향은 있을지언정 그의 사상의 본질이 천주교적이라 하기는 어렵다.[183]

---

180) 물론 박해(迫害)를 두려워한 나머지 그가 스스로 '검열'을 했거나, 그의 편지를 보관하는 사람들 쪽에서 조치를 취했을 가능성은 있다. 하지만 다시 말하지만 여기서는 그가 명시적으로 남긴 저작을 통해서만 그의 사상을 이해하려고 한다.

181) 김영일, 앞의 책. p.165.

182) 예를 들어 그가 '조화, 주재, 안양'이라고 규정한 상제의 역할은 『천주실의』에서 '창조, 주재, 안양'이라고 한 부분과 유사하다. 또 리(理)를 "기에 의존하여 붙어 있는 것(依附之品)"이라고 규정한 것이나 심(心)이 "신형(神形)의 묘합(妙合)"이라 한 것도 『천주실의』에서 비슷한 문구를 확인할 수 있다. 그리고 정약용이 인간, 동물, 식물의 성(性)을 셋으로 구분한 것 역시 『천주실의』에서 인간, 동물, 식물이 서로 다른 혼(魂)을 갖고 있다고 구분한 것과 비슷하다. 강재언, 앞의 글, p.61; 금장태, 앞의 책(2001), p.29; 김형효, 앞의 책, p.533; 오문환, 앞의 글, p.11; Don Baker, 앞의 글, pp.42-43. 참조. 그러나 이것만으로는 그를 '유학자의 탈을 쓴 기독교도'라고 부르기에 불충분하다. 가령 토마스 아퀴나스가 고대 그리스 철학을 많이 원용했다고 하여 그를 '기독교도의 탈을 쓴 이교도'라고 부를 수 있겠는가? 문제는 기독교의 핵심적인 요소를 그가 자신의 사상에 구현했느냐인데, 이미 본 대로 그런 흔적은 발견할 수 없다.

183) 베이커(Don Baker)는 정약용이 상제를 조물주이자 우주의 섭리로 제시하는 대신 "변함없는 무사무욕과 공명정대함의 표준"으로 제시함으로써 주자학의 통일적 우주론과 토마스 아퀴나스적인 자연신학에서 동시에 탈피하였다고 하면서, 이러한 '이에서 상으로'의 전환이야말로 유교적 세계에 천주교 신앙을 소개함에 있어 가장 적절한 상제론(上帝論)이었으며, 마테오 리치가 정약용과 같은 입장을 취했다면 천주교가 유교지식인들에게 더 잘 수용되었으리라고 본다. Don Baker, 김세윤 역, 『조선후기 유교와 천주교의 대립』, 일조각. 1997. pp.79-81. 하지

그러나 일부 개인적인 입장을 변명하는 글을 제외하면 그가 천주교 교리를 정면으로 비판, 폄하하는 저작도 찾아보기 힘들며, 그는 위에서 본 것처럼 우회적으로 천주교적 사상을 반박하는 방법을 쓴다. 그렇다면 왜 노골적으로 반박에 나서지 않고(그쪽이 자신의 정치적 입지에는 도움이 되었을 텐데), 우회적인 방법을 취했을까? 그것은 그럴 경우 자신이 강조한 상제 사상의 설득력이 떨어질 가능성 때문이었다고 짐작가능하다. 말하자면 정약용은 천주교 신앙을 사상의 본지(本旨)로 삼지는 않았으나, 거기서 영향받은 상제론은 중시했다. 그렇다면 다시 의문은 이어진다. 그는 왜 로베스피에르(Robespierre)처럼 '신을 발명(發明)'해야 했을까? 그 문제를 논하려면, 먼저 정약용의 상제론이 그의 덕론(德論)에 제기하는 쟁점에 대해 살펴볼 필요가 있다.

정약용이 상제를 '도덕의 원천'으로 설정했다는 점은 많은 비판을 받는다.[184] 그것은 "본래 신에 거의 의존하지 않고 인간 스스로 도덕을 추구할 수 있었던 유교의 장점마저 버리고", "상제를 긍정함으로써 중세 저편으로 뒷걸음질"[185] 치며, "서구 중세적 인간관에서 벗어나지 못하는"[186] 것이다.

그러나 신을 도덕의 원천으로 보는 방식이 '중세적', '전근대적'인

만 그는 이처럼 정약용 사상이 천주교에 유용하다고 하면서도 결국 "정약용의 신은 기독교적 신이 아닌 유교적 신이다."라고 결론짓고 있다. 위의 책, p.85.
184) 유초하, "정약용의 인식설과 과학 지향", 한국사상사연구회, 『실학의 철학』. 예문서원. 1996. pp.415－416; 이정우, 앞의 글; 오문환, 앞의 글; 이상익, 앞의 글(2003); 한자경, 앞의 글(2005a).
185) 이정우, 앞의 글, p.57.
186) 오문환, 앞의 글, p.13.

이유는 서구 중세 윤리학이 "도덕이 도덕인 이유는 그것이 신의 명령이기 때문이다."라는 계시론(啓示論)적 입장을 취하고 있었기 때문이다. 말하자면 아무리 인간의 이성으로 판단하기에 부적절한 사항이라도, 그것이 신의 명령이라면 부동(不動)의 도덕률로 숭상(崇尙)해야 한다. 살인이 악덕인 이유는 성서에 "살인하지 말라."[187]고 씌어 있기 때문이며, 여성이 남성과 동등한 자리를 주장하면 안 되는 이유도 "남자가 너희를 지배하리라."[188] "여자의 가르치는 것과 남자를 주관하는 것을 허락하지 않나니, 오직 복종할지니라."[189] 등의 '신의 말씀' 때문이다. 이런 비합리성, 비인본성(非人本性) 때문에 근대화의 과정에서 도덕의 원천으로서 신의 명령이 퇴색하고, 인간 스스로의 필요와 이성에 의한 도덕률이 자리잡게 된 것이다.

이에 비해 정약용의 덕론은 무조건적인 신의 계시를 강요하지 않는다. 앞서 본 것처럼 도덕의 요체는 사람들끼리 서로 교제를 잘하려는 것이다. 그런 도덕적 지향성은 '낙선치악'의 도심(道心)에서 확인된다. 즉 정약용의 덕론은 전혀 인간적인 상식에 입각해 있다. 그런데 만약 여기서 누가 '그러면 그 지향성은 어떻게 인간에게 깃들게 된 것인가'라는 형이상학적 질문(윤리학적 질문은 아니다. 정약용의 덕론에 그런 질문은 사실상 필요하지 않다)을 한다면 어떨까? '자연히 그렇게 되었다.'는 대답은 의문을 해소하기 어려울 것이다. 또한 그것은 인간의 도덕을 논할 때 자연의 이치부터 논해야 한다는 주자학의 교리로 후퇴하는 듯한 인상을 줄 수 있다. 따라서 '상제'가

---

187) 『성서』 「창세기」 9:6.
188) 『성서』 「창세기」 3:16.
189) 『성서』 「디모데전서」 2:12.

필요해지는 것이다. 아울러, "하늘이 명령한 바가 성(性)이다(天命之謂性)."라는 경전의 대표적인 가르침을 정약용이 삭제해 버릴 수 없는 이상, 자신의 사상체계를 허물지 않으면서 그 구절의 '실제 의미'를 풀이해야 할 필요도 있었다. 이렇게 보자면 정약용의 상제론은 서구 중세를 지향했다기보다 오히려 동양의 전통에 대한 존중을 모색한 결과다.

한편 상제에게 '도덕의 감시자' 역할을 부여한 것 역시 많이 비판받는다. 앞서 인용한 대로 "상제가 두려워 떨며 감히 악을 범하지 못하는 것"은 인간의 도덕적 자율성을 근본적으로 부인하는 것이며, 인간이 자주지권을 지니고 선악을 스스로 선택한다, 따라서 그에 따라 상벌을 받아야 마땅하다고 한 정약용의 주장과도 모순된다고 한다. 본심에서 우러나와 낙선치악을 하는 것이 아니라, 절대자의 벌이 두려운 나머지 도덕에 머무는 것이라면 그것이 진실로 도덕적일 수 있겠느냐는 것이다.[190]

그러나 이것은 정약용의 저작을 충분히 면밀하게 고찰하지 않은 결과다. 비판자들의 주장처럼 인간의 본심에 어떤 도덕적 지향성이 없는데 단지 상제의 처벌이 두려워 도덕성을 가장할 뿐이라고 정약용이 말했다면, 그는 자신의 모든 덕론을 무효(無效)로 만들어 버리는 주장을 한 셈이다. 문제가 되는 부분을 보자.

사람이 세상에 태어나면 욕심이 없을 수 없다. 욕심대로 채우고자 악한 짓도 한다. 그러나 감히 내놓고 죄를 짓지 못한다면 그것은 계신공구(戒愼恐懼)하기 때문이다. 왜 조심하는가? 위에 법관이 있어 법

---

190) 배병삼, 앞의 글(1998), p.483; 이상익, 앞의 글(2003). pp.309−319.

을 집행해서다. 왜 두려워하는가? 위에 임금이 있어 처벌해서다. 진실
로 위에 군장(君長)이 없다면 뉘라서 악행을 일삼지 않겠는가? 대체
로 암실(暗室) 속에서 자기 마음을 속이며 사특한 망념(妄念)에 잠기
거나, 간음하거나 훔치거나 하다가도 이튿날 아침에는 문득 의관을
정제하고 단정히 앉아 있으면, 그의 겉모습은 순수하고 아무 흠이 없
는 군자로 보일 것이다. 관장(官長)도 진실을 모르며 군자도 살피지
못하니, 평생을 거짓으로 행세하면서도 아름다운 이름을 잃지 않고,
본성을 잊고 악행을 일삼다가도 후세의 숭앙을 받으리라. 실제로 그
런 사람이 천하에 숱하다. ……

스승이 지도한다 하여 두려워함은 거짓으로 두려워함이며, 군왕이
명령한다 하여 두려워함은 두려워하는 체함이다. 어찌 거짓 속임수로
두려워함이 진실한 두려움일 것인가? 야밤에 묘지를 지나는 사람은
까닭 없이 두려워하니, 산도깨비가 있을까 두려워하기 때문이다. 야밤
에 산속을 걷는 사람은 까닭 없이 두려워하니, 호랑이가 있을까 두려
워하기 때문이다. 군자는 어두운 방에 홀로 있더라도 두려워 떨며, 감
히 악을 범하지 않는다. 상제가 자신에게 임해 있음을 알기 때문이다.
이제 명(命), 성(性), 도(道), 교(敎)를 일체 하나의 리(理)로 돌려놓았
는데, 리라는 것은 본래 지각도 없고 위엄도 없거늘 어디에 두려워할
데가 있겠는가?[191]

---

191) 『전서』 제2집 제3권, 「中庸自箴」(1) 不睹不聞者 非天而何民之生也 不
能無慾循其慾 而克之放辟邪侈無不爲已 然民不敢顯 然犯之者以戒愼
也以恐懼也 執戒愼也 上有官執法也 執恐懼也 上有君能誅克之也 苟
知其上無君長其誰不爲放辟邪侈者乎　夫暗室其心爲邪思爲姦淫爲竊盜
厭明日正其衣冠 端坐修容粹然無瑕君子也 官長莫知之　君王莫之察　終
身行詐而不失當世之美名　索性造惡而能受後世之宗仰者　天下盖比比
矣…… 師敎之而恐懼　是僞恐懼也　君令之而恐懼　是詐恐懼也　恐懼而可
以詐僞得之乎　暮行墟墓者　不期恐而自恐知其有魅魑也　夜行山林者　不
期恐而自懼知其有虎豹也　君子處暗室之中　戰戰慄慄　不敢爲惡　知其爲

정약용은 이미 "다른 누군가가 처벌할 것이 두려워 조심하는 것은 진정한 도덕적 자세가 아니다."라고 분명히 밝히고 있다. 여기에 대해 제시되는 바른 도덕적 자세란 "아무도 보지 않고 아무도 처벌하지 않는데도" 마치 누가 보고 있고 누가 처벌하는 듯이 계신공구하며 스스로 삼가는 자세이다. 이러한 신독(愼獨)이야말로 자신의 양심의 소리를 듣는 것이다. 암실(暗室)에서 마주 하는 상제, 그것은 해이해진 자신을 꾸짖는 자신의 선량한 모습이 도심(道心)의 원천이라는 상제의 모습으로 나타난 것이다. 결국 정약용은 도덕적 자율성을 강조하고 있는 것이다. 덕은 행동으로만 쌓을 수 있다. 하지만 속마음은 그렇지 않은데 남에게 보이기 위해 짐짓 덕행을 하거나 악행을 피할 수도 있다. 이때 스스로를 감시하고 징벌하는 양심의 소리를 들어야 한다. 그런데 그것이 주자학의 리(理)라고 할 때는 실행이 쉽지 않다. "이론으로는 납득하지만 마음으로 납득하지 못한다."는 말이 있듯, "이렇게 하는 것이 이치에 맞는다."는 이성적 인식만으로는 마음에서 우러나오는 결단이 이루어지기 어려운 것이다. 그래서 자신의 선한 자아를 투영(投影)한 존재인 '상제'가 필요한 것이다. 정약용은 이런 고찰을 뒷받침할 단서를 다른 곳에서 남기고 있다. "하늘의 목과 혀[喉舌]가 도심(道心)에 깃들어 있으니, 도심의 경고는 곧 상제가 타일러 경고한 것과 같다."192) 자신의 도덕을 감시하는 상제는 곧 자기 자신일 뿐이다.

上帝臨女也　今以命性道敎悉歸之於一理　則理本無知亦無威能　何所戒而愼之　何所懼而懼之乎
192) 『전서』 제2집　제3권, 「中庸自箴」(1)　天之喉舌　寄在道心　道心之徵告皇天之所命戒

이렇게 볼 때 우리는 정약용이 독특한 상제론을 세운 이유를 두 가지 얻을 수 있다. 첫째, 주자학의 성리론(性理論)으로 후퇴하지 않으면서 '천명지위성' 등 경전의 가르침과 자신의 상(常) 중심 사상을 조화시키려면 천명(天命)을 발하는 상제라는 존재를 상정할 필요가 있었다. 둘째, 외면에서 파악할 수 없는 내면에서부터 인간의 도덕성을 인간 스스로 수양하게끔 하려면 양심의 권화(權化)인 상제의 존재가 필요했다.[193)

그리고 마지막으로 또 한 가지 이유를 생각할 수 있다고 본다. 초월적인 위치에 서서 군림하며, 전지전능(全知全能)한 존재인 상제 개념을 서학에서 빌려 옴으로써, 정약용이 열심히 추구했던 군주권의 강화에 보탬이 되도록 하려 했다는 것이다.

> 무릇 상제라는 이름은 사람들이 그렇게 부르는 바이며, 유일무이(唯一無二)하다는 것은 마치 하토(下土)에 유일한 임금(帝)이 있는 것과 같다. 그래서 이를 상제(上帝)라 한다.[194)

> 하늘의 주재자는 상제다. 그것을 하늘이라고만 하는 것은 나라의 임금을 단지 나라라고 하는 것과 같으니, 감히 그런 식으로 무엄한 말을 하지 않아야 한다. 저 푸르른 유형(有形)의 하늘은 우리 인간을 지붕처럼 덮고 있는 것에 지나지 않고, 그 등급은 땅, 물, 불과 같은

---

193) 이처럼 상제론이 자율적 도덕론과 모순되지 않는다고 보는 입장은 이지형, 앞의 책, pp.131-135; 이명희, 앞의 글, p.255; 장승구, 앞의 책, p.171; 김영일, 앞의 책. pp.143-146; 장복동, 앞의 책, p.17; 장승희, 앞의 책, pp.190-193; 정순우, "다산에 있어서의 천과 상제", 「다산학」 제9호. 2006.

194) 『전서』 제3집 제23권, 「春秋考徵」(2) 夫上帝之名 人所謂也 以其唯一無二 如下土之有一帝 故謂之上帝

등급이 되는 데 지나지 않으니, 어찌 우리 인간의 성(性), 도(道)의 근
본이겠는가? 태극도(太極圖)의 동그라미는 육경(六經)에서 찾을 수 없
다. 이는 영이 있는 물건인가, 아니면 아무런 지각도 없는 물건인가,
텅 비어 있는 불가사의한 것인가? 무릇 영이 없는 물건은 천하에 주재
자가 될 수 없다. 그러므로 한 집안의 어른이 혼미하고 지혜롭지 못하
면 집안의 만사가 다스려지지 않고, 한 고을의 어른이 혼미하고 지혜
롭지 못하면 그 고을의 만사가 다스려지지 않는다. 그런데 하물며 텅
비어 있는 태허(太虛)의 하나의 리(理)로써 천지만물을 주재하는 근본
으로 삼는다면 천지간(天地間)의 일이 어찌 이루어지겠는가?[195]

　이는 주자학의 리(理) 교리를 공격하는 한편 상제를 도덕의 원천
으로 삼는 데 대한 변호의 의미를 갖는 내용이지만, 계속해서 하늘
의 주재자(상제)와 나라의 주재자(임금)를 같은 선에서 비유하고 있
음을 볼 수 있다. 사실 고대에는 군왕이 하늘의 권위를 빌려서 천자
(天子)라 칭하며 자신의 권위를 뒷받침했다. 그러다가 주자학의 시대
가 되며 그 내실성이 공박되고, 임금도 한 사람의 선비로서 스승의
가르침을 받는 처지에 불과하다는 이념이 수립되었다. 후술하겠지만,
정약용은 그러한 이념을 깨트리려고 했던 것이다.[196]

---

195) 『전서』 제2집 제6권, 「孟子要義」(2) 天之主宰爲上帝　其謂之天者　猶國
　　君之稱國　不敢斥言之意也　彼蒼蒼有形之天　在吾人不過爲屋宇帡幪　其
　　品級不過與土地水火平爲一等　其吾人性道之本乎　太極圖上一圓圈　不
　　見六經　是有靈之物乎　抑無知之物乎　將空空蕩蕩不可思議乎　凡天下無
　　靈之物　不能爲主宰　故一家之長　昏愚不慧　則家中萬事不理　一縣之長
　　昏愚不慧　則縣中萬事不理　況以空蕩蕩之太虛　一理爲天地萬物主宰根
　　本　天地間事　其有濟乎
196) 이는 당대의 남인계 왕권강화론자들이 주자학이 '중세적 합리주의'에
　　따라 상제의 인격성을 탈각(脫却)시키고 있었던 점에 반대하며, 왕권

138

이처럼 정약용의 상제론은 실용주의적으로 도입되고 강조된 면이 짙다.[197] 그것은 논리적으로 그의 덕론에 모순되지 않으며, 정약용이 중세로 퇴보했다고 비판받을 만한 근거도 제시하지 않는다.

4) 서구 덕론(德論)과의 비교

virtue(virtu)와 덕(德)을 한가지로 볼 수 있는지에 대해서는 논란이 많다. 사실 virtue 역시 시대에 따라 의미가 한결같지 않기도 해서,[198] 구체적인 맥락을 살피지 않고 무조건 virtue＝德으로 통용하여 이해하는 데는 무리가 있을지도 모른다. 그러나 서구 전통에서 일반적으로 사용되는 virtue의 의미를 볼 때, 서구의 virtue 철학과 동양의 덕론(德論)이 "비슷한 주제를 놓고 이루어진 비슷한 고려(考慮)"로서 비교 가능하다고 보아도 좋을 것이다.

서양 덕론의 전통은 아리스토텔레스에서 출발하는 것으로 이해된다. 그는 덕(arete)이 신 또는 자연에 의해 인간의 내면에 부여된 본성(本性, nature)에서 비롯되는 가치 있는(valuable) 자질, 내재적 관념(innate idea)으로서, 주어진 본성을 계발하고 연마하여 바람직한 성격(character)을 형성하는 과정이 덕을 쌓는 과정이라고 보았다. 이

강화의 뒷받침 차원에서 상제의 인격성과 중요성을 재조명했던 점과 유사하다. 구만옥, "조선후기 존군비신론의 재이관: 허목의 춘추관과 재이론을 중심으로", 한국사연구회 편, 『한국실학의 새로운 모색』 경인문화사. 2001. pp.346－347. 참조.

197) 그런 면을 강조하는 입장으로 정순우, 앞의 글(2006).

198) 김응종, "virtue의 본뜻", 김응종, 『서양의 역사에는 초야권이 없다』, 푸른역사. 2005. pp.169－183. 참조.

때 필요한 방법은 중용(中庸)이다. 가령 용기가 지나치면 만용(蠻勇)이 되고, 부족하면 비겁(卑怯)이 되는데, 이는 모두 악덕(惡德)이며, 남지도 모자라지도 않는 상태에서 용기(勇氣)라는 미덕(美德)이 성립된다. 이렇게 하여 연마할 수 있는 덕에는 용기, 절제(節制), 관후(寬厚), 온화(溫和) 등 도덕적인 덕(moral virtue)만이 아니라 학문, 기술, 실천적 지혜(prenosis) 등 지적인 덕(intellectual virtue)도 포함된다. 이러한 덕론은 중세 기독교 철학자들에게 계승·발전되어, 기독교적인 미덕이 추가되고 일부 변조(變造)된 외에는 대체로 비슷한 덕의 계보와 덕행의 방법론이 통용되었다. 그러나 그 수용하는 태도는 고대(古代)와 크게 달랐는데, 인간 세계는 근본적으로 덕의 실현에 최적(最適)이 아니며 참다운 선은 '신의 나라'에서나 가능하다는 점, 여러 덕을 총괄하며 능가하는 도(道)는 모든 도덕의 원천이며 섭리(攝理)의 주재자인 신에 대한 의지(依支)와 순종이라는 점이 그것이었다.

여기서 중요한 점은 서구의 근대화 과정에서 덕에 대해 세 가지 중대한 논의가 이루어졌다는 점이다. 그 내용을 간략히 제시하면 다음과 같다.

(1) 공화주의적 덕 ― 인간의 자율성

전통적 덕론이 "신이 인간에게 계시 또는 부여해 준 덕"이라는 교리를 전제하고, 인간 세계는 근본적으로 도덕적이지 못하며 인간은 자율적으로 덕스러운 삶을 영위하기에 너무 나약한 존재라고 보았던 반면, 16세기 인문주의자, 공화주의자들은 고대인들의 '대범한 덕

(magnanimosity)'을 상기하며 인간은 신의 도움 없이도 자율적으로 덕을 추구할 수 있고, 도덕적인 공동체를 건설, 유지할 수 있다는 입장을 견지했다.[199] 즉 인간은 덕을 추구하는 한 자유로울 수 있으며, 덕이 약화되고 타락하는 것을 막는 것이야말로 공화제적 정부의 첫째 목표다. 특히 마키아벨리는 『군주론』에서는 의지와 순종을 중심으로 하는 통상의 도덕적 미덕을 능가하는 정치적 미덕을 군주가 발휘할 것을 주문했고, 『로마사논고』에서는 공동체 구성원들의 집합적 덕을 향상시키는 것이 그 공동체의 번영과 문명의 발전을 결정한다고 고찰했다. 그에게 있어 중요한 덕(virtue)은 기독교적, 계시적, 내성적(內省的)인 덕이 아니라 고대적, 인간적, 능동적인 덕이었으며, 그러한 덕을 타락시키는 요인은 우연(Fortuna)이다. 탁월한 인간과 탁월한 공동체는 우연에 맞서 덕을 유지하고 향상시키기 위해 노력해야 한다.

(2) 시민사회적 덕 — 개인의 자유

그러나 16세기 중반에서 17세기 초에 걸쳐 진행된 종교전쟁(宗敎戰爭)의 여파는 유럽인들이 덕에 대한 사고를 재고(再考)하게끔 했다. 공화주의자들의 주장과는 달리 시민들이 갖추고 있는 덕은 처참한 전쟁을 막는 데 도움이 되지 않았다는 것이다. 이에 국가의 책임

---

199) J. G. A. Pocock, *The Machiavellian Moment: Florentine Political Thought and the Atlantic Republican Tradition*(Princeton: Princeton University Press, 1975), pp.248−249; Peter Berkowitz, *Virtue and the Making of Modern Liberalism*(Princeton: Princeton University Press, 1999), pp.15−16.

은 덕을 유지하고 발전시키는 것보다 전쟁을 방지하고 국토를 방위하는 여러 실제적인 조치를 취하는 데 의의가 있다고 여겨졌다.[200] 아울러 사회사상에서는 집단적인 덕에 매몰되는 개인의 권리(權利)를 보호하는 데 관심이 주어지면서, 공화주의적 전통보다 시민법(civil jurisprudence) 전통이 더 중시되었다.[201] 개인의 권리를 중시하는 정치·사회이론은 계약론(契約論)적 국가론으로 이어졌다. 여기에 계몽주의의 심화, 과학적 합리주의의 발전은 어떤 초월적 근거를 가지고 인간 내면에 존재하는 관념으로서의 덕의 존재를 의심토록 했다.

홉스(Hobbes)는 '신에 의해 부여된 덕'이라는 개념을 혐오했는데, 그것은 주권(Sovereign)에 대한 존중을 약화시킬 것이기 때문이다.[202] 공화주의자들이 종래 옹호해 온 '용기'를 비롯한 남성적 덕도 배격했다. 그런 것은 전쟁을 미화하며, 따라서 진정 중요한 덕인 '자기보존'을 위협하기 때문이다. 로크(Locke)는 인간 내면에는 선천적으로 부여된 내적 관념이 존재하지 않는다고 보았다. '인간 본성'이란 공허한 관념이며, 따라서 그것을 연마하고 완성함으로써 이루어진다는 덕도 공허하다. 이들에 비해 스미스(Adam Smith)는 덕의 중요성을 중시하여, 사회는 '정의(正義)'와 '인애(仁愛)'라는 두 기둥에 의해 유지된다고 여겼다. 그러나 그의 『도덕감정론』보다는 『국부론』과 거기서 묘사된 "개인이 자기 욕망에 따라 취하는 행동이 공동체의 안녕과 발전을 보장한다."는 자유주의적 사상이 보다 큰 영향을 끼

---

200) Peter Berkowitz, 앞의 책, pp.16-17.
201) Jerry Z. Muller, 서찬주·김청환 역, 『자본주의의 매혹』. 휴먼앤북스. 2006. pp.40-41.
202) Peter Berkowitz, 앞의 책, p.43.

쳤다. 칸트(Kant)는 엄밀하게 보아 계시적, 초월적 덕을 행위의 도덕성 판단 기준으로 삼는 방식은 합리적으로 정당화될 수 없다고 보았다. 그리하여 그는 사람들 사이에서 자유롭게 이루어지는 행위 중 이성적으로 옳다고 규정되는 행위를 기준으로 삼는 행위 윤리학(deontological ethics)으로 정립했다. 밀(J. S. Mill)을 비롯한 공리주의자(功利主義者)들에 이르면, 일반적 합의에 의한 윤리체계도 믿을 수 없게 된다. 중요한 것은 행위의 결과(consequence)가 갖는 공리성이며, 원칙적으로 타인에게 해를 미치지 않는 행동이라면 어떤 것도 (그것이 관습적인 도덕 개념과 상충된다 하더라도) 허용된다.

이처럼 근대 시민사회 이론가들은 개인의 자유와 권리를 최고의 가치로 상정하고, 그것을 침해할 소지가 있는 도덕률을 배격하는 입장이었다. 그러나 그들이 덕의 가치를 전혀 배제한 것은 아닌데, 가령 '자율성(autonomy)'이나 '우애(friendship)' 등은 시민사회를 건전하게 유지하기 위해 쓸모가 있는 덕성이다. 그러나 어디까지나 그것은 실용성에 따른 선택이며, 신이나 자연의 질서 또는 국가나 민족의 혼(魂)의 부름에 부응해서가 아니다.

(3) 보수주의적 덕 ― 덕의 보호와 복원

한편, 근대화의 심화와 시민사회, 상업주의의 노래에 직면하여 그런 추세가 덕의 상실(喪失)을 초래한다고 보고, 이에 맞서 국가와 사회에서 덕의 보호, 복원을 위해 노력해야 한다고 역설한 사상가들도 있었다. 공동체의 타락과 덕의 상실에 대한 이런 우려는 일찍이 르네상스 공화주의자들에게도 있었으나, 그들이 공동체의 노력에 의

한 극복을 대체로 낙관했던 반면 이들은 매우 비관적인 정조(情調)
에 젖어 있었다.

스코틀랜드의 앤드류 플레처(Andrew Fletcher)는 경제발전은 사치
의 증대와 풍속의 타락을 가져오며, 그것을 막기 위해서 오래된 전
통과 공민덕의 부흥이 필요하다고 주장했다.203) 이런 사상적 경향은,
앞서 소개했듯, 스코틀랜드 상식학파의 기본적 경향으로 이어졌다.
또한 독일의 유스투스 뫼저(Justus Möser)는 상업화가 전통적인 농촌
공동체를 파괴하고 있으며, 빈부격차를 심화시키고, 고유의 미덕도
없애고 있다고 지적했다. 그는 계몽주의에 반대하면서 각 지역, 국가
적 특수성이야말로 보존해야 할 인간의 소중한 가치라고 보았다.204)
버크(Edmund Burke) 역시 근대화 과정에서의 변화가 교양 없는 계
층의 조야(粗野)한 문화를 퍼뜨리며 미덕을 쇠퇴시키고 있다고, 신성
한 권위의 파괴는 '무엇이든 거리낄 게 없는' 개인들의 난동(亂動)과
사회적 혼란을 가져올 것이라고 여겼다. 그가 보기에 '지나친' 합리
주의는 참다운 인간성의 원천인 전통과 그 덕을 해칠 뿐, 결국 인간
성의 황폐화를 낳을 뿐이었다.205) 반주지주의(反主知主義)와 덕의
보존이 필요하다는 입장은 사회계약론자인 루소(Rousseau)에게도 있
었고, 그것은 자유주의적으로 시작된 프랑스 대혁명이 '미덕의 수호'
를 내세운 전체주의로 끝맺는 결과에 영향을 주었다.

이러한 경향의 덕론은 대체로 근대화 초기에서 심화 시기로 넘어

---

203) 전종훈, 앞의 글, pp.22－23.
204) Jerry Z. Muller, 앞의 책, pp.131－159.
205) 위의 책, pp.161－208; R. Nisbett & C. B. Macpherson, 강정인·김상
　　　우 역, 『에드먼드 버크와 보수주의』, 문학과지성사. 1997. pp.69－71.

가는 과정에서 일어난 급격한 사회·문화적 변화의 반동으로 나타난 것이었다. 그러나 이러한 논의는 근대 보수주의의 수립에 영향을 미쳤으며, 20세기 초 세계대전(世界大戰)과 대중사회(大衆社會)의 도래가 낳은 새로운 현실에 비판적이었던 매킨타이어, 테일러(Charles Taylor), 스트라우스(Leo Strauss) 등의 정치철학에서도 그 그림자를 확인할 수 있다.[206]

이렇게 간략하게 본 서구의 근대 덕론과 정약용의 덕론을 비교해 보자.

우선 정약용은 서구 공화주의자들처럼 '우주를 지배하는 섭리'로부터 인간이 추구하는 덕(德)을 분리해 냈다(그러나 본래 서구의 경우 '이일분수'처럼 하나의 이치가 만물을 일관한다고 여기지는 않았다. 인성과 물성이 다르다는 설은 아리스토텔레스 당시 이미 확립되어 있었다.). 그리고 "덕은 오직 행동으로만 성취된다."는 그의 주장은 정적(靜的) 내밀성(內密性)에 치중했던 주자학적 덕론에 비해 적극적이고 능동적인 덕론을 제시한 것이며, 이 적극적 성격의 덕은 마키아벨리의 덕(virtu)과 비교된다. 또한 인(仁)-효제자(孝弟慈)의 덕이 군주에서 서민까지의 삶을 향상시키며, 공동체 구성원 모두가 덕을 추구한 능력을 갖고 있다고 본 점 역시 공화주의 덕론과 상통한다.

한편 정약용은 덕이 인간 본성에 존재론적으로 내재되어 있다는 기존의 설을 배격하고 단지 선을 지향하는 경향만을 인식할 수 있다

---

206) Peter Berkowitz, 앞의 책, pp.17-22.

고 했으며, 덕의 목적을 "사람들 사이에 교제를 잘하자는 것"으로 정립했는데, 그것은 계몽주의와 합리주의의 덕론을 방불케 한다. 또한 개인이 오직 자신의 양심, 도덕적 반성에 의존해 자신의 도덕성을 판단하는 모습은 칸트 이래의 개인주의적 윤리관을 연상케 한다. 하지만 정약용은 덕의 '명목상' 원천 그리고 "양심적인 자기 자신이 쓰고 나타나는 가면(假面)"으로 상제(上帝)를 설정했으며 이로써 상식적 신념체계에서 급격히 이탈하지 않으려는 면모를 보였다.

그러한 면모는 보수주의적 성격과도 상통한다. 특히 정약용은 당시의 사회 변화를 보며 신분질서의 혼란과 그에 따른 '덕의 상실'을 우려했고, 의(義)를 비롯한 일부 덕목에 있어서 일반 민중의 역량을 회의하는 듯한 자세를 보였다.

이러한 정약용 덕론의 비교사상적 성격들은 그의 정치사상, 나아가 그의 '근대성'을 검토하는 과정에서도 중요한 기준이 되어 줄 것이다.

5) 소결

도와 덕을 미분화하고, 자연계의 이치와 인간계의 이치를 통합해서 보고 있던 주자학적 도덕론에서 탈피한 정약용은 인식론적이고 상식철학적인 성론(性論)에 기초해 인간은 선악(善惡) 모두의 경향을 보이지만 근본적으로는 낙선치악의 도심(道心)을 갖고, 이를 통해 추구해 나가야 할 덕은 오직 실제 행동을 통해서만 배양할 수 있다고 보았다.

그 덕의 목적은 "사람들 사이의 교제를 잘 하려는 것"이었으며,

그 내용은 효제자로 집약되는 인륜이었다. 이 명덕(明德)은 타고난 기질이나 신분에 무관하게 사람이라면 누구나 추구할 수 있는 것이었으며, 임금에서 서민에 이르는 모든 사회구성원들에게 삶의 질서를 부여하고 더 나은 삶을 약속하는 것이었다.

그러나 정약용의 명덕 설명에는 인(仁)에 비해 의(義)에 대한 언급이 부족하며, 이는 그가 의는 인으로 요약할 수 있다고 보았기 때문이기도 하지만, 인과 달리 내성적(內省的)이고 상당한 자질과 훈련을 필요로 하는 의의 일반적 추구가능성에 대해 비관적 견해를 갖고 있었다는 해석이 가능하다.

정약용의 덕론(德論)에 대해서는 모순점 내지 후진성(後進性)이 있다는 지적이 많다. 그가 성선을 주장할 때는 일원론을, 인심도심을 설명할 때는 이원론을 주장했다는 지적, 덕의 추구에 있어서 기질의 청탁(淸濁)이 무관하다고 하면서 한편으로 세(勢)를 논하는 것은 모순이라는 지적, 상제를 도덕의 원천이자 도덕 행위의 감시자로 설정하는 것은 중세로 되돌아가는 것이라는 지적 등이 그 예인데, 이는 대체로 정약용의 사상을 피상적(皮相的)으로 이해했기 때문에 빚어진 오해로 보인다.

정약용의 덕론은 서구의 근대화 과정에서 나타난 서구적 덕론과 비교해 볼 의의가 크다. 공화주의적 덕론과 유사하면서 일부 자유주의적 덕론의 성격까지 구비한 정약용의 덕론이지만, 상식적 현실주의의 틀에서 벗어나지는 않았으며, 당시의 시대 상황과 관련해 다소 보수주의적인 경향도 보인다.

이 모든 논의는 이 연구의 중심 주제인 '정약용의 정치철학'을 논하는 과정에서 필수적인 전제들을 제공해 줄 것이다.

1. 정치원론적 이해

주자학적 전통은 정치를 '정자정야(政者正也)'라는 『논어』의 구절[207]에 따라 정의하고, "바르게 한다(正)는 것은 곧 천리(天理)에 맞추어 인욕(人慾)을 억제하고, 천하만민의 마음(心)을 바르게 하여 도(道)를 구현하는 것"으로 이해한다. 다시 말해서 주자학자의 관점에서 정치란 천지의 이법(理法)을 실현한다는 점에서 자연(自然)과 미분화되어 있고, 마음을 바르게 하려 한다는 점에서 윤리(倫理)와 미분화되어 있다. 그 목적(goal)은 "천명(天命)에 따라 음양(陰陽)을 조화롭게 하며, 오륜(五倫)을 드높여 왕도(王道)를 실현하고, 위로는 종묘사직(宗廟社稷)을 받들고 아래로는 백성을 편안하게 하는 것"이다. 또한 그 구제적인 목표(object)는 군왕의 수신(修身), 현자(賢者)를 기용하고 간신(奸臣)을 물리침, 미풍양속(美風良俗)을 진흥하고 패륜(悖倫)을 징계함, 불교나 도교 등 '이단(異端)'을 탄압함, 교육을 진흥하고 선비들을 기름, 천변(天變)에 주의하고 바로 대응함 등이 우

---

207) 『논어』 「顔淵」 17.

선시되며, 형벌(刑罰)에 공정을 기함, 국방(國防)에 주의함, 세금을 고르게 하고 경비(經費)를 절감함 등 이른바 정치 실무와 관련된 목표는 뒤로 돌리는 경향이 있다. 가령 주희는 '가장 시급한 과제'로 군왕의 심신을 바로잡기를 들었으며,[208] 다음으로는 소인을 물리치고 군자를 기용하는 것,[209] 그리고 마지막으로 세금을 공평히 거두고 전지(田地)의 소유를 고르게 하는 양민(養民)의 문제[210]를 들고 있다. 또한 이황은 『무진육조소(戊辰六條疏)』에서 군위(君位) 계승에서 인효(仁孝)의 원칙을 세울 것, 간신과 환관, 비빈(妃嬪)들의 전횡을 방지할 것, 학문을 닦고 마음공부에 열중할 것, 유학을 진흥하고 이단사설(異端私說)을 배척할 것, 신하들의 간언(諫言)을 용납할 것, 천변재이(天變災異)를 통한 하늘의 경고에 귀를 기울이고 백성을 편안케 할 것을 대표적인 정치 목표로 들었으며,[211] 이이는 『동호문답(東湖問答』에서 현자를 기용하고 간신을 물리치는 것을 최선의 목표로 제시한 다음 왕의 수신, 풍속(風俗)의 교화, 교육의 진흥 그리고 공납(貢納), 병역(兵役) 등 민생(民生) 관련 폐정(弊政)의 개혁 등을 덧붙였다.[212] 이러한 대표적 목표들은 대체로 여러 주자학자들의 정론(政論)에서 되풀이해서 제시되었다.[213] 말하자면 주자학의 정치란

---

208) 주희, 『朱書百選』 제29권, "與趙尙書" 今日之事 第一且是勤得人主收
　　　拾身心 保惜精神 常以天下事爲念
209) 주희, 『朱子大全』 제28권, "與劉丞相" 謹察君子小人之分 而公進退之
210) 주희, 『朱書百選』 제25권, "答張敬夫" 今日養民之政 恐無出於兩者
211) 이황, 『退溪集』, 제6권, 「戊辰六條疏」
212) 이이, 『栗谷全書』, 제15권, 「東湖問答」
213) 예를 들어 임금이 새로 즉위하여 정치의 주요 목표를 건의하는 과정
　　　을 볼 때, 태조 1년 9월 21일에 올린 남재(南載)의 상소에는 군자를
　　　가까이하고 소인을 멀리할 것, 환관에게 권력을 주지 말 것, 불교를

진리(眞理)를 도덕(道德)의 형태로 이 세상에 실현하는 것이며, 세금을 줄인다거나 형벌을 공정히 한다거나 하는 등의 시무(時務)는 모

억제할 것, 음란한 제사를 금할 것, 남녀유별(男女有別)의 기풍을 진작할 것, 근검절약(勤儉節約)을 실천할 것을 건의했다(『太祖實錄』 제1권). 문종 즉위년 7월 5일 사헌부에서 올린 상소에는 시작과 끝에 조심할 것, 충신과 간신을 분별할 것, 기이한 물건이나 기예에 관심을 쏟지 말 것, 언로를 개방할 것, 관대함과 엄함을 분별 있게 쓸 것, 인사(人事)를 공정하게 할 것을 건의했다(『文宗實錄 제2권). 연산군 1년 1월 28일 이극배(李克培)의 상소에는 수신에 힘쓸 것, 간언을 용납할 것, 현자를 등용할 것, 경비를 절감할 것, 세금을 가볍게 할 것을 건의했다(『燕山君日記』 제2권). 인종 1년 4월 13일 송인수(宋仁守) 등의 상소문은 "선왕(先王)의 정치는 학문을 강론하고 간언(諫言)을 받아들이고 학교를 설치하고 사람을 등용한 것에 지나지 않는다."고 강조했다(『仁宗實錄』 제2권). 광해군 즉위년 4월 1일에 이덕형(李德馨)이 올린 상소에는 소인들을 경계할 것, 효성을 다할 것, 수신에 힘쓸 것, 인재를 널리 등용할 것, 간언을 용납할 것, 세자(世子)의 교육을 강화할 것, 내외(內外)의 구별을 엄숙히 할 것, 전란에 지친 백성들을 위무(慰撫)할 것을 거론했다(『光海君日記』 제3권). 효종 즉위년 11월 16일에는 송준길(宋浚吉)이 "수신에 우선 힘쓰고, 학문을 익히며, 인재를 발탁하고, 경연(經筵)에 자주 참여하라."는 등의 원론적 의제를 우선 강조한 다음 대동법(大同法)의 시행, 내수사(內需司)의 사재(私財) 혁파, 억울하게 노비가 된 경우의 구제 등 민생개혁안을 덧붙였다(『孝宗實錄』 제2권). 영조 즉위년 9월 24일에는 이명언(李明彦)이 학문에 힘쓸 것, 인재를 등용하고 적재적소에 기용할 것, 붕당을 억제할 것, 부패를 차단할 것, 검약에 애쓸 것, 오군영 체제를 혁파할 것 등을 건의했다(『英祖實錄』 제1권). 순조 즉위년 8월 4일에는 김희채(金熙采)가 학문을 닦고 수신에 힘쓰고 기강을 바로잡고 재용(財用)을 절약해야 한다는 4개 조를 올렸다(『純祖實錄』 제1권). 고종 1년 1월 10일 신직모(申直模)가 올린 상소는 효성을 돈독히 할 것, 학문에 힘쓸 것, 검소함을 숭상할 것, 대신들을 존경할 것, 비용을 아껴 쓸 것, 기강을 세울 것, 언로(言路)를 개방할 것, 수령(守令)들을 좋은 사람으로 선발해 보낼 것, 어진 인재를 기용할 것 등 9개 조였다(『高宗實錄』 제1권).

두가 그 말단(末端)으로, "천리를 높이고 인욕을 억제하는(存天理去人欲)" 명분에 종속된 것이었다.[214]

이처럼 추상적이고 관념적인 리(理)를 절대화하는 사상이 정치사상으로서 최고의 권위를 갖게 된 까닭에는 여러 가지가 있겠지만, 주희가 처했던 시대의 배경이 그런 정치사상을 요구했다는 분석도 있다. 당시 남송(南宋)은 북방민족(金)에게 중원(中原)을 상실하는 국치(國恥)를 겪은 상태에서도 사회 전체에 부패가 만연하고, '중간 세력'들의 발호로 조정은 피폐해지고 민심은 흉흉한 불안과 혼란의 상황에 처해 있었다. 따라서 이런 현실을 "리(理)가 기(氣)를 제어하지 못하는 상황"으로 인식하고, 천지자연의 질서인 리를 현실 세계에서 지킴[存]으로써 질서를 회복해야 한다는 주자학의 명제가 설득력을 얻었다는 것이다. 리를 보존하는 방법은 통치자가 그 심(心)을 바르게 하는 것이 최우선의 과제였다. 도대체 황제부터 말단 관리에 이르기까지 이기적인 탐욕에 빠져 있기 때문에 부패가 만연하고 폐단이 횡행할 수밖에 없으며, 따라서 황제부터 수신에 힘써 마음을 바로 해 나가면 자연히 질서가 회복되리라는 것이었다.[215]

그러나 주자학적 정치론이 가장 성실하게 수용되었던 조선의 18세기 말~19세기 초의 상황은 주희가 처했던 혼란상과 다르지

---

214) 주희의 사상이나 주자학이란 이러한 단순한 이해보다 훨씬 심오하고 다양한 측면을 갖는다는 시각이 최근 대두되고 있다. 다만 여기서의 '주자학적 정치사상의 전통'이란 역사 현실, 구체적으로 조선조에 대체로 나타난 정치사상을 말하며, 그것은 '본래의 주자학'과는 반드시 일치하지 않을 수도 있다.

215) 이승환, "정치사상으로서의 주자학", 2001년도 한국정치학회 세미나 「21세기 한국의 정치발전과 정치학」 발표문.

않은 상황에 처해 있었다.

무주(茂朱), 장수(長水) 사이에는 집을 잃고 초야에 뒹굴어 자는 노숙자가 산골짜기에 가득하고, 순창(淳昌), 동복(同福) 사이에는 유민(流民)이 길을 메웠다. 연해(沿海)의 여러 마을에는 촌락이 텅텅 비어서 전원이 버려진 채 황폐해져 있으니, 그 모습은 황황하고 그 소리는 흉흉하다. 집을 떠날 힘조차 없는 자들은 마을의 저금을 깨고 문중의 물건을 바꾸어 저마다 술과 고기와 악기를 사서 산과 물에서 주야로 떠들썩하게 잔치를 벌인다. 그러나 그것은 즐거워서 즐기는 것이 아니다. 곧 닥쳐올 불행을 말하며 자포자기하는 것이다.216)

그러한 참상이 연출된 이유는 관(官)의 무능, 무관심 그리고 '중간 세력'217)의 발호에 있다.

소위 둔감(屯監)이란 자들이 사방으로 다니며 백성의 재물을 마구 강탈하고 있다. 그러나 관에 귀속되는 것은 10분의 1이며, 자신들의 주머니에 들어가는 것이 10분의 9다. 위로는 왕토(王土)가 날로 줄어들고 아래로는 백성들의 고혈이 짜이며, 중간으로는 관아의 살림살이

---

216) 『전서』 제1집 제19권, 「詩文集」, "與金公厚" 茂朱長水之間 芳舍彌滿
山谷 淳昌同福之際 流民充塞道路 沿海諸垻 則井落蕭然 田園無償 觀
其須 遑遑如也 聽其聲 洶洶如也 其貧弱不能徙者 又皆毁其社錢 破其
門貨 競賣酒肉絲管 登山泛水 窮晝達夜 酣呼嘑呶 博髀拍手 以爲樂非
樂也 謂將哀也 此其故何也
217) 정약용은 『목민심서』에서 이런 '중간 세력', 즉 '호강(豪强)'을 귀척(貴
戚), 권문(權門), 금군(禁軍), 내신(內臣), 토호(土豪), 간리(奸吏), 유협
(遊俠)이라고 열거하고 있다. 여기에 아마도 간상(奸商)도 포함될 것이
다(『전서』 제5집 제25권, 「牧民心書」(10) "刑典六條 禁暴").

에 별 보탬도 안 된다. 오직 게으르고 무뢰하고 교활한 무리들만 권세가의 비호를 입어 날로 윤택해지고 있다. ……

풀 한 포기, 나무 한 그루, 고기 한 마리, 게 한 마리도 모두 자기네 것이라 하여 떡하니 앉아 조세를 거둬들인다. 나뭇길도 끊어지고 도끼질도 금지된다. 물고기를 잡아도 국가 대장에는 등록되지 않고, 염전도 사취하여 바닥이 나 버린다. 공신(功臣)과 척신(戚臣)의 후예들이 매양 민전(民田)을 놓고 사패지(賜牌地)라 하면서 언덕을 삼키고 벌판을 넘을 만큼 광활한 토지를 자기네 것이라 하며 멋대로 빼앗아 가고 있다. 그런데도 아무도 건드리지 못하고, 소민(小民)들은 파산하여 쇠잔하고 멸망한다.[218]

도대체 왜 사욕(私慾)을 극도로 배제하는 주자학적 정치가 그토록 오래, 또 열성적으로 이 땅에서 행해진 이후에도 이처럼 호강(豪强)이 날뛰는 것인가? 왜 국가는 위태하고 민생은 파탄에 이르는 것인가? 여기서 정약용은 주희와 비슷한 문제의식을 갖되 정치에 대한 다른 해법을 모색하게 된다. 아득한 천리(天理)만 논하며 가까운 곳의 현실적 문제는 말(末)로 돌리는 정치, 제왕의 권능을 억제하고 심

---

[218] 『전서』 제5집 제25권, 「牧民心書」(10) “刑典六條 禁暴” 名之曰屯監 桀黠四出 推搾到骨 入於營司者什一 歸於私橐者什九 上而王土日蹙 下而民膏日削 中而無補於營司 唯其浮游無賴油猾之徒 是庇是澤 …… 卽一草一木 一魚一蟹 咸曰朕産 坐收租稅 樵蘇路斷 斧斤有厲 魚濱不 隷於王籍 鹽盆盡困於私斂 又或功臣戚臣遠裔遙孫 每執民田 謂之賜牌 之地 包丘陵絡原隰 咸曰朕土 攘奪唯意 莫之誰何 小民蕩析 遂殘遂 滅. 당시 토지의 상품화가 활발해지면서 전체 농가의 6퍼센트에 해당하는 부농층이 전체 농토의 44.3퍼센트를 차지하며, 토지가 없거나 거의 없는 빈농은 전체의 62.8퍼센트에 달할 만큼 겸병이 심해졌다고 한다. 강만길, “정약용 시대의 경제사정”, 강만길 외, 『정다산과 그 시대』, 민음사. 1986. pp.48−51.

154

신 수양에만 주력하게 하는 정치, 가장 도덕적인 양 하면서 실제로는 자기 파벌과 문중의 이익만 탐하는 위선(僞善)의 정치, 정약용은 그러한 정치론을 극복하고 정치를 새롭게 바라봄으로써 난국을 타개하려 했던 것이다.

그는 정치의 정의를 "지도자가 인민을 바로잡는다."[219]는 것으로 보았고, 그 점에서 큰 틀에서는 유교의 전통 관념을 유지했다.[220] 그리고 "인륜(人倫)을 세상에 밝히는 것",[221] '용인(用人)'과 '이재(理財)'를 정치의 목적(目的)으로 삼았고,[222] 교화와 함께 '재부염산(財

---

219) "정치란 바로잡는 것이다. 우리 인민들을 균(均)하게 하는 것이다."(『전서』 제1집 제10권, 「詩文集」, "原政" 政也者正也. 均吾民也); "정치란 바로잡는 것이다. 윗사람이 이 정(政)으로서 백성을 바로잡으므로 이를 일러 정이라고 하였다."(『전서』 제2집 제22권, 「尙書古訓」(1) 政也者正也 上以政 正民 故謂之政)

220) 배병삼은 이 정의가 외견상 전통적 유가 정치론의 정의와 같지만 실제는 전혀 다르며 전혀 근대적인 의미의 정치론을 포함한다고 보았다. "여기서 정치란 도덕으로부터 벗어난, 실질적이고 목적을 향한 수단적 행위가 된다."(배병삼, 앞의 글(1998), p.437) 하지만 이런 단순한 정의 차원에서는 그가 유가 정치론의 기본을 그대로 지키고 있다고 보는 편이 좋다. 배병삼은 '均吾民'이라는 '실질적 목표'가 '정(正)'을 풀이한다는 점에서 그러한 판단을 내리고 있으나, 후술하겠지만 정약용에게서 '균(均)'은 현실 문제와 도덕 문제를 다 같이 아우르는 관념이다.

221) "대체로 명덕(明德)이란 것은 오륜(五倫)을 말한다. 뜻에 오륜을 밝히면 성이(誠義)이며, 마음에 오륜을 밝히면 정심(正心)이며, 몸에 오륜을 밝히면 수신(修身)이며, 집에 오륜을 밝히면 제가(齊家)이며, 나라에 오륜을 밝히면 치국(治國)이며, 천하에 오륜을 밝히면 평천하(平天下)이다. 요컨대 이는 모두 오로지 오륜을 밝히는 일인데, 수기(修己)와 치인(治人)으로 구별할 따름이다."(『전서』 제1집 「詩文集」 18권, "上弇園書" 盖明德者 五倫也 明五倫於意 爲誠意 明五倫於心 爲正心 明五倫於身 爲修身 明五倫於家 爲齊家 明五倫於國 爲治國 明五倫於天下 爲平天下 要之是一箇明五倫之事 而有修己治人之別耳)

賦斂散)'으로 요약되는 실제 행정 과제들을 목표(目標)로 삼았다.223)

그가 정치를 무엇으로, 어떻게 보았는지, 그의 정치관은 주자학의 전통적 정치관에 비해 어떻게 다른지, 세 가지의 시각에서 보다 구체적으로 살펴보기로 하자.

1) 정치와 자연(自然)

앞에서 본 것처럼 정약용은 상(常) 중심 사상을 구축한 결과, 자연의 리(理)와 인간의 도(道)를 분리시켰다. 따라서 그가 생각하는 정치 역시 '천리를 높이고 인욕을 억제하는' 주자학적인 정치 관념과는 차이를 두게 된다.

(1) 수양(修養)의 정치와 행동(行動)의 정치

주자학에서 참정치를 실행하는 조건은 통치자가 인욕(人慾)을 억

---

222) "나라를 다스리는 자의 큰 정치에는 두 가지가 있으니, 하나는 '용인(用人)'이며, 다른 하나는 '이재(理財)'다. 대체로 사람이 태어나면 두 가지 큰 욕망을 가지니, 하나는 '귀(貴)'이며, 다른 하나는 '부(富)'이다. 재상자(在上者)의 욕망은 귀이며, 재하자(在下者)의 욕망은 부이다."(『전서』 제2집 제1권, 「大學公議」(3) 爲國者 其大政有二 一曰用人 二曰理財 大凡人生斯世 其大欲有二 一曰貴 二曰富 在上者 其所欲在貴 在下者 其所欲在富); "『대학』 평천하(平天下) 장에 용인과 이재의 도리를 자세히 논하여 수없이 반복하였으니, 이 두 가지가 치평(治平)의 큰 강령임을 알 수 있다."(『전서』 제1집 제10권, 「詩文集」, "用人理財說" 大學平天下章 極論用人理財之道 反復不已 二者之爲治平之大綱)

223) "예나 지금이나 모름지기 정치라 하는 것은 모두 재부염산 같은 것들이다."(『전서』 제2집 제22권, 「尙書古訓」(1) 自古及今 凡以政爲名者, 皆財賦斂散之類)

제하고, 천리(天理)에 어긋나지 않게 교화(敎化)에 임하는 것이다. 그러기 위해서 통치자가 정신 수양에 힘쓰고 학문을 연마하며 사치나 음란(淫亂)에 빠지지 않을 것이 강조된다. 이러한 조건을 완전히 충족시킨다면 임금이 눈에 보이는 무언가를 하지 않아도 '저절로' 교화가 이루어지고 태평성대(太平聖代)가 실현될 것이다. 인간계만 다스려질 뿐 아니라, 음양(陰陽)의 조화가 이루어져 늘 풍년이 들고 자연재해가 발생하지 않으며 늘 쾌적한 기후가 계속될 것이다. 통치의 지극함은 곧 자연의 섭리가 지극하게 달성된 상태와 통하기 때문이다.224)

그러나 "천지가 생성하는 이치가 나와 무슨 상관이 있는가?"라고 밝힌 정약용은

> 일월성신(日月星辰)이 어찌 정(政)이 되겠는가. …… 예나 지금이나 모름지기 정치라 하는 것은 모두 재부염산 같은 것들이다. 어찌 일월성신 따위이겠는가.225)

라고 자연의 이법(理法)에 대한 관심을 배제하며, 정치 실무를 우선한다. 일반적인 정치 행위를 평가할 때도 정약용은 통치자의 인격수양과 도의(道義)를 우선시하는 주자학자들에 비해 현실적, 실용적이

---

224) "정승의 자리에 처한 대신의 덕이 세상을 덮고, 임금 역시 지성으로 이에 합하는 도덕을 갖춘다면, 천지가 제 위치에 놓이고, 만물이 육성되고, 백성이 태평해질 것입니다(須大臣處相位者 德望蓋世 上亦至誠 脗合 道同德符 然後天地位 萬物育 百姓平章矣)." 조광조(趙光祖)가 중종에게 올린 건의(『中宗實錄』 제31권, 13년 1월 4일).
225) 『전서』 제2집 제22권, 「尙書古訓」(1) 日月五星 何得爲政 …… 自古及 今 凡以政爲名者 皆財賦斂散之類 豈有日月五星

었다. 『맹자』의 「양혜왕상(梁惠王上)」 6에서 "지금 천하를 다스리는
자들 가운데 사람 죽이기를 즐기지 않는 자가 없다. 사람 죽이기를
즐기지 않는 자가 있다면 천하의 백성들이 모두 그에게 돌아갈 것이
다(今夫天下之人牧 未有不嗜殺人者也 如有不嗜殺人者 則天下之民
皆引領而望之矣)."라고 한 구절에 대해 주희는

> 살기를 좋아하고 죽기를 싫어함은 공통된 인심(人心)이다. 그러므로
> 임금이 사람 죽이기를 좋아하지 않으면, 천하가 기뻐하며 그에게 돌
> 아가는 것이다.[226]

라고 하면서 덧붙여서 역사상의 통일군주(統一君主)는 모두 사람 죽
이기를 즐겨하지 않았다고 부연하고 있다. 말하자면 임금이 수신을
통해 잔인한 성품을 억제하면 민심(民心)을 얻고 정치가 성공하게
된다는 해석이다. 그러나 정약용은

> 내 생각으로는, 사람을 죽인다는 말은 병기(兵器)나 형벌(刑罰)로
> 죽인다는 말이 아니다. 왕정(王政)을 행하지 아니하여 풍년에는 남아
> 도는 곡식을 거두지 않고, 흉년에는 거두어 둔 곡식을 내놓지 않으면
> 그것이 바로 사람 죽이기를 좋아하는 것이다. 정전법(井田法)을 쓰지
> 아니하여 위로 부모를 섬길 수 없고, 아래로 처자(妻子)를 먹여 살릴
> 수 없게 만든다면 그것이 바로 사람 죽이기를 좋아하는 것이다. 오십
> 먹은 늙은이가 비단을 입지 못하고, 칠십 먹은 늙은이가 고기를 먹지
> 못해 얼어 죽고 굶주려 죽게 만들면, 그것이 바로 사람 죽이기를 좋

---

226) 주희, 『孟子集注』「梁惠王章句上」 6 好生惡死 人心所同 故人君不嗜
    殺人 則天下悅而歸之

아하는 것이다.[227]

라 하여 이를 정치 실무적인 문제로 바꾸어 해석하였다. 또한 「진심상(盡心上)」 13에서 왕도정치를 설명하며 "패자(覇者)의 백성들은 즐거워하며, 왕자(王者)의 백성들은 자족(自足)해한다(覇者之民驩虞如也 王者之民皞皞如也)."라고 한 데 대해서도 정약용의 해석은 주자학의 그것과 뚜렷하게 구별된다.

> '내 밭을 내가 갈아 먹고, 내 우물을 내가 파서 먹으니, 임금의 힘이 나에게 무엇이리오.' 한 것은, 하늘의 자연스러움(天之自然)과 같으니, 이것이 바로 왕자(王者)의 정치이다.[228]

정이의 말을 이처럼 옮긴 주희에 대해, 정약용은 이렇게 반박한다.

> 제왕의 정치는 만법(萬法)이 갖추어져 있으므로 빛나고 밝다. 또 티끌만치도 문젯거리가 없다. 그러므로 그 백성들이 밝고 깨끗한 것이다.[229]

---

227) 『전서』 제2집 제5권, 「孟子要義」(1) 余謂 殺人者非謂兵刃刑杖而殺之也 不行王政 豊年不知斂 凶年不知發 則嗜殺人者也 不行井田之法 仰不足以事父母 俯不足以育妻子 則嗜殺人者也 五十不能衣帛 七十不能食肉 有凍餒以死 則嗜殺人者也

228) 주희, 『孟子集注』 「盡心章句上」 13 耕田鑿井 帝力何有於我 如天之自然 乃王者之政

229) 『전서』 제2집 제6권, 「孟子要義」(2) 帝王之治 萬法具擧 光明昭朗 無復纖芥之障碍 故其民熙熙皞皞然也

정이와 주희가 이른바 천리에 합일한 무위(無爲)의 정치를 주장한 반면, 정약용은 그 체제에 모든 법제가 완벽하게 갖추어져 있으므로 마치 무위인 듯 보이지만 실제로는 완벽한 유위(有爲)이고, 따라서 나라가 평안해진다는 주장을 편 것이다. 정약용은 군주가 정치에 임할 때는 이른바 무위이치(無爲而治)를 표방하며 무슨 수행자(修行者)처럼 행동해서는 안 된다고 말하고 있다.

요즘 사람들은 순(舜)임금이 그냥 옷소매를 드리우고, 팔짱을 끼고, 눈은 감고, 무슨 진흙으로 빚은 사람마냥 점잖게 앉아 있기만 했는데도 천하가 자연히 태평해졌다고 합니다. 그것은 한바탕 꿈이 아니겠습니까.[230]

---

230) 『전서』 제1집 제20권, 「詩文集」, "上仲氏" 今人 謂舜方且垂衣 拱手瞑木 儼坐如泥塑人 而天下自然泰和 非大夢乎 이는 정조 초기에 성덕조(成德祖)가 다음과 같이 군주의 자세를 주문한 정론(政論)의 표현과 확연한 대조를 이룬다. "대저 천하의 이치는 본디 평이하여 심히 위곡(委曲)된 것이 없고 본디 간략하고도 합당하여 심히 번거로운 것이 없기 때문에, 이를 따라서 행하면 만사가 저절로 다스려지는 것입니다. 옛날의 성왕(聖王)은 단정히 손을 마주 잡고 옷깃을 드리우고 가만히 앉아 있어 아무것도 하는 것이 없는 것같이 하되, 백도(百度)가 궤범(軌範)에 맞게 되고 만화(萬化)가 응하게 되었던 것은 다른 까닭이 있었던 것이 아닙니다. 단지 고요하면서도 허령(虛靈)한 마음을 따라 확연히 공평하게 하고 엄연히 정당하게 하는 자세로 패연히 무사(無事)한 쪽을 따라서 행했기 때문에 가만히 앉아서 백관(百官)과 중직(衆職)의 성공을 거두게 된 것이니, 이것이 이른바 간이(簡易)하게 하는 방도인 것입니다."(『正祖實錄』 제3권, 정조 1년 1월 29일. 夫天下之理 本自平易 而無甚委曲 本自簡當 而無甚繁頤 循而行之 萬事自理 古之聖王 端拱垂衣 若無所爲 而百度順軌 萬化傒應者 無他 只從其方寸虛靜之地 而廓然大公 儼然至正 沛然行其所無事 而坐收百官衆職之成功 卽所謂易簡之道也)

160

보건대 흥작(興作)에 분발하시어, 천하의 백성을 바쁘고 분주하게
일하게 하며, 한 번 숨 돌릴 틈도 없이 잠시도 안일하지 못하게 하신
분이 요순이다. 보건대 정밀하고 엄혹하기가 이를 데 없어, 천하의 백
성을 공경토록 하고 송구하게 하여 감히 털끝만치도 거짓을 꾸며 내
지 못하게 하신 분이 요순이다. 천하에 요순만큼 부지런한 사람이 없
었는데, 무위(無爲)하였다고 속이고, 천하에 요순만큼 치밀한 사람이
없었는데 소탈하고 우원했다고 속인다. 그리하여 군왕이 뭔가 일을
하려(有爲)다가도 요순을 떠올리며 스스로 단념하게 되니, 이 때문에
천하가 날로 부패하여 능히 새로워지지 못하는 것이다.

공자께서 "순임금은 무위(無爲)하였다."라 하신 까닭은 순임금이 현
성(賢聖)한 신하 스물둘을 거느렸기에 무위해도 좋았다는 뜻이다. 그
말뜻이 짐짓 깊은 의미가 있고 따로 음미해야 마땅한데, 지금 사람들
은 오직 이 한 마디 말을 근거로 순임금이 팔짱을 끼고, 묵묵히 앉아
서 손가락 하나 움직이지 않았다고, 그런데도 천하가 저절로 태평해
졌다고 하면서 「요전(堯典)」과 「고요모(皐陶謨)」를 모두 호연히 잊어
버리니, 답답한 일이다.

『주역』에 "하늘의 운행이 건강하다." 하였으니, 밝고 밝은 요순은
하늘처럼 건강하여 잠시라도 쉬지 않았음을 밝혀 준다. 이에 우, 직,
설, 익, 고요 등도 아울러 분발하여 임금의 고굉(股肱)이 되고 이목(耳
目)이 되며 맹렬히 쉬지 않았던 것이다.[231]

---

231) 『전서』 제5집 제1권, 「經世遺表」(1) "邦禮艸本 引" 以余觀之 奮發興
作 使天下之人 騷騷擾擾勞勞役役 曾不能謨一息之安者 堯舜是已 以
余觀之 綜密嚴酷 使天下之人 夒夒邀邀瞿瞿悚悚 曾不敢飾一毫之詐者
堯舜是已 天下莫勤於堯舜 誣之以無爲 天下莫密於堯舜 誣之以疎迂
使人主每欲有爲 必憶堯舜以自沮 此天下之所以日腐而不能新也 孔子
謂舜無爲者 謂舜得賢聖之二十二人 將又何爲 其言洋溢抑揚 有足以得
風神於言外者 今人專執此一言 謂舜拱默端坐一指不動 而天下油油然
化之 乃堯典皐陶謨 皆浩然忘之 其不鬱哉 易曰天行健 明明堯舜如天

이른바 왕정(王政)이란 왕을 필두로 모두가 쉴 새 없이 정사에 임하는 성실한 정치이지, 왕의 내성(內省)과 방치를 통해 자연히 이루어지는 정치가 아니다. 결국 정약용은 이렇게 매듭을 짓는다. "무위는 곧 무정(無政)이다(無爲則無政)."232) 반대로 말하면 정치란 곧 유위(有爲)다. 그것도 "천하의 부패를 막고 날로 새롭게 만들기 위해", "맹렬히 쉬지 않고 행하는" 것이다. 정약용은 전통 동아시아에서 열정적 실천(passionate practise)으로서의 정치 관념을 부활, 아니 창립했다.

(2) 음양조화(陰陽調和)의 탈정치(脫政治)

천리와 인도를 통합해 보는 주자학 정치론에서 정치는 음양의 기운을 잘 살피고 그 법칙에 따라 조화를 꾀해야만 하는 것이었다. 이로써 관원(官員)의 수에서 궁궐의 전각(殿閣) 이름에 이르기까지 음양오행에 부합하도록 면밀하게 배려했으며, 정승(政丞)들은 임금을 보좌하며 음양조화와 사시(四時)를 순하게 하는 중요한 책임이 있다고 여겼다.233) 또한 천변재이(天變災異)는 조화를 깨트리는 잘못된

同健 曾不能有須臾之息 並其禹稷契益皐陶之等 亦奮迅猛烈 以作帝股肱耳目

232) 『전서』제2집 제7권, 「論語古今註」(1)

233) 예를 들어 『成宗實錄』 11권 2년 7월 27일자 기사를 보면, "사헌부(司憲府) 대사헌(大司憲) 한치형(韓致亨) 등이 상소(上疏)하기를, '좌의정(左議政) 김국광(金國光)은 본래 남에게 양보하는 덕(德)이 부족한데, 정사(政事)를 다스리는 재능(才能)이 조금 있다고 하여 갑자기 재상(宰相)의 자리에 등용되어 오늘날에 이른 것은 진실로 그의 분수가 아닙니다. …… 태사(太師), 태부(太傅), 태보(太保)는 곧 3공(三公)이니, 도리(道理)를 논하고 나라를 경영하며 음양(陰陽)을 섭리(燮理)한다고 하

정치가 곧 자연계의 조화를 깨트린 결과로 여겨, 크게 우려하고 반성했을 뿐 아니라, 작게는 음주가무(飮酒歌舞)를 금지하고 크게는 대신(大臣)들을 사직시키는 데 이르는 정치적 대응을 반드시 표시했다.234)

그러나 앞에서 본 것처럼 정약용은 음양오행론 자체에 대해 불신했으며, 매사를 음양오행에 맞춰 행하려는 경향을 상식적 실증주의, 실용주의적 입장에서 비판했다. 그는 "정승이 음양조화와 사시(四時)를 관장한다."는 관념을 다음과 같이 비판한다.

"음양을 다스리고 사시를 순행하게 한다."는 말에 관하여 옛 기록을 보면, 황제(黃帝), 전욱(顓頊), 제곡(帝嚳)에서 희화(羲和)의 6관(官), 『주례』에서 천지사시(天地四時)로 6관을 분류한 것에 이르기까지 예를 찾아볼 수 있다. 그러나 선왕은 이를 통해 하늘을 상징했을 뿐, 진정 그런 직무를 수행하도록 한 것이 아니다. 지금 어진 이를 일으키고 사특한 자를 물리치며 청렴한 이를 상 주고 탐오한 자를 징계하는 일도 제대로 못 하면서, 보란 듯이 나는 음양을 섭리하는 직위

였는데, 지금의 의정(議政)이 곧 그러한 관직인 것입니다. 인군(人君)의 덕(德)의 잘잘못이나 정사(政事)의 좋고 나쁨이 관계되지 아니함이 없는데, 그 덕(德)이 인군(人君)의 덕(德)을 족히 보양(輔養)할 만하지 못하고 그 재주가 족히 음양(陰陽)을 조섭(調爕)하여 인군의 덕을 도와 정치를 성취할 만하지 못한 자는, 인주(人主)가 벼슬을 헛되이 줄 수도 없는 것이며, 인신(人臣)이 그 자리에 구차스레 처(處)할 수도 없는 것입니다.……"(司憲府大司憲韓致亨等上疏曰 左議政金國光 素乏厭人之德 稍有治事之能 驟登相位 得至今日 誠非分也 …… 太師太傅太保 玆惟三公 論道經邦 爕理陰陽 今之議政卽其職也 君德之得失 政事之臧否 靡不關焉 非夫德足以輔養君德 才足以調爕贊揚襄者 人主不可以虛授 人臣不可以苟處也)

234) 구만옥, 앞의 글, pp.335−337.

입네 하고 있으니, 어찌 지나치지 않겠는가.[235]

정약용 자신도 『주례』에 따라 『경세유표』에서 기존의 6부(部)를 천지사시의 이름을 딴 6관으로 개칭했지만, 그것은 어디까지나 상징이지 실제적 의미는 없다는 것이다. 또한 그는 공직의 명칭이나 숫자 등을 상징으로라도 반드시 음양오행에 맞출 필요는 없다고 한다. 가령 그는 자신의 『경세유표』에서 6관의 수를 『주례(周禮)』의 360에서 국가 규모에 맞춰 120으로 정한 이유를 설명하는데, 먼저 원래의 360이라는 수가 "천지, 사시(四時), 일월성신(日月星辰)의 도수(度數)를 따라 천도(天道)에 맞도록 한 것"이라는 정현(鄭玄)의 설명을 인용한 다음,

생각건대, 국무(庶事)는 다양하고 복잡하다. 어찌 반드시 360으로 한정할 필요가 있었겠는가? 그러나 주공(周公)께서 예를 정하실 때 460으로 큰 한계를 정하고 그 이상 가감을 말도록 하신 것은, 뭐든지 일정한 한정이 없으면 반드시 어지러워지기 때문이다. 세도(世道)의 변화는 일정하지 않으며, 임금의 욕심도 한정되지 않는다. 법을 세울 때 처음부터 산만하게 하여 쇳덩어리같이 엄격한 규범이 없다면, 몇 세대를 넘지 않아 가감(加減)과 흥망(興亡)이 이어져서 기강이 문란해지고, 종잡을 수 없어질 것이다.[236]

---

235) 『전서』 제1집 제20권, 「詩文集」, "答金德叟" 理陰陽順四時 考古籍 則黃帝顓礜 以至羲和 之爲六官 周禮六官之分以天地四時 皆比義也 然古之帝王 以之象天而已 非眞以職責 授之如是也 今不能進一賢 退一邪 奬一廉 懲一貪 而巍然自居以燮理之任者 豈不過哉
236) 『전서』 제5집 제1권, 「經世遺表」(1) "天官吏曹 治官之屬" 伏念 國之庶事紛錯綜 顧何必三百六十哉 然周公制禮 必以三百六十 定爲大限

이렇게 자신의 설명을 덧붙이고 있다. 즉 360이라는 『주례』의 숫자는 자연의 도수를 맞춘 것이 아니고, 행정적 안정성을 기하기 위한 실용적인 고려의 결과로 나왔다는 것이다.

주자학적 정치론에서 가장 중요시했던 자연현상은 천변재이(天變災異)였다. 앞서 본 대로 어떤 이상 현상이 나타났을 경우 그것은 임금과 조정의 책임이라고 여겼으며, 최대한의 반성(反省) 의지를 표현해야 했다. 천인감응설(天人感應說)에 의한 이러한 정치 이념과 관행은 한대(漢代) 유가 이후 변함없이 중시되어 온 것이라, 정약용도 정면으로 천변재이론에 대해 반박하는 모습은 보이지 않는다. 또한 그는 앞서 본 대로, 길상과 흉조[祥殃]를 제대로 판별하기 위해 『주역』 공부가 필요하다는 주장, 성현(聖賢)은 상앙을 제대로 파악했던 사람들이라는 주장 등을 했다.

그러나 그가 말하는 상앙은 음양의 조화와 부조화 등의 형이상학적인 문제가 아니며, 실제로 가뭄이 들고, 홍수가 나고, 이상난동(異常暖冬)이 나타나고 하는 등의 현실적인 문제다. 그런 자연현상이 중요한 이유는 농사(農事)와 재해(災害) 등 백성의 실생활에 직결되기 때문이다. 그리하여 그는 '과학적' 태도와 관심을 『주역』이나 천문술(天文術) 등에 나타내고 있는 것이다. 『대학』에는 "소인이 나라를 다스리면 천변(天變)이 일어나면서 인재(人災)가 겹친다."[237]는 구절이 있다. 주희는 이를 근거로 정치는 군자와 소인을 구별하는

加減不得者 誠以物無定數亂之本也 世道之嬗變無常 人主之逸慾無限 若於立法之初 破碎散漫 無天成鐵鑄之象 則不過數世 增之減之廢之興之 綱紀紊亂端緒莫尋

237) 『대학』 小人之使爲國家 菑害並至

게 중요하며, 소인이 고위직에 있으면 천변재이가 발생한다고 주장
했다. 그러나 정약용은 이 구절에 대한 설명에서 "주희가 이 문장에
궐문(闕文)이 있다고 했으나, 그런 것 같지는 않다."고만 언급하며
소인과 천변재이에 대해서는 논하지 않는다.238)

또한 그는 이 분야를 관장하는 부서인 관상감(觀象監)을 종전의
예조(禮曹) 소속에서 이조(吏曹)로 옮기자고 『경세유표』에서 건의한다.

> 『주례』를 볼 때 풍상씨(馮相氏)는 세월일성(歲月日星)의 차례를, 보
> 장씨(保章氏)는 성신일월(星辰日月)의 변동을 관장하며 춘관종백(春官
> 宗伯)의 소속이다. 그러면 관상감이 예조 소속임이 당연하다. 그러나
> 오제(五帝) 때에는 책력(冊曆)을 만드는 관직이 일체 천관(天官: 吏曹)
> 소속이었다. 사마천(司馬遷)도 천문역법을 서술할 때 『天官書』라 하였
> 다. 그러므로 책력을 만들어 시각을 밝히는 일은 천관의 본직이다. 풍
> 상씨와 보장씨는 기후를 살피고 요상(妖祥)을 분별할 뿐이며, 책력을
> 만드는 직무는 없다. 『주례』에 천관 소속이 60도 못 되는 것을 보면,
> 아마 관직의 명칭이 탈락되어 전하지 않는 것도 없다고 할 수 없다.
> 그래서 나는 관상감을 천관에 소속시켰다.239)

이를 보면 우선 상앙에 대한 업무보다는 책력을 만들어 농사 등

---

238) 『전서』 제2집 제1권, 「大學公議」(3)
239) 『전서』 제5집 제1권, 「經世遺表」(1) "天官吏曹 治官之屬" 又按周禮
　　　馮相氏掌歲月日星之序事 保章氏掌星辰日月之變動 爲春官宗伯之所屬
　　　則觀象監當屬禮曹 然五帝之時 凡治曆之官皆爲天官 故司馬遷序天文
　　　曆法 而直名曰天官書 治歷明時者 天官之本職也 馮相氏保章氏 唯察
　　　其氣候辨其妖 祥 非治曆之官也 周禮天官未滿六十 或者此等官名不無
　　　脫落也 故以觀象監屬之於天官

166

에 도움을 주는 업무가 관상감의 본 업무라고 지적하고 있는데, 그래도 늘 『주례』를 앞세워 그 편제대로 관직을 개혁해야 한다고 주장하던 그가 유독 『주례』의 불완전 가능성까지 거론하며 『주례』대로의 편제에서 벗어나자고 주장하는 이유는 무엇일까? 관상감이 예조에 소속되어 있으면서 왕실 등의 장지(葬地) 선정 때 참여해 풍수지리설(風水地理說)에 관한 자문에 응하고 있던 현실을 비판한 때문으로 보인다. 그는 계속해서 이렇게 말하고 있다.

> 『주례』에는 족장(族葬)의 법이 있다. 그러므로 주공(周公)께서는 백성들에게 풍수를 따져 부모를 장사 지내게 하지 않았던 것이다. 「왕제(王制)」를 보면 시일(時日)을 거론하며 민중을 미혹한 자는 죽인다고 하였고, 고허왕상(孤虛旺相)의 설을 퍼뜨린 자들에 대해 선유(先儒)는 좌도(左道)라고 배척하였다. 지금 관직을 개설하고 직무를 나눌 때 지리(地理)와 명과(命課)를 설치함은 옳지 못하다. …… 무릇 음양을 따져 꺼린다는 말은 업무에 큰 방해일 뿐이다. 장례를 치르려고 날짜를 택할 때 월덕(月德)이 나쁘다고 달을 넘겨 장사 지내거나 연운(年運)이 좋지 않다고 해를 넘겨 장사하기도 하니, 그 폐해가 어찌 말로 다 할 수 있겠는가. 지금 역서(曆書)의 둘째 장에 이른바 '연신방위도(年神方位圖)'를 실었고, 끝부분에는 천은(天恩)이니 천사(天赦)니 하는 내용의 한 장을 실었는데 모두 사설(邪說)이다. 내 생각에는 이 두 장을 없애고 대신 두 장을 보충하되, 8도의 포정사(布政司) 위치와 절기, 일식, 월식, 일출, 일몰 등의 시각을 기록하여 원지(遠地) 백성들도 바른 시각을 알 수 있도록 하는 것이 또한 왕정(王政)의 큰 일이라 여긴다.[240]

---

240) 『전서』 제5집 제1권, 「經世遺表」(1) "天官吏曹 治官之屬" 周禮有族葬

이렇게 정약용은 관상감에서 상앙을 따지는 업무와 풍수지리를 따지는 업무를 없애고, 실용(實用)에 기여하는 책력을 만들며 시각을 따지는 업무만을 관장하도록 했다. 그리고 그의 정론(政論)을 보면 어디에도 천변재이를 경계해야 한다는 주장이 없으며, 당시의 세태를 개탄하는 내용의 글에서도 그런 경우 통상의 유학자들이 반드시 언급했던 "천변재이가 그치지 않는다."는 언급을 하지 않고 있다. 결국 정약용은 우회적인 방법으로 음양오행설과 천변재이설을 탈정치화했던 것이다.

음양조화의 문제를 정치의 의제에서 축출한다는 것은 두 가지 의미가 있다. 우선 정말로 우려할 만한 재변(災變), 가령 가뭄이나 홍수 같은 것이 있고 실질적으로 별문제가 없는 재변, 가령 흙비나 마른하늘의 천둥 같은 것이 있는데 전자(前者)의 경우에는 실질적으로 대처하여 피해를 최소화하는 노력을 해야 한다. 그러나 임금이 수라를 줄이고 재상이 사직하는 등 실효성이 없는 '대책'을 음양조화를 회복한답시고 시행할 뿐이니 문제였다. 또한 실질적 문제가 없는 재변에 대해서도 '정치가 음양조화에 실패한 까닭'이라며 임금이나 정권을 공격하는 빌미로 삼았으니, 그러한 비실용적인 정쟁(政爭)을 차단할 필요가 있었다.

之法 則周公不令百姓觀風水以葬親也 王制曰 爲時日以疑衆者殺 孤虛旺相之說 先儒皆斥之爲左道 令設官分職 爲置地理學命課學 非制也 …… 夫陰陽拘忌之說 妨功害事爲害甚鉅 今爲葬而擇日者 或云月德不吉而全棄一月 或云年運不合而全棄一年 其害可勝言哉 今曆書第二張有所謂年神方位圖 篇末有天恩天赦一張 皆邪說也 臣謂去此二張 代補二張 開列八道布政司節期時刻日月交食時刻日出入時刻 使遐外之民咸知正時 亦王政之大者也

정치와 자연을 분리함으로써 보다 적극적인 자연 이용의 가능성도 열린다. 유교는 본래 불교에 비해 자연에 대한 이용에 적극적인 편이지만, 주자학에서는 천지만물이 하나의 리(理)로 통하며 만물과의 조화가 필요하다고 보는 점에서 어느 정도 소극성이 담보될 수 있었다. 그러나 정약용은 이렇게 말한다.

> 사람과 사람이 서로 접촉할 때 바야흐로 인(仁)이라 이름할 수 있다. 사물에 있어서는 인이 합당하지 않다. 불교에서 살생을 금하는 것은 사물에 대해 인하는 것이다.[241]

정치와 자연의 분리는 정치가 더 적극적인 실천이 될 수 있게 하고, 더 실용적인 의제에 집중할 수 있도록 한다.

2) 정치와 윤리(倫理)

정약용의 정치철학에서 정치와 자연이 분리되었다면, 정치와 윤리는 어떨까? 서구의 경우 정치란 처음부터 개인이나 가족의 문제, 즉

---

241) 『전서』 제2집 제6권, 「孟子要義」(2) 人與人相接 方可有仁之名 於物不當仁也 佛氏之禁殺 是仁於物也. 그는 또한 거처 주변의 뱀들을 잡으려 하자 누군가가 "뱀도 우리와 같은 천지만물의 하나인데 죽이는 것은 불인(不仁)이며, 진사(辰巳)나 천사(天蛇)의 예처럼 신령스러운 뱀들이 있으니 사람이 함부로 죽이면 안 된다."고 반대함에 대해 "인간이 스스로의 필요에 따라 자연을 이용하며 혹은 죽이고 파괴하는 것이 진정한 인(仁)이다. 신령스러운 뱀의 이야기만큼 요사스러운 뱀의 이야기도 많다."며 뱀 잡기를 계속한다. 『전서』 제1집 제22권, 「詩文集」, "擊蛇解"

사적(私的) 문제와는 엄격히 구별되는 공적(公的, public) 문제를 공적(公的)으로(publicly) 다루는 과정이라고 접근했던 데 비해, 수신(修身)과 제가(齊家)의 문제를 결코 정치와 분리시키지 않았던 동아시아-유교 정치론의 경우 정치와 윤리를 미분화시킴으로써 결국 윤리학에 그치고 말았다는 지적이 있다.242) 정약용의 경우에는 윤리도 자연과 같이 정치로부터 완전히 분리해 냈다는 주장이 있다. 그의 「원정(原政)」에 수신(修身), 교민(敎民)에 대한 내용이 보이지 않는다거나,243) 그가 「자찬묘지명(自撰墓誌銘)」에서 "육경사서로서 수기(修己)하고 일표이서로서 천하국가를 다스리니, 본말(本末)을 갖추었다."244)고 밝힌 점을 들어 그것을 '수기와 치인의 분리'로 해석, 정약용은 도덕의 세계[修己]와 정치의 세계[治人]를 서로 다른 성질의 영역들로 이해하였다고 보거나245) 하는 등의 주장이다.

정약용이 통치자의 수신 문제를 정치의 급선무로 보지 않았다는 점은 앞에서 논하였다. 하지만 그것은 일단 주자학적인 정치론에서처럼 자연과 정치가 미분화된 상황에서 탈피하는 데 의의가 있었다(윤리의 문제도 없지는 않은데, 후술한다). 그리고 정약용은 『목민심서』에서 지방관이 반드시 수행해야 할 과제의 하나로 지방관 자신의 수기(修己)를 들었고, 『경세유표』의 고적법(考績法)에서도 지방관의

---

242) Sheldon S. Wolin, *Politics and Vision*(Boston: Little Brown and Company, 1960), pp.93-94.
243) 안외순, 앞의 글, pp.6-8; 이상익, 앞의 글(1996), pp.15-16.
244) 『전서』제1집 제16권, 「詩文集」, "自撰墓誌銘" 六經四書 以之修己 一表二書 以之爲天下國家 所以備本末也
245) 박충석, 앞의 책, p.137; 이상익, 앞의 글(1996), p.7; 장승구, 앞의 책, pp.160-161.

170

율기(律己) 6조를 평가의 항목으로 잡고 있다. 그러므로 정약용이 정치의 세계에서 수기를 축출했다고는 볼 수 없으며, 더욱이 수기와 치인이 연결되지 않는다면 그의 경전 저술과 정법(政法) 저술은 전혀 다른 분야의 저작이 될 것이다. 그러나 그는 앞서 인용한 것처럼, "이는 모두 오로지 오륜을 밝히는 일인데, 수기(修己)와 치인(治人)으로 구별할 따름이다."라고 하였다. 즉 수기와 치인은 기본적 관심 영역이 다르기는 해도, 일관된 논리와 목표를 가지고 있다.

「원정」에 교민의 내용이 없다는 지적도 설득력이 없다. 그는 『논어고금주』에서 "교민을 하지 않으면 국가가 지탱하지 못한다."고 하였으며,[246] 『목민심서』에서는 교민을 예전(禮典) 6조 중 하나로 넣어서 지방관의 필수적인 행정 과제로 삼았다. 또한 『경세유표』에서는

> 호조(戶曹)를 교관(敎官)으로, 6부(部)를 6경(卿)으로 삼고, 향삼물(鄕三物)을 설치하여 만민을 교화하는 면목(面目)은 바꿀 수 없다.[247]

고 하여 자신의 『경세유표』 내용 중 이후에도 절대 바꾸면 안 될 15항목 중 한 가지로 꼽고 있다.

그러면 「원정」에 '교민의 내용이 없는' 것은 그의 초기 저작과 후

---

246) "스스로 왕위를 견고히 하려면 또한 반드시 예의(禮義)로써 백성을 가르쳐 윗사람을 친히 하고 어른을 위하여 목숨을 바치는 일을 깨닫게 해야 한다. 그런 후라야 그 나라를 지킬 수 있다."(『전서』 제2집 제10권, 「論語古今注」(4) 張欲自固 亦當敎民以禮義 使知親上而死長 然後其國可守.)
247) 『전서』 제5집 제1권, 「經世遺表」(1) "邦禮艸本 引" 以戶曹爲敎官 以六部爲六卿 以存鄕三物 敎萬民之面目 斯不可易也

기 저작 사이에 존재하는 비일관성 때문일까? 그렇지는 않을 것이다. 왜냐하면 「원정」에는 '교민의 내용이 없는' 것이 아니라, '교민의 내용밖에 없기' 때문이다.

(1) 양민(養民)과 교민(敎民)의 정치

「원정」의 내용에는 전산(田産)의 확충과 분배, 폭민(暴民)의 정벌(征伐), 상벌(賞罰), 붕당(朋黨)의 혁파, 수리(水利) 시설 건설, 산림(山林)과 천택(川澤)의 물자 개발, 의약(醫藥)의 개발 등이 들어 있다. 대부분 경제 문제, 일부가 정법(政法) 문제이며 교민은 전혀 보이지 않는 것도 같다. 그러나 정약용은 『목민심서』에서 이렇게 말하고 있다.

> 백성을 다스리는 일은 교민일 뿐이다. 전산(田産)을 고르게 함도 그것으로써 교민함이요, 부세와 요역을 고르게 함도 그것으로써 교민함이요, 관청을 설치하고 수령을 파견함도 그것으로써 교민함이요, 형벌을 분명히 하고 법규를 갖추는 것도 그것으로써 교민함이다. 모든 정사(政事)가 채 완비되지 못한 나머지 교화를 일으킬 틈이 없었으니, 이 때문에 백대(百代)에 이르도록 선치(善治)가 없었다.248)

즉 교화, 교민이란 지금 시대에 통용되는 의미의 '교육'에 한정되지 않으며, 백성을 다스리는(治) 일 전체가 교민이라는 것이다. 그러

---

248) 『전서』 제5집 제23권, 「牧民心書」(8) "禮典六條 敎民" 民牧之職 敎民而已 均其田産 將以敎也 平其賦役 將以敎也 設官置牧 將以敎也 明罰其法 將以敎也 諸政不修 未遑興敎 此百世之所以無善治也

니 「원정」의 내용 전체가 교민이 아니겠는가? 이런 관념이 전에 없는 것은 아니었다. 반고(班古)의 『백호통의(白虎通義)』에 보면 "교화란 이전의 실정, 부패, 혼란을 이어받아 고치는 것이다. 그래서 그것을 다스린다[治]고도 말한다."는 내용이 있다.249) 그러나 맹자는 "선정(善政)은 선교(善敎)로 민심을 얻느니만 못하다. 선정은 백성들이 두려워하고, 선교는 백성들이 사랑하니, 선정은 백성의 재물을 얻고 선교는 백성의 마음을 얻는다."250)라 하여 교(敎)와 정(政)을 뚜렷이 구분하였다. 주희는 "정이란 법도와 금령(禁令)을 말하니, 그 밖을 제재하는 것이며, 교는 도덕과 제례(祭禮)를 말하니, 그 마음을 바로잡는 것이다."251)라 하여 맹자의 구분을 확인하는 한편,252) 다른 곳에서는

> 백성을 가르친다는 것[敎民]은 효제충신(孝悌忠信)의 행실과 농사(農事)와 무예(武藝)의 방법을 가르치는 것이다.253)

라고 교민의 내용을 도덕 교육을 위주로 하는 '교육'에 한정했다. 이렇게 보면 정치와 윤리의 영역 구분을 확실히 한 쪽은 정약용이 아니라 오히려 주희처럼 보인다.

---

249) 班古, 신정근 역, 『백호통의』. 소명출판사. 2005. p.302.
250) 『맹자』「盡心上」 14 善政不如善敎之得民也 善政 民畏之 善敎 民愛之 善政得民財 善敎得民心
251) 주희, 『孟子集注』「盡心章句上」 14 政謂法度禁令 所以制其外也 敎謂道德齊禮 所以格其心也
252) 정약용은 『맹자요의』에서 이 구절에 대한 주석을 생략하고 있다.
253) 주희, 『論語集注』「子路」 29 敎民者 敎之以孝悌忠信之行 務農講武之法

정약용은 『경세유표』에서 교민을 호조(戶曹)의 기본 업무로 배정
했다. 통념상 호조는 재정 부문을 맡은 관료기구인데 교민 업무가
오히려 기본이라고 한 까닭은

> 옛날에는 대사도(大司徒)의 맡은 일이 전적으로 교민이었다. 이른바
> 향삼물로 만민을 가르친다는 것이다. 그러나 후세의 호부(戶部)는 다
> 만 재부(財賦)만 다스려, 세를 거두는 일만 맡았으므로 백관(百官)이
> 아무리 많이 소속되어 있으되 교민을 담당하는 관리 한 사람이 없었
> 다. 이 때문에 윤상(倫常)이 끊기며 풍속이 무너지고 말았다. 후세의
> 정치로는 한문제(漢文帝)와 당태종(唐太宗)이 비록 훌륭했으나, 끝내
> 삼대(三代)에 미치지 못했음은 모두 이 때문이었다.[254]

종전의 주자학자들은 삼대의 정치를 회복하는 일이 오직 군주가
수신에 힘쓰고 현명한 신하를 기용하여 성왕현신(聖王賢臣)이 조정
을 차지하면 가능하다고 했다.[255] 즉 인사(人事)가 정치적 이상을 실
현하는 핵심이었던 셈인데 정약용은 교민과 통합된 재무(財務)가 핵
심이라고 했던 것이다.

그런데 정약용은 『목민심서』에서는 지방행정 중에서 예전(禮典)에
교민 업무를 귀속시켰다. 그 이유는 이렇게 설명하고 있다.

---

254) 『전서』 제5집 제1권, 「經世遺表」(1) "地官戶曹 治官之屬" 古者大司徒
之直 專掌教人 所謂鄉三物教萬民也 後世戶部專掌財賦 唯以聚斂爲職
事 於是百官星羅而敎人之職無一人焉 於是倫常斁絶風俗壞敗 後世之
治雖漢文帝唐太宗 終不能得三古之髣髴者 凡以是也
255) 가령 이이의 『동호문답』.

옛날에는 대사도가 만민을 가르치고 대사악(大司樂)은 국자(國子)를
가르쳤다. 교민하는 것은 지관(地官)의 직분이다. 일찍이 내가 방례(邦
禮)를 초(草)하며 교민하는 규구는 지관에 소속시켰으나, 지금은 정지
(井地)도 균등하지 않고 법제도 미비하니, 이른바 교민은 예속(禮俗)
을 권장하여 실행토록 하고 향약(鄕約)을 삼가 지키게 하는 일일 따
름이다. 그래서 우전 예전에 소속시킨다.[256]

정전법을 시행하고 여타 법규가 정비되어야 정약용이 생각한 ‘본
래의’ 교민이 가능하다. 그래서 지금 시행하는 현실적인 교민은 주
자학자들이 생각하는 수준의 교민에 그칠 수밖에 없는 것이다.

그러면 어째서 정치가 곧 교민이 되는가. 어째서 경제 분야의 업
무와 교육 분야의 업무가 같은 기관에서 관장되어야 하는가. 정약용
은 이에 대해 자세한 설명은 남기지 않았다. 그러나 그의 저작들에
서 미루어 짐작하기란 충분하다.

교민 업무나 전지 정리, 수리 시설 설치, 광산 개발, 세금 책정,
빈민 구휼(救恤) 등의 경제 관련 업무가 당시로서는 모두 직접 현장
에 나가 백성을 접촉하는 활동이었음에 착안하자. 이렇게 현장에서
생생한 정보를 파악하면 교육과 경제 두 분야에 서로 보탬이 될 것
이다. 전지 정리 과정에서 백성들의 생활 실태와 예속(禮俗) 실황을
파악해 포상과 징계를 실시할 대상자를 바로 선정할 수 있고, 교육
을 담당하는 관리가 바로 민원을 수렴(收斂)하고 호구(戶口) 실태를
파악하는 역할을 맡을 수 있다. 관료들이 호조 내에서 교육 분과와

---

256) 『전서』 제5집 제23권, 「牧民心書」(8) “禮典六條 敎民” 古者大司徒敎
萬民 大司樂敎國子 敎民者地官之職也 嘗草邦禮敎規屬于地官 今井地
未均 法制未成 所謂敎民不過勤行禮俗勤守鄕約而已 權且錄至於禮典

농정 분과 등을 번갈아 맡으며, 이른바 ‘민생 부처’들끼리 서로 손발이 맞지 않는다거나 ‘탁상행정’에 그치는 경우를 예방할 수 있다.

그러나 정치와 교민의 통합은 더욱 중요한 의의가 있다. 앞서 인용했던 ‘요순(堯舜)의 실제 정치’ 설명을 상기하며, 한 번 더 다른 곳의 설명을 보자.

> 이제 사업과 공적을 분발한 사람을 살펴보니 요순(堯舜) 같으신 분이 다시없다. 5년에 한 번씩 제후국가를 순수하고 해마다 제후의 조회를 받았으며, 정사를 묻고 그들이 말처럼 하는가를 살펴보았으며, 천하가 어지럽자 또다시 산을 뚫고 물길을 내었으며 밭두둑 길을 내고 밭도랑을 개척하였으며, 가르침을 세우고 형벌을 밝혔으며, 예법을 마련하고 음악을 지었으며 흉포한 사람은 죽이고 말 잘하는 사람들이란 물리쳤으며 나아가서는 높고 낮은 곳의 초목 조수에 이르기까지 그것을 맡아 다스릴 사람을 선택하여 책임을 주었고 그들의 공적을 셈하여 그들이 맡은 일을 이루게 만들었으니 순임금의 마음 씀씀이와 그의 힘 씀씀이는 참으로 진실하다 할 것이다.257)

『논어』「위정」 편에서 ‘덕으로 하는 정치[爲政以德]’를 논한 부분에 대한 정약용의 이 주석은 소위 임금이 덕을 일으키는 정치 그리고 교민과 정치가 하나 되는 경지를 잘 보여주고 있다. 잠시도 편안히 앉아 있지 않고 직접 천하를 두루 돌아다니며, 관리들과 백성들을 직접 만나 보고, 그들과 함께 현장에서 산을 뚫고 물길을 내는 공사를 감독하고, 백성들의 잘잘못을 분별하여 상벌을 시행하고, 방

---

257) 『전서』 제2집 제7권, 「論語古今注」(1) 余觀奮發事功莫如堯舜 擇人授任計功責成 其用心用力可謂健矣

방곡곡 두메산골에 이르기까지 어디든 가고, 어디든 본다. 임금이 백성과 함께 이야기하고, 돌아다니고, 머리를 맞대고 고민하며, 웃고 즐기고 술을 마시고, 선왕(先王)의 고사나 효제충신의 이야기를 주고받고, 가까이에서 잔다.258) 임금만이 그런 것이 아니다. 임금의 모습

---

258) 이런 무일(無逸)의 군주상을 주자학의 군주상과 비교해 보자. 조광조(趙光祖)가 중종(中宗) 11년 12월 12일 경연석상에서 올린 건의이다. "아랫사람들을 진작시킴은 윗사람에게 달린 것이니, 성상께서 먼저 덕을 닦아 감동시킨다면 아래서도 감동되지 않는 사람이 없어, 지치(至治)가 생겨나게 되는 것입니다. 사람들이 모두 지금이야말로 다스릴 수 있는 기회라고 여기니, 이 기회를 놓치지 않고 심력(心力)을 다하신다면 사직의 복이겠습니다. 덕을 닦는 것이 곧 근본이니, 이를 힘쓰면 그 나머지는 수고할 것 없이 스스로 다스려지는 것이나, 근본에 힘들이지 않고 일의 말단에서만 노력하면 수고롭기만 하고 도움이 되지 않는 법입니다. 신이 보건대, 하루 사이에도 출납(出納)하는 공사(公事)가 지극히 과다하고 번잡하니, 신은 성상께서 공사 출납에만 자상하고 학술에는 전일하지 못하신 것이 아닌가 싶습니다. 공사 출납도 폐할 수 없기는 합니다. 그러나 마땅히 그 대강(大綱)만 관장하면서 모두 아랫사람들에게 맡기고 오로지 학술로써 주를 삼으셔야 합니다. …… 옛적에는 임금이 편히 위에 있고 신하들이 아래서 수고했는데, 지금은 임금이 수고롭고 신하가 편한 폐단이 있습니다. 임금은 출납하는 공사를 모름지기 요령만 잡고, 오로지 학술에 주력해야 하기 때문에 신이 이렇게 아뢰는 것입니다."(『中宗實錄』27권, 下之振作 在於上人 上先修德以感之 則下莫不動 而至治生矣 人皆以爲 今日正是爲治之機也 不失此機 而盡其心力 則社稷之福也 修德 是乃根本 用力於此 則其他不勞自理矣 不於根本致力 而勞於事爲之末 則徒勞無益而已 臣見 一日之間 公事出納 至夥至繁 臣恐上之念慮 無乃詳於此 而不專於學術耶 公事出納 亦不可廢 然當攬其大綱 而皆付諸下人 宜專以學術爲主 …… 古者 君逸於上 臣勞於下 今則有君勞 臣逸之弊 人君於出入公事 須當摠攬要領 而專主學術 故臣之所啓如是也)
또한 정약용의 당대에도, 그것도 정조가 신임하고 있던 노론 시파의 재상 정존겸(鄭存謙)조차 이러한 '무위(無爲)의 왕정'을 종용하고 있다. "제왕(帝王)의 학문은 비록 위포(韋布)들의 학문과 차이가 있기는

을 보고 분발한 대신들이나, 지방 수령들이나, 하급 관리들이나 마찬
가지로 분주하게 움직이고 열성적으로 일한다. 이처럼 모두가 한 덩
어리가 되어 구슬땀을 흘리며 당면한 문제를 해결하려는 상황을 보
며, 백성들이 무엇을 느끼고 무엇을 배우겠는가? 현장에서 백성과
직접 얼굴을 보며 함께 열심히 일하는 것이야말로 최대의 교화이며,

하지만, 입지(立志)나 성공(成功)에 있어서는 본시 두 가지의 길이 없
는 법입니다. 지금 전하께서 요순(堯舜)이 되려고 하시면 요순이 될
수도 있고, 문왕(文王)과 무왕(武王)이 되려고 하시면 문왕과 무왕이
될 수도 있는 법이어서 방해할 사람이 있지 않는 것이니, 이래서 '임
금의 뜻이 정해지기만 하면 천하가 다스려지기는 작정된 일이다.'고
한 것입니다. 옛적의 성왕(聖王)들이 국정(國政)을 해 가기에 부지런하
지 않은 이가 없었지만, 또한 일찍이 정신의 피로함을 돌보지 않고 몸
소 친히 서무(庶務)를 부지런히 하지도 않았었습니다. 현명한 사람을
임용(任用)하고 유능한 사람에게 시키며 각기 그의 직책에 성과를 내
도록 하면서, 통솔해 가고 감독해 갈 뿐이었습니다. 한 사람의 총명은
한정이 있는 법이고 천하의 사물(事物)은 지극히 번다한 것이기에, 한
사람의 총명으로 천하의 사물을 다 보려고 한다면 때로는 총명이 미
치지 못하는 데가 있게 될 것이니, 한 몸의 총명에 맡기지 아니하고,
사방 사람들의 눈으로 밝혀 사방 사람들의 총명이 도달되게 한다 하
여, 사람들이 착한 점을 취택했던 것이 진실로 이러한 때문이었습니
다. 다스려 가는 방도가 이루어지지 않은 것이 염려가 아니라, 오직
성지(聖志)가 세워지지 않았음이 염려인 법입니다. 유구(悠久)하게 하
기로 기약하고 혹시라도 퇴전(退轉)하는 일이 없게 하신다면, 장차 이
제(二帝)가 삼제(三帝)로 될 수 있고 삼왕(三王)이 사왕(四王)으로 될
수 있을 것입니다."(『正祖實錄』 16권, 7년 7월 4일, 帝王之學 雖與韋
布有異 而立志成功 本無二道 今殿下欲堯舜 而可爲堯舜 欲文武 而可
爲文武 莫有禦者 此所謂 君志定 而天下之治定者也 古之聖王 莫不勤
於爲政 而亦未嘗以弊 弊精神 躬親庶務爲勤 任賢使能 使之各效其職
統攬之董飭之而已 一人之聰明有限 天下之事物至繁 以一人之聰明 欲
窮天下之事物 則聰明有時乎不及 不任一己之聰明 以明四目達四聰 取
人爲善者 實以此也 不患治道之不成 惟患聖志之不立 期以悠久 毋或
退轉 則將見二帝可三 三王可四)

궁극의 정치이다. 그렇게 함으로써만 "천하의 백성을 바쁘고 분주하게 일하게 하며, 한 번 숨 돌릴 틈도 없이 잠시도 안일하지 못하게(使天下之人 騷騷擾擾勞勞役役 曾不能謨一息之安)" 할 수 있는 것이다.

정약용이 '현장에서 직접'을 선호했음은 그가 고적제를 논하며 가능한 한 임금과 신하가 얼굴을 직접 마주 보며 신하의 보고를 듣는 것이 좋다고 한 점에서도 알 수 있다.[259] 그가 "하늘처럼 건강하게, 잠시도 쉬지 않는(如天同健 曾不能有須臾之息)" 건강하고 근면한 정치를 꿈꾼 것은 그가 가정(家政)의 지침을 논하며 제시하고 있는 "그 누구도 할 일 없이 놀고먹게 하지 않는다."는 규칙에서도 알 수 있다.

옛 선왕(先王)은 지혜롭게 사람을 썼다. 소경이면 음악을 맡기고, 절름발이라면 문지기를 시키고, 남성(男性)을 잃은 자라면 궁중을 출입하며 일을 맡아보게 하고, 곱사등이, 불구자, 허약자 등 쓸모없어

---

259) "……그러나 그 주적법은 엄밀(嚴密)하고 준열(峻烈)했다. 글로 써서 올리는 것도 안 되고, 다른 사람을 대신해 아뢰는 것도 안 되었다. 반드시 본인 자신이 친히 면전에 나와 서로 얼굴을 맞대고서 본인 입으로 아뢰는 것이었다. 이를 가리켜 '부주이언(敷奏以言)'이라 하는 것이다. 그 부주할 때는 천자(天子)는 단지 들을 뿐이요, 사신(史臣)은 단지 기록할 뿐이다. 순수할 때에 이르러 그 아뢴 바와 그 실적을 직접 검토했다. …… 지금의 사람들은 주적은 들어본 적이 없고 단지 고적만을 들어 봤으니, 고(考)란 것이 대체 무엇인지를 모르고 있다."(『전서』 제2집 제23권, 「尙書古訓」(2) 然其奏積之法 嚴密峻烈 不令以文字馳奏 不令以使价替奏 必令本身親至面前 覿面相對自口說道 此之謂敷奏以言也 當其敷奏之時 天子聽之而已 使臣錄之而已 及至巡守之年 按其所奏驗其實積 …… 今者不聞奏積 但聞考績 不知所考者何物)

보이는 무리들까지도 각각 적당한 임무를 주었다. ……

집안을 거느리는 법은, 위로는 바깥주인과 안주인으로부터 남자, 여자, 어른, 아이, 형제, 동서들과 아래로 노비들의 자녀들에게 이르기까지 5세 이상만 되면 각자에게 할 일을 나누어 주어 한시라도 일 없이 놀지 않게 하면 가난하고 군색함을 걱정하지 않게 된다. 내가 장기에 있을 때 주인 성 아무개는 어린 손녀가 겨우 5세인데도 뜰에 앉아 솔개를 쫓게 하였으며, 7세짜리에게는 손에 막대를 들고 참새 떼를 쫓게 하여 솥의 밥을 먹는 사람이면 모두 맡은 직책이 있게 하였으니, 이는 본받을 만한 일이다.260)

이러한 정치, 이러한 사회라면 인정사정없이 사람을 들볶는 듯 여겨질 수도 있다. 그러나 각자의 능력을 제대로 사용하지 못하고, 각자 무사안일(無事安逸)에 빠지거나 극심한 생계의 압박에 시달려 삶의 의미를 상실하고 살아가는 생활보다는 바쁘고 힘들지만 보람과 성과가 확실한 생활이 낫지 않을까? 당시 정약용이 처한 사회가 극소수의 권력층은 안일에 빠지고, 다수의 한사(寒士)는 일할 곳을 찾지 못하고, 절대다수의 민중은 과도한 착취에 생계조차 잇기 힘겨운 상황이었음을 생각한다면, 그러한 삶이야말로 추구해야 할 이상(理想)이 아니었을까?

이처럼 치자와 피치자가 한데 어우러져 먹고 자고 일하고 논쟁하

---

260) 『전서』 제1집 제18권, 「詩文集」, "贐學游家誡" 昔先王用物有智 瞽者使審樂 跛者使守闔 奄者使出入宮闈 罷癃殘疾兀之屬 用各得宜 …… 御家之法 上自主翁主母 以至男女長幼昆季姒娌之倫 下逮婢奴之雛 凡過五歲以上 各有職業分授 無一刻游息 則不患其貧窘也 余在長鬐 主人成某 有穉孫女僅五歲 使之坐庭嚇鳶 有七歲者 使以手?驅雀 餘凡食於錡者 皆有職責 此可法也

고 잔치하고 잘잘못을 가리는 과정을 일상화할 수만 있다면, 서로 떨어져 있을 때라도 연대감을 갖고 각자의 임무에 보람을 찾으며 힘써 일할 수 있게 된다면, 그렇게 진정한 의미의 '친민(親民)'이 실현된다면, 경제는 윤택해지고 국가재정은 풍부해지며, 백성들은 지도자를 믿고 따르며 저절로 덕(德)을 추구하게 될 것이다. 지도자들이 '서(恕)에 힘써 인을 행하는[强恕仁行]' 모습을 보며 자신들도 효제에 충실하고 인(仁)한 풍속을 일으킬 것이다. 이렇게 해서 양민(養民)과 교민(敎民)이 함께 이루어지는 것이다. "누가 정치와 교화에 두 가지 길이 있다고 하는가?"[261] 이러한 체제를 두고 "냉정하고 엄격한, 푸코적인 '판옵티콘(panopticon)'이다", "파쇼적 형태로 타락할 가능성이 크다," "서유럽 근세의 절대주의와 유사하다"[262] 등의 시각이 있으나, 정약용은 오히려 사회 전반에 활력과 온정이 넘쳐흐르는 사회를 꿈꾸었다고 본다. 이것이 곧 작위(作爲)로서의 정치를 크게 일으키는 흥작(興作)이며, 민중에게 잠재되어 있던 덕의 힘을 크게 일으키는 흥덕(興德)이다. 정약용의 정치는 윤리와 미분화된 정치이지만, 그 윤리는 적극적이며 실질적인 덕(德)이다. 정약용의 왕정(王政)은 백성이 자신의 덕을 발휘할 수 있는 기회와 조건을 동시에 만들어 간다.

(2) 도덕주의와의 결별(訣別)

정약용의 정치는 윤리와 강력하게 결부되어 있다. 그러나 한편으

---

261) 『전서』 제2집 제6권, 「孟子要義」(2) 執謂政敎有二致乎
262) 배병삼, 앞의 글(1998), p.467, 484; 이영훈, 앞의 글, p.160.

로 소극적이며 공허한 도덕주의(道德主義)와는 노선을 달리하고 있다. 앞에서 본 것처럼 주자학적 정치 전통에서 '성왕(聖王)'을 이루기 위한 노력, 즉 제왕의 수신만큼이나 중요한 정치 목표는 '현신(賢臣)'을 이루는 것, 즉 소위 군자(충신)를 기용하고 소인(간신)을 물리치는 것이었다.

바라건대 승상께서는 먼저 그 인재의 현우(賢愚), 충사(忠邪)의 여부를 분별하는 일에 전념하십시오. 그 결과 어떤 사람이 진정 어질고 충성스럽다면 그를 드러내어 출사(出仕)시키시며, 그러한 자의 붕당(朋黨)이 크지 못해서 천하대사(天下大事)를 함께 도모하기 힘들 것을 염려하십시오. 또 그 결과 어떤 사람이 진정 간사하고 사악하다면 그를 드러내어 축출하시며, 그런 유의 자들을 내쫓는 일이 미진하여 우리의 용현(用賢) 사업을 방해할 것을 염려하십시오.

군자들이 붕당을 짓는 일을 염려하지 마시고, 스스로 그 붕당에 들어가지 못할까 염려하십시오, 그 붕당을 염려하지도 근심하지도 마시고, 황제 폐하까지 그 붕당에 드시도록 이끌 일을 근심하십시오. 그와 같이 하신다면 천하의 일은 저절로 풀려 가게 될 것입니다.[263]

만일 한 사람은 군자이고 한 사람은 소인이라면 물과 불이 한 그릇에 있을 수 없고 향기 나는 풀과 냄새나는 풀이 한 뿌리에서 날 수 없는 것과 같이 서로 용납할 수가 없는 것입니다. 예로부터 지금까지

---

263) 주희, 『朱子大全』 제28권, "與留丞相" 願丞相先以分別賢否忠邪爲己任 其果賢且忠耶 則顯然進之 惟恐其黨之不衆 而無與共圖天下之事也 其果奸且邪也 則顯然黜之 惟恐其去之不盡 而有以害吾用賢之功也 不惟不疾君子之爲黨 而不憚以身爲之黨 不惟不憚以身爲之黨 是又將引其君以爲黨而不憚也 如此則天下之事 其庶幾乎

어찌 군자와 소인이 함께 혼합되어 그 나라를 보존한 경우가 있었습니까. 이 때문에 선한 자를 선하게 여기면서도 등용하지 못하고 악한 자를 미워하면서도 버리지 못한 것이 곽공(郭公)이 망하게 된 까닭입니다. 전(傳)에 이르기를 '어질지 못한 사람을 보고 그 사람을 멀리하지 못하는 것도 잘못이다. 오직 어진 사람이어야만이 어질지 못한 자를 먼 변방으로 쫓아내어 중국과 함께하지 못하게 할 수 있다.' 하였습니다. 예전의 군자가 이와 같이 엄하게 소인을 대우한 것은 무엇 때문이겠습니까? 소인이 조정에 있으면 반드시 국가에 화를 끼치기 때문인 것입니다. …… 대저 조정이 안정되고 국론이 귀일되는 데에는 두 가지 방법이 있습니다. 군자가 임금의 신임을 얻어 간하면 시행되고 말을 하면 들어주어 여러 관료들이 직임을 봉행하여 이론이 없으면 이는 선으로 귀일되는 것이며, 소인이 임금의 신임을 얻어 꾀를 내면 행해지고 계책을 세우면 이루어져 사람들의 입을 막아 말을 못하게 하므로 거리의 사람들이 눈짓만 하게 되면 이는 불선(不善)으로 귀일되는 것입니다. 지금의 성명하신 전하께서는 태양이 중천에 뜬 것처럼 밝으시니 진실로 간사함을 부리는 소인이 없으나 또한 군자가 도를 행했다는 것도 듣지 못했습니다. 소인이 이미 간사함을 부리지 못하고 군자 또한 도를 행하지 못하고 있으니 사람마다 각각 말을 하여 시끄러워져 안정되지 않는 것은 마땅합니다. 근래 국가가 대마다 소인의 화를 입지 않은 적이 없어서 불선으로 귀일된 것에 대해서는 이미 익숙하게 보고 들었습니다. 전하께서는 어찌 한번 군자로 하여금 뜻을 얻게 하여 이 세상이 선으로 귀일되는 성대한 일을 볼 수 있게 하지 않으십니까.[264]

---

264) 이이(李珥)가 선조(宣祖) 12년 5월 1일에 올린 상소(『宣祖實錄』 13권): 若是一爲君子 一爲小人 則水火不同器 薰猶非一叢 自古及今 安有君子小人 同調共劑 而能保其國者乎 是故 善善而不能用 惡惡而不能去 郭公之所以亡也 傳曰 見不賢而不能遠 過也 惟仁人 放流之 迸諸四裔

그런데 군자와 소인이란 윤리적 관념이다. 거칠게 말하면 선인과 악인이라고 해도 좋다. 이것을 정치 문제에 적용해서 인사(人事)의 기준으로 삼다 보니 문제가 없을 수 없었다. 업무 능력이나 실적(實積)보다 그 사람 됨됨이가 어진가, 간사한가가 인사행정의 기준이 되고, 더구나 그 구체적 근거는 "국상(國喪) 중에 첩의 집을 방문했다", "부인이 죽었는데 별로 슬픈 빛이 없었다", 심지어 "태도가 거만하다", "경연 중에 주자의 말씀을 별로 언급하지 않는다" 등까지 문제가 되곤 했다. 도대체 사람의 도덕성이라는 것이 쉽게 가릴 수 없고, 명확한 기준을 세울 수 없었기 때문이었다. 이러다 보니 그 누구라도 탄핵받을 소지가 없을 수 없었다. 따라서 아무리 재능이 뛰어나도 인간관계가 좋지 못하면 간신이라 탄핵받을 수 있었던 것이다. 조선 중기 이후에는 여기에 당쟁(黨爭) 문제가 겹치다 보니 조정 인사의 포폄(褒貶)을 담당하는 언론기관(사간원, 사헌부를 합쳐서 대간, 여기에 홍문관까지 합치면 언론3사라고 했다)이 당색(黨色)에 따라 사람을 감싸거나 공격하거나 하는 폐단이 심했다.

정약용도 현인을 등용하고 악인을 물리치는 일이 정치의 요체라는 당시의 '상식'은 받아들이고 있었다.

不與同中國 古之君子待小人 若是其嚴者 何也 小人在朝 必能禍人國
家故也 …… 夫朝廷之靖國論之一 亦有二道焉 君子得君 諫行言聽 百
僚奉職 莫有異論則是 以善歸一者也 小人得君 謀行計邃 箝制人口 道
路以目則是 以不善歸一者也 當今聖明 如日中天 固無小人售奸者矣
又不聞君子之行道者也 小人旣不售奸 君子又不行道 則宜乎人各有言
囂囂不定也 近來國家 無世不被小人之禍 以不善歸一者則聞見已熟矣
殿下何不一使君子得志 使斯世得見以善歸一之盛事乎

사람을 기용할 때는 그 현우(賢愚), 사정(邪正)을 가리고, 승진과
강등, 출척(黜陟)을 정할 때 중인(衆人)의 마음에 어긋나지 않도록
한다.265)

　이는 일견 주희가 권고한 내용과 차이가 없어 보인다. 그러나 당
시의 용현론(用賢論)은 현인을 찾아서 기용하는 것보다 간신, 소인
을 축출하는 일에 더 치우쳐 전개되고 있었음을 생각하면 정약용의
이 언급은 단지 '군자소인론'을 맹종(盲從)하지만은 않는 것이다. 더
욱이 이어지는 글에서 그는 예의 간신의 폐해를 열거하는 대신 현인
을 뽑아야 할 필요성만을 언급하고 있다. 또한 그의 고적제에서는
사람됨을 평가하는 부분이 없지 않지만 그것은 전체 평가 항목 중의
일부일 따름이며, 그나마 구체적인 행동을 가지고 평가하도록 되어
있다. 그가 고적제를 논하며 '간사하다'고 들고 있는 예를 보면 개인
적인 품행(品行) 문제와는 무관하고, 부정부패를 저질렀거나 상관에
게 거짓 보고를 올렸거나 등의 경우이다.266) 또한 그는 아전들의 간

---

265) 『전서』 제2집 제1권, 「大學公議」(3) 唯其擧用之際 其賢愚邪正之 升降
　　黜陟不違於衆心
266) "사옹원(司饔院)에서 간사한 일이 횡행하는 것을 적발하고, 위에 아뢰
　　어 그 죄를 처벌했음."(『전서』 제5집 제1권, 「經世遺表」(1) "天官修制
　　考績之法" 察司饔院有奸橫 奏行其罪); "이 모(李某), 김 모(金某)가
　　국고를 빼돌리고 백성을 괴롭히매, 그 간사함을 적발해서 처벌했음."
　　(위와 같은 곳, 奸吏李某金某 蠹國害民 發其奸照律); "임 모(林某)가
　　살인하고는 뇌물을 써서 숨은 지 1년 만에, 지난 7월에 그 간사함을
　　적발하여 옥사를 마침."(위와 같은 곳, 林某 殺人行賂掩匿踰年 去七
　　月發其奸成獄); "좌영(左營) 군정(軍丁)을 선발할 때 간사한 아전이
　　열한 명을 속여서 피해가 30여 명에 달했음."(위와 같은 곳, 左營軍簽
　　丁十一名爲奸吏所賣 侵及三十餘名)

사함을 논한 「간리론(奸吏論)」에서 "아전이 본디부터 간사한 것은 아니며, 법이 그들을 간사하게 만든다."267)고 하였는데, 사람의 선악이 근본적인 기질(氣質)이 드러난 결과라고 보며, 따라서 아무리 선인인 체하고 있어도 악인은 끝내 악행을 저지르게 된다고 여겼던 주자학자들의 관념과는 크게 동떨어져 있다. 정약용은 또 이렇게 덧붙인다. "간사하지 않은데도 간사하다고 몰려 징계받으면 비로소 간사하게 된다."268)

또한 『맹자』에는 재능보다는 인품(人品)이 인사(人事)의 기준이라는 이념이 분명하게 제시된 부분이 있다. 「고자하(告子下)」 13의 내용인데, 여기서 맹자는 악정자(樂正子)라는 사람이 임용되었다는 소식에 "너무 기뻐서 잠을 이루지 못했다."고 한다. 공손추(公孫丑)가 그의 어떤 장점 때문에 그랬느냐고 묻자, 맹자는 악정자는 강인한 사람도, 식견이 뛰어난 사람도 아니라고 한다. 다만 "사람됨이 선을 좋아한다(爲人也好善)."는 것이다. 그것만으로 높은 관직에 임용되는 게 타당하느냐는 말에 맹자는 "선을 좋아하기만 한다면 온 천하를 다스리는 데도 넉넉하다(好善優於天下)."라고 대답한다. 유교의 도덕주의적 정치론의 전형적인 근거가 된다고 할 이 내용에 대해 주희는 "이 장(章)은 정치란 개인의 재능을 중시하기보다는 천하의 선량한 사람들을 두루 모음을 귀중히 여김을 밝힌 것이다."269)라고 부연하였다. 그러나 정약용은 『맹자요의』에서 이 장에 대해 아무런 논평을

---

267) 『전서』 제1집 제12권, 「詩文集」, "奸吏論" 吏未必奸 其使之奸者 法也
268) 위와 같은 곳, 或未必奸而敗以奸則奸
269) 주희, 『孟子集注』 「告子章句下」 13 此章言爲政 不在於用一己之長而
　　貴於有以來天下之善

가하지 않았다.

정약용은 언론기관들의 간관권(諫官權)에 대해서는 다음과 같이 분명하게 비판을 가하고 있다.

> 온 천하가 어떻게 하면 잘 다스려지겠는가? 관각이나 대간의 관직을 없애야만 온 천하가 잘 다스려질 것이다. 백성들이 어떻게 하면 편안하겠는가? 관각이나 대간의 관직을 없애야만 백성들이 편안해질 것이다. 임금의 덕이 어찌하면 바르게 되며, 백관이 어찌하면 직무를 잘 수행하게 되며, 기강이 어찌하면 서게 되며, 풍속이 어찌하면 돈후해지겠는가? 관각이나 대간의 관직을 없애야만 임금의 덕이 바르게 되고, 백관이 직무를 잘 수행하게 되고, 기강이 서게 되고, 풍속이 돈후해질 것이다. 대저 이른바, 관각이나 대간의 관직이란 전고에는 없었던 것인데, 후세에 한 지방에서 패자(覇者) 노릇을 하는 자가 즐겨했던 것이다. 순임금이 22인을 등용하여 자기 직책을 주었지만 이른바 논사하고 간쟁(諫諍)하는 직책은 없었으며, 주나라 때에는 삼백이나 되는 관직을 설치하여 관직이 매우 성대하였으나, 이른바 윤색하여 초고를 대신해서 작성하며, 전폐에 서서 시비를 쟁론하여 일을 주관하는 사람은 있지 않았다. ……
>
> 임금이 대간의 신하를 두게 되면, 무릇 조신 중에 이 관직을 갖지 못한 사람은 비록 충분하고 우애하는 정성이 마음속에 깊이 쌓이고 맺혀 있더라도 감히 한 마디 말도 입 밖에 내어 의논하지 못하게 된다. 감히 한 마디 말도 입 밖에 내어 의논하지 못할 줄을 알기 때문에 또한 생각에도 두지 않게 된다. ……
>
> 지금은 몇 사람으로 하여금 언관(言官)의 지위를 차지하게 함으로써 위로는 공경(公卿)으로부터 아래로는 위포(韋布)에 이르기까지 무릇 말할 만한 것이 있으면 문득 머리를 흔들며 싫어하면서, "이것은

대간이 할 일이다." 한다. 이리하여 온 세상이 입을 다물고 침묵을 지키어 다시는 그 지위를 벗어나지 않으니, 온 천하 사람의 입을 틀어막는 것이 어찌 이보다 더 심한 것이 있겠는가. 그런데도 관각이나 대간의 직책에 있는 자들은 무릇 남을 탄핵하고 공박하여 내쫓을 때에는 문득 지나치게 배척하여 제거하면서, "나는 법을 지키는 관리이니, 법을 지키는 논의는 엄격함이 있을 뿐 관대해서는 안 된다." 하여, 한 번만 배척을 당하면 비록 평생 동안 사귀어 온 친구일지라도 감히 그의 무죄함을 호소하여 말하지 못하고 다만 이를 속박하는 데만 힘쓰며, 물러와서는 자기 속마음을 털어놓기를, "진실로 마지못해 한 일이다." 하니, 그 기강을 무너뜨리고 풍속을 퇴폐시킴이 또한 이보다 심한 것은 없다. 그러므로 관각이나 대간의 관직을 없애야만이 온 천하가 잘 다스려질 수 있다고 한 것이다.

육관의 소속을 두고 청직(淸職)을 폐지하며, 장리를 두어 그로 하여금 백성을 다스리게 하고 청직을 폐지하며, 백집사를 두어 그들로 하여금 각자 자기 직무에 힘을 다하게 하고 청직을 폐지해야 한다. 청직이 폐지됨으로써 벼슬자리에 있으면서 그 직책을 완수하지 못하고 녹봉만 타 먹는 것이 부끄러운 일임을 알게 될 것이고, 청직이 폐지됨으로써 하늘이 임금을 세우고 목민관을 설치한 것이 본디 그들로 하여금 백성을 다스리게 한 것임을 알게 될 것이며, 청직이 폐지됨으로써 문벌을 숭상하고 비천한 지위에 있는 사람의 출세길을 막는 풍속이 차츰 없어질 것이며, 청직이 폐지됨으로써 시비곡직을 불문하고 자기편 사람은 무조건 도와주고 반대편 사람은 무조건 공격하며, 반대편 사람은 죄에 빠트리고 자기편 사람에겐 아첨하고 영합하는 폐습이 없어질 것이다. …… 오직 무엄하게도 당론을 날카롭고 과격하게 만들며, 오직 인재의 등용을 방해하고 막아서 그 순을 눌러 버리고 그 움을 깎아 버리며, 오직 남의 비밀을 폭로하여 각박하고 잔독한 논의를 하며, 오직 남의 과오를 탐지하여 시기를 타서 참소하고 이간

질을 하는데, 이것이 곧 청직을 가진 자의 직책인 것이다.[270]

　　정약용은 일단 대간이 언론을 독점하는 문제와 당론(黨論)에 치우치는 문제를 들어 그 폐지를 주장하고 있으나, "오직 인재의 등용을 방해하고 막아서 그 순을 눌러 버리고 그 움을 깎아 버리며, 오직 남의 비밀을 폭로하여 각박하고 잔독한 논의를 하며, 오직 남의 과오를 탐지하여 시기를 타서 참소하고 이간질"을 한다는 지적에서 주희 이래 주자학자들이 줄곧 강조해 온 도덕주의적인 대간권의 보장[271]에 그가 부정적임을 엿볼 수 있다. 정약용의 이러한 시각은 『경

---

270) 『전서』 제1집 「詩文集」 11권, "職官論" 天下惡乎治 去館閣臺諫之官 而天下治矣 百姓惡乎安 去館閣臺諫之官 而百姓安矣 君德惡乎正 百官惡乎率職 紀綱惡乎立 風俗惡乎敦 去館閣臺諫之官 而君德正 百官率職 紀綱立 而風俗敦矣 夫所謂館閣臺諫之官者 前古之所無 而後世之偏霸者之所樂爲也 舜擧二十二人 各授以職 而無所謂思揀諍之職焉 周之時 建官至三百 所謂盛 然無所謂潤色代艸 立殿陛爭是非 而有主之者也 …… 人主置臺諫之臣 則凡朝臣之不得爲是官者 雖忠奮憂愛之誠 蘊隆結轖于中 不敢發一言議之 知不敢發一言議之 亦不以爲意也 …… 今也令數人據言地 上自公卿 下至 凡有可言 輒掉頭不肯曰 此臺諫之責 於是乎一世嗫默 不復出位 其爲塞天下之口 孰有甚於此哉 而處館閣臺諫之職者 凡遇彈駁擊逐之時 輒過爲之 引之曰我執法之官 執法之論 有峻無緩 一被排軋 雖平生故舊 不敢訟言其無罪 而唯縛束之爲務 退而通其意曰 誠不得已也 其塊紀綱敗風俗 又莫此之爲甚也 故罷館閣臺諫之官 而天下治也 置六官之屬 而罷淸職焉 置長吏 使之牧民 而罷淸職焉 置百執事 使各犇奏厥事 而罷淸職焉 淸職罷 而知戶位素餐之爲可愧也 淸職罷 而知天之立君立牧 本使之牧民也 淸職罷 而尙閥塞卑之風衰矣 淸職罷 而黨同代異 傾軋比周之習祛矣 …… 唯黨論之 能峻激無嚴也 唯枳塞人材能 壓其笋折其萌也 唯發人陰私 爲刻薄殘毒之論也 唯探刺人過誤 而乘時讒間也 是乃淸職者之職耳

271) 이른바 '실학자' 내지 남인(南人) 계열 학자들의 경우는 달랐다. 유형원, 이익, 윤휴(尹鑴) 등은 모두 대간의 폐해를 지적하며 그 폐지 내지

세유표』에서도 반복된다. 그러나 거기서는 대간 제도 자체의 폐지를 주장하지는 않았는데, "선왕의 법을 모르는 시속인(時俗人)들이 언론을 탄압한다고 할 것이 두려워" 일단 그대로 둔다는 것이었다.272) 이는 앞서 '시착지의(時錯之義)'와 '순속(順俗)'을 존중하던 것처럼 상식적 현실주의를 지향하는 정약용 사상의 일면을 드러내 준다고 할 수 있다.273) 하지만 언론3사를 각각 6조에 분리 배속시키고(사간원과 홍문관은 예조에, 사헌부는 형조에), 군주가 대간의 말을 받아들이지 않을 때 사실상의 파업을 하던 '위소(違召)'를 불경(不敬)을 이유로 금지하거나, 대간의 탄핵을 받은 사람이 억울함을 호소할 수 있는 절차를 마련하는 등의 조치를 열거하고 있다.

지나치게 순수한 도덕성을 요구하는 태도는 정치가 현실에 발을 디디고 나아가지 못하게 막는다. 더구나 그것은 곧 위선(僞善)과 편파로 이어지기 쉽다. 정약용은 정치를 통해 고도의 윤리를 실현하려 하면서, 지나치게 순수성을 요구하고 매사를 도덕률 자체를 위한 도덕률로 옭아매는 도덕주의는 지양하려 했던 것이다.

비교적 두드러지지는 않지만, 정약용은 이른바 '신성한 거짓말(holy lie)'처럼 정치현실상 때로는 권도(權道)에 의존하거나 심지어 약간의 악(惡)을 사용할 필요도 있다고 여겼던 것 같다.

'모든 관료의 간관화'를 주장했다. 김준석, 『조선후기 정치사상사 연구: 국가재조론의 대두와 전개』 지식산업사. 2003. pp.202-205.

272) 『전서』 제5집 제1권, 「經世遺表」(1) "春官禮曹 治官之屬" 然恐時俗之人識見淺短 不知先王之法 但云 罷去諫院詆詆去人 其言可畏 故此存之

273) 앞서 "중인(衆人)의 마음에 어긋나지 않도록 한다."고 언급한 것도 그런 취지로 볼 수 있을 것이다.

황제가 백성에게 "너희는 하민(下民)이니 요역(徭役)과 부세(賦稅)를 바쳐라."고 하면 백성은 따르지 않는 자가 없을 것이다. 그러나 황제가 백성에게 "너희는 천족(賤族)이니 요역과 부세를 바쳐라."고 하면 원망하지 않는 백성이 없을 것이다. 인정(人情)이란 그런 것이다.[274]

조세를 납부하기는 마찬가지이고, 실질적으로 신분의 변동도 없는데 하민이냐, 천족이냐 표현을 달리하는 것만으로 정반대의 정치적 효과가 날 수 있다는 것이다. 이것은 정치를 위해서 일부 가식적(假飾的)인 행동도 필요하다는 의미이며, "임금이 심신을 수양하고 떳떳한 도리로 다스리면 백성은 순복(順服)하고 천하는 태평해진다."는 식의 주자학적 정치론과는 거리가 멀지 않을 수 없다. 그는 다음의 논설에서 더욱 분명하게 권도론을 제시한다.

군대란 목숨을 버리는 곳이니, 목숨을 기를 수 있는 이익을 주어서, 죽음을 회피하려는 마음을 돌리도록 한 것이니, 이것이 성인(聖人)의 은미한 권도(微權)이다.[275]

누구나 목숨은 아까워한다. 그런 상태로는 목숨을 걸어야 하는 곳인 군대에 아무도 즐겨 입대하려 하지 않을 것이다. 여기서 백성의 도리를 운운하며 추상적인 당위론(當爲論)을 펴지도 않고, 그렇다고

---

274) 『전서』 제5집 제13권, 「經世遺表」(13) "地官修制 戶籍法" 皇詔厥民曰 汝是下民 共玆徭賦 民罔不迪 皇詔厥民曰 汝是賤族 共玆徭賦 民罔不懟 人情然也

275) 『전서』 제5집 제6권, 「經世遺表」(6) "地官修制 田制"(4) 兵者死地也 授之以養生之利得回其避死之心 此聖人之微權也

노골적인 강제력으로 징집(徵集)하지도 않고, 이익을 탐하는 인간의 성향을 교묘히 이용하여 이익에 눈이 어두운 나머지 목숨까지도 걸도록 만든다는 것이다. 오직 순정(純正)함만을 주장하고, 오직 대의명분(大義名分)에 따를 것을 강요하는 주자학적 정치론과는 거리가 먼 사고가 아닐 수 없다.

또한 그는 지방 수령이 백성들을 상대할 때 경우에 따라 임기응변(臨機應變)을 쓰며, 교활하게 대응해야 할 필요가 있음을 제시하였다.

> 혹 그 지방 풍속이 모질고 독하여 수령을 살해하려 모의(謀議)한다면, 더러는 죽이기도 하고 더러는 달래기도 하되, 기미(幾微)를 살피며 그 악행을 좌절시키고, 이때 반드시 한 가지 방법에 치중해서는 안 된다.276)

이어서 그는 마치 병법서(兵法書)를 방불할 정도로 수령이 꾀를 써서 위급한 상황을 타개한 경우를 여럿 들고 있는데, 그중에는 "모의의 가담자를 적은 투서(投書)를 아전들 보는 앞에서 불태워 버린다."도 있다. 억울한 누명을 쓰는 경우를 방지한다는 차원도 있겠지만, 아마도 실제 모의에 가담했을 수 있는 아전들을 안심시킴으로써 그들이 궁지에 몰려 다시 모의를 꾸미거나, 처벌된 사람의 관련자들이 원한을 품는 일 등을 방지한다는 의미도 있다. 이는 결국 누가 악행을 저질렀는지 굳이 밝힐 것 없이 덮고 간다는 의미도 있어서,

---

276) 『전서』 제5집 제24권, 「牧民心書」(9) "兵典六條　應變" 或土俗獷悍　謀殺官長　或執而誅之　或靜以鎭之　炳幾折奸　不可膠也

순수하게 명분과 정의를 추구하는 정치론과는 거리가 있다.[277] 뒤에서 보겠지만, 이런 권도(權道), 세(勢)를 살펴서 교활하게 대처하는 기교는 근본(常)으로 돌아간 참정치가 행해지지 못하는 '타락한 세상'에서는 특히 필수적이다.

이 밖에, 그가 같은 덕목이라도 군주가 행하는 수준과 신하가 행하는 수준은 달라야 할 필요가 있다고 주장했고, 이것은 정치가 엄격한 도덕주의에서 자율성을 얻는 것으로 해석할 여지도 있음이 사실이다.[278] 그러나 이를 두고 정약용이 도덕과 정치의 완전 분리를 시도했다고, 서구의 '심화된' 근대정치사상에서처럼 국가는 어떤 도덕을 지향할 책임을 지지 않는다 여겼다고 판단한다면, 그것은 비약이다. 정약용은 적극적이고 활동적인 정치적 실천이야말로 민중이 덕을 실현할 수 있도록 조건을 마련해 주는 것이며, 아울러 그 실천과정 자체가 곧 덕을 향상시킨다고 보았다. 그리고 이에 걸림돌이 되는 지나치게 우원(迂遠)한 도학적 정치론이나 지나치게 세세한 도덕주의적 정치론을 배제하고자 했다. 그것은 어떤 시각에서는 정치와 윤리를 따로 보는 것일 수 있어도, 한편으로는 정치를 통해 최대

---

277) 『목민심서』에는 이 밖에도 '권도'를 쓰는 계책에 대한 논의가 많다. 가령 도적을 잡기 위해 동료를 고발하면 죄를 면해 주고 상을 준다고 속여, 서로 싸우도록 유도하여 전멸시키는 계책 등이 권고된다(『전서』 제5집 제25권, 「牧民心書」(10) "刑典六條 除害"). 이것을 주자학자들의 명분론과 비교해 보자. 가령 조광조는 "북방의 야인 추장을 기습해서 사로잡자."는 주장에 대해 "상대방을 속여서 잡는 일은 인의(仁義)에 어긋나며, 제왕의 도리가 아니다."며 반대하고 있다(『中宗實錄』 제34권, 중종 13년 8월 17일자).
278) 배병삼, 앞의 글(1998), pp.451-452; 김상준, "남인 예론과 근대주권론", 「다산학」 4호. 2003. p.186.

의 도덕을 실현하려는 희망에서 발로하는 사상이었다.

3) 정치와 전통(傳統)

정약용의 정치론이 자연과는 분리되고, 윤리와는 이전과는 다른 방식으로 통합된 것이라면, 전통과는 어떨까? 그가 생각하는 정치는 대체로 더 나은 내일을 위해 과거를 벗어던지는 것일까? 아니면 타락해 가는 세태를 탄식하며 과거의 성대함을 지키고 또 회복하려는 것일까?

정약용이 정치를 교육, 덕화와 동일시했다면, 또 한편으로는 예(禮)와 동일시했다. 예란 주자학에서는 '천리(天理)의 절문(節文)'으로서, 추상적인 천리가 인간 세상에서 어떻게 구현되는가를 나타내 주는 일종의 규범집이다. 이에 비해 천도(天道)와 인도의 분리를 추구한 정약용에게 예란 선왕(先王)이 최고의 덕(德)을 실행하며 그 방법을 체계화하여, 후세인들도 그처럼 덕을 실행할 수 있도록 남겨준 체제(體制)다.

> 예는 임금의 전장, 법도이다.279)

> 선왕은 예로써 나라를 다스렸으며 백성을 지도하였다. 그런데 예가 쇠하여 법이라는 이름이 일어났다. 법은 나라를 다스리거나 백성을 지도하는 것이 아니다.280)

---

279) 『전서』 제2집 제13권, 「論語古今註」(7) 禮者一王之典章法度
280) 『전서』 제5집 제1권, 「經世遺表」(1) "邦禮艸本 引" 先王以禮而爲國

이어서 정약용은 예가 천리에 합당하고 인정(人情)에 화합(和合)해야 한다고 했는데,[281] 이때의 천리는 우주를 관통하는 추상적인 이치가 아니라 상식윤리학적 상(常)이다. 인정에 화합한다는 것은 상식적 실용주의에 부합하고, 현실주의에 비추어 무리가 없다는 뜻이다.[282] 정약용은 삼대(三代) 당시에는 예와 법이 미분화되어 있었는데, 후대에 들어와 지배자들의 사익(私益)을 위해 제정되어 오직 힘으로 백성을 억압해 따르도록 하는 법(法)만이 지배의 도구가 되었다고 비판한다.

아무튼 예의 본질(本質)을 어떻게 보든 간에, 그것이 오래전부터 내려온 관행과 습속의 형태로 존재(存在)함은 분명하다. 정약용은 전통에 뿌리박은 제도와 규칙만이 덕을 흥기시키고 소기의 정치적 효과를 거둘 수 있다고 여겼던 셈이다.

(1) 화합과 개혁의 예(禮)

정약용은 효제(孝弟)를 가리켜 "천자에서 서인까지 모두 수신(修身)의 근본으로 삼는 것"이라고 규정했다.[283] 이에 상응하여, 예(禮) 또한 모두에게 평등하게 적용되는 근본적 원칙이라는 성격을 갖고

以禮而道民 至禮之衰而法之名起焉 法非所以爲國 非所以道民也

281) 『전서』 제5집 제1권, 「經世遺表」(1) "邦禮艸本 引" 合天理而協人情

282) 그것은 그처럼 "천리에 합당하고 인정에 화합하는" 예로 영조(英祖) 시대의 노비법(奴婢法)과 균역법(均役法), 한림천법(翰林薦法) 개정을 들면서, 그것이 "낙을 누리고 덕을 받아 이후 백성의 뜻이 다소 안정되는(享其樂 受其賜 而後民之少定)" 효과를 발휘했다며 그것을 정당화하고 있는 데서 알 수 있다. 『전서』 제1권, 「經世遺表」(1) "邦禮艸本 引"

283) 『전서』 제2집 제1권, 「大學公議」(1) 孝弟慈 天子庶人修身爲本

있다. 예는 곧 인의 실천이기 때문이다.284)

　　백성이란 곧 사람을 말하는 것이다. "사람이 능히 오래 버티는 자가 드물다(民鮮能久)", "사람들은 모두 즐겁게들 살아간다(民莫不穀)' 등의 구절은 어찌 천한 백성을 말함이겠는가. 상례(喪禮)와 제례(祭禮)는 상하 모든 사람에게 같은 예(禮)이니, 꼭 아래 백성이 감화하는 것이라고 말할 수는 없다.285)

　　"신종추원(愼終追遠)을 하면 민(民)의 덕이 후해진다(愼終追遠 民德歸厚矣)."는 내용의 『논어』「학이(學而)」9에 대해서 주희 등은 "윗사람이 상례와 제례를 잘 지키는 것을 보고 백성(下民)들이 감화(感化)를 받아 덕이 후해진다."고 해석했으나, 정약용은 상례와 제례는 상하 구분 없이 모든 사람들이 지키는 예이므로 윗사람이 그것을 지키는 것을 보고 특별히 감화받을 까닭이 없다고 반박한 것이다.

---

284) "사람으로서 인(仁)하지 못하면 예를 어떻게 하겠는가"(『論語』「八佾」 人而不仁如禮何); "예절(禮節)은 인(仁)의 모양이다"(『禮記』「儒行」 禮節者仁之貌也); "제상(禘嘗)의 예는 소목(昭穆)에 인(仁)하는 것이며, 상장(喪葬)의 제례(祭禮)는 죽은 이에게 인(仁)하는 것이며, 향사(鄕射)의 예는 향당(鄕黨)에 인(仁)하는 것이며, 식향(食饗)의 예는 빈객(賓客)에 인(仁)하는 것이다."(『禮記』「仲尼燕居」 嘗禘之禮所以仁昭穆也 饋奠之禮所以仁死喪也 鄕射之禮所以仁鄕黨也 食饗之禮所以仁賓客也); 정약용은 이 중 『논어』「八佾」3의 "人而不仁如禮何"에 대해 "인이란 인륜의 성덕(成德)이다. 인은 근본이며 예악은 여기서 비롯된다. 그러니 불인(不仁)하다면 근본이 없는데 어떻게 예악을 행하겠는가."(『전서』제2집 제16권, 『論語古今註』(4) 仁者人倫之成德 仁爲之本以禮樂由之以生 不仁則其本凶矣 奈此禮樂何) 하고 부연하고 있다.
285) 『전서』제2집 제13권, 『論語古今註』(1) 民者人也 民鮮能久 民莫不穀 豈必下賤者爲民乎 喪祭之禮通於上下 不必以觀感言也

196

상례와 제례가 임금에서 서민까지 누구나 그리고 제례의 경우는 일정한 때마다 모두 시행한다는 점은 하나의 '국민(body politic)'으로서의 정체성을 제시한다. 또한 각 고을에서 주민들이 모여 시행하는 향례(鄕禮)는 주민들의 공동체 의식을 진작시킨다. 그것은 예의 원형(原形)을 '축제(祝祭)'에서 읽고, 예는 인간성 도야(陶冶)를 기본 기능으로 수행한다고 본 핑가레트(Herbert Fingarette)가 생각한 예와 가장 흡사하다.[286] 아울러 예는 평소에 소원했던 사람들 사이에 화합의 장을 마련한다. 향례에 모인 여러 계층의 주민들, 제례나 상례에 모인 친족들은 제각기 달리 살아가던 생활의 벽을 일시적이나마 무너뜨리고 하나가 된다. 그리고 제례와 상례, 또한 일부 향례는 조상들과 선열(先烈)들의 삶과 업적을 되새김으로써 과거와 현재의 화합까지도 추구한다.

정약용은 향례에 대해 특히 관심이 많았는데, 예는 전통을 고수하는 것을 기본으로 하지만 또한 각 시대의 인정(人情)에 부합해야 하고, 각 고을의 사정도 살펴야 하므로 반드시 일정한 법식을 고집할 필요는 없음을 제시하기도 했다(주석 77. 78 참조). 또한 상례나 제례에 있어서는 서민들이 예를 행할 때 부유한 상층민을 기준으로 만들어진 법식을 고집할 필요가 없다는 주장도 했다(주석 79 참조).

예는 상과 하, 과거와 현재의 화합만이 아니라 개혁의 근거가 될 수도 있다. 상식철학은 그 시대의 상식에 질문을 던지고, 통용되고 있는 것이 진정한 '상식'이 아닐 경우 '진정한 상식으로 복귀'하는 의미의 개혁을 추구한다. 정약용이 『주자가례』가 일체 지배하고 있

---

286) Herbert Fingarette, 『공자의 철학』, 서광사, 1993. p.27.

던 당시의 예제(禮制)에 반해 '선왕의 진정한 예'로서의 고례(古禮), 구체적으로는 『주례』를 중심으로 논의를 전개한 것도 같은 맥락이다. 그것은 반드시 고례의 조목조목을 있는 그대로 복원한다기보다는, 그 정신을 되살리는 것이면 되었다. 그리하여 그는 균역법 등 실제 개혁 조치들을 '진정한 선왕의 예'라고 찬양했던 것이다.287)

앞서 지도자들이 현장에서 민중과 함께 호흡하며 사업을 해 나가는 과정이 최고의 정치이며, 최고의 교민이라고 했었다. 이제 그것은 또한 예(禮)가 된다. 지도자와 민중이 한자리에 모여, 상제(上帝)를 섬기는 마음으로, 실행(實行)으로 살아 있는 예를 행하는 것이다. 그것이 진정성을 인정받는다면 곧 후대의 귀감이 될 또 다른 예제(禮制)로 남을 것이다. 그것은 정약용이 비판한 '후세의 법(法)'처럼 일부 계층의 이익을 위해 만들어졌다는 의혹도 받지 않을 것이고, 피치자가 납득하지 못하는 가운데 오직 공권력으로 준수(遵守)를 강제하는 일도 없을 것이다. 그리고 일상생활에서도 군주에서 서민에 이르기까지 적극적으로 예를 실천하고 서로를 예로써 대한다면, 강자가 약자를 핍박하고 동등한 자들끼리 불화에 빠지는 일이 줄어들 것이다.

(2) 분리와 보수의 예(禮)

그러나 예는 사람들 사이에 화합의 계기를 마련할 뿐만 아니라 분리의 계기도 마련한다. 그것은 개혁의 근거가 될 수 있으나 보수

---

287) 이런 시각에서 정약용의 예론을 개혁적, 근대지향적이라고 본 예(例)로 김상준, 앞의 글.

의 근거도 된다.

    덕으로써 이끌고 예로써 가지런히 하는 것은 선왕(先王)이 만인을
부리던 방법이었다. 『주례』 춘관에는 백성을 예로써 단속하는 관직이
하나만이 아니었다. 그러므로 이제 그 본을 따서, 별도로 관청을 하나
세워 제례감(齊禮監)이라 이름 짓고, 관혼상제(冠婚喪祭)에 예로써 하
지 않는 자가 있으면 잡아다 다스린다. 또 혹시 서인(庶人)이 사(士)
의 예를 쓰거나, 삼사(三士)가 대부(大夫)의 예를 쓴 일이 있으면 역
시 잡아다 다스린다. 혹 대부가 왕후(王侯)의 예를 쓰는 자가 있다면
사헌부에 보고한 다음 조사하여 다스리도록 요청한다. 이는 역시 매
우 중요한 관청인 것이다.288)

    예의 정신은 비록 임금에서 서인까지 한가지일지라도, 그 구체적
법식은 등급에 따라 다르게 된다. 그것은 고전 유학에서 불평등이
아니라 사회를 안정시키고 기강을 세우기 위해 꼭 필요한 기능으
로 이해되었다.289) 정약용은 「강고향사례서(江皐鄕射禮序)」에서 향
례가 "교민의 하나로, 풍속을 돈독하게 만든다."고도 하지만, 한편
으로 "연장자와 연소자 사이에 서열(序列)을 세우고, 신분의 상하
(上下)를 밝히고, 현자와 어리석은 자를 변별(辨別)"하는 기능도 한

---

288) 『전서』 제5집 제1권, 「經世遺表」(1) "春官禮曹 治官之屬" 導之以德齊
  之以禮者 先王之所以馭萬民也 周禮春官 齊民以禮者其職非一 今擬別
  立一司 名之曰齊禮監 凡冠婚喪祭 有不以禮者 執而治之 其或庶人用
  士禮 三士用大夫禮 亦執而治之 其或大夫用王侯之禮者 報于憲府 請
  其覈治 亦至要之官也
289) 가령 성현(成俔)은 그의 『부휴자담론(浮休子談論)』에서 이렇게 말한다.
  "예로 사람들을 분별함으로써 사람들을 편안하게 한다((以禮辨人 故人
  安之)." 성현, 이종묵 역, 『부휴자담론』 홍익출판사. p.56.

다고 한다.[290]

　예와 법이 본래 한가지이며 정치의 기본 수단이라는 정약용의 정의를 그대로 따른다면, 예치(禮治)란 곧 사람들을 나누고 구별하는 것이기도 하다. 그리고 예가 사람을 징계하고 처벌하는 기준이 될 때, 아무리 선왕의 고례(古禮)라 하더라도, 아무리 특정 계층만의 이익을 대변하는 것이 아니라고 선전되더라도, 그것을 납득하지 못하고, 마지못해 따르는 사람도 있을 수밖에 없다.

　정약용은 왜 통합적인 예론을 전개하고서 또 차별적인 예를 강조했는가? 그는 우선 상식적 현실주의자였기 때문이다. 서민들에 앞서 군왕과 사대부들의 공감을 얻기 위해서는, 그들이 존중하는 전통에 의존하지 않을 수 없다. 주자 예론을 극복하고 개혁을 추진하려면 삼대의 고례라도 동원해야 한다. 왕안석(王安石)처럼 "전통을 존중할 필요가 무엇인가? 변법(變法)을 못 할 이유가 무엇인가?" 식의 태도로는 성공할 수 없다.[291]

---

290) 『전서』 제1집 『시문집』 제12권, "江皐鄕射禮序" 鄕大夫以禮興賢　州長以禮會民　黨正以禮屬民　飮曰鄕飮　射曰鄕射　皆所以序長幼　明尊卑別賢愚　敎民以敦俗也

291) 정약용은 『경세유표』에서 왕안석이 여론(輿論)을 거역했으며 예제를 무시했음을 비판하고 있다. "원로대신이자 크게 인망을 얻은 사람과 싸운 나머지, 조정이 텅 비더라도 걱정하지 않았으니 천하의 비난을 받지 않을 수 있겠는가. 어찌 『주례』에 청묘법(靑苗法)과 보갑법(保甲法)이 있었던가."(『전서』 제5집 제1권, 「經世遺表」(1) "邦禮艸本　引" 欲與元老大臣爲萬夫之望者戰　雖空朝廷而莫之恤焉　斯其所以爲天下僇也　周禮何嘗言靑苗保甲) 그러나 그는 다른 곳에서 왕안석의 개혁이 실효성 면에서 의의가 있었다고 논평한다. "청묘법과 조법은 능히 국가의 재용(財用)을 넉넉히 할 수 있었다."(『전서』 제1집 『시문집』 제9권, "問錢幣" 靑苗助法　能裕國用) 즉 왕안석의 문제는 개혁의 실효성

정약용이 차별적 예를 강조한 또 한 가지 이유는 그가 덕(德)의 진흥과 보전을 무엇보다 중시했던 데서 찾을 수 있다. 다시 말하지만 그는 당시 신분질서가 무너지면서 교양도 덕망도 없는 서민이나 천민 출신들이 돈으로 양반을 사고 뇌물로 과거에 합격하는 상황을 개탄해 마지않았다. 그것은 앞서, 그가 일반 민중의 인(仁) 추구 역량은 신뢰했어도 의(義) 추구 역량은 의심하지 않았는가를 논한 내용을 상기시킨다. 예(禮)는 인(仁)에 봉사하는 덕이기도 하지만, 한편으로 본래 의(義)와 가까운 덕이다.[292] 앞서 정약용은 의(義)의 예(例)로 부적절한 이익을 사양(辭讓)하는 경우를 들었는데, 예의 본질이 곧 사양이다.[293] 인(仁), 효제(孝悌)는 누구나 자연스럽게 발로할 수 있는 덕이며, 오히려 우둔하고 무식한 사람들 중에서 어진 사람들이 종종 나온다. 그러나 의는 상당한 교육과 훈련을 거친 소수자, 말하자면 군자(君子)가 아닌 이상, 이익을 보고 먼저 의를 생각하기란(見利思義) 어렵지 않을까? 따라서 예를 기준으로 그 행동을 제재해야 하며, 예의 문란, 덕의 쇠퇴를 막기 위해 가급적이면 상민과 하민의 생활 영역을 분리할 필요마저 있다.

> 대개 선왕의 법은 사농공상(士農工商)을 네 부류로 나누어, 사는 사와 더불어 살고 농은 농과 더불어 살며, 백공(百工)은 가게에 있고,

---

이 아니라 개혁을 추진하는 방식에 있었다.

292) "예(禮)는 의(義)의 실체이다(『禮記』 「禮運」, 禮也者義之實也)."; "의는 예에 가깝다(『禮記』 「樂記」, 義近於禮)."; "예로써 의를 행한다(『春秋左氏傳』 「成公 2년」, 禮以行義)."

293) "예란 경양(敬讓)의 도이다(『禮記』 「經解」, 敬讓之道也)."; "사양하는 마음은 예의 단(端)이다(『孟子』 「公孫丑上」 6 辭讓之心禮之端也)."

장사치들은 저자에 앉도록 해서 서로 섞여 살지 않도록 했다. …… 의원(醫員)은 의원과 함께 살고, 역관(譯官)은 역관과 함께 살면 그 기술이 더욱 숙성할 것이니 또한 좋지 않겠는가?[294]

지금 우리나라에는 사농공상이 뒤섞여서 구별이 없는데, 단지 한마을에 사민(四民)이 섞여 살 뿐 아니라, 또한 한 몸이 네 가지 직업을 겸하곤 하니 하나의 기술도 성취되지 못하고, 온갖 일에 규범이 없게 된다. 그러나 전지(田地)를 묶어 넷과 넷이 서로 통솔하게 하려면 고법(古法)을 따르지 않을 수 없다. 비록 그 사이에 농사짓지 않는 사족(士族)이 끼어 사는 것은 어쩔 수 없더라도, 공, 상의 두 백성만은 읍성(邑城) 안에 모아 관중(管仲)이 제나라를 다스리던 법을 따라야 한다.[295]

'전문 기술의 숙성', 그보다 "온갖 일에 규범이 없어지지 않도록" 직업별로 주거 구역을 나눠야 한다는 주장은 "공동체의 덕이 타락하는 것을 막기 위해" 이민족 출신자들과 로마 원주민들의 주거 구역을 분리했던 로마 공화정의 조치를 마키아벨리가 찬양했던 것과 같은 맥락으로 봐야 할 것이다. 공동체의 덕은 개인의 자유에 앞서는 것이다. 또한 풍속(風俗)의 타락을 걱정하는 정약용의 태도는 "인간

---

294) 『전서』 제5집 제13권, 「經世遺表」(13) "地官修制 教民之法" 蓋先王之法 士農工商分爲四類 士與士處 農與農處 百工居肆商賈坐市不相混雜 …… 醫與醫居 譯與譯居 則其技益以嫻矣 不亦善乎
295) 『전서』 제5집 제8권, 「經世遺表」(8) "地官修制 田制"(10) 今我邦 士農工賈 混雜無別 不唯一村之中四民雜處 抑亦一身之內四業兼治 此所以一藝無成 百事無法 然以田束之 四四相統 則不可不從古也 雖其間有士族不農者 參錯介居 不可拘也 若夫工商二民 不可不聚之於邑城之中 管仲治齊之法 不可不遵

이 구가하는 자유뿐 아니라 인간에게 가해지는 구속 또한 인간의 권리의 하나라고 여겨져야 한다. …… 인간에게 가장 필요한 것은 사회와 정부가 인간의 열정을 적절하게 제한하는 것이다."라고 한 버크의 주장을 상기시킨다.[296]

하늘에서부터 왔건 아니건, 예는 그 사회의 문화적 정수(精髓)이다. 예가 법을 대체하거나 융합될 때 정치는 더 세련되고, 덜 각박해질 것이다. 인(仁)에 봉사하는 예는 민중들을 정치 속으로 끌어들이고, 정치권력과 체제에 정당성을 부여한다. 하지만 한편으로 의(義)의 실체로서의 예는 민중의 자발성을 꺼린다. 그것은 자유로운 주장과 행동을 억제하는 정치-사회적 기제가 될 수 있다. 예를 중요시한 정약용의 정치사상은 두 가지 면모를 공유하고 있다고 할 것이다.[297] 이처럼 '전통-예'를 정치사상에서 중요시하는 정약용은 그

---

296) Jerry Z. Muller, 앞의 책, p.200.

297) 『목민심서』의 다음 내용은 이러한 예의 두 가지 면모를 함께 잘 나타내고 있다고 하겠다. "존비에 등급을 부여하고 상하에 등급이 있는 것이 옛 법식이다. 수레와 복장을 구별하고 깃발과 수레 손잡이 줄의 색채를 구별하여 그 분수를 나타낸다. 아래 계급의 관리는 마땅히 그 본분을 지켜 상관을 깍듯이 섬겨야 한다. 그러나 나는 문관이고 저는 무관이라 하여 가르치려고 해서는 안 된다. 나는 세력이 강하고 저는 약하다 하여 거만하게 대해서는 안 된다. 나는 총명하고 저는 우둔하다 하여 그 점을 드러내어 소롱해서는 안 된다. 나는 연장자이고 지는 언소하다 하여 저를 함부로 대해서는 안 된다. 엄숙하고, 공손하고, 겸손하고, 온화함으로써 예에서 벗어나지 않게 삼간다면, 화평하고 통달하여 서로 막힌 것이 없게 한다면, 모두의 정(情)과 뜻(志)이 서로 소통하여 돈독해지리라."(『전서』 제5집 제18권, 「牧民心書」(3) "奉公六條 禮際" 尊卑有等上下有等 古之義也 車服異制 旗綏別采 昭其數也 身爲下官 當恪守本分以事上官 我文彼武 不可校也 我熟彼寒 不可憍也 我賢彼愚 不可道也 我老彼少 不可悼也 嚴恭孫順 無敢失禮 和平通達

런 점에서 예를 그다지 중시하지 않는 홍대용, 최한기 등과는 구분된다. 하지만 한편으로 그의 정치사상은 예와 법을 인의(仁義)의 덕보다도 앞세우는 오규 소라이 같은 법가적 정치사상과도 다르다.[298] 결국 정약용의 사상이 상(常)을 중심으로 하고, 덕(德)의 진흥을 최대의 목표로 하기에 그러한 차이점이 나타난다고 볼 수 있다.

4) 소결

정약용의 정치사상은 자연의 이법과 정치를 분리해 본다. 그에 따라 지도자의 수신(修身)이나 도야(陶冶)에 앞서 적극적인 실천이 중시되며, 정치란 우주적인 섭리 속에서 자연과의 조화를 추구하는 것이 아니라 인간의 도를 실현하기 위한 적극적인 노력이 된다.

毋胥芬澁 則庶乎其情志交孚矣)

298) 가령 1702년 46명의 낭인(浪人)들이 옛 주군의 원수를 습격하여 살해한 앗코(赤穂) 사건의 처리를 놓고, 오규 소라이는 "그들의 행동은 의롭다. 그러나 그것은 어디까지나 사적(私的)인 논의이다. 그 충의를 사적으로는 존중하되 공적으로는 어디까지나 법에 따라 처형해야 한다."고 주장하고 있다(丸山眞男, 김석근 역, 『일본정치사상사연구』, 통나무. 1995. pp.183 – 188.). 즉 소라이에 있어서 인의(仁義)의 덕은 사적인 영역에 한정된다는 또는 공적 영역에서는 덕보다 예와 법이 선행한다는 추론이 가능하다. 하지만 정약용은 『맹자』「盡心上」35의 "순(舜)이 천자이고 고요(皋陶)가 집행관일 때 순의 아버지 고수가 사람을 죽였다면, 순은 천자 자리를 내던지고 아버지를 모시고 멀리 도망칠 것이다."라는 내용에 대하여 "천하에 임금과 아버지보다 큰 것이 없는데(天下莫大於君父)", 감히 왕의 아버지를 처벌하거나 왕이 자리를 던지고 떠나가는 상황까지 초래할 수는 없다고 하며 "감히 법을 집행하지 못해야 한다(不敢執)."고 보고 있다(『전서』 제2집 제6권, 「孟子要義」(2)).

혼란과 부패가 횡행하는 세상을 맞이하여 도덕성을 강화할 필요가 있다고 보아 엄격한 리(理) 중심의 도덕론 위에 정치사상을 수립했던 주희와 비슷하게, 정약용 역시 정치와 윤리를 통합해서 본다. 그러나 그때의 윤리는 소극적이고 도덕주의적인 윤리가 아니라, 반대로 적극적이고 실천지향적인 윤리다. 그런 원칙 아래 경제와 교육, 정치와 도덕이 통합된다.

정약용은 정치를 논하며 전통을 존중하지 않을 수 없었다. 그것은 한편으로 민중을 흥기시키고 하나의 정치체를 구성하게끔 동원하기 위해서이기도 했지만, 한편으로 민중의 폭주(暴走)를 막고 당대의 권력층을 배려하며 덕의 쇠퇴를 예방하기 위해서이기도 했다.

이상과 같이 정약용의 사상을 정치원론적 수준에서 정리해 보았다. 이를 토대로 다시 그의 사상을 정치권력론적 관점('누가 권력을 갖는가?')과 국가 체제론적 관점('그 권력으로 무엇을 하는가?')에서 살펴보기로 한다.

2. 정치권력론적 이해

정약용의 권력론은 유교의 고전적인 '군(君)-신(臣)-민(民)'의 틀에서 벗어난다. 군주는 군림하고, 신하(사)는 실무를 담당하며, 민은 단지 복종하는 구도에 대하여 정약용은 신권(臣權)의 독립성을 부정하고 군주-신하(관료로서의 사)를 하나의 정부 또는 '국가'로 묶는다. 그리고 사(사회적 계급, '양반'으로서의 사)를 민에 편입시키고 민에 대해 일정한 권력을 부여한다.[299] 그리하여 정약용의 권력론은 '국권론'과 '민권론'이 상호 대응하고 병립하는 구도를 띠게 된다.[300]

1) 국권론(國權論) - 군주와 국가

(1) 위민론(爲民論)과 황극론(皇極論)

정약용이 전통 유교의 민본(民本)을 넘어 민주주의적인 정치론을 제시했다고 보는 연구자들은 그의 「원정」과 「원목(原牧)」. 「탕론(湯論)」 그리고 「일주서극은편변(逸周書克殷篇辨)」 등 비교적 짧은 논설들에 나타난 내용을 근거로 든다.[301]

---

299) 정조(正祖)와 정약용이 '중간 세력' 약화와 억제를 통해 군-신-민 구도를 군-신민 구도로 치환하려고 했다는 주장은 박현모, 앞의 글, pp.26-27. 단 정약용은 정조와 달리 위민(爲民)을 강조함으로써 민권을 하나의 축으로 세웠다고 한다.

300) 국권론과 민권론이란 일본의 근대화 과정에서 파생된 용어이며, 서구로부터 근대적 국가 체제와 민권 사상을 함께 수입하면서 그것이 종래의 전근대적 이념과 갈등, 습합(褶合)을 거치며 빚어진 담론이다. 서구의 경우 자유주의 정치학 담론에서는 이런 대립 구도가 부적절한데, 근대국가는 그 자체로 민권의 산물이며 '국권'이 별도로 존재하지는 않기 때문이다. 그러나 근대 공화주의에서는 국가의 법질서(law and order)에 대립하는 인민의 권력(power of the people)이 존재하며, 또한 마땅히 존재할 수 있어야만 자유로운 공화국이 존재하는 것으로 본다. 여기서는 정약용 사상이 도달한 독특하고, 초기 근대적 성격이 짙은 정치권력론을 설명하기 위해 국권론-민권론 구도가 가장 적절하다고 여겨 이 용어를 채택하였다.

301) 김한식, 앞의 글; 임형택, 앞의 글; 조성을, 앞의 글(1991); 조성을, 앞의 글(2006); 안외순, 앞의 글; 이상익, 앞의 글(1996); 신용하, 『조선후기 실학파의 사회사상 연구』. 지식산업사. 1997. pp.51-63; 장승희, 앞의 책, p.281.

목민자(牧民者)가 백성을 위해 있는가[有], 백성이 목민자를 위해 생겨났는가[生]? 백성이 속미(粟米)와 마사(麻絲)를 생산하여 목민자에게 바치고, 또 여마(輿馬)와 추종(騶從)으로 목민자를 맞아들이고 보내며, 또 고혈(膏血)과 진수(津髓)를 짜내 목민자를 살찌우고 있다. 그러니 백성이 목민자를 위해 있는가? 아니다. 목민자가 백성을 위해 있는 것이다.

옛날에는 백성이 있었을 뿐 목민자는 없었다. 백성들이 드문드문 모여 살다가, 누가 이웃과 시비가 붙은 끝에 해결이 나지 않자 마침 공언(公言)을 잘하는 노인이 있길래 그에게 가서 해결을 보았다. 이에 주변 사람들이 모두 감복하여, 함께 그를 추대해 높여 이정(里正)이라 하였다. 또 여러 마을 백성들이 마을에서 해결하지 못한 분쟁이 있자, 준수하고 식견이 많은 노인에게 가서 해결을 보았다. 이에 여러 마을 사람들이 감복하여, 함께 그를 추대해 높여 당정(黨正)이라 하였다. 또 여러 고을 백성들이 고을에서 해결하지 못한 분쟁이 있자 현명하고 덕이 있는 노인에게 가서 해결을 보았다. 이에 여러 고을 사람들이 모두 감복하여, 그를 주장(州長)이라고 하였다. 다시 여러 주의 장들이 한 사람을 우두머리로 추대해 국군(國君)이라 하였고, 여러 국군들이 한 사람을 우두머리로 추대해 방백(方伯)이라 하였고, 사방의 방백들이 한 사람을 우두머리로 추대해 황왕(皇王)이라 하였다. 결국 황왕이라도 그 근본은 이정에서 시작되었으니, 백성을 위해 목민자가 있음을 알 수 있다.[302]

---

302) 『전서』 제1집 제10권, 「詩文集」, “原牧” 牧爲民有乎 民爲牧生乎 民出
粟米麻絲 而事其牧 民出輿 馬騶從 以送迎其牧 民竭其膏血津髓 以肥
其牧 民爲牧生乎 曰否否牧爲民有也 邃古之初民而已 豈有牧哉 民于
于研聚居 有一夫與鄰鬪莫之決 有叟焉 善爲公言 就而正之 四鄰咸服
推而共尊之 里正 於是數里之民 以其里鬪 莫之決 有叟焉 俊而多識
就而正之 數里咸服 推而共尊之 黨正 數黨之民 以其黨鬪 莫之決 有
叟焉 賢而有德 就而正之 數黨咸服 名之曰州長 於是數州之長 推一人

군주의 기원이 백성의 추대(推戴)에 있다는 이 논설은 정약용이 민주주의적 사상가일 뿐 아니라 일종의 사회계약론(社會契約論)적 사고의 소유자였다는 해석까지 낳았다.303) 그러나 그 표현에 주의해서 다시 읽어 볼 필요가 있다. 여기서 정약용은 전형적인 상식철학적 사고를 전개한다. 지금 인식되는 상황은 백성이 목민관을 위해 만들어졌다고도 볼 수 있을 현상을 보인다. 백성이 온갖 애를 쓰며 목민관을 부양(扶養)하기 때문이다. 그것은 가령 "풀이 사슴을 위해 만들어졌다", "사슴이 호랑이를 위해 만들어졌다"고 생각할 수 있는데, 그와 마찬가지로 백성도 목민관의 '먹이'인 이상 목민관을 위해 생겨났다고 볼 수 있는 게 아닌가?

하지만 그것은 몰상식이다. 왜냐하면 기원을 따져 볼 때 처음부터 (자연 상태에서) 목민관이 백성과 함께 나타났을 리가 없으며, 백성이 먼저 존재했는데 이후에 필요에 따라 목민관이 만들어졌을 것이기 때문이다. 그러므로 백성이 아니라 목민관이 백성을 위해 존재하는 것이다. 이때, 정약용이 비슷한 '존재'의 의미를 나타내면서도 백성에 대해서는 '생겨나다[生]', 목민관에 대해서는 '있다[有]'는 표현을 사용하고 있음에 주의해야 한다. 백성은 생겨난 것, 즉 자연적으로 존재하는 것이며 목민관은 있는 것, 즉 인위적으로 만들어진 것이다. 그런데 정약용의 사상 전반을 볼 때 그가 자연적인 사물보다는 인위적으로 만들어진 제도와 사상에 더 가치를 부여하고 있음을 상기하자.304) 여기서 현대 민주주의적 사고방식을 가진 상태에서 「

以爲長 名之曰國君 數國之君 推一人以爲長 名之曰方伯 四方之伯 推一人以爲宗 名之曰皇王 皇王之本 起於里正 牧爲民有也
303) 이상익, 앞의 글(1996), pp.16−17.

원목」을 읽으면 정약용이 군주의 권위를 부정하고 군주는 단지 백성의 도구일 뿐이라고 격하한 것처럼 이해하기 쉽다. 그러나 설령 군주가 백성의 필요에 따라 존재하는 것이라 해도, 그 가치는 부정할 수 없다. 아니, 그러기에 더욱 군주가 가치 있는 것이다. 정약용의 가치관에 따르면 군주가 하늘에서 내려온 것이 아니기 때문에 더욱 존귀하고 소중한 존재인 것이다. 인간적 필요에 따라 합리적인 절차를 거쳐 이루어진 것이 군주의 자리라면, 군주란 "단지 폭력으로 남들을 억압하여 군림해 온 것에 불과"하다고 여긴 페인(Thomas Paine)에 비해 정약용의 군주관이 똑같이 '민주적'이라고 할 수 있겠는가?

또한 그가 대체로 이정(里正)에서 주장(州長)까지는 "모두가 감복(感服)하여, 함께 추대해 높였다(推而共尊之)."는 표현을 쓰고 있지만(주장은 감복은 있으나 함께 추대해 높였다는 말이 없다), 국군(國君)에서 황왕(皇王)까지는 "그중에 한 사람을 우두머리로 추대했다(推一人以爲長)."고 표현함을 볼 수 있다(황왕의 경우에는 특별히 長 대신 宗을 썼다). 민중의 자발적인 직접 참여에 의해 대표가 선출되는 공동체적 정치는 일정 규모를 넘지 못한다. 다시 말해서, 군주가 존재하는 정치적 근거는 오직 백성들의 추대만이 아니다.

이에 대해 정약용은 군주의 교체(交替) 및 방벌(放伐)을 주장했으며, 따라서 군주의 지위를 격하해서 보았을 뿐 아니라 백성의 의지(意志)에 좌우되는 계약론적 통령(統領)으로 보았다는 반론(反論)이

---

304) 가령 자연의 도(道) 대신 인간들끼리 형성해 낸 도를 중시하고, 민간의 거친 삶보다 교화가 이루어지고 예악(禮樂)이 베풀어진 생활을 존중하는 등이다.

있을 수 있다.

대개 여러 사람이 추대해서 만들어진 자리는 또한 여러 사람이 추대하지 않으면 물러나야 하는 것이다. 때문에 5가(家)가 화합하지 못하면 5가가 의논하여 인장(鄰長)을 바꿀 수 있고, 5린(鄰)이 화합하지 못하면 25가가 의논하여 이장(里長)을 바꿀 수 있고, 9후(候)와 8백(伯)이 화합하지 못하면 9후와 8백이 의논하여 천자를 바꿀 수 있다.305)

만일 포악(暴惡)하고 황음(荒淫)한 짓으로 만민을 해치는 자가 있으면, 서로 모여 의논하여 그를 제거하고 또 다른 훌륭한 인물을 추대하여 천자로 삼는다.306)

그러나 그것은 지나친 해석이다. 군주가 교체될 수 있다고 해서 군주의 지위가 중요하지 않은 것은 아니다. 아니, 너무나 중요하기에 교체할 수 있는 것이다. 또한 정약용은 「탕론」의 후반부에서 "옛날에는 아래에서 위를 추대하였으니(下而上) 아랫사람이 윗사람을 추대한 것이 순(順)이고, 지금은 위에서 아래를 세우니(上而下) 아랫사람이 윗사람을 세우는 것은 역(逆)이다."307)라고 말하고 있다. 그러나 지금의 '상이하'가 잘못이며 반드시 예전의 하이상으로 복귀해야

---

305) 『전서』 제1집 제11권, 「詩文集」, "湯論" 夫衆推之而成 亦衆不推之而不成 故五家不協 五家議之 改鄰長 五鄰不協 二十五家議之 改里長 九候八伯不協 九候八伯議之 改天子
306) 『전서』 제2집 제32권, 「梅氏書評」(4) "逸周書克殷篇辨" 有暴虐淫荒以殘害萬民者 則相與會議以去之 又戴一翹楚者 以爲天子
307) 古者下而上 下而上者順也 今也 上而下 下而上者逆也

한다는 언급은 없다. 결국 "위정자(爲政者)는 국민의 의지에 종속된다."는 민주주의적 이념보다는 "피임명자는 임명권자의 의지에 종속된다."는 이념이 「탕론」의 결론인 셈이다.308) 즉 이런 이념에 따르면 대통령이 국민의 의사에 따르는 것(하이상)이나 공무원이 대통령의 의사에 따르는 것(상이하)은 본질적으로 같다. 그러나 전자는 민주주의적이지만 후자는 그 자체만으로 민주주의적이라고는 할 수 없는 것이다.

정약용은 진·한대(秦漢代) 이후309) '상이하'가 수립되었다고 한다. 이 시대, 즉 삼대(三代)가 아닌 '지금의 세계'는 "정전법도 시행되지 않고 각종 제도도 미비하여, 진정한 교화가 이루어지지 않고 민속(民俗)이 저열한" 시대이다. 이런 시대에는 '하이상'의 과정이 합리적으로 된다고 보기 어렵다.

사악하고 부패한 자들이 서로 모여 혹은 한 사람을 추대하여 우두머리로 삼으며, 서로 덕스럽다며 추켜세우기도 하고 혹은 한 사람을 추대하여 현자라 부르기도 한다. 같은 부류끼리 당(黨)을 만들어 다른 파는 배제하며, 사(私)를 위해 공(公)을 멸하면, 그 나라는 반드시 혼란해진다. 어찌 건극(建極)이 가능하겠는가? 대저 임금이 임금인 까닭

---

308) 그것은 『목민심서』에서 "조정의 덕의(德意)을 선포하여 백성들이 군주를 사모하고 받들도록 하는 직책"(『전서』 제5집 제18권, 「牧民心書」(3) "奉公六條 宣化" 宣布 朝廷德意 俾民愛戴 是之謂民牧)으로 목민관(牧民官)의 정의를 삼고 있는 점에서도 확인된다.

309) 「탕론」에서는 한대 이후, 「일주서극은편변」에서는 진대 이후라고 했다. 말하자면 봉건제(封建制)가 군현제(郡縣制)로 바뀐 이후라고 보면 좋을 것이다. 정약용이 논하는 '하이상'의 '민주주의'는 일단 봉건제를 전제로 하고 있는 셈이다.

은 오복(五福)의 권병을 임금이 잡고 있기 때문이다. 이 권병이 아래
로 옮겨 가면 황극(皇極)은 곧 무너져 버린다.310)

따라서 차라리 통치자와 그 조력자(助力者)들이 강력한 권력을 갖
고 선왕의 예(禮)를 실현하기에 힘쓰는 방식이 더 이상적인 것이다.
더구나 정약용은 군주의 세습 체제를 정치적 안정성(安定性) 차원에
서 선호하고 있기까지 하다.

옛날의 제후(諸侯)는 아버지가 전하고 아들이 이어받아 대대로 그
자리를 세습(世襲)하므로, 신하와 백성이 죄를 지으면 평생 등용되지
못하거나 대대로 현달할 수 없었다. 그러므로 그만큼 명분과 의리(名
義)가 극히 무거웠던 것이다. 따라서 비록 악인이 있어도 두려워 감히
복종하지 않을 수 없었다. 지금의 수령은 그 임기가 길어야 혹 2년이
고, 아니면 고작 몇 달에 그치니 마치 주막에 들르는 나그네와 같다.
반면 저들 좌(佐), 보(輔), 막빈(幕賓), 복예(僕隷) 등은 모두 아버지가
전하고 아들이 이어받으니 옛날의 세습하는 제후와 같다. 주인과 나
그네의 형세가 이미 다른데다 오래 머물고 오래 머물지 못하는 사정
이 또한 다르다.311)

---

310) 『전서』 제2집 제25권, 「尙書古訓」(4) 惡之淫朋相聚 或推一人以爲長比
    德相讚 或戴一人以爲現 黨同伐異負私滅公 則其國必難 豈所謂建極乎
    大抵皇之所以爲皇以五福之權在皇也 此權下移皇極乃亡
311) 『전서』 제5집 제16권, 「牧民心書」(1) "赴任六條 除拜" 古之諸侯 父傳
    子承 世世襲位 臣民得罪者 或終身不調 或歷世不振 其名義至重 故雖
    有惡人 不敢不畏服 今之首領 其久者或至二募 不然者 數月而遞 其爲
    物也 如逆旅之過客 而被爲佐爲補爲幕賓爲僕隷者 皆父傳子承 如古之
    世卿焉 主客之勢 旣殊 久暫之權 又懸. 그가 이상시하는 삼대(三代),
    즉 하, 은, 주 왕조의 경우도 어디까지나 세습군주 체제였음을 상기할

사실 군주의 지위가 결코 신성불가침(神聖不可侵)한 것이 아니라는 논의는 오히려 주자학적 정치론에서 빼놓을 수 없는 부분이었다.312) 유가(儒家)에서 폭군방벌론을 처음 명확히 제시한 근거는 『맹자』「梁惠王下」 8인데, 주희는 이 부분에 대해 다음과 같이 상세한 주석을 달고 있다.

> 인(仁)을 해치는 자는 흉포(凶暴)하고 음학(淫虐)해서 천리(天理)를 멸절시키므로 적(賊)이라 하고, 의(義)를 해치는 자는 전도(顚倒)되고 착란(錯亂)되어서 인륜(人倫)을 해치고 없애므로 잔(殘)이라 한다. 일부(一夫)란 백성이 배반하고 친족이 등을 돌려 다시는 군주로 여기지 않음을 말한다. 『서경』에 주(紂) 임금을 '독부(獨夫)'라 하였으니, 사해(四海)가 귀의하면 천자가 되고, 천하가 돌아서면 독부가 되는 것이다.313)

그런데 정약용은 이에 대해 주석을 생략하고 있다. 사실 조선 역사상 두 차례의 '폭군방벌'을 시행한 주체들은 모두 주자학 이념에 충실한 세력이었다. 주자학의 힘이 강한 만큼 왕권은 약했던 조선의 왕들은 신하로부터 '걸주(桀紂)와 같이 되고 싶은가?'라는 폭언을 듣고도 뭐라고 하기 어려운 처지였다.314) 따라서 폭군방벌론을 논의했

필요가 있다.
312) 구만옥, 앞의 글, pp.332-333.
313) 주희, 『孟子集注』「梁惠王章句上」 害仁者 凶暴淫虐 滅絶天理 故謂之賊 害義者 顚倒錯亂 傷敗彝倫 謂之殘 一夫 言衆叛親離 不復以爲君也 書曰 獨夫紂 蓋四海歸之 則爲天子 天下叛之 則爲獨夫
314) "임금께서 또한 요순(堯舜)으로 자처하여 이미 걸주(桀紂)의 지경에 빠져 있음을 모르니, 이것은 어지러운 시대 어두운 임금이 하는 일입

다고만 해서 그것이 곧 민주적이며, 근대적이며, 탈주자학적이라고
볼 수는 없는 것이다.

　근본적으로 정약용은 『대학공의』에서 "효(孝)로 임금을 섬긴다(孝
者所以事君)."고 규정해 놓았다. 군신관계가 본질적으로 부자관계와
같다고 본 셈인데, 부자관계는 냉정한 실리(實理) 평가를 통해 개폐
(開閉)할 수 없는 것이다. 폭군방벌론의 배경 이념은 기본적으로 의
(義)이다. 위에서 인용한 주희의 맹자 주석에서 볼 수 있듯, 인(仁)은
그것을 천리(天理)의 인이라고 볼 때 천리를 멸절시키는 군주일 경
우 마치 생태계를 파괴하는 괴물을 제거하듯 제거해 마땅하다는 취
지에서 폭군방벌론을 뒷받침한다. 그러나 정약용은 인을 천리의 인
이라 보지 않는 것이다. 또한 앞에서 보았듯, 의(義)에 대해 매우 신
중히 거론하고 있는 것이다. 주희는 천하의 인망(人望)을 잃은 군주
는 독부(獨夫)에 불과하다고 보아 냉정한 태도를 취했다. 그러나 정
약용은 「탕론」과 「일주서극은편변」에서 폭군방벌론을 논하면서도 부
적절한 군주를 교체하되 죽이지 않고 "원래의 제후 지위로 복귀"시

니다. 전하께서는 어찌 경솔하게 이런 말씀을 하십니까. …… 새로 왕
위에 나아가신 초기에 있어서, 아랫사람으로서 전하를 엿보는 자가 어
찌 반드시 없으리라 보장하겠습니까? 그런데 전하께서 마음의 근원을
맑게 하지 않고 권도를 바로잡지 않으시어, 말의 시비를 가리지 못해
서 공손한 것만 기뻐하시며, 일의 경중을 헤아리지 못해서 마음대로
하는 것만 힘쓰신다면, 전하께서 비록 요순의 자질이 있다 하더라도,
마침내 걸주의 결과를 면치 못하실 것이니, 깊이 생각하소서."(『燕山君
日記』 제8권, 연산군 1년 8월 6일자, 其君且以堯舜自居 而不知已墜於
桀紂之域 此亂世昏主之所爲也 殿下何輕發此言乎 …… 況新服之初 下
之窺殿下者 安可保其必無耶 倘殿下不淸心原 不正權度 不辨言之是非
而惟遜是悅 不度事之輕重 而惟自用是務 則殿下雖有堯舜之資 而終不
免於桀紂之歸矣 願留三思

킨다고 하고 있다. 이것은 의라기보다 인의 이념에 따르고 있으며, 또한 그가 봉건 시기의 군주는 '동등자(同等者) 사이의 대표자'일 뿐 '아버지와 같은 존재'로 보지 않았음을 알게 해준다.

그리하여 '위민론(爲民論)'에서 군주의 지위를 상식철학적으로 새롭게 정초한 정약용은 그것을 군주의 권한을 더욱 강화하는 방향으로 나아간다. 그것은 '황극론(皇極論)'이라고 부를 수 있다.

"황(皇)이 이 오복(五福)을 거둔다."고 한 것은 임금이 권강(權綱)을 총람(總攬)하여 수중에 간직하고 있으매 그것을 불면 우로(雨露)요 들이쉬면 상설(霜雪)이니, 만민의 생사존망(生死存亡)이 오직 임금에 달려 있으므로 첫째로 목숨(壽)의 권병(權柄)이 황극(皇極)에 있음이다. 척토촌지(尺土寸地)라도 왕전(王田) 아닌 것이 없고 미관말직(微官末職)이라도 왕신(王臣) 아닌 자가 없으니, 둘째로 부(富)의 권병이 황극에 있음이다. 휴양(休養)하고 생식(生息)하는 것도 임금의 은혜이고 구사(驅使)하고 노동하는 것도 임금의 명에 따르니, 셋째로 강녕(康寧)의 권병이 황극에 있음이다. 교화를 베풀어 인륜(人倫)을 밝히고 도(道)를 닦아 천리(天理)를 깨닫게 함도 임금이 사도(司徒)에게 명하고 임금이 전악(典樂)에게 명함이니, 넷째로 호덕(好德)의 권병이 황극에 있음이다. 그 공로와 행실을 감찰하고, 그 선악을 판정하여 혹은 승진시키고 혹은 더러운 이름이 남게끔 하니, 다섯째로 종명(終命)의 권병이 황극에 있음이다. 무릇 이처럼 위엄을 보이고 오복을 내리는 권병을 임금이기에 총람함이며, 임금이기에 오복을 두루 내려 그 백성에게 베풀 수 있는 것이다.315)

---

315) 『전서』 제2집 제25권, 「尙書古訓」(4) 斂時五福者 人主總攬權綱握之在
　　 手中也 噓之爲雨露 吸之爲霜雪 生死存亡有辟 是順一曰壽之柄在皇極
　　 也 尺土寸地 無非王田 斗祿鞭士 罔非王臣 二曰富之柄在皇極也 休養

대저 임금이 임금인 까닭은 오복(五福)의 권병을 임금이 잡고 있기 때문이다. 이 권병이 아래로 옮겨 가면 황극(皇極)은 곧 무너져 버린다.[316]

임금이 관직을 설치하고 직무를 분담시킨 것은 하늘의 일을 대신함이다. 삼공, 육경, 백집사 등 모든 신료는 각각 왕의 덕을 보필하여 인민의 기강을 세우며 예악형정(禮樂刑政), 재부갑병(財富甲兵)의 모든 일에 임해 그 진실하고 급절(急切)함에 성심을 다해야 할 것이다.[317]

이처럼 군주의 지위를 극단적일 만큼 높이는 사상은 군주를 '한 사람의 선비'로 보고, "군주도 일반 사대부와 같은 예(禮)를 따라야 한다."는 입장을 취했던 주자학적 정치론과는 분명한 차이가 있다. 또한 앞에서 보았듯 주자학에서는 무위이치(無爲而治)를 내세우며 임금은 수신에 우선 전념하고('성학론(聖學論)') 현명한 재상들을 제대로 기용하여 업무를 위임하면('재상중심론(宰相中心論)') 좋은 정치가 이루어진다고 주장한 반면, 정약용은 군주가 앞장서서 작위(作爲)함으로 재상(宰相) 이하 신하들이 분발하며 뒤따르게 된다고 보았다.

生息有辟 其恩驅使勞動有辟 其命三曰康寧之柄在皇極也 立敎以明倫 修道以達天 王命司徒 王命典樂 四曰攸好德之權在皇極也 稽其功行 定其善惡 或許之陟配 或賜之惡諡 五曰考終命之權在皇極也 凡此威福 之權 皇則攬之 皇則布之斂時五福 用敷錫厥庶民也

316) 『전서』 제2집 제25권, 「尙書古訓」(4) 大抵皇之所以爲皇以五福之權在 皇也 此權下移皇極乃亡

317) 『전서』 제5집 제1권, 「經世遺表」(1) "春官禮曹 治官之屬" 王者設官分 職 代理天工 三公六卿百執事之臣 皆所以輔君德立人紀 以至禮樂刑政 改財富甲兵 其眞實急切之務 在所盡心

주자학적 무위이치론과 성학론, 재상중심 정치론이 극에 달한 형태가 송시열(宋時烈) 이래 수립된 '세도론(世道論)'의 정치담론일 것이다.

> 전하(殿下)께서는 시기와 역량(力量)을 헤아리셔서, 이 시대에 쓸 만하지 못한 사람은 버리시고 이 시대에 쓸 만한 사람을 등용하시면 또한 한 시대의 일을 이룰 수 있을 것입니다.[318]

경연석상에서 임금(현종)의 정책을 신랄하게 비판한 끝에 나온 송시열의 이 발언은 은근히 "임금으로서 소임을 다하기가 어렵거든 현명한 신하를 택해서 그에게 세도(世道)의 책임을 맡겨라."는 뜻을 담고 있었다.[319] 신하(그것도 반드시 재상이 아니라, 직급에 관계없이 현명하고 유덕한 신하)가 임금의 권한을 대리할 뿐 아니라 사실상 '대체'할 수 있다는 세도론은 이후 이른바 '세도정치 시대'를 거쳐 이렇게 정리되었다. "그 사람이 비록 관직이 낮거나 관직은 없이 품계만 갖고 있더라도, 왕이 세도의 책임자로 정하면 영의정 이하 모든 관원이 그의 명령을 듣고, 모든 국가의 중요한 일과 관료의 보고를 세도에게 알린 다음에 왕에게 보고하고, 왕은 먼저 세도에게 물어본 다음에 결정한다."[320]

이와는 대척점(對蹠點)에 서 있던 정치론이 바로 황극론이었는데,

---

318) 殿下度時量力 不合於時用者舍之 合於時用者用之 亦足了一世事: 『顯宗實錄』 15권(현종 9년 10월 30일).
319) 김준석, 앞의 책, pp.277－278.
320) 박제형, 『근세조선정감』, 오종록, "세도정치", 「내일을 여는 역사」 2001 겨울호. p.74에서 인용.

『서경』「홍범(洪範)」에 "군주가 나라를 다스리는 지공지중(至公至中)의 법도"로 기록되어 있는 '황극'에 대해 주자학자들은 이를 성학론의 한 담론으로 채용하여, "군왕이 사심(私心)을 버리고 수신에 힘쓰면 천도에 합하여 음양이 조화를 이루게 되는 것"이라는 관념으로서 주로 천변재이에 임해 군주의 자성(自省)을 요구하며 거론했었다.[321]

반면 박세채(朴世采), 허목(許穆) 등 현종, 숙종 대에 노론에 대해

---

321) 가령 진순(陳淳)은 『북계자의』에서 황극을 "임금은 천하의 가운데에 있으므로, 몸을 바르게 하여 사방의 표준이 된다, 그래서 황극이라 한다."고 설명한다(陳淳, 『北溪字義』.「황극(皇極)」 人君中天下而立 則 正身以爲四方之標準 故謂之皇極). 또한 인조 1년 3월 26일의 경연에서 시독관(侍讀官) 이민구(李敏求)는 이렇게 황극을 설명한다. "황극은 외물(外物)이 아닙니다. 마음속에 둔 것이 치우침이나 당파성이 없으면 그것이 곧 황극이니, 고원(高遠)하여 행하기 어려운 일이 아닙니다. 평소 그 한마음(一心)을 바루어 상제(上帝)를 대하면 자연히 황극이 세워질 것입니다."(『仁祖實錄』 1권, 極非外物 存諸心者 無偏無黨 則 乃極也 此非高遠難行之事也 常時正其一心 對越上帝 則自然建極矣) 그리고 정조 19년 11월 24일의 상소에서 양주익(梁周翊)은 "하늘과 땅 사이에는 일극(一極)이 있으니 그것은 바로 하늘의 태극(太極)과 임금의 황극(皇極)이라고 여겨집니다. 수천 리 둘러싸인 우리 동토(東土)에서 만물(萬物)과 만사(萬事)를 그 누가 하나로 통일할 수 있겠습니까. 오직 전하만이 그 일을 하실 수가 있습니다(天地間有一極焉 天之太極 君之皇極是已 環東土數千里 物萬事萬 孰能一之 惟殿下可以一之)."라며 자못 정조의 황극론을 지지하는 듯한 발언으로 시작하되 끝에는 이처럼 성학론의 연장선에서 황극을 논하고 있다. "황극이라는 것은 전하의 몸에 있는 것이고 태극이라는 것은 전하의 마음에 있는 것이니, 마음을 우선하고 몸을 뒤로 해야 하는 것처럼 태극을 먼저 하고 황극을 뒤로 해야 한다는 것이 분명합니다(皇極者 在殿下之身 太極者 在殿下之心 其先心而後身 先太極而後皇極也明矣. 이상 『正祖實錄』 43권)." 이 밖에 『孝宗實錄』 18권(8년 2월 12일), 『顯宗實錄』 3권(1년 6월 1일), 16권(8년 2월 29일), 『肅宗實錄』 31권(23년 11월 25일), 38권(29년 8월 9일) 등의 기사를 보라.

'비주류(非主流)'로서 조정의 일익을 담당했던 소론, 남인계 인사들은 '황극'에서 여러 당파 위에 서서 군림하며 주재하는 군주의 상을 발견했다. 이 시각은 황극론을 영조, 정조 대의 탕평론(蕩平論)의 핵심 담론으로 채용하도록 했다. "군왕이 마음을 바르게 갖고, 공정하도록 수양한다."는 황극이 "군왕이 어느 당파에 치우치지 않고, 공정하게 기용하며 지도한다."는 황극으로 바뀐 것이다. 특히 정조는 이러한 황극론을 적극적으로 추구하는 정치를 했다. 그는 "편전(便殿)에 '탕탕평평실(蕩蕩平平室)'이라는 편액(扁額)을 걸고, '정구팔황(庭衢八荒)'이라는 글자를 크게 써서 여덟 창문머리에 붙이고는 아침저녁으로 바라보며 스스로 맹세로 삼았다."322)고 할 정도로 황극 이념을 추구했으며, 스스로 쓴 「만천명월주인옹자서(萬川明月主人翁自序)」에서는 스스로를 수많은 하천(萬川)에 두루 비치는 달[明月]에 비유하며 군주권의 절대화를 주장했다.323) 그리고 스스로를 '군사(君師)', 즉 군주인 동시에 신하들의 스승이라고 주장, 학행(學行)의 우월성을 들어 신하가 군주의 스승이 되어야 한다던 종래의 주자학적 세도론에 정면으로 충돌했다.

　　삼대(三代) 이전에는 총명과 예지(叡智)를 소유한 성인(聖人)들이 인금이 되고 스승이 되었는데, 삼대 이후로는 사도(師道)가 땅에 떨어져 군사(君師)의 책임을 제대로 다한 자가 있다는 말을 듣지 못하였다. 그러나 인(仁)을 행함에 있어서는 스승에게도 사양하지 않는다고

---

322) 『전서』 제1집, 제15권, 「詩文集」, "貞軒墓誌銘"
323) 이태진, "민본 이념 성립의 역사적 배경", 「한국사시민강좌」 제26집. 2000. pp.25-26; 박현모, 앞의 글, p.26.

성인께서 가르쳐 주셨으니, 오늘날의 세상에서 내가 어떻게 사도(師
道)를 자임하지 않을 수 있겠는가. 그리고 일단 사도를 펼치는 책무
를 자기의 직분으로 삼지 않을 수 없게 되었다면 사도가 있는 곳이
바로 도(道)가 있는 곳인데 도의 밖에 이치가 없고 이치의 밖에 의리
가 없다면 이치가 있는 곳이 바로 의리가 있는 곳이라 할 것이다. 내
가 군사(君師)의 위치에 있으면서 이미 이 의리에 대해 분명히 가려
깊이 살피고 확고하게 지키며 독실하게 믿고 있는 만큼, 지금 조정에
있는 신하의 입장으로서는 다만 가르침을 따르기에 겨를이 없어야
마땅하다.[324]

이처럼 정조가 정약용처럼 제왕의 권위를 강조하고, 단지 궁궐에
조용히 앉아서 성학(聖學)에 힘쓰는 군주가 아니라 적극적으로 정사
에 임하는 무일(無逸)의 군주상을 제시했다는 점, "군주와 백성 사이
에 중간 세력을 없애는" 정치 체제를 추구했다는 점, 또한 청년기의
정약용이 정조에게 매료되어 있었고 만년에도 정조에 대한 존경을
잃지 않았다는 점[325] 등에서 정약용은 정조의 정치사상을 답습, 부
연했을 따름이며 정조라는 한 인물의 그림자에서 벗어나지 못한 사

---

324) 정조 22년 7월 20일. 三代以上 聰明睿智之聖 作之君作之師 三代以下
則師道在下 未聞有能盡君師之責者 當仁不讓於師 聖人有訓 於今之世
予安得不以師道自任乎 旣不得不以師道之責爲己任 則師之所存 道之
所在 道外爲無理, 理外無義理之所在 卽義之所在也 予居師之位 已於
此義理 明辨而深察 固守而篤信 凡今在廷之臣 但當率敎之不暇(正祖
實錄 49권)
325) 정약용은 정조를 여러 차례 '성인(聖人)'이라고 지칭하며, 청년기에 정
조와 학문을 논하던 시절을 회상하며 "그때는 미처 그 가르침의 깊은
뜻을 깨닫지 못하였다가 이제 와서야 깨닫고 애통해한다."는 고백까지
남기고 있다.

상가였다고까지 해석하는 경우가 있다. 그러나 정약용은 분명히 정조의 영향을 받았으나 정조의 정치사상을 그대로 답습했다고는 볼 수 없다.

먼저 그는 정조가 남긴 독특한 정치제도를 자신의 개혁안에서 유지시키지 않는다. 장용영(壯勇營)의 경우 그것이 국초의 5위(衛) 체제를 복구하고 어느 정도는 병농일치(兵農一致)라는 이상 실현을 모색하는 점까지 있었지만[326] 정약용은 『경세유표』에서 장용영을 언급하지 않으며 종래의 5군영 체제를 기반으로 개혁을 모색하고 있다. 장용영이 '순수한' 군제개혁이라기보다 군주(정조)의 사적인 권력 강화를 위한 제도로서의 성격이 짙었기 때문일 것이다. 또한 정조가 심혈을 기울여 수립한 규장각(奎章閣)에 대해서도, 정약용은 "군주가 직접 쓴 글을 보관하는 곳"으로만 의미를 격하시키고, 학술 연구, 정책 연구, 언론 등의 기능을 일체 부정했다. 그리고 그 업무량에 비추어 별도의 부서(部署)로 독립할 필요가 없다고 하며 규장각의 사무를 홍문관과 태사원(太史院)에 분급시키고 있다.[327] 정조가 규장각

---

326) 『正祖實錄』 43권, 19년 11월 24일 기사 참조. 또한 박현모, 『정치가 정조』, 푸른역사. 2001. pp.312-316.

327) "규장각은 어제문자(御製文字)를 소장한다는 중요한 직책을 맡고 있다. 그러나 그 때문에 별도의 아문을 세우는 일은 옛 법에 비추어 적당하지 않을 것이다. …… 열성(列聖)의 어제문자는 이미 명산(名山)에 두루 보관되어 있으며, 내원(內苑)의 문자는 또 봉모당(奉謨堂)에 두고 있으니 규장각을 따로 두어 학사들을 근무토록 하는 일은 명실이 합하지 않는다. …… 홍문관 부제학이 봉모당 직학사(直學士)를 겸하고, 홍문관 수석교리 중 하나가 봉모당 첨학사(僉學士)를 겸하고, 수석정자 하나가 봉모당 대교(待教)를 겸하여, 때마다 문서를 정리하고 햇볕에 쬐어 말리게 하면 충분하다. 그리고 검서관(檢書官) 넷이 어제문자와 『일성록(日省錄)』을 정리하고 있는데, 그중 둘은 홍문관에서 문자

을 세우는 한편 초계문신(抄啓文臣) 제도를 도입해 자신의 친신(親臣) 세력을 확보하려고 한 조치에 대해서도 그는 인재를 뽑는 바른 방법이 못 되며, 어용(御用) 신료를 양성하는 제도에 불과하다며 반대 입장을 확실히 했다(그 자신 초계문신 출신이었으나).328) 또한 남인계의 학자들이 왕권 강화를 위해 의정부(議政府)를 폐지하고 승상(丞相) 제도를 부활시켜 임금 밑에 한 사람의 총리만 두게 하려는 개혁안을 제시한 데 반해, 정약용은 의정부가 상대(上代)의 삼공(三公)에 해당한다며 존속을 주장했다. 그는 나아가 군주에게는 현신(賢臣)의 보좌가 반드시 필요하다는 입장까지 폈다.

를 정리하고, 둘은 태서원에 보내 편사(編史)를 돕도록 하면 된다."『전서』제5집 제1권,「經世遺表」(1) "春官禮曹 禮官之屬" 奎章閣者 御製之所藏 顧其職豈不重矣 因此而別起衙門 恐非古意 …… 列聖御製 旣藏之名山 其在內苑者 又藏之於奉謨堂 別有守者 則學士之奎章閣 亦名實不副矣 …… 弘文館副提學 兼奉謨堂直學士 弘文館首校理一人 兼奉謨堂僉學士 其首正字一人 兼奉謨堂待敎 以時奉審以時曝晒 亦未爲闕事也 檢書官四人 本修御製及日省錄 其二人 宜留玉堂以修御製 其二人 宜送史局以助史役

328) "한 번이라도 이 선발을 거친 자는 의기가 위축되어 감히 고개를 들고 업무를 논하지 못하고 내내 머뭇거리기만 한다. 그러다 결국 군왕의 사인(私人)이 되어 버리니, 이는 좋은 제도가 못 된다. 신하로서 조정에 이름을 건 자가 문득 포부가 있다면 혹 소(疏)를 올리거나 임금께 직접 말씀을 드려 정사를 돕더라도 안 될 이유가 없거늘, 어찌 반드시 왕의 거자(擧子)로 굴복시켜 그 포부를 시험하는가? 초계해서 과시(課試)하는 법은 지금부터 혁파해야 마땅하다."『전서』제5집 제1권,「經世遺表」(1) "春官禮曹 禮官之屬" 凡一經此選者 意氣沮㦖 不敢抗顏論事 終身婘婀 便作人主之私人 此又法制之未善者也 人臣之通籍金閨 凡有所蘊 或上疏而論事 或獻議以輔政 無所不可 顧何屈必之爲擧子 以試其所蘊哉 臣謂抄啓課試之法 自今停罷宜矣

경건한 마음으로 소사(昭事)하는 사람은 상제(上帝)에게 그 정성이 닿으매 밀훈(密訓)을 받고 천명(天命)을 깨닫게 되니, 제왕 된 자로서 이런 사람을 얻지 못하면 나라를 다스리며 열조(烈祖)를 계승하지 못 하리라. 이런 사람을 얻은 다음에야 능히 선정(善政)을 베풀어 나라를 중흥(中興)할 수 있고, 혁명(革命)의 때에 임하여도 이러한 사람을 얻 어야만 능히 천명을 받아 창업에 성공하리라. 그러므로 소강(少康)이 미(靡)를 얻어 우임금의 사업을 계승했고, 태무(太戊)가 척(陟)을 얻어 은나라의 기강을 바로잡았고, 탕(湯)이 이윤(伊尹)을 얻어 하나라의 정치를 대신했으며, 문왕과 무왕이 상보(尙父)를 얻어 상나라의 군사 를 무찔렀다. 그 지모와 재능이 천하에 으뜸이었기에 그런 것이 아니 다. 그 신명스러운 정성이 능히 천명을 깨닫는 데 이르렀으므로 그를 세워 스승으로 삼고, 조언을 구한 다음 그에 따랐기 때문이다.[329]

나라의 중흥이나 역성혁명, 즉 거국적인 개혁정치가 필요한 시점 에서는 현신(賢臣)의 보좌가 반드시 필요하고, 그 현신은 천명(天命) 을 알고 있는 자(비록 천명이 내리는 대상은 군주이지만, 군주 자신 은 천명을 알아차리지 못한다)이며 군주의 스승이 된다. 즉 군주가 신하들의 스승이 된다는 정조의 황극론은 정면으로 부정되어 버린다.

그것은 근본적으로 정조의 황극론, 성왕론(聖王論)이 노론(老論)의 성학론(聖學論)에 반대하는 듯하면서도 그 논리를 답습하고 있다는

---

329) 『전서』 제2집 제32권, 「梅氏書評」(4) "逸周書克殷篇辨" 厥有虔心昭事 之人 格于上帝 能躬承密訓 灼之天命 爲帝王者 不得此人 不敢以爲國 承祖考之緖者 得此人然後 能至治以中興 値鼎革之際者 得此人然後 能受命而肇業 故少康得靡 以復禹緒 太戊得陟 以正殷綱 湯得伊尹 以 代夏政 文武得尙父 以殲商戎 非其智謀才術無敵於天下也 乃其神明之 衷 能格知天命 故立之爲師 詢其言而順之

데서 출발한다. 성학론은 군주가 무엇보다 학문과 수양에 힘써야 한다고 하며, 그 논리가 극단으로 이어지면 군주가 용렬하여 성학을 해낼 수 없을 경우 현명하고 유덕한 신하에게 세도(世道)의 임무를 위탁해야 된다는 세도론이 된다. 그런데 정조의 성왕론은 군주 자신이 신하들을 압도할 만큼 학문과 덕행에서 앞선다는 점을 전제로 한다. 그러나 도대체 학문에 전업(專業)하는 사대부(특히 사림)보다 군주가 학문에서 뛰어나기란, 그러면서도 무일(無逸)의 군주로서 모든 정무에 적극적으로 임하기란 극히 어려운 일이다. 정조와 같은 천재라면 가능했을지도 모르지만, 보통의 군주에게는 요구하기 어려운 조건이 아닐 수 없다. 그보다는 반드시 학문과 수양에 전념하지 않아도 선정(善政)을 펼 수 있다는 논리가 필요한 것이다. 또한 현실적으로 군주가 학문과 실무 모두에서 절대적인 권위를 자임(自任)할 경우 신하들은 자율성을 잃고 군주의 지시를 맹목적으로 따르기만 하는 '예스맨(yesman)'이 되거나, 아예 정권에 참여할 뜻을 잃고 반체제 세력이 되거나 할 소지가 있다.

정책 실무에 있어서도, 정조와 정약용의 노선은 비슷하면서도 크게 다른 점이 있었다. 무엇보다 정약용은 전제의 개혁을 최고의 급선무로 여겼지만, 정조는 내내 소극적인 입장이었다. 그는 재위 중 네 차례에 걸쳐 "정전법은 먼 옛날의 일로, 지금은 시행이 불가능하다."는 공언(公言)을 남겼다.330) 그리고 다시 네 차례에 걸쳐 "태아(太阿)의 칼자루가 내 손에 있다."고 발언했다.331) 이는 물론 행형

---

330) 『正祖實錄』 15년 1월 22일(32권), 19년 11월 24일(43권), 20년 9월 29일(45권), 22년 2월 22일(53권).
331) 『正祖實錄』 16년 3월 15일(34권), 16년 4월 3일(34권), 16년 4월 9일

(行刑) 관련 중대한 결단을 내릴 때 조선의 군주들이 사용하던 관용적인 표현이었으나, 정약용이 "정전제가 복구되지 않고, 천하의 전지(田地)가 대부분 사전(私田)으로 남아 있는 한 태아의 칼자루는 거꾸로 잡혀 있는 것"이라고 분명히 못 박고 있는 점(이에 대해서는 후술한다)과 대조되지 않을 수 없다.

또한 정조는 '중간 세력'을 약화시키는 과정에서 여러 당파의 소속자에게 균등하게 직위를 배분하는 탕평책과 수령의 권한을 강화하고 재지사족(在地士族)의 힘을 억제하는 정책을 취했다.[332] 그러나 정약용의 입장에서 관직의 배분은 오직 재능과 덕을 기준으로 이루어져야 하며, 정치적 타협에 따라 이루어져서는 안 되었다. 또한 그는 중앙의 권위와 수령의 권력만으로는 '의(義)보다 이(利)에 목마르고' 한편 현지 사정과 실무(實務)에 밝은 소인들(아전이 그 대표이다)의 발호(跋扈)를 효과적으로 차단하며 민생을 안정시킬 수 없다고 보았으며, 따라서 재지사족의 입지를 강화하려 하였다(역시 후술한다).

그리고 군사 면에서의 병농일치제, 관리 임용 면에서의 향거이선제(鄕擧里選制) 등 '고법(古法)을 복원'한다는 이상 등에 있어 정조는 정약용과 뜻을 같이했다. 하지만 현실적인 문제를 들어 처음부터 포기하거나, 후반기에 들어서야 최소한의 시험적 시도를 하는 데 그치고 있다.[333]

(34권), 16년 12월 2일(36권).

332) 박현모, 앞의 책. pp.358-369.

333) 정조는 즉위 직후의 윤음(綸音)에서 과거제의 폐단을 지적하고 향거이선제의 복원 의지를 천명했으나, "경장해 가기가 어려워 마침내 실현하지 못했다."(『正祖實錄』 제1권, 즉위년 5월 28일자 기사) 한편 병농

　　결국 정조는 정약용과 비슷한 정치적 목적(goal)을 갖고 있었다. 그러나 그 목표(object)에 있어서 차이가 있었고. 그것은 기본적으로 자신의 개인적 역량과 기존의 정치권력만으로 개혁이 가능하다고 본 정조에 비해 정약용은 정치경제적 기반의 조성을 전제로 한 체계적인 제도 개혁이 선행되어야 비로소 개혁을 실현할 왕권이 확립될 수 있다고 다른 시각을 가졌던 점에서 비롯된다.

　　그리고 정약용은 군주이든 신하이든 독재 체제를 구축하는 일에 반대하였으며, 그런 의미에서 노론의 세도론과 정조의 성왕론적 황극론에 모두 반대하였다. 우선 그는 군주의 기본 임무를 작위가 아닌 수신에 둔다는 점, 재상조차도 아닌 재야의 사림(士林)에게 도덕주의적 지도자로서 최고 권력을 부여한다는 점에서 합리적·실용적 행정이 이루어지기 힘든 점, 붕당(朋黨)과 일당독재(一黨獨裁)를 긍정함으로써 황극의 지공지중함에 어긋난다는 점, 군주의 명령을 정면으로 무시하고 거부하는 행위(임명권자에게 대한 '역(逆)')까지도 긍정된다는 점에서 세도론과 대척점에 섰다. 세도론은, 아니 주자학적 정치론 전반은 스스로 지공(至公)을 말하지만 결국 사(私)에 치우치며, 그 결과 '중간세력'으로서 군주와 민 사이에 개입하여 왕자(王者)가 추진했던 진정한 개혁을 여러 차례 좌절시켰다. 대동법(大同法)이 온갖 우여곡절(迂餘曲折)을 거치며 쉽사리 시행되지 못한 일,334) 그리고 사창제(社倉制) 개혁이 무산된 일335) 등이 그런 예였다.

일치제는 장용영을 통해 "먼저 작은 구석부터 시험해 보았다."(『正祖實錄』 제43권, 19년 11월 24일자 기사)고 했으나, 백성들이 자기 고향에 머무르며 농사와 군사훈련을 병행하는 방식과는 크게 동떨어져 있었다.

334) 『전서』 제5집 제11권, 「經世遺表」(11) "地官修制 賦貢制(7)"

또한 세도론은 의(義)를 특히 중요시하는 담론이었다. 송시열이 제자인 윤휴(尹鑴)의 아버지를 공격하면서 "인정상 못 할 일이나 세도의 책임을 맡은 사람으로서 할 수밖에 없는 일"이라고 자신을 변호한 데서도 볼 수 있다. 그러나 앞서 본 대로 정약용은 인(仁)－효제(孝悌)의 명덕을 우선시했다.336) 그리고 군주에 대한 충성을 효로, 또한 효제에서 우러나는 경(敬)의 정신으로 설명했다.337) 그런 정약용이 세도정치에 찬성할 수는 없었다.

그러나 정조와 같은 방식의 황극론 역시 또 하나의 '세도정치'를 낳을 수 있다는 점에서 기피되었다.338) 황극의 권력을 군주의 지위 또는 그 정권(政權)이 아니라 군주 개인에게 부여할 경우에는 "군주의 욕심이란 끝이 없는(人主之逸慾無限)" 이상 폭군정치가 초래될 수도 있었다. 또는 정약용 자신이 홍국영(洪國榮)의 예에서 목격했듯, 군주가 친애하는 한두 사람의 신하나 왕당파(王黨派)가 사익(私益)에 치우치고 몰상식한 세도(勢道)를 부리는 결과를 초래할 수도 있었다.339)

---

335) 『전서』 제5집 제12권, 「經世遺表」(12) "地官修制 倉廩之儲(1)"

336) "우리의 평생의 행동이 인(仁) 한 글자를 벗어나지 않는다."(『전서』 제2집 제12권, 「論語古今註」(6) 吾人之一生行事 不外乎仁一字)

337) 당시 왕권론자와 신권론자들이 첨예하게 대립했던 복제(服制) 문제에 있어서도, 정약용은 왕권론자들과 같이 3년상을 치러야 한다는 결론을 내리되 그 근거를 "핏줄에게 박하게 대할 수 없다"는 효(孝)와 인(仁)의 원리에서 찾았다.

338) 실제로 정조 이후의 '세도정치'는 군주권을 극도로 제약하고 척신(戚臣) 위주의 벌열정치였다는 점에서 정조의 이상(理想)은 물론 유교의 일반적 이상과도 동떨어져 있었지만, 표면적으로는 정조의 사상을 그 중심사상으로 내세우면서 그 계승과 실천을 거듭 강조하는 가운데 진행되었다. 유미림, 앞의 책, pp.185－206. 참조.

공자(孔子)가 온 천하를 주유한 것이 주왕(周王)을 높이려 함이었습니까. 아니면 왕도(王道)가 행해지도록 하기 위함이었습니까.340)

오제(五帝)는 천자의 지위를 하나의 관직에 불과한 것처럼 보았다.341)

결국 정약용의 황극론은 군주의 지위를 현저하게 높였지만, 그것은 군주라는 제도이지 군주 개인의 의미가 아니었다. 정약용이 지향한 강력한 군주제는 성실하고 진취적인 정치 행동을 통해 상(常)을 구현하고 정치적 이상을 달성하기 위한 군주제였지, "군주의 목욕수건을 받들 수 있는 영광이 귀족의 조건이 되는" 절대왕정(絶對王政)이나 "모든 국민은 군주 한 사람의 가축(家畜)과 같은" 전제군주제가 아니었다.342) 즉 현신으로 표현되는 원로급 신하들(붕당을 구성하지는 않는)과 군주의 실용적 연합 체제, 일종의 리더십 팀(leadership team)이 황극의 담당자였다. 이 정권은 일사불란하게 조직된 관료제와 정전제(丁田制)로 확보된 경제권을 운용하며 필요한 개혁을 강력

---

339) 정약용은 채제공(蔡濟恭)의 유사(遺事)와 홍화보(洪和輔)의 묘갈명 등에서 홍국영에 대해 신랄한 비판을 가하고 있다. 『전서』 제1집 제17권, 「詩文集」, "樊翁遺事"; 『전서』 제1집 제17권, 「詩文集」, "咸鏡北道兵馬節度使洪公墓碣銘"

340) 『전서』 제1집 제8권, "孟子策" 臣以爲孔子之轍環天下 其爲尊王歟 抑爲行王歟

341) 『전서』 제2집 제23권, 「尙書古訓」(2) 五帝之視天位如官署

342) 정약용의 황극론을 일종의 '국가론'과 같이 보는 경우는 배병삼, 앞의 글(1993); 박현모, "정약용의 군주론: 정조와의 관계를 중심으로", 「정치사상연구」 8집. 2003. 봄. 반대로 정약용이 서구의 절대주의 또는 전제군주제와 같은 체제를 지향했다고 보는 경우는 이지형, 앞의 책; 이영훈, 앞의 글; 임형택(정약용의 정치권력론이 전기에는 민주주의적이었으나 후기에는 전제군주제 옹호로 전환했다고 봄), 앞의 글.

하게 추진한다.

> 마땅히 한두 대신과 그 논의를 흠정(欽定)한 다음, 3일 동안 재계(齋戒)하고 태묘(太廟)에 든다. 그리고 태조, 태종, 세종, 세조와 열성조께 명확히 고하기를, "경계를 다스려서 위로 왕도를 따르고, 아래로 민생을 편하게 하며, 만세(萬歲)를 위하여 경법(經法)을 세우고 기율(紀律)을 펴겠습니다." 한다. 이에 돈화문(敦化門)에 올라 문무백관(文武百官)과 육부팔도(六部八道)의 백성을 모아 놓고 크게 호령하여 포고한다. "내가 너희의 설움을 없애 주리라. 너희는 두려워하지 말지어다."343)

(2) 관료제의 개혁과 고적제도

정약용은 『경세유표』에서 『주례』를 근거로 삼으며 기존의 관제 편제 방식과는 여러 가지로 달라지는 개혁을 주장했다. 그중 하나는 의정부 아래 6조에 모든 정부 부처들을 배속시키는 것이었다. 본래 종친부(宗親府), 충훈부(忠勳府), 의빈부(儀賓府), 돈령부(敦寧府), 중추부(中樞府)의 소위 5상사(上司)는 6조의 밖에 있었다. 그러나 정약용은

> 선왕의 법에 모든 관원을 모두 6관에 예속시키고 오직 삼공반이 6관의 위에 있다고 나와 있다. 이는 군주가 법을 세움에 있어 엄숙하

---

343) 『전서』 제5집 제7권, 「經世遺表」(7) "地官修制　田制(9)" 宜與一二大臣
　　欽定厥議　三日齋戒　乃入太廟　昭告我太祖太宗世宗世祖列聖先王曰　將
　　理經界　上遵王道　下安民生　爲萬歲立經陳紀　乃御敦化門　集文武百官
　　六部八道之民　布告大號曰　予罔汝恫　汝其無恐

고 간략함이며, 법이란 이와 같아야 한다. 『주례』에는 도종인(都宗人)
과 가종인(家宗人)이 모두 춘관에 소속되었고 도사마(都司馬)와 가사
마(家司馬)는 모두 하관에 소속된다. 도(都)란 왕의 자제들의 집이며,
가(家)란 선왕의 자제들의 집이다. 그러니 5상사가 비록 존귀하다 해
도 그 낭관(郎官)을 이조에 소속케 함이 무엇이 문제이겠는가?[344]

　이렇게 주장하며 종친부, 의빈부, 돈령부를 이조에, 충훈부, 중추
부는 병조에 소속시켰다. 왕실의 친인척들과 원훈공신(元勳功臣)들
에 관한 업무를 수행하는 이들 부서들을 6조에 소속시킴은 행정사무
를 일원화하고 일사불란하게 한다는 의미가 있다. 한편 의정부는 존
속시키고 있으니, 군주－의정부 대신－6조의 실무자로 이어지는 위
계질서는 6조직계제(六曹直啓制)의 중앙집권적 성격과 의정부서사제
(議政府敍事制)의 협의정치적 성격을 함께 갖추도록 배려한 결과라
고 보아야 한다. 한편 서구의 근대정부 체제에서 보듯, 왕실에 관련
된 부서가 일반 정부기구와 독립하면서 왕실의 행정업무에서 국가의
행정업무가 분리되는 구도와는 오히려 반대의 모습이다. 그것은 앞
서 본 대로 정약용이 추구하는 이상적 정치가 덕의 흥기(興起), 적
극적 의미의 윤리가 정치와 통합된 형태의 정치이므로 당연했다. 정
약용이 생각하는 정부기구는 단지 재무, 외무, 병무 등에서 효율적
업무처리만 수행하면 되는 조직이 아니었다.
　한편 내수사(內需司)도 이조에 소속되었는데, 왕실의 재정을 총괄

---

344) 『전서』 제5집 제1권, 「經世遺表」(1) "天官吏曹　治官之屬" 先王之法
　　百工庶官皆屬六官　唯三公在六官之上　王者立法　宜嚴簡如是也　周禮
　　都宗人家宗人皆屬春官　都司馬家司馬皆屬夏官　都者王子弟之所宅也
　　家者先王子弟之家也　然則五上司雖尊　其郎官之屬於吏曹抑又何害

230

하는 내수사의 경우 군주권의 제약을 추구하던 노론 주자학자들은 물론 소론의 박세당(朴世堂), 박세채나 남인 실학파 유형원에 이르기까지 혁파를 강력히 주장해 온 부서였다. 왕실이 무리하게 백성의 토지와 노비를 침해하는 본거지가 바로 내수사였고, 따라서 절용(節用), 애민(愛民)의 이념에 모두 어긋날 뿐인 부서를 혁파하거나 호조에 귀속시켜야 마땅하다는 것이었다.345) 이를 염두에 두지 않았을리 없는 정약용은 『경세유표』에 내수사를 기록하면서 다른 부서들을 기록할 때와는 달리 별다른 설명을 덧붙이지 않고, 부서명과 그에 딸린 관원(官員)의 사항만 기록하고 있다. 그가 개혁의 대상으로 지목되고 있던 내수사를 존속시키기로 한 것은 왕권의 옹호라는 뜻도 있었겠지만, 내수사가 사전(私田)을 왕전(王田)으로 만들고 있던 행태와도 관련이 있으리라 본다. 그는 어떻게 해서든 국가 전체적인 개혁을 하려면 국가 소유의 공전(公田)이 늘어나야 한다고 생각했기 때문이다.(후술한다) 하지만 종래 6조에 독립적이었던 내수사를 이조 소속으로 한 점은 앞서 5상사와 같은 행정의 중앙집권화 원칙에 따른 것이다.

앞서 본 것처럼, 정약용은 대간(臺諫)을 폐지해야 마땅하다고 보았으나 '시속(時俗)을 살펴', 폐지는 하지 않고 대신 6조에 분할 소속시키는 선에서 개혁을 마치고 있다. 이 역시 중앙집권화 원칙을 따르는 한편, 대간 제도를 중심으로 신권이 왕권을 억압하고 집권 붕당이 반대당을 탄압하는 정치 현실을 극복하려는 취지이다.346)

---

345) 김준석, 앞의 책, pp.309－311.
346) 천주교 박해 당시, 정약용 자신과 그의 친족, 학우들이 바로 "오직 대
간의 계사(啓辭)로 시작해서(夫臺啓以發之)" 고문과 유배, 처형에 이

「직관론」에서 대간과 함께 폐지를 논했던 청화직(淸華職), 즉 문학(文學) 계통의 관직의 경우, 『경세유표』에서도 다음과 같이 그 존립필요성을 통렬히 부정하고 있다.

> 문사(文詞)의 경조부박(輕佻浮薄)한 재주나 소위 높고도 뛰어나다는 청화직은, 모두 세도(世道)를 해치고 국정을 병들게 하기에 족하다. 이 관직을 가진 자의 명성을 높이고 그 자손에게 혜택을 주기 위한 자리에 불과한 것이다. 사대부에게는 약간의 이익이지만, 국가에는 큰 손해다.[347]

그리고 홍문관(弘文館)은 존치하되 예문관(藝文館)은 홍문관에 흡수 합병시킨다. 그리고 규장각(奎章閣)의 경우, 앞서 보았듯, 독립 기구로서의 성격을 박탈한다. 대체로 이 문학관료들은 대간과 함께 언론을 형성하여, 지나친 도덕주의로 왕권과 실무 행정을 방해하거나 아니면 초계문신처럼 어용 관료화될 소지가 충분했던 한편 '재부염산' 쪽의 실력은 없었으므로 되도록 감축, 억제해야 마땅하다고 본 것이다.

두 차례의 대전(大戰)을 겪은 후, 변방(邊方)의 움직임에 빠르게 대처하고 군사 업무를 통합적으로 처리할 수 있도록 수립된 비변사(備邊司)가 상설화되고 의정부와 6조의 업무를 총괄 처리하게 되었

르렀다는 점에서 대간 제도에 대한 그의 혐오, 기피는 누구보다도 절절했을 것이다. 『전서』 제1집 제15권, 「詩文集」, "貞軒墓誌銘" 참조.
347) 『전서』 제5집 제1권, 「經世遺表」(1) "春官禮曹 禮官之屬" 其文詞浮淺之技 淸華超絶之職 皆足以病世道而癢國政 不過使居是職者 榮其姓名 澤其子孫而已 此士大夫之小利而國家之浹害也

다. 이는 행정질서의 난맥(亂脈)과 부처별 업무기능의 중복(重複) 등 많은 문제점을 낳았을 뿐 아니라 세도정권이 왕권을 능가할 만한 세력을 집중시키는 온상이 되어[348] 전부터 개혁안이 대두되었는데, 정약용은 비변사와 중추부를 합쳐 중추부로 일원화하고, 그 업무는 변방의 상황에 대비하는 업무에만 국한시켜 의정부−6조 체제를 복원하게 했다.[349]

그리고 앞서 본 대로 호조는 재무 외에 교민의 업무를 관장케 하여, 육부, 육학을 배속시켰다. 이처럼 『경세유표』 등에서 제시된 정약용의 중앙관제개혁안은 전체적으로 자신의 정치철학을 반영하도록 구상된 한편, 각 부서의 배치와 업무분장(業務分掌)은 "지휘 통솔 계통이 분명하도록 하고"[350] "이름과 실질이 부합하도록 하는"[351]

---

348) 조성을, "정약용의 중앙관제 개혁론", 「동방학지」 제89·90합집호. 1995. p.306.

349) 『전서』 제5집 제2권, 「經世遺表」(2) "夏官兵曹 政官之屬"

350) "관직제도는 통솔되는 데가 있어야만 한다. 큰 벼리로 잔 그물눈을 거느리고, 큰 줄기로써 잔가지를 거느린 다음에야 혈맥이 유통되며 호령에 막힘이 없다. 만약 자잘한 것들이 각자 제멋대로 하여 관원이 스스로 어느 관직에 배속되었는지도 모르고, 그 관직이 어느 관청에 배속되었는지도 모르며, 그 관청이 6조 중 어디에 배속되었는지도 몰라서, 마치 장수 없는 병사처럼 제각기 헤매는 것은 군왕의 건극(建極) 법도가 아니다."(『전서』 제5집 제2권, 「經世遺表」(2) "夏官兵曹 政官之屬" 職官之制 宜有統有率 以宏綱統細目 以大幹統小枝 然後血脈流通號令無滯 若零零瑣瑣 各自爲命 不知其身隷於何官 不知其官隷於何司 不知其司隷於何曹 一似無將之卒 各自逍遙 非一王建極之法制也)

351) "관직제도에 이름과 실질이 부합하지 않으면, 관직에 소속된 자가 봉직할 바를 모르게 된다. 그것은 필연의 이치다."(『전서』 제5집 제2권, 「經世遺表」(2) "夏官兵曹 政官之屬" 職官之制 名實不副 則居官之人 不知奉職 此必然之理也)

원칙을 가지고 이루어지고 있다.

정약용은 지방행정구역을 기존의 8도(八道)에서 12성(省)으로 개편했다. "중국처럼 큰 나라도 13성에 불과하니 우리나라는 8도 또한 지나친 셈"352)이지만, 이를 더 세분한 이유는 신속하고 합리적인 행정의 필요성에 있었다. 즉 지역이 넓고 인구가 분산된 함경도, 평안도는 통제의 중심지가 하나로는 불안하고, 반대로 인구가 많고 밀집되어 있는 전라도, 경상도는 하나로는 업무가 과중하므로 이들 지역을 더욱 세분하여 통솔하는 게 낫다는 것이었다.

여기서 정약용이 기왕의 군현제를 해소하며 사실상의 봉건제를 통해 철저한 지방자치를 실현하려 했다는 주장이 있다. 배병삼(1993)은 『경세유표』에서 정약용이 "고염무(顧炎武)의 『군현론(郡縣論)』에서는 군현제에 봉건제를 접목하려 했다."고 언급한 내용과 다시 「고적의」에서 "고염무의 『군현론』을 시행하면 나라가 태평해질 것이다."고 언급한 내용을 근거로 정약용 역시 군현제 내에서 봉건제를 시행하려 했다고 본다. 다만 고염무는 지방관들을 세습케 함으로써 '군현제 내 봉건제'를 시행하지만 "「원목」, 「탕론」, 「일주서극은편변」 등에서 세습제를 부정한" 정약용은 지방관이 세습 대신 추대(推戴)로 뽑히고, 중앙정부는 이를 철저한 고적제를 통해 통제하는 방식의 '이중 체제(二重體制)'를 구축하려 했다고 주장한다.353) 이때 지방관이 '자치단체'의 추대로 뽑힌다는 근거는 「원목」, 「탕론」, 「일주서극은편변」에서 제시된 하이상(下而上)의 추대 방식 그리고 「전론(田論)」

---

352) 『전서』 제5집 제3권, 「經世遺表」(3) "天官修制 郡縣分隷" 中國之大而
　　不過爲十三省 則我邦之分之爲八道亦過矣
353) 배병삼, 앞의 글(1993), pp.196－206.

에서 제시된 여전제(閭田制)의 자치적 성격이다.354)

그러나 하이상의 추대 방식이 오늘날에는(적어도 "정전제가 시행
되지 않고 법제가 정비되지 않아 교화가 제대로 베풀어지지 못하는"
오늘날에는) 부적절하다는 점은 앞에서 이미 논하였다. 그리고 여전
제의 자치적 성격이란 여(閭) 소속의 20~30가구 주민들이 "오직 여
장(閭長)의 명령만을 듣는다."355)는 언급에 근거하는데, 여장은 기본
적으로 여민(閭民)들의 노동 일수를 기록하고 농정을 지휘하는 역할
을 맡으며, 여기에 가능하면 군 편성 시에 여장이 초관(哨官)으로서
여민들을 지휘하는 역할도 맡는 것으로 되어 있다. 즉 여장이 여 공
동체의 모든 사무를 총괄한다는 언급은 없으며(노동 기록과 군사 지
휘라면 실제로 그 권력은 아무도 제어할 수 없겠지만), 그를 선거로
뽑는다는 언급은 더더욱 없다. 그리고 어차피 조선의 지방관제에서
중앙에서 파견되는 수령은 현(縣)까지이며, 면(面)과 이(里)는 자치에
맡기고 있었다(여는 이보다 아래 단계의 기초적 단체다). 배병삼은
여장에서 성장(省長)에 이르는 모든 지방 수령들이 「원목」에서와 같
은 순차적 추대의 방식으로(여민이 여장을 추대하고, 여장들이 이장
을 추대하고, 이장들이 방장(坊長)을 추대하고…… 하는 식으로) 선출
되는 구도를 정약용이 그렸다고 보았으나, 『경세유표』에는 이조 휘
하에 유수(留守), 순찰사(巡察使), 군수(郡守), 현령(縣令) 등 외관직
(外官職)이 수록되어 있다. 그리고 만일 이들을 모두 지방민들에 의
해 추대되어 충원되게끔 한다 해도, 중앙의 고적제를 실시하는 이상
그것은 지방관이 이중으로 소속되는 결과를 낳아 정치‒행정적 혼란

---

354) 위의 글, pp.135‒138.
355) 『전서』 제1집 제11권, 「詩文集」, "田論"(3) 唯閭長之命是聽

에 빠질 수밖에 없다(가령 시장을 선거를 통해 뽑고는, 중앙에서 업무평가를 통해 그를 해임한다고 생각해 보라). 중앙관제의 개혁을 논하며 정약용이 강조했던 원칙이 지휘-통솔 계통을 분명하게 가다듬는 것이었음을 상기할 때, 그가 지방관의 입지를 이처럼 모호하게 만들 생각을 했을 것 같지는 않다.

이렇게 볼 때 정약용의 지방행정 개혁은 행정적 효율성, 합리성을 우선시한 결과로 보이며, 아울러 장차 실시할 토지개혁을 대비하여 지방의 구체제를 일신하는 효과도 노렸으리라는 추정을 할 수 있다.

고적제도는 정전제와 함께 정약용이 그 중요성을 유난히 강조하고 있는 제도이다.

> 나라를 다스리는 근본의 법제와 정책으로 이전(二典)과 이모(二謨)의 고적제보다 나은 것은 없다. 이것이 바로 요순의 지치(至治)를 이룩한 근거였다.[356]

> 이 법을 시행한다면 태평의 치세를 조석(朝夕)에 기대할 수 있다. 요순이 요순의 정치를 한 것이 고적하는 한 가지 일에서 벗어나지 않았으니, 내가 감히 망령된 말을 하는 것이 아니다.[357]

정약용은 『서경』「요전(堯典)」에 보이는 "다섯 해에 한 차례 순수(巡狩)하면 군후는 네 번 조회하여 직접 뵙고 말씀을 올리며, 그 공

---

356) 『전서』 제1집 제20권, 「詩文集」, "上仲氏"
357) 『전서』 제5집 제4권, 「經世遺表」(4) "天官修制 考績之法" 此法若行 太平之治可朝暮俟也 堯舜之所以爲堯舜之治 不外乎考績一事 臣不敢 爲妄言也

으로써 시험하였다."는 내용을 고적제의 원형으로 보고 있다.358) 한편 『주례』의 고적제는 연간 1회 실시하며, 그것은 『서경』의 경우처럼 직접 아룀[敷奏]이 아니라 특정 기구에서 각 기관의 업무 보고를 받은 후 군주에게 보고하여 관원의 출척(黜陟)을 결정하는 것이다.359) 그리고 태조(太祖) 이래 조선왕조에서도 연간 2회 관료들의 포폄(褒貶) – 고적을 실시하고 있었다.

그러나 정약용은 네 가지 면에서 기존의 고적법을 개혁하고자 했다. 첫째, 연 2회의 고적을 연 1회로 줄이고, 세말(歲末)에 실시해 이듬해 봄에 결과를 발표하도록 한다. 당시 고적이 상당히 형식에 그치던 점을 주목하던 정약용은 연 2회, 어떤 경우에는 지방 수령이 부임한 지 불과 50일 만에 고적을 실시하는 것은 업무의 실질적 평가를 불가능하게 한다고 여겼다. 둘째, 고적의 대상을 영의정 이하 모든 관료로 정했다.360) 정약용에 앞서 고적제 개혁을 진지하게 논했던 실학자인 유수원(柳壽垣)의 경우 현행 고적제에 대해 많은 부분에 있어 정약용과 문제의식을 같이했으나, 내직(內職) 당상관(堂上官) 이상은 고적에서 제외하고 군주의 재량에 따라 출척하도록 정했던 점361)과 대조된다. 셋째, 상지상(上之上)에서 하지하(下之下)에

---

358) 『전서』 제2집 제23권, 「尙書古訓」(2) 五載一巡守 群后四朝 敷奏以言 明試以功 車服以庸
359) 『전서』 제5집 제4권, 「經世遺表」(4) "天官修制 考績之法"
360) "후세에 고적할 때는 오직 미관(微官), 소리(小吏), 출신이 비색하고 처지가 딱한 자들만을 두고 고하를 매겼으나, 순임금의 고적은 설사 원훈(元勳)과 대신(大臣)이라도 용서가 없었다."(『전서』 제5집 제4권, 「經世遺表」(4) "天官修制 考績之法" 後世考績 唯執微官小吏殘卑可憐之人 第其高下 舜之考績 雖元勳大臣 莫之饒焉)
361) 유수원, 『迂書』 제3권 「論考績事宜」

이르기까지 9등급을 각 등급별로 정원을 정해 평가하고, 3년 동안 이루어진 평가를 합산(合算)해서 상등자는 품계(品階)를 올리고 하등자는 1년 등급이 하지하일 경우 곧바로 면직시키고 하지상, 하지중 등을 받아 3년 합산이 하등이 된 사람은 품계를 낮춘다. 이는 현행 고적제에서는 상중하(上中下) 3등급으로만 나누는데다 사실상 상등자의 승진이 이루어지지 않고 하등자의 징계만 이루어지며, 그나마 정치적 배려와 정실(情實)에 따라 왜곡되고 있었던 현실을 바로잡으려는 것이었다. 셋째, 기존 고적제가 평가 항목이나 평가안(評價案)에 있어 모호하고 비현실적이었던 데[362] 반하여 각 부서마다 일정한 항목을 가지고 반드시 구체적인 사실을 들어 평가하도록 했다. 특히 지방 수령의 경우 율기(律己), 봉공(奉公), 애민(愛民), 이전(吏典), 호전(戶典), 예전(禮典), 병전(兵典), 형전(刑典), 공전(工典)의 9사(事)에 있어 각각 6조목(條目)씩 평가하여 모두 54조목으로 평가받는다. 넷째, 삼대(三代)의 예를 좇아 직접 군주 앞에 나서서 스스로의 공적을 설명하는 주적(奏積) 방식이 진정한 고적의 묘리(妙理)라 하면서,[363] 다만 현실적인 문제가 있는 이상 내직은 문서로 대체하

---

362) 가령 "고요하고 단아한 다스림이여, 경내가 편안하도다(恬雅之治 一境晏如)", "그 가문의 법도를 본받으니, 빛나는 명예를 구하지 않도다(故家遺範 不求赫譽)" 등이다. 『전서』 제1집 제20권, 「詩文集」, "上仲氏"

363) "고적하는 묘리는 오로지 주적에 있다. 참으로 사람의 본성은 선하므로 비록 악인이라도 한 가닥 염치가 없을 수 없다. 그러므로 하지 않은 일을 임금 앞에서 했다고 이러쿵저러쿵 둘러대는 일은 대개 사람으로서는 차마 못 한다. 하물며 이미 말로써 아뢰고 다시 공장(功狀)이 있으니, 집법(執法)의 신하가 곧 그 허실(虛實)을 가려낼 터이니 감히 간사하게 거짓을 꾸며낼 수 있겠는가? 당우(唐虞) 시대가 지치(至治)를 이룩한 이유는 그 묘리가 오로지 주적으로 고적함에 있었다. 내

238

되 외직(外職)은 감사(監司)에서 변장(邊將)까지 매년 문서로 보고를 한 다음 3년에 한 번은 직접 서울에 올라와 군주 면전에서 주적을 시행하도록 한다(이 또한 유수원 등의 개혁안에 비해 정약용만의 독특한 부분이다).

정약용의 고적제 개혁안의 의미를 살펴보면, 평가 항목과 등급, 평가 방법, 평가의 결과 시행되는 상벌(賞罰) 등등이 모두 정비되어 합리적이고 실용적인 근무평정이 이루어질 수 있게 되었다. 원훈, 대신조차 고적의 대상으로 함으로써 한편으로는 왕권을 강화하면서도 다른 한편으로는 그 폭주(暴走)를 막는 효과가 기대되었다. 대신이든 근신(近臣)이든 군주의 재량에 따라 출척할 수 있는 여지를 없애고 오직 실질적인 근무평정만으로 출척할 수 있기 때문이다. 붕당을 억제하고 신분에 따른 차별을 완화하는 효과도 볼 수 있었다. 당시 조정은 "승문원(承文院)으로는 귀족(貴族)을 대우하고, 성균관(成均館)으로는 서북(西北)인을 대우하며, 교서관(校書監)으로는 서류(庶流)와 천족(賤族)을 대우한다."[364]고 할 정도로 관직을 정치적 이유에서 배분하고 있었는데, 이것은 사실 탕평책(蕩平策)의 잔재였다. 이것이 완전히 무너진다면 그야말로 하나의 족류(族類), 하나의 당파가 조정을 온통 장악하는 완전한 세도정치가 될 것이다. 이에 대해 고적제

가 당우시대의 법이 냉혹하고 가열함이 후세보다 엄밀했다고 말하는 까닭이 이것이다."(『전서』 제5집 제4권, 「經世遺表」(4) "天官修制 考績之法" 考績之妙專在於奏積 誠以人性本善 雖惡人不能無一端廉恥 其所不爲者 親於君前曰 有所爲如是如是者 凡人之所不忍爲也 況其奏以言又有功狀 將有執法之臣考其虛實 其又敢飾詐騁虛哉 唐虞之所以 做至治者 其妙專在於奏積考績 臣所謂唐虞之法嚴酷栗烈密於後世者此也

364) 『전서』 제5집 제1권, 「經世遺表」(1) "春官禮曹 治官之屬" 承文以待貴族 成均以待西北之人 校書以待庶類賤族

는 어느 쪽도 지지하지 않으며, 오직 능력과 실적에 따라 적임자에게 관직이 배분되도록 만든다. 그리고 지방관의 고적(考績)은, 주적(奏積)을 통해 왕의 권위를 높이고 사람과 사람이 얼굴을 맞대며 성실한 리더십이 일어나도록 하는 효과가 있고, 또한 아전(衙前)의 발호를 차단하는 효과가 있다. 정약용의 고적제 역시 향리(鄕吏)는 중앙정부의 평정(評定) 대상으로 삼지 않는다. 그러나 수령의 평가 항목에 향리를 잘 통제하고 그 속임수를 차단한다는 내용이 여럿 있다. 이에 따라 수령은 아전들에 대해 경계를 늦추지 않게 되며, 아전들은 손쉽게 작당하여 부당이득을 취할 수 없게 된다. 사실 정조 시대에는 암행어사(暗行御史)를 전국 각지에 빈번히 내려 보내면서 수령을 감시하고, 탕평책의 일환으로 수령을 자주 교체하는 등 지방관들에 대한 통제가 강화되었었다. 그러나 그 결과 정약용이 말한 대로 "주막에 들렀다 가는 나그네"와 같은 수령의 처지가 더 악화되어, 아전들의 발호(跋扈)가 더욱 극심해지는 결과를 낳았다. 스스로 암행어사와 지방관을 역임하며 지방의 현실을 익히 알고 있던 정약용은 고적제를 통해 지방관도 통제하고 아전의 발호 역시 억제하는 방법을 강구해 낸 것이다.

이와 같은 중앙·지방의 행정 체제 개편과 고적제의 개혁은 군주를 정점으로 관료기구가 일사불란하게 정비되고, 붕당, 아전 등 중간 세력이 정부와 백성 사이에 끼어 정상적인 소통(疏通)을 방해·왜곡하는 현실이 타파되며, 한편 군주 개인이 강화된 군주권을 남용하거나 안일(安逸)에 잠김이 없이, 군주에서 서리(庶吏)까지 정부가 한 덩어리가 되어 성실하게 분발할 수 있게끔 제도적 기반을 마련하는 것이었다.

(3) 태아(太阿)의 칼자루 ― 정전제

그러나 강력하고 일사불란한 관료기구만으로는 충분치 않다. 권력
이 진정 효과적이고 지속적이려면 사회경제적인 뒷받침 또한 필요할
것이다. 이에 정약용은 전제(田制)를 개혁하는 것이 모든 정치개혁의
근본이라고 파악했다.

> 맹자의 일생 동안의 경세제민(經世濟民)이 전지(田地)의 경계에 달
> 려 있었다. 대체로 정전법이 왕정(王政)에 갖는 역할은 규구(規矩)가
> 방원(方圓)에, 또 육률(六律)이 궁상(宮商)에 대한 것과 같아서, 전정
> (田政)이 먼저 바르게 된 다음이라야 예악병형(禮樂兵刑)의 온갖 일이
> 한결같이 조리 있게 된다. 유반계(柳磻溪)가 그의 경국서(經國書)에서
> 반드시 전정으로부터 시작해야 된다고 말했으니, 근본을 아는 학문이
> 라 할 만하다.365)

그러면 어째서 전제가 그토록 중요한가? 그것은 정약용이 추구한
"진정한 정치와 교민을 수행할 수 있는, 능동적이고 성실한 정부"가
모든 토지를 군주(국가)의 소유로 한다는 왕토주의(王土主義)와 정전
제를 필수적인 기반으로 삼기 때문이다.

> 하늘이 백성을 내어 그들을 위해 먼저 전지를 두어 그들이 먹고살
> 수 있도록 했다. 또 그들을 위해 군주와 목민관이 서도록 하여, 군주
> 와 목민관이 백성의 부모가 됨으로써 그 재산을 고르게 마련해 모두

---

365) 『전서』 제2집 제6권, 「孟子要義」(2) 孟子一生經濟 在於境界 大抵井田
　　 之法在王政 如規矩之於方圓 六律之於宮商 田政先定 然後禮樂兵刑萬
　　 緒千頭 具有條理 柳磻溪經國之書 必從田政始 可謂知本之學也

가 더불어 살게 했다. 그런데 군주와 목민관이 되어서 그 여러 자식들이 서로 싸우고 남의 것을 빼앗아 갖는 일을 팔짱을 낀 채 보고만 있다면, 그리하여 강한 자는 더 가지고 약한 자는 얻어맞고 넘어뜨려져 땅에 쓰러져 죽도록 둔다면, 그 군주와 목민관이 과연 자기 소명을 다했다고 볼 수 있는가?366)

(세금이) 10분의 1을 넘으면 걸(桀)의 도이고, 10분의 1에 못 미치면 맥(貊)의 도이다. 10분의 1을 받는 것이 천하의 중도(中道)이다.367)

서민이 스스로 전주(田主)가 되어 농부에게 10분의 5의 세를 받게 한 것은 진(秦)나라 법이었고, 천자가 뒤로 물러앉아 객관(客官)처럼 되어 15분의 1만을 취하도록 한 것은 한(漢)나라 법이었다. 사가(私家)의 세금은 걸(桀)보다 무겁고, 공가(公家)의 세금은 맥(貊)보다 가볍게 되었다. 이리하여 호민(豪民)은 구직(九職)을 버리고 놀고먹으며, 농부는 두 가지 세를 짊어져서 힘들고 고통스럽다. 노력하는 자가 적으니 땅에서 나오는 이익이 흥성하지 않으며, 경비가 부족하니 함부로 세금을 걷는 일이 날로 더해 갔다. 태아(太阿)의 칼자루가 한번 거꾸로 잡혀 천고(千古)에 되돌리지 못하니, 아아, 단지 슬플 뿐이다.368)

---

366) 『전서』 제1집 제11권, 「詩文集」, "田論"(1) 天生斯民　先爲之置田地　令生而就哺焉　旣又爲之立君立牧　令爲民父母　得均制其産　而並活之　而爲君牧者　拱手執視其諸子之相功奪倂呑　而莫之禁也　使强壯者　益獲而弱者受　擠批顚于地以死　則其爲君牧者　將善爲人君牧者乎

367) 『전서』 제5집 제1권, 「經世遺表」(1) "地官戶曹　敎官之屬" 過於十一者桀之道也　不及十一者貊之道也　十一者天下之中也

368) 『전서』 제5집 제6권, 「經世遺表」(6) "地官修制　田制"(4) 使庶民者爲田主　稅十五於農夫者　秦法也　使天子退爲客官　就十五而稅一者　漢法也　私家之稅　重於大桀　公家之稅　輕於大貊　於是豪民　廢九職而游閒　農夫擔二稅而困瘁　用力者少而地利不興　經費不足而橫斂日增　太阿一倒　千

주나라 제도는 군사와 농사를 하나로 합쳤으니, 천하의 전지가 모두 군전(軍田)이었다. …… 군대란 목숨을 버리는 곳이니, 목숨을 기를 수 있는 이익을 주어서, 죽음을 회피하려는 마음을 돌리도록 한 것이니, 이것이 성인(聖人)의 은미한 권도(微權)이다. 병사로 나갈 힘이 있는 자는 전지를 받고, 나갈 힘이 없는 자는 전지를 받지 못했다. 역사(力士)를 많이 기르는 자는 상등 전지를 얻고, 역사를 적게 기르는 자는 하등 전지를 얻었다. 백성은 군사로 나가는 것을 벼슬로 여겼고, 전지를 녹(綠)으로 여겼다. 그러므로 자진해서 그 용력(勇力)을 바쳐 군액(軍額)에 참여하기를 바라지 않는 자가 없었으니, 이것은 왕자(王者)의 큰 권도(大權)이다. 전지는 왕의 전지인데 생명을 왕의 전지에다 걸고 있으니 왕의 일에 감히 사력을 다하지 않겠는가? 지금은 태아의 칼자루가 거꾸로 잡혀 전지가 백성의 전지로 되었으니, 백성은 자기 전지를 자기가 농사지어 먹는데, 군주가 공연히 편히 살던 백성을 잡아다 시석(矢石)이 날아드는 전쟁터로 내몰려 하면 백성이 선뜻 하려고 하겠는가?[369]

위민(爲民)을 존재의 의의로 삼는 군주-국가는 백성들 사이의 분쟁을 해소하고 약육강식(弱肉强食)의 경향을 억제해야 한다. 그러나 대부분의 전지가 민간의 소유가 되어 있는("태아의 칼자루가 거꾸로

　　　　古不還　嗚呼其可哀也已
369) 『전서』 제5집 제6권, 「經世遺表」(6) "地官修制　田制"(4) 周制兵農合一　天下之田皆軍田也　……　兵者死地也　授之以養生之利得回其避死之心　此聖人之微權也　力可以隸兵者　得田　力不可以隸兵者　不得田　養力士多者　得上地　養力士少者　得下地　民視兵爲官　視田爲綠　莫不自薦其用力　以乞其興於軍額　此王者之大權也　田者王田也　寄生理於王田　敢不致死力於王事乎　今也太阿倒柄　田爲民田　則民自食其田　而王無故執安居之民　驅而納之於矢石爭死之傷

잡혀 있는") 상황에서는 공권력만으로 그런 작용을 할 수가 없다. 아니, 국가를 유지할 세금도 충분치가 못하고, 국가의 방어를 위한 군사력을 동원하는 것조차 어렵다. 따라서 대부분의 전지가 민간의 소유로 되어 있는 현재의 상황에서는 국가도 민생도 피폐해질 수밖에 없으며, "천하의 모든 전지가 왕의 소유지"라는 상(常)을 회복하여 실질적으로 모든 토지를 공전(公田)으로 돌려놓아야만 "예악병형(禮樂兵刑)의 온갖 일이 한결같이 조리 있게" 된다는 것이었다.

그러면 전제를 어떻게 바꾸어야 하는가? 어떻게 '10분의 1(또는 9분의 1)세'라는 "국가도 농민도 모두 만족할 수 있는, 천하의 중도(中道)"를 실현할 수 있는가? 전지를 아홉으로 구획하고 그 한가운데 땅을 공전(公田)으로 삼아 공동경작해 세금을 내게 했다는, 삼대(三代)의 정전제(井田制)로 복귀해야 마땅하다는 주장은 정약용 이전에도, 오래전부터 유학자들이 주장해 온 터였다. 그런데 정약용은 정전제에 대해 그의 두 가지 저작에서 서로 상반되는 듯한 주장을 하고 있다.

장차 정전제를 시행할 수 있을까? 아니다. 정전제는 시행할 수 없다. 정전이란 한전(旱田)에만 시행할 수 있다. 수리사업이 이미 잘 되어 있고 멥쌀, 찹쌀이 이미 맛이 있는데 수전(水田)을 버릴 수 있겠는가? 또한 정전이란 평전(平田)으로 시행할 수 있다. 이미 힘써 벌목(伐木)하여 산골짜기까지 개척되었는데, 이 비탈진 전지를 버릴 수 있겠는가?[370]

---

370) 『전서』 제1집 제11권, 「詩文集」, "田論"(2) 將爲井田乎 曰否 井田不可行也 井田者 旱田也 水利旣興 秔稑旣甘矣 棄水田哉 井田者 平田也 柞其力 山谿旣闢矣 棄餘田哉

정전이란 성인(聖人)의 경법(經法)이다. 경법이라면 예나 지금이나 통할 수 있는 것이다. 예전에는 시행하기 편리했지만 지금은 불편하다는 것은, 필시 법을 밝히지 못해서 그런 것이지 천하의 이치가 고금(古今)에 다름이 있어서 그런 것은 아니다. …… 아아! 천하에 이치는 하나다. 지금 사람이 능히 못 할 일이라면 요순과 삼왕도 또한 못 했을 것이며, 요순과 삼왕이 이미 한 일이라면 지금 사람들도 능히 할 수 있다. 어찌 의심할 것인가?[371]

「전론」에서는 정전제가 실행 불가능한 제도인 것처럼 못 박고는 그 대안으로 '여전제(閭田制)'를 제시한다. 산골짜기와 천원(川原)의 형세에 구역을 정하고, 20~30집 정도가 살면서 토지를 공동 소유하고 공동 노동을 실시한다. 그렇게 해서 거둔 총수확량에서 일정액을 떼어 세금과 여장(閭長)의 봉급을 충당하고, 나머지는 각자의 노동 일수에 따라 분배한다는 것이다. 반면 『경세유표』에서는(지관 수제, 전제) 정전제가 비현실적이라는 주장을 구체적으로 반박하며 논이나 경사진 지형이라고 해서 정전제를 하지 못할 이유가 없다는 주장을 매우 길게 제시하고 있다. "요순과 삼왕이 했던 일이라면 지금 사람들도 능히 할 수 있다." 그렇다면 「전론」에서 "논이 많고 비탈진 경지가 많다."는 이유로 정전제를 시행할 수 없다고 간단하게 치부했던 까닭은 무엇인가? 그 까닭을 「전론」은 정약용의 청년 시절 지작이고 『경세유표』는 후기의 저작이기 때문이라고 풀이하는 경우가 많

---

371) 『전서』 제5집 제5권, 「經世遺表」(5) "地官修制 田制"(1) 井田者 聖人之經法也 經法可通於古今 利行於古而不便於今者 必其法有所不明而然 非天下之理有古今之殊也 …… 嗟呼天下之理一也 今人之所必不能 亦堯舜三王之所不能 堯舜三王之所己能 亦今人之所必能 豈有疑哉

다. 하지만 반대로 「전론」이(또는 그 일부가) 『경세유표』 이후의 저작
이라고 보는 경우도 있으며, 이에 따라 정약용이 궁극적으로 생각한
전제개혁안이 정전제이냐, 여전제이냐 하는 논쟁도 계속되고 있다.[372]
　그런데 『경세유표』의 다른 부분(지관호조 교관지속)에는 「전론」과
「경세유표」의 정전제론 사이의 괴리(乖離)를 해결해 줄 것 같은 기
사가 보인다.

　　지금 사람들은 정전법을 말하는 자가 있다면 오활(迂闊)하다, 사리
　에 적절치 못하다고 지목한다. 그렇다면 옛 성인은 오활하고 지금 사
　람은 지혜로우며, 옛 성인은 사리에 어둡고 지금 사람은 일을 밝히
　안다는 것인가? 어찌 그렇겠는가? 다만 옛적에는 한전뿐이었는데 지
　금은 수전이 많으며, 또 우리나라 지세는 산림(山林)이 많고 원야(原
　野)가 적은지라 정전을 실제로 할 수는 없다. 그러나 한 방법이 있으
　니, 정전의 형태는 없으되 정전의 실상은 있다면 좋지 않겠는가? 전
　지 10결마다 한 결을 공전으로 만들고, 나머지 아홉 결은 사전으로
　만든 다음 아홉 결을 받은 농부에게 공전 한 결을 함께 가꾸어서 국
　세에 충당토록 하고, 사전 아홉 결에는 부세를 없애서 죄다 자기 집
　에 들이게 하면, 이것이 바로 정전이다. …… 사전을 사들여서 공전으
　로 만들되 원장(原帳)이 400결이 되면 40결을 매수하고 원장이 500결

372) 여전제가 정약용의 진정한 전제개혁안이라고 보는 예로는 신용하, "다
　　산 정약용의 여전제 토지개혁사상", 강만길 외, 『정다산연구의 현황』.
　　민음사. 1985. 여전제는 젊은 시절의 이상주의적(理想主義的)인 구상
　　이고 장년기 이후 보다 현실적인 정전제를 채택했다고 보는 예로는
　　김용섭, 『한국근대농업사연구』, 지식산업사. 2000. p.114; 이영훈, 앞의
　　글(2000); James B. Palais, *Confucian Statecraft and Korean Institutions:
　　Yu Hyongwon and the Late Choson Dynasty*(Seattle: University of
　　Washington Press). 1996. pp.372-379.

이 되면 50결을 매수하면, 10분의 1의 법이 이에 확립될 것이다. 이것이 어찌 정전이 아니겠는가?[373]

여기에 다시 이후 균전제(均田制)를 논하는 과정에서 잠깐 언급되는 "천하의 전지를 모두 빼앗아 농부에게 갈라 준다면 이것은 옛 법이고, 능히 그렇게 할 수 없다면 천하의 전지를 모두 계산하여 우선 9분의 1을 받아서 공전으로 만드는 것은 옛 법의 반이 된다."[374]는 내용까지 함께 보아서, 정약용의 전제개혁안은 결국 세금을 10분의 1로 거두는 구부법(九負法)을 시행하자는 게 결론이었으며, 기존의 토지 소유에 대해서는 거의 손을 대지 않는 보수적 개혁안이었다고 보는 시각도 있다.[375]

그런데 "전지의 9분의 1을 공전화하여 10분의 1세를 받는다."는 구도에는 논리적 모순점이 있다. 우선 이 조치가 기존의 토지 소유 체제를 거의 건드리지 않는 것이라면, 즉 9분의 8의(또는 10분의 9

---

373) 『전서』 제5집 제1권, 「經世遺表」(1) "地官戶曹 敎官之屬" 今人有言 井田之法者 指爲迂闊不切事情 然則聖人迂闊而今人多智 聖人昧事而 今人識務 豈理也哉 但古有旱田今多水田 又我邦之勢 山林多而原濕少 井田誠不可爲也 然有一法焉 無井田之形而有井田之實 不亦善乎 每田 十結 以其一結爲公田 以附近九結爲私田 令九結佃夫同治公田一結 以 當王稅 其私田九結不稅不賦 悉人其家 則於是乎井田也 …… 買取私田 以爲公田 原帳四百結則買四十結 原帳五百結則買五十結 什一之法於 是乎建立 斯獨非井田乎

374) 『전서』 제5집 제6권, 「經世遺表」(6) "地官修制 田制"(5) 盡天下而奪之 田 以頒農夫 則古法也 如不能然 盡天下而算其田 姑取九分之一 以作 公田 亦古法之半也

375) 정윤형, "다산의 재정개혁론", 『다산학의 탐구』. 민음사. 1990; 이영훈, 앞의 글(2000), 전종훈, 앞의 글.

의) 사전이 여전히 대부분 대토지소유자들의 소유이며 그곳에서 경작하는 전호(佃戶)는 그대로 소출의 10분의 5를 지주에게 내주는 병작반수제(竝作半收制)하에 있다면, 전체의 9분의 1인 공전의 세율은 얼마일까? 여기서 다시 10분의 1을 받는다면 그것은 '10분의 1의 10분의 1'이 되어 국가 재정이 극도로 피폐해질 것이다. 그래서 사전(私田)에서와 같이 10분의 5를 받는다면, 농민 입장에서는 전혀 나아지는 것이 없을 것이다. 그렇게 하지 않고 말 그대로 공전의 소출은 100퍼센트 국가가 가져가고, 사전의 소출은 100퍼센트 농민이 차지한다면? 그렇게 되려면 일단 기존의 전지 소유관계를 모두 허물어야 한다. 즉 국가가 기존 전지의 9분의 1만 매입하는 것이 아니라, 일단 모든 전지를 공전화하고 그중 9분의 8을 농민에게 재분배해야 한다. 그러므로 어떻게 봐도 모순이 생기는 것이다.

또한 『경세유표』 「지관호조 교관지속」에서 묘사된 개혁안에서는 결부법(結負法)에 따라 공전과 사전을 나눈다고 되어 있는데, 정약용은 여러 곳에서 결부법을 바람직하지 못한 제도라고 극력 비판하고 있다.

법에는 20년 만에 다시 양전한다(改量) 되어 있으나 지금 100년이 되도록 미처 개량하지 않음은 무슨 까닭인가? 개량하게 되면 아전들이 간사한 농간을 부리고, 아전들이 농간을 부리면 백성들이 저주하며, 백성이 저주하면 관원의 비방이 일어나서 죄벌(罪罰)이 따르게 된다. 그러므로 개량하는 것은 오직 아전만이 원할 뿐, 백성과 관원은 모두 마땅치 않아한다. 더욱이 숨겨진 결수가 밝혀지게 될까 두려워하여 아전도 꺼린다. 이것이 100년이나 지나도 전지를 개량하지 않는 이유이다. 대저 입법(立法)이 좋지 못하므로 봉행(奉行)하는 자가 반드시 죄과에 빠지도록 되어 있다. 그러므로 나는 결부로써 전지를 경계하는 법은 좋지 못하다 여긴다.[376)

또한, 균전제를 논하는 맥락에서지만, 정약용은 사전이 공전보다 많은 한 태아의 칼자루는 여전히 거꾸로 잡혀 있는 셈이라고 말하고 있다.[377) 그토록 왕토주의에 대한 염원이 강한 사람이 전지의 9분의 8을 사전으로 만드는 방법을 놓고 "이 또한 정전이다."라고 말하는 것을 어떻게 받아들여야 할까?[378)

그리고 만약 정전제를 실제로 실시하는 일이 불가능하다고 생각했다면, 왜 정약용은 비탈에 일군 밭이나 삐뚤삐뚤한 농지 등에서 정전을 실시하는 방법을 그토록 상세하게 서술하고 있을까? 뿐만 아니라, 「전론」의 여전제와 『경세유표』의 정전제가 서로 모순되는 것이라면, 그래서 어느 한쪽이 "예전에 구상했다가 나중에 포기한 것"이라면, 왜 그 부분에 대한 설명이 전혀 없을까? 가령 「전론」이 먼저

---

376) 『전서』 제5집 제6권, 「經世遺表」(6) "地官修制 田制考(6)" 法曰二十年改量 而今至百年未改量 斯何故也 改量則吏奸舞 吏奸舞則民詛興 民詛興則官謗作 而罪罰隨之 故改量者 唯吏願之 民與官皆不肯 又恐隱結被覈 吏亦憚之 此所以百年未改量也 夫唯立法未善 故奉行者必陷於罪過 臣故曰結負經田之法 未善也. 또한 『전서』 제1집 「詩文集」, "田結辨"에도 비슷한 내용이 있다.
377) 『전서』 제5집 제6권, 「經世遺表」(6) "地官修制 田制"(4) 均田者 行不得之政 籍使得均 乃是私田 太阿之柄猶在下也
378) 이 부분을 지적하며 왕토주의와 토지사유제를 대부분 인정하는 개혁안은 상호모순이라는 주장은 가령 이영훈, "조선후기 사회변동과 실학", 한국사연구회 편, 『한국실학의 새로운 모색』, 경인문화사. 2001, p.117.

이고 『경세유표』가 나중이라면 "예전에 내가 여전제라는 제도를 구상하였는데, 실정에 맞지 않아서 쓸 수 없음을 알았다."라는 식의 언급이 『경세유표』에, 반대로 『경세유표』가 먼저라면 "전에는 정전제를 실시하려 했으나 결국 실행할 수 없음을 알아 여전제를 새로 구상하였다."는 식의 언급이 「전론」에 있어야 하지 않은가?

그리하여 이 연구에서는 '여전제와 정전제가 상호 모순되지 않는다.'는 고찰에 이르렀다.

정부가 『경세유표』「지관호조 교관지속」에서 제시된 것처럼 "단지 전지의 9분의 1만을 공전화한다."는 목표를 내걸고 전국의 토지를 조사한 다음 기존의 공전에 새 매입분을 더하여 '9분의 1' 정도의 공전을 확보했다고 하자. 그 공전지들을 여전(閭田)으로 만든다. 즉 20~30가구가 '여'를 구성하여 토지의 공동 소유, 공동 경작을 실시토록 한다. 그 수확물에 대해서는 10분의 1의 세금을 물리고 나머지를 노동 일수에 따라 배분한다. 그러면 어떻게 될까? 사전을 경작하면 10분의 5를 지주에게 바쳐야 하는데, 공전(여전)에 들어가면 10분의 1밖에 물지 않아도 된다. 게다가 노력만 열심히 하면 막대한 수입을 올릴 수 있다. 그렇다면 전호(佃戶)들은 저마다 사전 지주들과의 계약을 끝내고 공전에 들어가고 싶어 하지 않겠는가?

　　백성이 이익을 따라가는 것은 물이 아래로 흐르는 것과 같다.[379)]

공전으로 확보한 땅은 아마도 거칠고 외진 하등 전지를 헐값으로

---

379) 『전서』 제1집 제11권, 「詩文集」, "田論"(4) 民之趨利也　流水之趨下也

사들인 것이 많을 것이므로(여를 구성할 때 "산골짜기와 천원(川原)
의 형세에 구역을 정한다."고 하였다), 개척의 여지가 많을 것이다.
또 마치 고적제에서 하등 평점을 받은 관료를 해직하듯 노동 일수가
적은 농민은 최하의 분배를 받아 생계유지가 힘들 정도가 되므로,
자연히 퇴출됨으로써 한동안 여전에 밀려드는 신규 가입자를 받아들
일 여지는 있을 것이다. 이렇게 되면 곤란해지는 쪽은 기존의 사전
소유자들이다. 소속되어 있던 노동력이 저마다 공전으로 빠져나가려
하거나, 아니면 공전의 수준에 맞춰 납부액을 줄여 달라고 쟁의(爭
議)할 것이다. 여기에 만약 공전에서 경쟁의 결과 자체 필요량 이상
으로 잉여농산물이 발생하고, 이것이 정부의 특혜 등을 받으며 상업
적으로 이용된다면 사전의 경제적 매력은 더욱 급감(急減)할 것이다.
결국 대토지소유자들은 소유하고 있던 토지를 대량으로 판매하게 된
다. 이를 정부가 매입해 나가면, 결국 대부분의 전지가 공전화되는
것이다.

그러므로 위에서 명령을 내리지 않아도 백성들의 택리(宅里)가 고
르게 되며, 위에서 명령을 내리지 않아도 백성들의 전지(田地)가 고르
게 되며, 위에서 명령을 내리지 않아도 백성들의 빈부(貧富)가 고르게
되며, 많은 사람들이 여기저기로 바쁘게 왕래하게 되니, 이렇게 하면
8, 9년이 지나지 않아서 나라 안의 전지가 고르게 될 것이다.[380]

다만 이러한 사업을 시작할 즈음에는 단순히 "9분의 1의 공전만을

---

380) 『전서』 제1집 제11권, 「詩文集」, "田論"(4) 故上不出令 而民之宅里均
　　上不出令 而民之田地均　上不出令 而民之富貧均　熙熙然來　穰穰然往
　　不出八九年 國中之田均矣

확보한다.”는 목표가 제시되므로 대토지소유자들의 반발이 별로 없을 것인데, 사업이 본격화되면 반발이 커질 것이고, 오랫동안 정태적(情態的)으로 유지되던 농촌이 빈번한 인구 이동을 겪으며 빚어지는 사회문제도 상당할 것이다.

> 백성을 전지(田地)로 경계 삼음은 마치 양(羊)을 우리에 가두는 것과 같다. 이제 많은 사람이 자유로이 왕래하여 마치 새나 짐승이 서로 쫓는 것과 같이 된다. 백성들이 새나 짐승처럼 서로 쫓게 되면 난리(亂)가 비롯될 수 있다.[381]

이 문제에 효과적으로 대처할 수 있는 것이 바로 관제 개혁과 고적제 실시로 한층 강력해진 공권력이다. 공권력은 일단 대부분의 토지가 공전화, “태아의 칼자루가 바로 잡힌” 다음에는 여전제를 정식 정전제로 바꾸는 사업도 담당하게 된다.

> 이를 시행한 지 8, 9년이 되면 백성이 대략 고르게 될 것이고, 이를 시행한 지 10여 년이 되면 백성이 크게 고르게 될 것이다. 백성이 크게 고르게 된 연후에야 호적(戶籍)을 만들어서 그 가옥과 주거를 등록도록 하고, 문권(文券)을 작성하여 그 이주에 대한 일을 관리한다. 그때부터는 한 백성이 오는 일에도 제한을 두며, 한 백성이 가는 일에도 절차를 갖춘다. 전지는 넓으나 사람이 적은 곳은 오려는 사람을 받아 주고, 사람이 적어도 소출이 많은 곳은 역시 오려는 사람을

---

381) 『전서』 제1집 제11권, 「詩文集」, “田論”(4) 民之以田爲域也 猶羊之有
  苙也 今使之熙熙然來 穰穰然往 若鳥獸之相逐也 使民若鳥獸之相逐者
  亂之本也

받아 준다. 전지는 많은데 사람이 많은 곳은 떠나려는 사람을 보내 주고, 사람이 많지만 소출이 적은 곳은 역시 떠나려는 사람을 보내 준다.382)

이렇게 해서 마침내 명실 공히 수립된 정전제에서도 능력 있는 사람에게 경작할 토지를 더 부여하는 실적제(merit system)는 유지되지만, 더 이상 주민들의 자유로운 이동은 불가능해진다. 그리고 어쩌면 10분의 1세 납부 방식도 총 생산물의 10분의 1을 바치는 방식에서 따로 정해 놓은 10분의 1의 공전(公田)의 소출을 전액 납부하는 방식으로 바뀔 수 있다.383)

여전제가 '공상적(空想的)'이라고 평가받았던 까닭은 대부분의 토지가 사전인 상황에서 전국적으로 공동 소유, 공동 경작을 실시할 수 없기 때문이다.384) 그러나 소규모의 공전에서라면 충분히 실현할

---

382) 『전서』 제1집 제11권, 「詩文集」, "田論"(4) 行之八九年 民粗均矣 行之十餘年 民大均矣 民大均然後 爲之籍 以隷其屋宅 爲之卷 以管其遷徙 一民之來 而受之有限 一民之往 而聽之有節 地廣而人少者受 人少而得穀多者受 地狹而人衆者聽 人衆而得穀寡者聽

383) 「전론」에서 처음 여전제를 통해 얻은 총생산물을 분배할 때 먼저 공가(公家)의 세금을 뗀다고 했는데, 이때는 구체적으로 10분의 1인지 아닌지를 적시하지 않있다(전론 3). 이후 여전제가 확립되고 나서, 매년 풍흉(豊凶)에 따라 세액을 변동시키는 일은 여전제로는 불가능하고 (가령 전체 생산고가 너무 낮아서 생계유지가 어려울 정도라면, 10분의 1보다 낮은 세액을 거둘 필요가 있을 것이다), 정전제만이 가능하다는 언급을 한 다음에 "공가의 세는 10분의 1이다."라고 언급하고 있다(전론 6).

384) "여전론은 다산의 천재성만큼이나 독창적이지만 누구로부터도 지지될 수 없는 공상적인 것이었다." 이영훈, 앞의 글(2001), p.115. 또한 신용하, 앞의 글(1985), p.216; 김용섭, 앞의 책, p.107.

수 있다. 정전제가 불가능하다고 했던 까닭도 논이 많다거나 측량이 힘들기 때문이 아니며, 전국의 토지의 대부분이 사전이기 때문이다. 그런데 부분적 공전에서의 여전제 실시로 노동력의 이동과 경제 유통의 변화가 일어난다면, 이해관계(利害關係)의 계산에 따라 자연스럽게 사전이 줄고 공전이 늘어날 수 있게 된다.

그러면 왜 정약용은 이러한 전제개혁론을 통일하여, 명확하게 제기하지 않았을까? 바로 대토지소유자들, 벌열(閥閱) 세력의 반발을 염려했기 때문일 것이다. 『경세유표』만을 읽으면 정약용이 선왕의 법이라는 이유로 정전제를 무리하게 고집하다가 끝내는 최소한의 변화 주장에 그치고 마는 것처럼 보인다. 「전론」만을 읽으면 정약용이 실현가능성이 전혀 없는 급진적 이상론(理想論)을 폈다고 여겨진다. 강력한 개혁 의지와 공권력을 가진 정부가, 『경세유표』와 「전론」을 비교해 읽으면서 그 진의(眞義)를 파악하고, 처음에는 별로 대단치 않은 개혁을 하는 듯 속이면서 차차 진면목(眞面目)을 드러낸다. 이것이 바로 정약용이 말하는 '성인의 은미한 권도'이다.

생각해 보면 "어찌 수전을 버리고 골짜기의 농지를 버리겠는가." 하며 정전법의 시행을 부정적으로 여기던 시각은 상식적 현실주의의 시각이며, "정전은 성인의 경법이다. 경법이라면 고금에 관계없이 시행할 수 있는 것이다."라고 했던 시각은 상식윤리학의 시각이다. 「전론」과 『경세유표』에 제시되어 있는 정약용의 전제개혁론은 현실 속에서 상(常)을 구현해 나가는 구체적인 과정을 교묘하게 제시해 준다.

사상적으로 성왕론이나 무위이치론의 제약에서 벗어나고, 현실적으로 관료제와 전제(田制) 양면에서 막강한 뒷받침을 얻은 군주의 권력은 위민(爲民)이라는 존재 의의를 지키고, 군주 개인의 권력이 아니라 정권(국가)의 권력임을 분명히 하는 한, "천하의 모든 것을 소유하고 모든 것을 나누어 각기 고르게 번성하게 하는" 진정한 왕정(王政)을 실현할 수 있었다.

그러한 정약용의 '황극론적 정치사상'은 일단 정조의 황극론적 현실정치를 모델로 한 듯하다. 그러나 정조가 제도적·사회경제적 뒷받침이 없이 군주의 명목적 권한과 개인적 역량만으로 황극을 세울 수 있다고 '공상'했던 반면, 정약용의 황극론은 보다 '과학적'이었다. 먼저 고적제 등으로 정치 체제가 혁신되고, 정전제 등으로 경제 체제가 혁신되어야 한다. 그리하여 '모든 것이 한 줄로 늘어선 듯이 질서정연하게 될 때' 권력과 경제만이 아니라 민속(民俗) 역시 황극을 중심으로 통일되고 안정된다.

> 내가 영남에서 귀양살이할 때 보니, 가난하고 보잘것없는 마을에도 모두 윤음각(綸音閣)이 마련되어 있었다. 한 칸의 집을 세워 그 북쪽 벽에 장판을 가로놓고는, 조정의 윤음이 내려오면 장판 위에 붙이고 부로(父老)들이 앞에 한 줄로 늘어서서 절을 올린다. 나라에 경사나 상사(喪事)가 있을 때마다 늘어서서 절하고, 그 앞에서 망곡례(望哭禮)도 행하며, 고을에 의논할 큰일이 있으면 반드시 그 앞에 모여 논의한다. 이는 천하의 미풍양속이니, 마땅히 모든 지방에서 통용되노록 권해야 한다.[385]

---

385) 『전서』 제5집 제18권, 「牧民心書」(3) "奉公六條 宣化" 余謫嶺南 見荒村小聚 皆有綸音閣 一間之屋 當其北墉 橫以長板 每奉綸音 貼于板上 父老羅拜其前 國有慶則羅拜 國有恤則羅拜 遂於其前 行望哭禮 有大議必會於其下 此天下之美俗也 宜以此俗 通于諸路

이처럼 일반 민중의 예속(禮俗) 그리고 지역사회의 정치적 논의까지 군주-국가를 중심으로 진행되는 상황, 그것이이야말로 '주권(主權, the sovereign)'이 수립된 상황이라고 보아도 좋을 것이다. 정약용은 전통적인 왕정론에서 주권론과 국가론을 도출해 냈다.

2) 민권론(民權論) — 신하와 백성

유학의 정치사상사에서 백성은 소외(疏外)된 존재였다. 민본(民本)은 있어도 민권(民權)은 없었다. 정약용은 이에 비해 민권이라는 관념을 고려한 흔적이 역력하다. 그러나 그 역시, 민주주의의 싹을 보려는 일부 연구자들의 시각과는 달리, 민의 정치적 역량에 대해 그다지 큰 기대를 했던 것 같지는 않다. 그의 사상에서 국권론에 대한 내용은 풍부하고 치밀하지만, 민권론으로 읽을 수 있는 부분은 희미하고 산재되어 있다. 그가 일반 민중의 의(義) 추구 역량을 불신했다는 점도 앞서 거론하였다.

그러나 강력하고 실제적인 왕정(王政)은 전근대 조선 사회를 이전과는 크게 다른 모습으로 바꾸게 되며, 그중에는 신하와 백성들의 전과는 다른 존재 방식도 포함된다. 또한 효제자(孝弟慈)를 중심으로 하는 그의 민덕(民德) 흥기론은 이제까지의 전혀 소극적이고 무기력한 민의 처지를 바꿔 놓을 수밖에 없었다.

(1) 민(民)의 개념

군자와 소인을 '서로 다른 종류의 동물'이라는 식으로까지 여겼던 주희의 사고와는 달리, 정약용은 사민(四民)을 평등하다고 이해할 단서를 여럿 갖고 있었다. 그중 하나는 그가 기질지성(氣質之性)에 의한 태어날 때부터의 차이를 되도록 부각시키지 않으려 했던 점(기질지성 자체를 부정한 것은 아니다. 앞에서 보았듯, 그는 지능(知能)의 차이를 중심으로 기질지성의 천부적 차이를 받아들이고 있었다)이다. 그리고 인간인 이상 누구나 자연스럽게 발로할 수 있는 인(仁)－효제(孝悌)의 덕성은 가식적인 귀족보다는 도리어 무지한 평민들에게서 잘 드러나기도 한다.

또한 그가 왕권－국권을 강화하는 과정에서 군주와 민 사이에 존재하는 중간세력을 부정하고, 모든 백성은 군주의 적자(赤子)로서 차이가 없다고 주장하는 면에서도 민의 평등 관념을 엿볼 수 있다.

어찌 한쪽에서는 토지의 이택(利澤)을 겸병(兼幷)하여 부유하게 하고, 다른 쪽에서는 토지의 이택을 받지 못하여 빈한하게 살게 할 것인가. 이에 토지와 백성을 계량하고 고루 분배하여 바로잡았다. 이것을 정(政)이라 하니, 우리 백성을 고르게 함이다. 어찌 한쪽에서는 풍요로운 땅이 많아 남는 곡식을 버리게 하고, 다른 쪽에서는 척박한 땅조차 없어 빈 곡식 상자를 근심토록 할 것인가. 이에 주거(舟車)를 만들고 권량(權量)을 엄격히 하며 재화(財貨)를 유통시켜, 넘치고 부족함을 바로잡았다. 이것을 정이라 하니, 우리 백성을 고르게 함이다. 어찌 한쪽에서는 강대한 세력을 갖고 제멋대로 남을 집어삼켜 더욱 커지게 하고, 다른 쪽에서는 연약하여 빼앗기기만 하다가 결국 멸망토록 하겠는가. 이에 군대를 일으키고 죄인들을 토벌하며 멸망의 위기에 처한 자들을 구제하고 대가 끊긴 자들을 다시 이음으로써 바로잡았다. 이것을 정이라 하니 우리 백성을 고르게 함이다.386)

왕정(王政)의 목표가 억강부약(抑强扶弱)을 통해 백성을 두루 고르게(均吾民) 만드는 데 있다는 이러한 주장은 「전론」, 『경세유표』 등에서도 보인다. 하지만 이는 아직 모호하게 규정된 민 관념에서 벗어나지 않는 논설이다. 즉 지배권력이 스스로의 권력을 정당화하기 위해 내세우는 민과 차별성을 찾기 어려운데, 이때 그 지배권력에 사대부 – 귀족 계급이 포함되는지 여부는 다음의 논설에서 조금 더 분명해진다.

> 백성의 직(民職)에는 아홉 가지가 있다. 첫째는 사(士), 둘째는 농(農), 셋째는 상(商), 넷째는 공(工), 다섯째는 포(圃), 여섯째는 목(牧), 일곱째는 우(虞), 여덟째는 빈(嬪), 아홉째는 주(走)이다.387)

그런데 이 구직론(九職論)의 원전은 『주례』인데, 거기에는 9직 중 사(士)가 빠지고, 대신 신첩(臣妾)이 포함된다. 정약용은 이 신첩을 노비(奴婢)라고 해석하면서, 사가 빠진 이유는 "직을 맡기면 공(貢)이 있는 것인데, 사에게는 징수할 것이 없으므로 포함하지 않았다."388)고 해설한다. 사는 국가에서 녹을 먹는 입장, 즉 지배권력의 일부였으므

---

386) 『전서』 제1집 제9권, 「詩文集」, "原政" 何使之幷地之利而富厚 何使之阻地之澤而貧薄 爲之計地與民 而均分焉以正之 謂之政 均吾民也 何使之積土之所豊 而棄其餘 何使之闕土之所嗇 而憂其匱 爲之作舟車謹權量 遷其貨 得通其無有以正之 謂之政 均吾民也 何使之强 而恣其呑以大 何使之弱 而被其削以滅 爲之張皇徒旅 聲罪致討 存亡繼絶以正之 謂之政 均吾民也

387) 『전서』 제5집 제8권, 「經世遺表」(8) "地官修制 田制"(12) 民職有九 一曰士 二曰農 三曰商 四曰工 五曰圃 六曰牧 七曰虞 八曰嬪 九曰走

388) 『전서』 제5집 제10권, 「經世遺表」(10) "地官修制 賦貢制"(1) 九職不言士者 任職將以徵貢 士無所徵 故不在計也

로 민에 포함시키지 않았다는 의미로 해석할 수 있다. 그런데 정약
용은 여기서 사를 넣고 노비를 제외한 것이다. 이것을 '근대적 민
개념의 대두'[389]라고까지 보기는 어려울지 몰라도, 사 계급이 민의
일부로서 국가와 상대하는 입장이지 국가의 일부가 아니라는 것이
정약용의 생각이었다고 보아도 좋을 것이다.

사의 특권계급적 지위를 부정하는 정약용의 주장은 다음에서 더욱
분명해진다.

신이 삼가 생각하건대, 사와 농이 둘로 나누어지면서 천하의 농사
는 날로 폐단이 있게 되었습니다. 옛날 조정에 벼슬한 사람 중에는
시골 출신이 아닌 사람이 없었습니다. 요임금 때의 백규(百揆)는 역산
(歷山)의 농부였고, 순임금 때의 후직(后稷)은 유태(有邰)의 농부였습
니다. 상나라의 이윤(伊尹)은 외진 시골 출신의 천민이었고, 주나라의
주공(周公)도 농사짓는 어려움을 알았습니다. 한나라 때에 와서도 오
히려 이런 뜻이 남아 있어서 아관(兒寬), 복식(卜式), 전천추(田千秋),
광형(匡衡) 등의 무리는 모두가 몸소 농사를 짓던 몸으로 공상(公相)
의 지위에 오르지 않은 경우였습니다. 그래서 농사짓는 고달픔을 고
루 맛보았으므로 백성들을 잘 다스렸습니다. 그러다가 시문(詞)에 의
한 과거(科擧)가 성하게 되자, 혀로 농사짓고 노는 것으로 먹고사는
백성이 푸른 띠를 늘어뜨리고 붉은 인끈을 걸치게 되었습니다. 백성
을 좀먹고 농사를 피폐하게 하는 법은 진실로 이런 무리들에게서 연
유한 것입니다.[390]

---

389) 김영호, 앞의 글, p.179.
390) 『전서』 제1집 제9권, 「詩文集」, "農策" 臣 竊嘗以爲士農 分爲二岐 以
　　　天下之農 日趨於弊也 古者薦紳公廟者 未嘗不肇跡田間 堯之百揆 歷
　　　山之農也 虞之后稷 有邰之農也 商之保衡 起畎畝之賤者也 周之冢宰

대저 사란 어떤 사람인가? 무슨 까닭으로 스스로는 손과 발을 놀리면서 남의 토지를 빼앗아 차지하고 남의 힘으로 먹고사는가? 대저 놀고먹는 사가 있기에 지리(地利)가 다 개척되지 못하니, 놀고서는 곡식을 얻을 수 없음을 안다면 또한 장차 직업을 바꾸어 농사를 짓게 될 것이다. 사가 직업을 바꾸어 농부가 되면 지리가 개척되고, 사가 직업을 바꾸어 농부가 되면 풍속이 순후해지고, 사가 직업을 바꾸어 농부가 되면 난민(亂民)이 근절된다.

그러나 사가 반드시 직업을 바꾸어 농부가 될 수 없는 경우가 있으면 어쩌겠는가? 직업을 바꾸어 공(工)이나 상(商)이 될 사람도 있을 것이고, 아침에 나가 농사를 짓고 밤에 돌아와 고인(古人)의 책을 읽는 사람도 있을 것이다. 부유한 백성의 자제들을 가르치며 생계를 잇는 사람도 있을 것이다. 또한 실리(實理)를 강구하고 토지의 적성(適性)을 판별하며, 수리(水利) 사업을 진행하고 기구(器具)를 제작해 인력(人力) 소요를 줄이는 사람도 있으며, 곡식을 심고 가꾸는 일이며 가축을 기르는 방법을 가르쳐 농업을 돕는 사람도 있을 것이다. 이러한 사람들은 그 공로가 어찌 직접 완력(腕力)을 써서 노동하는 사람들에 뒤지겠는가.391)

知稼穡之艱者也　至漢猶有此意　兒寬卜式田千秋匡衡之徒　皆莫不躬執
耒耜　身致公相　所以備嘗艱苦　善於字牧　自夫詞科之盛　而舌耕游食之
民　紆靑拕紫　蠹民病農之法　職由此輩
391) 『전서』 제1집 제11권, 「詩文集」, "田論"(5)　夫士也　何人　士何爲游手
游足　呑人之土　食人力哉　夫其有士之游也　故地利不盡闢也　知游之不
可以得穀也　則亦將轉而綠南畝矣　士轉而綠南畝　而地利闢　士轉而綠南
畝　而風俗厚　士轉而綠南畝　以亂民息矣　曰有必不得轉而綠南畝者　將
奈何　曰有轉而爲工商者矣　有朝出耕夜歸讀古人書者矣　有敎授富民子
弟　以求活者矣　有講究實理　辨土宜　興水理制器　以省力　敎之樹藝畜牧
以佐農者矣　若是者　其功　豈扼腕力作者

앞에서도 말했듯 정약용은 '놀고먹는' 일에 대해 근본적인 거부감을 갖고 있었다. 그는 집안일에서부터 사회, 국가에 이르기까지 잠시도 쉴 틈이 없이 부지런히 일하고 노력하는 것을 바람직한 상태로 보았으며, 뭔가 남고, 썩고, 막히고, 지체되는 일을 폐단이라고 보았다. 그것은 양반 계급의 유한(有閑) 생활에도 적용되어, 조정에서 벼슬을 하거나 뭔가 실리를 강구하여 산업에 도움이 되는 지식 활동을 하지 못할 바에는 농상공에 종사하는 것이 낫다고 보았던 것이다.

정약용의 이러한 민론(民論)은 당시 심화되고 있던 반상 체제(反常體制)를 돌이켜 국초의 양천제(良賤制)의 '상도(常道)'로 복귀하려는 생각에서 나온 듯하다. 조선 중기 이래 농상공의 과거 응시가 실질적으로 차단되고 양반이 가문별로 벌열화되면서, 노비 등 천민을 제외하고는 만백성이 양인(良人)이라는 이념은 부식되었다. 그 대신 실질적 귀족층인 양반과 하층민인 상민으로 사회가 재편되었던 것이다. 이것은 농민을 비롯한 평민층에게 정신적 좌절을 주었을 뿐 아니라, 부정한 방법을 써서라도 양반층에 편입되기를 바라는 경향이 늘어 조세와 부역을 부담하는 양인층이 갈수록 축소되는 결과를 낳았다. 이에 대해 정약용은 다음과 같이 부정한 방법에 의한 평민의 양반화가 갖는 문제점을 강력히 경고하고,

> 백성들이 밤낮으로 오직 양반 되기만을 궁리하고 있습니다. 향안(鄕案)에 기록되면 양반이 되고, 족보(族譜)를 위조하면 양반이 되고, 고향을 떠나 먼 곳으로 이사하면 양반이 되고, 유건(儒巾) 차림으로 과장(科場)에 출입하면 양반이 됩니다. 이리하여 은밀히 불어나고 가만히 늘어남이 해와 달마다 더해만 가니, 장차 온 나라가 다 양반이 되

고 말 것입니다. 양반이 되면 몸소 쟁기를 잡아 토지의 이익을 취하지 않으며, 소나 말을 타고 시장에서 장사하여 재화를 유통시키지 않으며, 손수 자귀와 도끼, 화로와 망치를 잡아 기구를 만들지도 않습니다.

그러기에 양반이 많아지면 노동하는 사람이 줄어들고, 노동하는 사람이 줄어들면 토지의 이익을 충분히 취할 수 없고, 토지의 이익이 충분치 못하면 나라가 가난해지게 됩니다.392)

나아가 『경세유표』와 「인재책(人才策)」, 「통색의(通塞議)」 등 여러 저작에서 현행 과거제도의 폐단을 지적하며 농상공이나 심지어 천민에서까지 두루 인재를 기용할 것을 주장했다.(이 내용은 뒤에 더 자세히 논한다) 또한 『목민심서』 등에서는 지방관을 상대로 양인은 천인이 아니라는 것을 상기시키며, 행정 과정에서 양인에 대해 특별히 배려할 것을 언급했다.393) 그리고 거듭 언급하지만, 그는 효제의 명덕에 있어서 사와 서의 차이는 없음을 강조했다. "사람이 참으로 인(仁)하다면 그 지위가 사인지 서인지 하늘은 묻지 않는다."394) 「전론」의 여전제에서 전개되는 공동체 생활은 다름 아닌 "다른 모든 사회 신분 차별이 폐지된 일종의 '양인공동체'의 성격을 내포한다."395)고

---

392) 『전서』 제1집 제9권, 「詩文集」, "身布議" 民之日夜經營 唯得爲兩班 錄鄕案 則爲兩班 造僞譜 則爲兩班 離鄕遠徙 則爲兩班 著儒巾出入科場 則爲兩班 潛滋暗長 歲增月衍 將一國盡化爲兩班而後已 爲兩班 則不躬執耒耟以興地利 不牽牛乘馬 賈于市通貨財 不手執斤斧爐錘以造器用也 兩班多則人力削 人力削則地利不闢 地利不闢則國貧
393) 『전서』 제5집 제24권, 「牧民心書」(9) "兵典六條 添丁"; 제25권 "刑典六條 愼刑"
394) 『전서』 제2집 제5권, 「孟子要義」(1) 人苟仁矣 其位之爲士爲庶 天所不問
395) 신용하, "다산 정약용의 사회신분제도 개혁사상", 강만길 외, 『다산학의 탐구』. 민음사. 1990. p.110.

보는 시각에도 상당한 설득력이 있다.

그러나 정약용이 진정으로 한 사람의 '양인'으로서 농민, 상민, 공인 등의 사람들과 연대의식을 가지고 있었을까? 그의 서한(書翰)들을 포함한 남겨진 문서에서는 오히려 반대의 결론이 얻어진다.

그는 「서민복의(庶民服議)」 등에서 신분에 구분 없이 복식이 이루어지고 있는 점을 비판하고 천민이나 서민이 사대부의 복식을 갖추는 일을 엄단(嚴斷)해야 한다고 주장한다.[396] 그는 아들이나 친지 등에게 보낸 편지에서 사대부가 벼슬을 얻지 못하면 먹고살기 위해 농사를 지을 수밖에 없다(唯有農事 足以養老慈幼)고 하면서도, 그래도 직접 손에 흙을 묻히고 거름을 나르는 일은 차마 사대부의 풍모상 할 일이 못 되므로 대신 원예(園藝) 등으로 생계를 모색하라고 권하고 있다.[397] 그리고 앞서 양계(楊鷄)에 대해 아들에게 보낸 편지에서도 보듯, "의(義)는 도외시하고 오직 눈앞의 작은 이익에 어두워 예의도 염치도 없이 아귀다툼을 일삼는" 서민-소인의 행태에 대한 경멸감이 그의 저작 곳곳에 배어 있다.

> 신이 생각하기에 군자가 중농(重農)한다는 것은 그 경계를 정해 주고 농사짓는 시기를 빼앗지 않음에 지나지 않습니다. 어찌 군자가 일정한 거처도 없이 이리서리 떠돌면서 논두렁 사이에서 농부와 뒤섞여 지낼 수가 있겠습니까. 그(허행(許行))의 주장을 오랑캐와 같다고 몰아붙인 것은 마땅합니다.[398]

---

396) 『전서』 제1집 제9권, 「詩文集」, "庶民服議"
397) 『전서』 제1집 제18권, 「詩文集」, "又爲尹惠冠贈言"
398) 『전서』 제1집 제9권, 「詩文集」, "農策" 臣以爲君子之重農 不過曰定其經界 不奪農時 固何嘗鶉居穀食雜處溝膝乎 其夷之也宜矣

본래 농민과 사는 하나였다고 하면서, 무위도식(無爲徒食)하는 사계급이 천하의 농사를 좀먹고 있다고까지 극언했던 바로 그 「농책(農策)」에서 이처럼 농업을 천시하는 듯한 주장을 이어 붙이고 있는 점은 당황스러울 정도다. 하지만 앞서 보았듯, 정약용은 '선왕의 법'을 근거로 사는 사끼리, 농은 농끼리 살며 다른 직급끼리 섞여 살지 않는 것이 좋다고 주장한다. 그는 또한 앞서 군주의 자세를 논할 때 "진흙으로 빚은 인형처럼 엄숙하고 단정하게(儼坐如泥塑人)" 행동해서는 절대 안 된다고 말하고 있었다. 내실 없는 권위주의는 배격해야 한다는 뜻이라 할 수 있다. 그런데 사대부가 평민을 대할 때에는 바로 그런 자세, 즉 "입을 다물고 단정히 앉아, 진흙으로 빚은 인형처럼 엄숙한 자세를 하고, 말은 독후(篤厚)하고도 엄정(嚴正)하게"399) 하는 자세를 주문하고 있다.

정약용은 이처럼 농, 공, 상과 연대의식을 가지고 있지 않음을 표출했을 뿐 아니라, 사와 민을 엄격히 구분할 필요가 있음을 제시하기도 했다.

> 변등(辨等)은 백성을 안정시키고 그 뜻을 정착시키는 요체이다. 등위(等位)가 분명치 않아서 위급(位級)이 문란하면, 백성들은 흩어지며 기강이 없어지고 만다.400)

> 족(族)에는 귀천(貴賤)이 있으니 마땅히 그 등급을 구별해야 하고,

---

399) 『전서』 제1집 제18권, 「詩文集」, "示二子家誡" 凝默端坐 儼然若泥塑人 而其言論篤厚嚴正
400) 『전서』 제5집 제23권, 「牧民心書」(8) "禮典六條 辨等" 辨等者 安民定志之要義也 等位不明 位級以亂 則民散而無紀矣

세력(勢)에는 강약이 있으니 마땅히 그 정상(情)을 살펴야 한다. 이 두 가지는 어느 하나도 폐할 수 없다. …… 벼슬을 하는 군자는 그 지위가 존귀(尊貴)하다. 생업에 종사하는 소인은 그 지위가 비천(卑賤)하다. 이렇게 두 등급이 있을 뿐이다.[401]

이른바 족(族)이라는 것은 일단 선천적인 혈통(血統)의 귀천에 따르는 것은 아니다. 다만 그는 관(官)에 종사하는 사람, 즉 사(士)와 일반 민(民) 사이에 족류로서 귀천이 갈린다고 보고 있다.[402] 그렇게 보면 국권(國權)의 강화를 주장했던 그가 국가에 소속된 국가권력의 대표자로서의 사에게 사회적 권위를 부여하려는 뜻에서 이러한 변등론을 주장한 것처럼도 보인다. 그러면 앞서 본 9직의 하나인 사는 양인의 하나로서 농·상·공과 평등한 입장이고, 귀족(貴族)으로 존중되는 사는 조정에서 관료로 봉직 중인 사람이라고 해석할 수도 있다.
하지만 정약용은 거기서 그치지 않는다. 현직 관료만이 아니라 그 자손에 대해서도 민의 존중이 필요하다고 보고 있기 때문이다.

군자의 자손이 그 도(道)를 지키며 학문을 닦고 예(禮)를 지키면, 비록 벼슬은 하지 않더라도 오히려 귀족(貴族)인 것이다. 그런데 저 히민(下民), 노비의 자손들이 감히 이들을 공경하지 아니하니, 이것이 첫 번째로 변등해야 할 경우이다.[403]

---

401) 『전서』 제5집 제23권, 「牧民心書」(8) "禮典六條　辨等" 族有貴賤　宜辨其等　勢有強弱　宜察其情　二者　不可以偏廢也 …… 所謂尊尊者　入仕爲君子者　其位尊貴　操業爲小人者　其位卑賤　兩等而已
402) 앞의 인용 내용. 또한 『전서』 제2집 제15권, 「論語古今註」(8)　類有二　一曰族類　百官萬民以貴賤別也
403) 『전서』 제5집 제23권, 「牧民心書」(8) "禮典六條　辨等"　君子之子孫　世

정약용은 일찍이 "세록(世祿)은 선왕의 아름다운 법이지만, 세관 (世官)은 난세의 무너진 법이다."404)라고 하여 관직을 세습하는 일은 부정하면서 그 봉록(俸祿)을 세습하는 일은 긍정하였다. 이것은 앞서 본 대로 정치적 안정성 면에서 세습제를 일면 긍정했던 것과는 별도 로, '무위도식하는 사' 계급의 온존(溫存)을 인정(人情)에 맞는 일로 여기는 듯하여 사상적 모순이 있는 것이 아닌가 하는 의심마저 들게 한다.

왜 정약용은 이처럼 사상적 모순의 의심마저 일으킬 만큼, 한편으 로는 사민평등과 양인공동체론을 역설하는 듯하면서 다른 한편으로 는 "다산이 새로운 사회적 윤리의 덕목을 발견하고 실천하였다고 함 은 커다란 착각이다. 노론 일당독재의 피해를 입어 폐족화할 위기에 처한 입장에서 사족의 기존 특권에 강하게 집착하였음이 다산의 숨 길 수 없는 솔직한 모습이다."405)라는 비판을 받을 정도로 보수적인 신분론을 전개한 것일까? 몇 가지 이유를 생각해 볼 수 있다.

첫째, 현실적인 이유에서 국가의 기반이 되는 양인층을 두텁게 확 보하려면 그들이 저마다 양반이 되려는 시도를 억제할 필요가 있었다. 정약용이 재능이 있으면 신분을 따지지 않고 입사(入仕)할 수 있는 길을 터 줘야 한다고 하면서도 부정한 방법으로 양반이 되는 일은 엄 격히 차단해야 한다고 강조한 것은 그런 맥락에서 볼 수 있다.406)

守其道 積文秉禮 雖不入仕 猶爲貴族 彼叱隷之子若孫 敢不祗敬 此第 一等當辨者也
404) 『전서』 제2집 제6권, 「孟子要義」(2) 世祿者 先王之美法 世官者 亂世 之壞法也
405) 이영훈, 앞의 글(2000), p.154.
406) 『전서』 제5집 제24권, 「牧民心書」, "戶典六條 戶籍"; 『전서』 제1집 제

둘째, 역시 현실적인 이유에서, 정약용은 수백 년간 뿌리를 내려 온 벌열(閥閱) 세력에 맞서 국가를 재조(再造)하는 일대 개혁을 염두에 두고 있었다. 그런데 그런 개혁을 추진할 세력은 군주 외에는 세도정치하에서 소외되고 있던 다수의 양반계층이 중심이 될 수밖에 없었다. 중인, 서민층에서도 인재는 있으나 그들을 중심으로 삼기에는 아직 미흡했던 것이다. 따라서 그들 소외된 양반들에게 "비록 벼슬이 없어도 권위를 누릴 수 있다."고 인정해 주고, 또한 그들이 가장 부정적으로 여기는 현상, 즉 평민과 천민 출신들이 재산을 무기로 그들의 권위를 무시하고 예법(禮法)을 파괴하는 현상에는 적극적으로 반대한다는 입장을 내세울 필요가 있었다.[407]

셋째, 보다 근본적으로, 정약용은 평민들의 의(義) 추구 역량을 의심하고 있었다. 사와 농, 공, 상은 인(仁)－효제(孝悌)의 덕을 추구하는 '명명덕'에서는 입장이 동등했고 다 같은 양인(良人)으로 볼 수 있었지만, 의(義)를 지키고 예(禮)를 계승하는 '숭덕'에서는 사가 농, 공, 상의 위에 서서 지도하지 않을 수 없다고 보았다. "대저 소민(小民)은 어리석어서 군신의 의(義)도 없으며, 사우(師友)의 가르침도 받지 않으니, 귀족과 고가(高家)에서 그들에게 기강(紀綱)을 세워 주

9권, 「詩文集」, "身布議"

407) "대개 귀족(貴族)이 토족(土族)에게 능멸을 당하는 경우는 마땅히 통렬하게 다스려야 하는 것이니 이것 또한 변등하는 이유이다. …… 몇 번이고 거듭 타이르되, 그래도 거듭 범하는 자가 있으면 준절(峻節)하게 다스린다. 그러면 사림(士林)도 크게 기뻐할 것이니, 이것은 소민(小民)을 징계하는 문제에 비교할 것이 아니다. 이것이야말로 변등에 있어서 가장 큰 일이다."(『전서』 제5집 제23권, 「牧民心書」(8) "禮典六條 辨等" 凡貴族 被土族侵陵者 必宜統治 亦所以辨等也……三令五申 猶有犯者 治之峻截 士林大悅 非比小民之懲 此辨等之最大者也)

지 않으면 한 사람도 난민(亂民) 아닌 자가 없을 것이다."408) "아무도 없는 방 안에서도 상제(上帝)가 임하였음을 알고 두려워 떨며 감히 악을 범하지 않는", 도덕적 자율성을 온전히 갖춘 유일한 부류인 군자(君子)는 의와 예의 덕을 지키는 도덕의 파수꾼이 되어야 했다. 그리하여 오직 실무적인 직업만이 존재하는 듯한 「전론」의 세계에서도 "아침에 나가 농사를 짓고 밤에 돌아와 고인(古人)의 책을 읽는 사람(朝出耕夜歸讀古人書者)"이 존재할 여지가 있었던 것이다.

전통적인 유교의 민본(民本)은 두 가지로 민의 정치적 의의를 평가했다. 하나는 지배권력이 그 존재의 정당성을 찾는 모호한 민으로서의 존재, 다른 하나는 왕권과 신권의 대립이나 당쟁(黨爭) 등 지배권력층 내에서의 권력투쟁에서 각기 자기 진영의 정당성을 내세우기 위한 명분으로서의 민의 존재였다.409) 정약용의 위민(爲民)은 이 중 전자 그리고 사민평등(四民平等)과 사의 민으로의 '격하'는 후자의 시각으로 이해할 여지가 충분하다. 다만 그가 민을 덕의 흥기(興起)를 통해 동원할 대상으로 보았다는 점, 인간이 덕을 추구할 역량의 차이가 천부적으로 정해지지 않는다고 보았다는 점은 그러한 구도를 넘어설 수 있는 단(端)을 보여 준다. 그러나 그 단은 단서(端緖)인가, 단초(端初)인가? 결국 정약용의 민론은 서구 근대화 과정의 민론, 즉 개인으로서 천지간에 독립자존하며, 자신만의 이념과 취향

---

408) 『전서』 제5집 제23권, 「牧民心書」(8) "禮典六條 辨等" 大抵小民愚蠢 無君臣之義師友之敎 非有貴族高門爲之綱紀 則無一非亂民也
409) 가령 세도정치 세력들이 왕권을 제약할 때에도 '애민(愛民)', '검약(儉約)', '군주의 솔선수범' 등을 내세우며 백성에 의거하는 논리를 폈다.

을 추구하고, 자신만의 이해(利害)를 주장할 권리를 국가권력에 요구할 수 있는 민, 민의 그러한 의지가 곧 국가권력의 실체라고 믿을 수 있는 민을 논하는 차원에까지는 도달하지 못했다고 보아야 한다.

(2) 민(民)의 권력 — 신(臣)의 권리

국권론에 비해 대체로 억제되어 있는 정약용의 민권론은 두 가지 면에서 권력의 실현 방식을 모색할 수 있다. 첫째는 민이 신(臣)이 되는 방식, 즉 출사(出仕)하여 국가권력의 일부가 됨으로써 발휘할 수 있는 권력이다.

정약용은 기존의 관리 임용 방식, 즉 과거제가 부적절하다는 점을 사환(仕宦) 시절부터 꾸준히 제기해 왔다.

> 신은 엎드려 생각하건대, 인재를 얻기 어렵게 된 지가 오랩니다. 온 나라의 훌륭한 인재를 뽑아 발탁하더라도 부족할까 염려되는데, 하물며 8~9할을 버린단 말입니까. 온 나라의 백성들을 다 모아 배양하더라도 진흥시키지 못할까 두려운데, 하물며 그중의 8, 9할을 버린단 말입니까. 소민(小民)이 그중에 버림받은 자이고 중인(中人)이 그중에 버림받은 자입니다. 서관(西關)과 북관(北關) 사람이 그중에 버림받은 자이고 해서(海西), 송경(松京), 심도(深島) 사람이 그중에 버림받은 자입니다. 관동(關東)과 호남(湖南)의 절반이 그중에 버림받은 자이고, 서얼(庶孼)이 그중에 버림받은 자이고, 북인(北人)과 남인(南人)은 버린 것은 아니나 버린 것과 같으며, 그중에 버리지 않은 자는 오직 문벌 좋은 집 수십 가호뿐입니다. …… 아, 이것이 어찌 본래부터 그런 것이겠습니까. 어찌 천지가 그 정기를 모으고 산천이 그 진기를 장양시켜, 반드시 수십 집 사람에게만 몰아주고, 그 더럽고 혼탁한 기운은 나머지

사람에게 뿌려 준 것이겠습니까. …… 제일 좋은 방법은 동서남북(東西南北)에 구애됨이 없게 하고, 멀거나, 가깝거나, 귀하거나, 천하거나, 가리는 것이 없게 하여 중국의 제도와 같이하는 것입니다.410)

　군현(郡縣)의 장이 천거하면 천거받은 자는 그 천거에 응해 나아가니, 이를 과거라 하는 것이다. 우리나라의 과거에는 본래 과목의 분류가 없고 천거하는 법도 없으니, 이름은 과거라 붙였으되 실은 과거가 아니다. 우리나라에 이름을 함부로 붙인 것이 두 가지가 있다. 주적한 후에 고적함이 법인데 우리나라에서는 아뢰지 않고 고적하며, 거현(擧賢)한 후에 과거에 응함이 법인데 우리나라에서는 천거하지 않고 응하니, 이 두 가지가 천하의 웃음거리인 것이다. 이제 과거에 폐단이 많아 질서가 없어짐이 극한에 달하였다. 만물이 극에 이르면 반드시 변하는 법이다. 공의(公議)가 차차 일어나고 있으니, 생각건대 중국의 군현 천거법이 종국에는 반드시 우리나라로 옮겨 오리라. 수령이 된 자는 마땅히 이 뜻을 알아야 한다.411)

---

410) 『전서』 제1집 제9권, 「詩文集」, "通塞議" 臣伏惟人才之難得也久矣　盡一國之精英而拔擢之　猶久不足　況棄其八九哉　盡一國之生靈而培養之　猶久不興　況廢其八九哉　小民其棄者也　中人其棄者也　西關北關　其棄者也　海西松京沁都　其棄者也　關東湖南之半　其棄者也　庶孽　其棄者也　北人南人　其不棄而者猶棄者也　其不棄之者　有閥閱數十家已矣　…… 嗟乎豈其天哉　何天地之聚會其精神　山川之亭毒其氣液也　必鍾之於數十家之産　而以其穢濁之氣　播于其餘哉　…… 太上東西南北　無所障礙　遐邇貴賤　無所揀擇　如中國之法可也

411) 『전서』 제5집 제19권, 「牧民心書」(4) "吏典六條 擧賢" 郡縣之長　薦而擧之　則被擧者　應擧而起　此之謂科擧也　吾東科擧　本無科目之分　亦無薦擧之法　冒名科擧　而其實非科擧也　吾東有冒名者二　奏積而後　考績法也　吾東不奏而考之　擧賢而後　應擧　法也　吾東不擧而應之　此二者天下之笑啞也　今科弊無紀　已到極盡地頭　物極必變　公議漸起　意者郡縣薦擧之法　終必東漸矣　爲政者　宜知此意

270

정약용은 기존의 과거제가 특정 문벌에 전유(專有)됨으로써 사실 상 고루 인재를 등용하는 과정이 되지 못하고 있다는 실상을 지적하고, 그것은 사실 과거제의 본래 형태인 향거이선(鄕擧里選)의 방식을 배제한 명실상반(名實相反), 비상식(非常識)이므로 반드시 개정해야 한다고 주장한다. 그 대안으로 「통색의」에서는 '무재이능과(茂才異能科)'를 제시했다. 10년에 한 차례 실시하고, 지방과 귀천(貴賤)을 망라하여 재능과 인품이 뛰어난 인재를 중앙(의정부와 관각, 대성)과 지방(방백)에서 천거해 100명을 뽑은 다음 다시 그들을 시험해서 최종 10명을 뽑고, 이들 합격자들은 벌열 출신과 차별을 두지 않고 중용(重用)한다는 내용이었다. 한편 『경세유표』에서는 이(里)에서(정확히 말하면 취(聚)의 추천을 통해 방(坊)에서) 천거한 선사(選士)들을 문선(文選, 문과), 무선(武選, 무과), 치선(治選, 정치과), 예선(藝選, 기술과), 서선(胥選, 서리과)의 5품(品)으로 나누어 향(鄕)에서 교육시킨 다음 교육 성적에 따라 향대부(鄕大夫)가 거현(擧賢)하여 과거에 응시할 최종 후보자를 결정하는 기존 과거제와 향거이선제의 조합 형태를 제시했다.[412]

어느 방식이든 그 핵심은 향거이선제를 복원한다는 데 있으며, 그럴 경우 각 지역마다 선사의 정원이 확보되므로 특정 지역이 소외, 배제되는 일이 없어진다.[413] 또한 특정 지역의 대표사라고 할 수 있는 관원(官員)들이 소속 지역의 이해관계를 정책 형성 과정에서 대

---

412) 『전서』 제5집 제13권, 「經世遺表」(13) "地官修制 敎民之法"
413) 물론, 현실적으로는 지방에서 올라온 선사들이 그 비례(比例)대로 임관하는 것이 아니라 수도의 향(鄕)에서 성적에 따라 걸러지고, 다시 과거를 통해 걸러지는 과정을 거치므로 그 과정에서 차별이 발생할 소지는 있다.

변할 가능성도 생각할 수 있다.

하지만 이는 지역차별은 차단할 수 있지만 신분차별은 반드시 차단을 보장하지 않는 제도다. 물론 귀천을 가리지 않고 선발한다는 언급이 몇 차례 있고, 다음과 같은 경우에는 여러 신분에서 두루 선발함으로써 정치적 안정을 꾀할 수 있다는 주장까지 읽을 수 있다.

누구를 거인(擧人)이라 합니까? 부현(部縣)에서 추천된 자가 거인이며, 중인(中人)으로 의(醫), 역(譯), 력(歷), 율(律), 서화(書畫), 산수(算數)의 과목에 추천된 자가 거인입니다. 사족(士族)으로서 다소 글을 아는 사람이 반드시 거인이 되면 사족이 원망하지 않을 것이고, 중인으로서 능히 본업(本業)을 이수한 사람이 반드시 거인이 되면 중인이 원망하지 않을 것이고, 평민(凡民) 중에 준수한 사람을 또한 거인으로 뽑으면 평민들도 또한 원망하지 않을 것입니다.414)

하지만 실제 상황에서는, 지역에서 후보를 뽑을 때 과연 명문이나 귀족 출신을 제치고 천한 신분의 출신자를 뽑게 될까? 『경세유표』의 제도에는 기술직, 서리직 등도 포함되고 이 경우라면 귀족이 아닌 출신도 뽑힐 가능성이 많을 수 있겠지만, 그것은 미리부터 등급이 높지 못한 부문이라고 볼 수 있다. 정약용은 "동서남북(東西南北)에 구애됨이 없게 하고, 멀거나, 가깝거나, 귀하거나, 천하거나, 가리는 것이 없게 하기" 위해 제도개혁을 해야 한다고 했으나, 결국 그 실

---

414) 『전서』 제1집 제9권, 「詩文集」, "庶民服議" 何謂擧人 被薦於部縣者 擧人也 中人之被薦於醫易歷律書畫算數之科者 擧人也 士族之稍之文字者 必爲擧人 士族無怨也 中人之能修本業者 必爲擧人 中人無怨也 凡民之俊秀者 亦得爲擧人 凡民亦無怨也

효성은 선발 당사자들의 의지에 맡겨 둔 셈이다.

그리고 "과거는 유덕하고 재능 있는 인재를 공평하게 선발하는 것"이라는 상식을 고수했던 정약용은 과거를 새로운 현실에 맞추어 정치적으로 이용할 생각을 적극적으로 하지 않았던 것 같다. 명말청초(明末淸初)의 중국의 경우에는 연납제(捐納制)를 적극 활용함으로써 재력은 있으나 과거제가 요구하는 학문적 소양이 없던 평민, 천민층이 관계에 진출할 길을 열어 주었고, 그 결과 한때 과거 급제자의 절반가량을 평민, 천민층이 차지했었다.415) 그러나 그러한 "덕성이 없는 소인(小人)들의 재력에 의한 신분 상승"은 정약용이 가장 꺼리는 바였다.

그런데 한편으로 정약용은 이 과거제 개혁 또한 '민덕의 흥기'라는 차원에서도 접근했던 것 같다.

> 여러 유생들의 덕이 완성되지 않았으니 나라에서 어찌 이들을 포거(蒲車)나 옥백(玉帛)으로 부르겠으며, 문예(文藝)가 정밀하지 못하니 홍패(紅牌)나 자고(紫誥)가 어찌 내려지겠는가? 노력한다 해도 영예로울 일이 없으면 어찌 옷을 걷어붙이고 애쓸 것이며, 노력을 안 해도 부끄러울 것이 없으면 어찌 팔을 걷어붙이고 애쓰겠는가. 광대는 천하에 천대받는 공인(工人)이다. 그러나 선발에 끼지 못하면 부끄러워한다. 부끄럽게 여기면 마음이 격해지고, 격해지면 노력하게 되며, 노력하면 덕을 이룰 수 있고, 문예를 정밀하게 할 수 있다.416)

---

415) 何柄隸. 조영록 외 역, 『중국과거제도의 사회사적 연구』, 동국대학교 출판부. 1993. pp.55−80.

416) 『전서』 제1집 제13권, 「詩文集」, "詞林題名錄序" 諸生德未成矣 蒲車玉帛至乎哉 藝未精矣 紅牌紫誥至乎哉 進之而無所榮 褰裳乎哉 絀之

정약용이 곡산(谷山) 부사로 부임한 후 향리의 유생들을 모아 놓고 이렇게 말한 다음 별도로 시험을 보아 우열을 평가했다는 것인데, 정약용은 경쟁이 벌어지고 서로 앞서려는 마음이 격해지면 각자 열심히 노력해서 결국 덕과 재능이 향상된다고 보았던 것이다. 그러므로 국가에서는 되도록 경쟁의 기회를 많이 부여하여, 노력하지 않아도 문벌에 따라 임용되거나 노력해도 출신에 따라 쓰이지 못함으로써 모두들 노력하지 않는 상황을 없애야 한다고 보았던 것이다.

어쨌든 관료로 임용된 사람은 민의 정체성을 벗고 관(官)에 포함되어 '군(君)-신(臣)'으로 표현되는 지배권력의 일원이 된다. 아무리 공정하고 공평한 과정을 거쳐 다양한 지역과 신분의 출신자들이 국가기구로 편입된다고 해도, 국가기구 자체에 견제의 장치가 없는 한 그것은 민권이 국권에 대해 자기주장을 할 수 있는 방법이라고 보기 어렵다.

(3) 민의 권력 ― 민 스스로 발휘하는 권력

정치과정에서 소외된 채로 통치자의 선정(善政)을 막연히 기대하거나, 그 일부가 지배권력층에 편입되는 것 외에 민이 민 스스로 권력을 행사할 여지가 정약용의 사상에는 존재할까? 앞서 본 대로「원목」,「탕론」등의 '하이상의 추대' 방식이 그가 진정 추구한 정치적 목표였다기보다 상식철학적 관점에서 군주권-국권을 근본적으로 정당화하려는 이념적 산물이었다고 할 때, 민 스스로 권력을 보유하고

而無所辱 扼捥乎哉 倡優 天下之賤工也 選而不與焉則恥之 恥則激 激則進 進則惠可成而藝可精也

발휘할 가능성은 많지 않아 보인다.

하지만 미미하나마 그의 저작 속에서 민 스스로 국가에 대해 권력을 행사할 단(端)을 찾아볼 수 있다. '종민망'과 '재민이쟁', 그리고 '민자권입법'이다.

「원목」에 보이는 '종민망(從民望)'은 법을 제정하는 과정에서 민의 의지를 반영하는 것이다.

> 당시에는 이정(里正)이 백성의 여망에 따라(從民望) 법을 만들어 당정(黨正)에게 올렸고, 당정도 백성의 여망에 따라 법을 만들어 주장(州長)에게 올렸고, 주장은 국군(國君)에게, 국군은 황왕(皇王)에게 올렸다. 그러므로 그 법들이 모두 백성들에게 편리했다.[417]

이것은 '추대'와 마찬가지로 정약용이 생각하는 삼대(三代)의 또한 가지 '하이상'의 정치 방식이라고 할 수 있다. 그러나 후세에 바뀐 '상이하' 방식에 대해 부정적인 언급을 덧붙이지 않았던 추대와는 달리, 이 인용문의 바로 뒤에는 후세의 입법이 반대로 위에서 아래로 내려가게 되면서 자의적(恣意的)이고 입법자 개인의 이익을 대변하는 불공평한 법이 많아지게 되었다는 주장을 덧붙이고 있다. 이렇게 볼 때 정약용이 '종민망'의 상향식 입법 방식을 적어도 이상적(理想的)이라고 생각했으리라는 추측을 하기에 충분하다.

그러나 일부에서처럼 이를 근거로 "정약용이 인민에게 입법능력을

---

417) 『전서』 제1집 제10권, 「詩文集」, "原牧" 當是時　里正　從民望以制之法　上之黨正　黨正　從民望以制之法　上之州長　州上之國君　國君上之皇王　故其法　皆便民

부여하였다.”고 보는 것은[418] 지나치다. 일단 이 개념을 정약용이 얼마나 실현가능하다고 생각했을지 의문이며, 정약용에 비해 모호하기는 하지만, “백성의 뜻에 따라 법을 만든다.”는 것은 전통적인 민본관념에 이미 포함되어 있었다.

또한 후세에는 위에서 자신들의 이익에 따라 멋대로 법을 만들었다는 논설은 『경세유표』의 첫머리에 있는 “예전에는 예와 법이 하나였으나, 후세에 들어와 사적인 이익에 따라 멋대로 법을 만들었다.”는 논설과 유사하다. 그렇다면 여기서 정약용이 논하는 ‘법’이란 치민(治民)의 표준이라기보다는 세세한 규율(規律)로 보아야 한다. 이때 ‘입법(立法)’의 내포된 의미를 혼동하여 권력의 일체를 규정하는 현대의 법률 개념으로 정약용이 말하는 법을 이해해서는 혼란을 초래할 수 있다.

두 번째는 ‘재민이쟁(載民以爭)’으로, 이것은 법을 집행하는 과정에서 목민관이 상부와 의견 충돌이 있을 때 상부의 지시가 아니라 민의 뜻에 따라서 행동한다는 것이다.

> 천하에서 지극히 비천하여 호소할 곳 없는 자가 백성이요, 천하에 산처럼 높고 중대한 자도 백성이다 …… 상사(上司)가 비록 높더라도 백성을 머리에 이고 다툰다면 굴복시키지 못할 것이 적다.[419]

---

418) 안외순, 앞의 글, p.12; 조성을, “조선후기 실학의 이상국가와 국가체제론”, 연세대학교 국학연구원 편, 『한국실학사상연구(2)』, 혜안. 2005. p.87; 정호훈, “실학자의 정치이념과 정치운영론”, 연세대학교 국학연구원 편, 『한국실학사상연구(2)』, 혜안. 2005. p.127.

419) 『전서』 제5집 제18권, 「牧民心書」(3) “奉公六條 文報” 天下之至賤無告者 小民也 天下之隆重如山者 亦小民也 …… 上司雖尊 載民以爭 鮮不屈焉

대개의 경우 일사불란한 명령의 수행과 엄정한 기강(紀綱)을 강조해 온 정약용으로서는 상당히 이례적인 주장이 아닐 수 없다. 또한 이는 앞서 본 대로 관료기구가 향거이선제식 과거를 통해 여러 지역의 '대표자'들로 구성되었을 때, 관료들이 소속 지역의 이해관계를 대변하여 정치과정에서 행동할 가능성과 연계해서 볼 수도 있다.

하지만 '재민이쟁'이 가능한 근거로 들고 있는 것은 "백성은 지극히 천한 동시에 지극히 귀하다."는 관념이다. 이는 전형적인 민본론의 관념이며, "민중은 피치자인 동시에 통치자이다."라는 민주주의의 관념과는 큰 거리가 있는 것이다. 그렇게 보면, 결국 민을 내세워 상부에 항거한다는 것도 지배권력 내에서 갈등이 일어날 때 민을 핑계 삼는 방식과 큰 차이가 없을 수도 있다.

이처럼 정약용은 그의 저작 속에서 법을 만들고 시행하는 과정에서 민의 의지가 반영될 여지를 미미하게 남겨 두었다. 하지만 너무 미미하다고 할 것이다. 연결해 부연하는 논설이 없고, 그나마 두 가지 다 재상자(在上者)들이 고려하여 일방적으로 따르거나 따르지 않을 수 있는 이념이다. 민의 권력 행사에 따라 위에서 어쩔 수 없이 따르는 경우가 아닌 것이다.

여기에 마지막으로 한 가지, 민 쪽에서 주체적으로 스스로의 처리를 결정할 단(端)이 한 가지 남아 있다. 바로 '민자권입법(民自權立法)'으로, 그 출처는 「신포의(身布議)」에서 나타나는 간략한 언급이다. 즉 황해도의 마을에서는 각 마을의 개인들에게 부과되는 군포(軍布)를 마을 구성원 공동 부담으로 충당하며 명목상의 군포 납부자 명단은 허위로 기재하고 있었는데, 이를 금지해야 한다는 주장에 대해 정약용은 "국세가 축나는 것도 아니고, 징수에 수고가 더해지는 것도 아니고, 민심이 고통스러워하는 것도 아닌데 금지할 이유가 없다.”며 황해도민들의 법을 옹호하고 있다. 그는 이어서

> 백성들이 스스로 적당한 법을 세워, 괴로움을 균등히 나누어 살아가니, 이는 (조정에서의) 입법의 수치이다.420)

라고 말한다. 종민망(從民望)의 입법이 미흡할 때 민 스스로 법을 만들어 쓸 수도 있다는 것이다. 그 조건은 그러한 법이 국익을 해치지 않고, 행정상의 불편을 가중시키지 않고, 당연한 말이겠지만 민 스스로의 이익에 부합해야 한다는 것이다. 진정한 법은 “국가와 민 모두에게 이익이 되는 것”421)이므로, 재상자들이 종민망도 재민이쟁도 소홀히 한다면 민 측에서 민자권입법이 가능한 것이다. 하지만 이는 어디까지나 ‘입법의 수치’이다. 즉 조정이 할 일을 제대로 하지 않았을 때 민 스스로 쓰는 ‘편법’이며, 국가의 추인(追認)이 필요한 조처이다. 따라서 민권이 국권과 대등한 입장에 서서 자치권(autonomy)을 발휘했다고까지 이해하기란 곤란하다.

그런데 여기에 민 스스로의 권력으로 국권을 거부하는 예까지 정약용이 제시했다는 주장이 있다. 『경세유표』에 보이는 ‘모금단(謨禁斷)’이 그것인데, 원문은 <今之急務 莫如使農夫多 欲農夫多則 貪官猾吏之侵害農夫者 宜謨禁斷>422)이다. 정석종은 이 부분을 “오늘날

---

420) 『전서』 제1집 제9권, 「詩文集」, “身布議” 民自權立一法 與之均其苦以
　　　生 此立法之恥也

421) 『전서』 제5집 제9권, 「經世遺表」(9) “地官修制 田制別考”(3) 自古以來
　　　法之善者 民與國俱足 法之未善者 民與國俱困

422) 『전서』 제5집 제7권, 「經世遺表」(7) “地官修制 田制”(8)

의 급무는 농부가 많이 모이도록 하는 것만 같지 못하다. 농부가 많은즉 탐욕스럽고 교활한 관리가 농부를 침해하는 것을 농부들이 마땅히 지혜를 합해서 금단할 수가 있을 것이다."라고 해석함으로써 "이와 같이 다산은 개개인의 분산된 힘이 아닌 일반농민의 단합된 힘만이 정전제에서 파악한 모순의 해결에 있어서 근본적인 열쇠가 된다고 보고 있다. 이와 같은 파악은 일반농민들에게서 그들의 잠재력을 인정할 수 있었던 데서 연유하는 것으로, 이것은 다산의 통찰력에 의한 것이기는 하나 당시 이미 강력하게 전개되고 있던 농민의 움직임이라는 객관적인 여건에서 파악된 측면이라고 하여야 할 것이다."라는 결론을 이끌어 내는 근거로 삼고 있다.[423]

그러나 이것은 오역(誤譯)에서 비롯된 잘못된 추론으로 보인다. 정석종은 <今之急務 莫如使農夫多 欲農夫多則>에서 '欲'을 해석하지 않고 무시함으로써 "오늘날의 급무는 농부가 많이 모이도록 하는 것만 같지 못하다. 농부가 많은즉"이라는 해석을 얻었으나, 그 이전의 내용에 농부를 늘려야 할 국가적 필요성이 언급되고 또 다음 내용에는 "그 침해를 금하려 한다면(欲禁此害)"이라는 문구가 '欲農夫多'와 대구로 나옴을 볼 때, 이 부분은 "오늘날의 급무는 농부를 늘리는 것이 최상이다. 농부를 늘리고자 한다면"으로 해석해야 옳다. 그렇다면 마지막의 '欲禁斷'의 주체는 농부들이 이니라 국가-군주다. 다시 말해서 농부가 많이 모여 자신들의 힘으로 간악한 관리들을 금단하는 것이 아니라, 농부가 늘어날 수 있도록 국가에서 간악한 관리들을 금단하는 것이다. 이 장(전제 8)의 서두에 백성이 난을

---

423) 정석종, 『조선후기 정치와 사상』. 한길사. 1995. pp.409-410.

꾸미거나 법을 업신여기는 것을 철저히 엄단해야 한다는 내용이 명시되어 있음을 보아도, 농민들 스스로 아무리 간악할망정 관리들을 내쫓고 명령을 거부해도 된다는 기사가 여기에 삽입된다고 보기 어렵다.

3) 소결

정약용의 정치사상을 민주주의, 자유주의로 읽으려는 경우가 있으나 이는 대체로 과장 내지는 비약에 그치고 있다. 오히려 정약용은 위민(爲民)을 그 존재 의의로 삼는 강력한 왕권을 구상했다. 정약용은 상식철학적으로 권력의 기원을 더듬어 갔다는 점에서 서구의 민권론자들과 비슷했다. 그 결과 서양의 주권(主權)과 같은 관념에까지 도달한 점도 같다. 그러나 그가 그 결과 도출한 권력론은 인민주권론을 근거로 군주권을 해체(解體)하는 것이 아니라, 분산되고 매몰되어 있던 군주권을 하나로 취합시켜 황극(皇極)을 세우는 것이었다. 다만 그의 황극론(皇極論)은 군주 개인의 절대군주화를 포함하는 것이 아니었으며, 군주와 정승 등 중앙정부가 일체화되어 정치−교민을 성실하고 적극적으로 추진해 나갈 수 있도록 하는 일종의 '국가론'이라고 할 수 있다.

이를 위해 사상적으로 성학론, 무위이치론, 세도론 등 군주의 내성(內省)을 강조하며 신권(臣權)을 극대화하려던 주자학적 정치론을 배격했으며, 사(士)를 9직의 하나로 두어 민(民)의 일부에 불과함을 강조했다. 제도적으로 중앙과 지방의 관제를 합리적이고 효율적으로 재편하고 개량된 고적제(考績制)를 통해 그 성실한 관리(管理)가 가능토록 했으며, 사회경제적으로 대토지를 소유하고 병작반수제를 실시해 국가와 서민의 재정에 모두 부담을 지우고 있던 벌열들을 무력화(無力化)하기 위해 여전제와 정전제를 연계하는 교묘한 전제개혁안을 입안하였다.

이와 같이 정부의 권력이 강화되고 신권이 퇴조함으로써 정약용의 정치권력론은 종래의 '군－신－민'의 구도를 넘어 '국권－민권'의 구도로 정리될 수 있었다. 국권의 강화를 위해 인－효제의 덕을 중심으로 사민평등론이 강조되는 한편, 민은 교민－전제 개혁에서의 능동적인 정열(passion)의 발휘 주체로 떠올랐다.

그러나 "인(仁)에는 서(庶)와 사(士)가 따로 없다", "다 같은 양인(良人)으로, 군주의 적자(赤子)"로 규정되었음에도 일반 민중과 사 사이에는 넘을 수 없는 벽이 있었다. 정약용이 그런 벽을 설정한 이유에는 당시의 현실적인 필요성 외에 서민의 의(義) 추구 역량을 불신하고 의와 예에 있어서 사가 도덕의 파수꾼으로 남아야 한다는 보수적 사고도 있었다. 사가 민의 일부가 된 것은 격하의 의미이기도 했지만, 양인 가운데에서 도덕적 리더십을 발휘할 임무를 부여하는 것이기도 했다.

이에 따라 정약용의 민권론은 국권론에 비해 빈약한 상태에 그친다. 그는 종전의 유학자들이 내세운 민본 관념에 비헤 더 구체적인 대안과 더 과감한 이념을 모색했고, 그리하여 마침내 민권이라는 관념에 도달했으나, 수동적이고 정치계의 타자(他者)에 불과한 민을 확실히 넘어서는 '근대적' 민론(民論)을 수립하지는 못했다. 종민망, 재민이쟁, 민자권입법의 단(端)이 빛나고 있으나, 그것은 돌출(突出)된 끄트머리의 빛남이다. 각자의 욕망과 이익에 따라 분절화(分節化)된

민, 그렇게 분절화된 의지(意志)를 반영하는 정치권력의 갈등은 정약용에게 상상되지 않았거나 기피되었으며, 하나의 잘 조직된 단체-군대(軍隊)와 같은 합리성과 근면성이 사회 전반을 좌우하며 그 속에서 장교(사)와 사병(민)이 일사불란하게 각기 임무를 수행하는 국가-사회의 통일체가 구상되었다.424)

그러나 여기에 약간의 추측을 더해 볼 수는 있다. 정약용은 "진한(秦漢) 이후 민(民)은 선한 풍속(善俗)을 갖추지 못하고 있다."425)는 언급을 통해 민의 정치적 역량을 신뢰하지 못함을 확인했다. '진한 이후'란 「탕론」과 「일주서극은편변」에서 지적한 대로라면 봉건제가 붕괴한 시대이며, '하이상'의 정치가 더 이상 가능하지 않게 된 시대이다. 또한 정전제가 완전히 소멸한 시대이기도 하다. 그렇다면 이제 개혁을 통해 정전제를 복원하고 교민이 제대로 이루어졌다고 할 때, 그때에는 비로소 민권이 국권에 대항할 만큼 힘을 얻어도 된다는 의미로 볼 수 없을까? 엄격한 변등(辨等), 사 계급의 특권 등은 '아직 그날이 오지 않았기 때문'이라고 이해할 수 있을지도 모른다.

또한, 어쩌면 그날은 그리 멀지 않다는 것이 정약용의 생각이었을 수도 있다. 아직 본격적인 민덕(民德)의 흥기는 이루어지지 않아 일

---

424) "바른 사람이 정치에 임하면, 그것은 마치 장자(長子)가 지휘관이 된 것과 같다. 삼군이 감히 명령을 어기지 못한다."(『전서』 제2집 제28권, 「論語古今註」(21) 正人爲政 如長子師 師三軍無敢不從命); "한 나라는 하나의 군대와 같다. 대장은 5영(營)을 통솔하고, 영은 부(部)를 통솔하고, 부는 사(司)를 통솔하고, 사는 초(哨)를 통솔하고, 초는 기(旗)를 통솔하고, 기는 대(隊)를 통솔하고, 대는 오(伍)를 통솔하는 것이 법이다."(『전서』 제5집 제7권, 「經世遺表」(7) "地官修制 田制(7)" 一國如一軍 大將統五營 營統部 部統司 司統哨 哨統旗 旗統隊 隊統伍 法也)
425) 『전서』 제2집 제15권, 「論語古今註」(8) 秦漢以降 民無善

반 민중의 덕은 특히 의(義) 면에서 미흡하다. 그러므로 사족의 지도를 받아야 한다. 하지만 이미 일부 민중의 덕이 효제를 넘어 의(義)에까지 닿고, 그 힘으로 새로운 사회를 건설하는 데 보탬이 될 단(端)이 『경세유표』에 드러나고 있다.

> 옆에서 가난한 사람 하나가 잠자코 앉아서 듣고 있었다. 그는 다 듣고 나더니 눈물을 흘리면서, "나에게 별로 좋지 못한 논 두어 배미가 있습니다. 서 말은 심을 만하지요. 그중에서 한 말 심을 만큼은 바쳐서 이 사업을 성취하는 데 보태고 싶습니다."라 하였다.[426]

정약용이 어느 땅부자에게 정전법을 설명하며 이 법이 실시되면 토지의 일부를 공전(公田)으로 바칠 용의가 있느냐고 묻자, 그는 계산해 보니 자신에게 이익이고, 국가의 명령을 따르고 아전들의 횡포를 차단하는 일인 이상 바칠 용의가 있다고 대답했다. 그런데 곁에서 듣던 어느 가난한 사람이 자신에게 있는 얼마 안 되는 땅의 일부를 기꺼이 내놓겠다고 밝힌 것이다. 그는 이해관계를 떠나 순수한 의(義)에 맞는 자세를 보인 것이다. 대부분의 민은 상스럽고 눈앞의 이해타산에 급급하다. 그러나 그 순박한 마음은 인(仁)으로 흥기되기 쉽고, 여기서 잘만 유도해 주면 의(義)에도 도달할 수 있을 것이다. 그러면 결국 온전한 민권을 누릴 수 있을 만큼 교화가 가능하지 않을까. 낙선치악하는 인간의 궁극적인 선함에 대한 정약용의 믿음은 민권에 대한 미미하지만 귀중한 단(端)과 상통한다.

---

426) 『전서』 제5집 제7권, 「經世遺表」(7) "地官修制 田制"(9) 傍一寒士 默
然坐聽 聽訖 潛然出涕曰 吾有薄畓數㽝 可種三斗 乞納一斗 以成此事

3. 국가 체제론적 이해

국가권력이 사회에 대하여 어떤 권한을 갖고, 어떤 수준까지 개입하여, 어떤 사회 체제를 유도하는가를 논하는 국가 체제(regime)론의 경우, 정약용의 사상에서는 국권에 대응하는 민권이 미성숙한 상태에서 국가와 사회의 분리가 분명해지지 않았기 때문에 본격적인 논의에는 무리가 있다. 또한 그 중요한 주제들에 대해 이미 이 연구의 서술체계상 앞에서 다룬 부분이 많다(가령 경제 체제에 있어서 전지개혁론, 신분제에 있어서 문벌타파론 등을 이미 다루었다). 따라서 여기에서는 정약용의 사상 가운데 국가가 사회를 향하여 작용하는 정책 활동에 대하여 중요한 몇 가지 주제(앞선 내용에서 충분히 다루지 않은)만을 검토하는 선에서 그치기로 한다.

1) 경제 체제론

(1) 산업 정책

정약용은 『주례』에 의거해 사민(四民)을 9직으로 편성해야 한다고 보았으며, 그 체제대로는 사와 농이 공, 상과 병립(竝立)하며 우열(優劣)의 차가 없었다. 그는 각 직업 소유자가 자신의 직업에만 전념해야 하며, 심지어 사는 구역까지 동일 직업끼리 살아야 한다고 했다. 그런 점에서 종래의 '농본억상(農本抑商)'적 본말론(本末論)에서 벗어나 상업과 공업을 농업과 대등한 직업으로 긍정할 준비가 되어 있는 셈이었다.

상고(商賈)는 이익이 많으므로 그 세도 따라서 많이 매긴다. 그것이 선왕의 법이었다. 그러나 반드시 상업을 억눌러 곤욕을 치르게 하는 것은 또한 바람직하지 않다. 있고 없는 것을 교역하는 것은 우직(禹稷)도 힘써 시행했으니, 어찌 반드시 억제할 것인가?[427]

이른바 선왕의 법에서는 9직의 하나인 상고(商賈)가 이익을 많이 보므로 그만큼 세금을 무겁게 매겼을 뿐, 국가에서 의도적으로 농업을 흥하게 하고 상업을 억누르는 정책은 없었다는 것이다.

『주례』에 9직으로써 만민에게 일을 맡겼는데, 9직에 농사가 하나였다. 그 셋째가 우형(虞衡)으로 산택(山澤)을 책임지며, 다섯째는 백공(百工)으로 8가지 재료를 써서 물건을 만들었다. 그러므로 천하의 백성이 반드시 농사만 짓도록 권장되지 않았다. 농부는 농사짓고 광부(鑛夫)는 광업에 종사한다고 서로 방해될 것이 없다.[428]

이것은 당시 조정에서 광업을 엄금(嚴禁)하고 있는 이유 중 하나로 거론된 '농업에 지장을 준다'는 것을 반박하는 근거였다. 정약용은 이에 덧붙여 "흥리(興利)하는 자는 모두 소인(小人)이라고 하지만 …… 재부(財賦)를 전혀 더럽다 하며 감히 입에 올리지도 않는 것은 천하 국가를 다스리는 도리가 아니다." 하며 목적만 정당하다면 이익을 추구하는 행위도 문제될 것이 없다는 입장을 밝혀, 상공업의

---

427) 『전서』 제5집 제10권, 「經世遺表」(10) "地官修制 賦貢制"(3) 商賈利重 故其稅亦隨而重 此先王之法也 其必抑商以困辱 亦恐未善 懋遷有無者 禹稷之行也 何必抑之乎
428) 『전서』 제5집 제7권, 「經世遺表」(7) "地官修制 田制"(9) 周禮以九職任 萬民 九職農居一焉 三曰虞衡 二作山澤 五曰百工 飭化八材 不必天下 之民 悉勤之爲農也 農者爲農 鑛者爲鑛 不相妨也

추구를 사상적으로 옹호하는 듯한 지적을 한다. 또한 시전(市廛) 상
인들의 금난전권(禁亂廛權)을 금지함으로써 독점상업은 억제하고 상
업의 전체적인 규모는 늘리도록 한 '신해통공(辛亥通共)'에 지지를
표시했으며,[429] '기예론(技藝論)' 등에서는 기술을 향상시키면 같은
노력으로 더 많은 성과를 올릴 수 있으니 기술의 향상과 공인(工人)
의 양성, 외국의 선진 기술 수입 등에 힘써야 한다는 주장을 펴고
있다.[430]

상공업의 진흥을 주장한 것은 유수원, 유형원, 박제가(朴齊家) 등
다수의 실학자들에게서 공통으로 찾아볼 수 있다. 그러나 정약용에
게 독특한 점은 광산국영론(鑛山國營論)이다.[431]

우리나라는 산이 웅장하여 금, 은, 동, 철이 곳곳에서 생산된다. 강
계(江界)의 은파동(銀坡洞)과 수안(遂安)의 홀곡점(笏谷店) 등은 우연
히 드러난 곳일 뿐이다. 관에서 채굴(採掘)을 금지함이나 간민(奸民)
들이 불법으로 도채(盜採)함이나 모두 바람직하지 않다. 금, 은, 동광
은 모두 관에서 출자하여 채굴하고 사채자(私採者)는 화폐를 위조한
자와 동률(同律)로 다스린다. 다만 철광만은 백성들에게 사채(私採)를
허가하는 것이 옳다.[432]

---

429)『전서』제1집 제17권,「詩文集」, "樊翁遺事"
430)『전서』제1집 제11권,「詩文集」, "技藝論"; "軍器論";『전서』제1집
　　　제10권,「詩文集」, "起重圖說".『경세유표』에서는 이용감(利用監)을 설
　　　치하여 기술 수입과 그에 따르는 생산력 발달을 국가적으로 추진토록
　　　하였다.
431) 강만길, "정약용의 상공업정책론", 강만길 외,『정다산연구의 현황』.
　　　민음사. 1985; 임병훈, "다산 정약용의 국영광업정책·경영론",「동방
　　　학지」제55·56·57합집호. 1987.
432)『전서』제5집 제1권,「經世遺表」(1) "地官戶曹 敎官之屬" 我邦山嶽雄

농본주의를 내세워 전지(田地)에서 걷는 세금에 거의 전적으로 의존하고 있던 전근대 동아시아 국가에게, 광업은 새로운 재정 확보 수단으로 요긴할 수 있었다. 명나라의 경우 말기에는 적극적으로 민간 자본의 광업 투자를 독려하여 그곳에서 얻는 세입(稅入)을 크게 늘리고 있었다. 그러나 이로써 '대자본가'가 출현하고 그들이 연납제 등을 이용해 국가기구까지 장악하려는 조짐을 보이자, 명나라 조정은 광산에 과도한 중세(重稅)를 가하여 자본가층을 억압하면서 광산업도 침체시켜 버리는 조치를 취한다(광세(鑛稅)의 화(禍)).[433] 조선의 경우에도 전기에는 광업을 억제하다가 중기 이후 국가가 광업을 진흥하는 방향으로 돌아섰고, 다시 민간자본에 의한 광업이 부흥하여 농촌 인구를 흡수하고 홍경래(洪景來)의 난이 광산 노동자들을 중심으로 발발하는 상황에 처하자 정조(正祖)가 "광업을 엄금하고 종래의 설점(設店)을 일체 혁파하여 백성들을 논밭으로 돌아가게 하라."는 명령과 함께 대대적인 광업 탄압에 나서고 있다. 이처럼 전근대 동아시아 국가의 광업에 대한 태도는 적극적인 지원이 아니면 전면적인 금지(禁止) 사이를 오고 갔는데, 정약용은 광산을 국영화하자고 제의한 것이다.

그 까닭은 첫째, 금은을 비롯한 귀중한 금속 자원이 중국으로 유출되는 상황을 막기 위한 것이었다. 광산업 반대론자들은 광산업을

鉅 金銀銅鐵 處處皆産 江界之銀坡洞 遂安之笏谷店 特其偶顯者耳 公家設禁以自防 奸民盜採以犯法 皆非宜也 臣謂凡金銀銅之穴 皆官出財以採之 其或私採者 與盜鑄錢同律 唯鐵冶 許民私採 抑所宜也

433) 오금성, "명말·청초 상품경제의 발전과 '자본주의 맹아'론", 오금성 외 4인, 『명말·청초사회의 조명』. 한울. 1990, p.138; 錢穆, 권중달 역, 『중국사의 새로운 이해』. 집문당. 1987. pp.43－44.

함으로써 중국에 금을 빼앗기게 된다고 하였으나, 정약용은

> 금이 중국에 들어가지 않게 하려면, 마땅히 금전(金錢)을 만들어 국
> 중(國中)에 통용시켜 그 값이 중국에서보다 비싸도록 하면, 비록 매일
> 매질해 가며 중국에 들어가도록 하려 해도 중국으로 반출하려는 자가
> 없을 것이다.[434]

라며 국가에서 광산을 독점하여 산출된 금으로 화폐를 만드는 것
이 귀금속의 국외 유출을 막는 최선책이라 하였다. 여전제-정전제
의 수립 과정에서 "물이 아래로 흐르듯 하는" 백성의 이욕(利慾)을
이용한 것과 같은 발상이다.

둘째, 민란(民亂)의 가능성을 억제하고 '국가와 민 사이의 중간세
력', 즉 간리(奸吏)와 부농(富農), 상인층의 발호를 차단하려는 것이
었다. 역시 홍경래의 난 등 민란을 근거로 광업 자체를 금해야 한다
는 주장에 대해 정약용은

> 단지 관채(官採)에서 비롯하지 않고 사채(私採)를 허가한 때문에 그
> 처럼 간악한 도적들이 일어났던 것이다.[435]

라고 반박한다. 정약용에 의하면 민간에 채굴을 맡기고 방치한 결과

---

434) 『전서』 제5집 제7권, 「經世遺表」(7) "地官修制 田制"(9) 欲金之勿入燕
　　宜作金錢 行於國中 使其値 高於燕値 則雖日撻 而求其燕 亦無有齎去
　　者也
435) 『전서』 제5집 제7권, 「經世遺表」(7) "地官修制 田制"(9) 此有不自官採
　　而許民私採 故致此姦宄者

민간 업자들이 무차별적으로 광부를 모집하고, 그러다 보니 악당, 불량배들까지 모여들게 되어 난리가 비롯되었다.[436] 그러므로 호조에서 광산을 엄격히 관리하여 정해진 정원 외 인원은 엄금토록 하고, 간민(奸民), 활고(猾賈)의 접근을 금하고, 금군(禁軍)이 그 지역을 수비해야 한다는 것이다. 그는 상인 계층을 억제해야 할 필요성은 특별히 크게 언급하지 않지만, 실제로 홍경래의 난은 자금을 제공한 부농과 상인들의 역할이 컸다. 그리고 관의 중앙집권적 관리가 어렵다 보니 중간에 상인들과 아전들이 개입함으로써 국가의 조세 수입을 빼돌려, 국가가 광산에서 별 이득을 얻지 못하고 있었던 것이 바로 정약용이 광산국영제를 주장한 세 번째 이유였다.

십분의 일(什一) 세를 전지에는 쓸 수 있다. 전지에는 경계가 있으므로 그 십분의 일이 명백하기 때문이다. 택전(宅廛)에도 쓸 수 있다. 택전에도 경계가 있으니 그 십분의 일이라는 것이 명백하기 때문이다. 하지만 금·은·동·철을 백성이 사사로이 캐도록 허가해 놓고 어떻게 십분의 일을 정하겠는가? 백성이 천을 채굴하고도 오직 백을 채굴했다고 하면 관에서는 어찌할 것인가? …… 지금 백성에게 사사로이 채굴하도록 허락하고 그 말하는 대로 10분의 일을 거두니, 한편에서는 원망과 저주가 끊이지 않고 정작 나라의 수입은 얼마 되지 않는다. 이야말로 나라를 망칠 법이다.[437]

---

436) 『전서』 제5집 제26권, 「牧民心書」(11) "工典六條 山林"
437) 『전서』 제5집 제10권, 「經世遺表」(10) "地官修制 賦貢制"(4) 什一之稅 可用於田地 田地有界 其什一明白也 可用於宅廛 宅廛有界 其什一明白也 夫金銀銅鐵許民私採 何以定什一乎 民採其千曰惟採百 官將奈何 …… 今也 許民私採 乃從而收其什一 怨詛朋興 國入無幾 此亡國之法也

그런데 금은의 유출을 막고 민란의 소지를 없애기 위해서라면 광업 반대론의 주장대로 아예 처음부터 광업을 일으키지 않는 편이 오히려 낫다. 그런데 정약용이 굳이 변명을 해 가며 광업을 진흥하려 한 이유는 무엇일까? 바로 국가 재정적 필요 때문이었다.

> 그 소득으로써 서울과 지방에서 방출된 유전(留錢)을 보충하고 …… 공전(公田)을 매입하는 값을 차차 충당해 나가는 일은 그만둘 수 없다.[438]

결국 정약용은 산업의 진흥을 통해 국가를 재조(再造)한다기보다 국가의 재조(중농적인) 과정에 산업을 이용하려고 했다. 그의 사상에서 공업과 상업은 농업에 종속되지 않고 별도의 지위를 확보했지만, 그것은 『주례』의 고법(古法)에 귀의하는 것이었다. 그에게는 상업자본 전체 내지는 독립적 소규모 상업자본을 육성하여 새로운 시대의 주역을 담당케 할 계획은 없었다.

(2) 화폐 정책

지금 본 대로, 정약용은 금은으로 화폐를 주조하고 세출(歲出)에는 오직 그것만을 사용하자고 제의했다. 그가 금은으로 화폐를 주조해야 한다고 주장한 실용적 근거에는 금은의 중국 유출을 막을 수 있다는 것[439]이 가장 중요했는데, 금은의 유출을 막아야 할 이유는

---

438) 『전서』 제5집 제7권, 「經世遺表」(7) "地官修制 田制"(9) 略以所得 補中外留錢出散之數 …… 徐充公田之價 未可已也

439) 앞서 광산국영론에서는 시장 가치에 따른 자연스러운 금은 유출 방지를 논했으나, 화폐 주조에 대해 직접 논할 때는 화폐에 전문(錢文)을 새겨 구별하면 감히 죽음을 무릅쓰고 밀수출하는 경우가 없어질 것이

한정되고 불변하는 재화인 금은으로 무한정이고 쉽게 소멸되는 재화인 비단을 교역하는 것이 불합리하다는 점, 외국과의 분쟁(分爭) 발생 시 비축해 둔 금은을 사용해 무마할 필요가 있다는 점 등이었다.440) 이를 두고 정약용이 서구 근대적인 중상주의(重商主義) 통상정책을 지향했다는 해석이 있으나,441) 금은의 자본적 가치보다 교환상의 편리함을 보고 금은의 보전을 주장한 것이므로 지나친 해석이라고 하겠다. 그리고 금은화폐의 장점에 대한 이러한 논거는 이익, 박지원 등에게서 이미 제기되었던 것이다.442)

또한 정약용이 "마땅히 금은으로 주화를 만들어 각각 값에 따라 쓰도록 하면, 대상(大商)과 원고(遠賈)들이 앞 다투어 금전과 은전을 손에 넣으려 할 것이니, 운반하기에 편리하기 때문이다."443)라고 한 언급을 두고 그가 국내상업과 국제무역을 더욱 활성화(活性化)하기를 꾀했다는 해석도 있다.444) 그러나 그 언급의 바로 앞에 "우리나라의 금은이 해마다 중국으로 넘어가는데, 국가의 손해다."라는 언급이 있으며, 바로 다음에는 금전, 은전에 전문을 새겨 감히 밀반출하지 못하도록 한다는 언급이 있는 것을 미루어 보면 그것은 상업을 활성화하려 했다기보다는 금은 유출을 방지하는 논의의 일환으로 제

　　라고 주장한다. 『전서』 제1집 제9권, 「詩文集」, "錢幣議"; 『전서』 제5집 제2권, 「經世遺表」(2)

440) 『전서』 제1집 제9권, 「詩文集」, "錢幣議"

441) 이영훈, 앞의 글(2000), p.160.

442) 원유한, "실학자의 화폐사상발전에 대한 고찰", 「동방학지」 제23·24 합집호. 1980. p.87.

443) 『전서』 제1집 제9권, 「詩文集」, "錢幣議" 宜鑄金銀之錢 用之各以其直 則大商遠賈 必爭取金銀之錢 爲其轉輸不勞也

444) 원유한, 앞의 글, p.85.

시한 근거라고 보아야 할 것이다. 그 앞 단락에는 금은으로 화폐를 만들어 물리적으로 무겁고 경제적으로 가치가 크게 만들면 백성들이 즐겨 사용하려 하지 않을 것이고, 그것은 곧 절약을 유도하는 것이 되므로 바람직하다는 내용이 있는 것을 보아도 정약용이 적어도 화폐론을 통해 상업의 활성화를 적극적으로 주장했다고는 보기 어렵다. 그가 근대적인 금은본위제(金銀本位制)를 구상했다는 추론 역시 근거가 빈약하다.445)

(3) 조세 정책

그러나 정작 정약용이 화폐를 논하면서 직접 언급하지 않은 장점이 있으니, 바로 조세 납부 시의 합리성과 편리함이었다. 그는 『주례』에서 9직의 관념을 끌어내며 이들 9직이 각기 다른 방면에서 활동하며 그 특유의 산물을 국가에 부(賦)로 납부했다고 했다. 그러나 이후 선왕의 법은 '잊히고' 조용조(租庸調), 즉 전지(田地), 인정(人丁), 가호(家戶)를 기준으로 징세하는 법이 아니면 가호별로 1년에 두 차례 납부하는 양세법(兩稅法)이 수립되어 실시되어 왔다.

여기서 정약용은 전세(田稅) 외에도 인정(人丁)을 대상으로 징수하는 군포(軍布) 역시 결(結)을 기준으로 징수하고 공납 역시 전세화됨에 따라 오직 농민에게만 세 부담을 지우는 현실을 타개하고, 전세인 전(田)과 9직으로 나뉘는 인정(人丁)이 각각의 산물을 내는 부(賦) 그리고 부가적으로 특산물을 바치는 공(貢)으로 이루어졌던 삼대(三代)의 세제를 복원할 것을 주장한다. 그러나 그 주장은 복고적,

---

445) 위의 글, p.87.

시대착오적이라기보다는 당시의 변화에 부합하는 면이 컸다. 오직 전지에 결부(結負) 단위로 현물(現物)을 부과하는 조세로는 국가 재정도 빈약한 한편 국가 경제 활성화에도 지장이 컸다. 그런데 정약용 당시는 기술과 무역의 발달로 상공업이 발달하고 농업도 재편(再編)의 과정을 겪고 있었으며, 이에 정약용은 정전제를 통한 '국가 재정 확충－민생 부담 감소'만을 추구할 것이 아니라 새롭게 발달하는 상공업에서 새로운 재원(財源)을 마련할 수 있다고 보았던 것이다.

여기에 더하여 그는 부(賦)를 화폐(貨幣)로 받을 수도 있다고 함으로써, 경제의 활성화와 성장가능성을 한껏 높였다. 그 근거는 편리함에 있었다. 그는 "내가 일찍이 보니, 백성이 바치기에 가장 즐겁게 여기는 것은 돈이었고, 그다음은 곡식이며, 가장 괴로워하는 것은 포백(布帛)이었다."[446]고 한다. 현물인 곡식이나 포백은 부피가 크고 운송 과정에서 소실되거나 썩기 쉬우며, 특히 포백의 경우는 같은 수량이라도 품질에 따라 가치가 다르므로 정액(定額) 세납을 하기 어려웠기 때문이었다. 그에 비하면 돈은 운반도 계량도 편리했다. 정약용은 따라서 "백성의 편리함만 보고, 국가의 유족(裕足)함을 따지지 않는다면 모든 부렴(賦斂)은 일체 돈으로 내도록 해도 된다."[447]고 한다.

이것은 사실 조용조의 세법이 아닐뿐더러 각자의 직업에 따라 생산물을 바치는 삼대의 부법과도 다르다. 조세금납화(租稅金納化)는

---

446) 『전서』 제5집 제10권, 「經世遺表」(10) "地官修制 賦貢制"(2) 臣嘗見之
　　 民之崔樂輸者錢也 其次穀也 其崔苦者布帛也
447) 『전서』 제5집 제10권, 「經世遺表」(10) "地官修制 賦貢制"(2) 但求便民
　　 不顧裕國 則凡賦斂 皆以錢輸亦可也

곧 양세법, 이어서 일조편법(一條鞭法)의 특성이었다. 봉건적 조건에서 다양한 명목으로 수취(收取)하던 것을 일원화하고 그 단위를 화폐로 표준화한다. 이것은 행정의 합리화를 가져올 뿐만이 아니라 국가경제가 비약적으로 성장할 수 있게 하는 단서였다.

그러나 정약용의 조세금납화론은 완전하지 않았다. 부(賦) 외에 현물을 납부하는 전(田)이 있는 것도 그렇지만, 인용문에서 "국가의 유족함을 따지지 않는다면"이라 했듯, 그는 아직 화폐의 가치교환 기능만을 보고 그 가치축적 기능, 나아가 자본에 의한 금융이익 창출 기능까지는 생각하지 않고 있었다.[448] 그래서 화폐의 효과를 제한적으로만 여겼기 때문에 국가 입장에서는 당장 사용할 수 있는 현물을 받는 편이 더 이득이라고 보았고, 화폐경제의 발달로 모든 재화가 화폐로 치환될 수 있음을 내다보지 못하고 관료나 군대에 지급하는 녹봉(祿俸)은 계속해서 포백을 써야 한다고 생각했다. 그래서 설령 조세금납화를 실시하더라도 현물을 납부하기에 편리한 지역에서는 그대로 포백이나 곡식을 내도록 하고 있다.[449] 그가 군포(軍布) 제도에 문제가 많다고 생각하면서도 그것을 유지할 수밖에 없다고 여긴 점, 양세법을 비판하는 근거가 "사전에 세액을 고정해 둠으로써 풍흉(豊凶)에 따른 백성의 입장 변화를 고려하지 않는 것"이라는 점 등도 그런 측면을 뒷받침한다. 정약용의 생각에는 풍흉에 따른 농산물의 공급 변동분을 화폐로 제때에 산출하기란 불가능했던 것이다.

---

448) "다만 돈이라는 물건이란 유통하기에는 이로우나 저축하기에는 불리하다."(『전서』 제5집 제7권, 「經世遺表」(7) "地官修制 田制"(9) 惟錢之爲物 利於流行 不利於儲蓄)
449) 『전서』 제5집 제10권, 「經世遺表」(10) "地官修制 賦貢制"(2)

방금 제시한 대로, 정약용이 9직을 강조한 이유 중 하나는 조세 대상자를 확충하려는 데 있었다. 그는 『맹자』에서 조세를 되도록 헐하게 거두어야 한다고 한 것은 당시 전국시대(戰國時代)에 학정(虐政)이 횡행했으므로 경계하는 뜻이었다고 하며, 『맹자』 등을 근거로 들며 되도록 세금 부과를 줄이는 것이 선정(善政)의 조건이라고 하던 논의(주자학적 정치론에서 상투적으로 제기하던)를 배격했다. 그리고

부법(賦法)을 밝히지 않는 것이 백성에게 편리할 듯하지만 오히려 백성이 모두 도탄에 빠졌다. 무슨 까닭인가? 백성을 9직으로 나누는 것은 하늘의 이치이니, 비록 위에서 명령하지 않아도 백성이 스스로 직을 나눈다. 백성의 직에 아홉 가지가 있는데, 오직 농사에만 세를 매기고 공, 상, 빈, 목은 모두 언급조차 꺼린다. 그런즉 9직의 세를 오직 농민이 부담하는데, 농민이 어찌 견디겠는가? 농부는 초췌해지고 전야(田野)는 거칠어진다. 대본(大本)이 쓰러지니 생리(生理)가 날로 고갈된다. 이는 모두 부법을 밝히지 않은 까닭이다.

군주가 나라를 세우고 극(極)을 세워서 위로는 천지와 종묘를 받들고 아래로는 뭇 신하와 백공(百工)을 기르며, 제사를 지내고 빈객(賓客)을 맞으며 군대를 유지하고 중요한 때마다 장사를 지내는 등등의 일을 하니, 그 비용이 많지 않을 수 없다. 그 비용이 백성에게서 나오지 않으면 어디서 나오겠는가? 이왕 백성에게서 나온다면 어찌 균평(均平)하게 하지 않겠는가? 이왕 백성에게서 나온다면 어찌 한도와 절도를 엄격히 하지 않겠는가? 유자(儒者)들이 큰소리를 치면서 인후(仁厚)하기만 힘쓰라 하고, 한 오라기의 실과 한 알의 곡식조차 백성에게서 거두지 말라고 한다. 그 말을 갑자기 들을 때에야 어찌 시원하고 좋지 않으랴? 그러나 세상에 실제로 시행한다면 이곳저곳 결함

이 생겨서 유지할 수 없게 된다. 관원은 관을 벗어 걸고 사방으로 달아나며, 서리(胥吏)는 신을 벗어던지고 달아날 뿐이다.[450]

이처럼 전지에 대해 거두는 기존의 조세를 농민에 대한 10분의 1의 조세(정전제가 시행될 경우)로 바꾸고, 그뿐만이 아니라 다른 직업에 대해서도 징세할 것을 주장한 정약용은 특히 최대의 이윤을 창출하고 있던 상업에 대한 조세에 주목했다. 그는 종래 시장에 터를 잡고 장사하던 좌고(坐賈)에게만 징세하고 떠돌아다니는 행상(行商)에게는 제대로 징세하지 못하던 관행을 깨고 관소(關所)에서 징세할 것을 주장했다.

관(關)은 행상에게 징세하는 곳이고, 시(市)는 좌상(坐商)에게 부세하는 곳이다. 행상의 이익이 좌상보다 큰데, 좌상에게만 징세하고 행상에게 징세하지 않는다면 민역(民役)이 고르지 못하다. 그러므로 선왕의 법은 관과 시를 반드시 함께 들었다.[451]

---

450) 『전서』 제5집 제10권, 「經世遺表」(10) "地官修制 賦貢制"(1) 賦法不明似若便民 而民皆塗炭抑何故也 民分九職 天之理也 上雕不令 民自分也 民職有九 而惟農有稅 工商嬪牧 皆所恥言 然則九職之賦 農者全當農其堪乎 農夫憔悴 田野日荒 大本其蹶 生理日竭 皆賦法不明之故也 王者建邦立極 上事天地宗廟 下養羣臣百工 祭祀賓客軍旅喪紀 其費用不得不廣 不出於民 將於何出 既出於民 無亦均平爲愈乎 既出於民 無亦限節宜嚴乎 儒者一時大言 務爲仁厚 一絲一粒 都不斂民 驟聞其說 豈不洒然可喜 及其措之於當世也 左缺右陷 無以維持 百官掛冠而四走 衆胥納履而一空

451) 『전서』 제5집 제10권, 「經世遺表」(10) "地官修制 賦貢制"(3) 關所以征於商也 市所以征於賈也 商之利大於坐賈 若征賈而不征商 則民役不均 此所以先王之法 關市必並舉也

이것은 종래 지방에서 거두던 상인세를 국세(國稅)로 바꾼다는 의미도 있었다. 그는 한편으로 정조(正祖)의 금난전권(禁亂廛權) 폐지 조치를 지지했으며, 그렇게 상인의 특권을 없애고 국세 수입을 늘리려는 그의 의도는 국가와 민 사이의 중간 세력(여기서는 특권 상인과 그들과 결탁한 벌열 및 지방관들)을 배제하고, 국가 재정을 확충하려는 그의 경제 정책론 전반에 일관되는 태도에 부합된다. 그것은 유수원이나 박제가처럼 상업 그 자체의 진흥을 고려하는 태도와는 차이가 있다.452)

한편 그는 조세의 일종으로 되어 버린 군포(軍布)의 징수에 있어 양반층에게도 군포를 징수하는 호포제(戶布制)를 '지지하는 입장'이었다. 그런데 이 부분은 그다지 명확하지 않다. 그가 호포(戶布)를 명시한 부분은 「전론」에서 "1려(閭)의 백성을 비율대로 삼분하고, 하나는 호정(戶丁)을 내어 병력을 편성하고, 나머지 둘은 호포(戶布)를 내어 군수(軍需)에 응한다."453)고 언급한 부분이다. 그런데 "비율대로 삼분한다"는 것이 사족(士族)도 포함하는 것인지 불확실하다. 그는 군포 문제를 주제로 다룬 논설인 「신포의」에서는 백도(白徒)인 이상 공경대부(公卿大夫)의 자손이나 원훈귀척(元勳貴戚)의 자손에게도 군포를 징수하지만, 관직에 있는 경우에는 일체 면제해야 한다고 밝혔다. 그러나 결론에 이르러서는 군포제를 아예 폐지해야 한다고 말하고 있다.454) 마지막으로 『경세유표』에서는 호포제까지 이르

---

452) 강만길, 앞의 글, pp.173 − 174.
453) 『전서』 제1집 제11권, 「詩文集」, "田論"(7) 大較一閭之民三分其率 其一 出戶丁以應編伍 其二 出戶布以應軍需
454) 『전서』 제1집 제9권, 「詩文集」, "身布議"

지 못한 ‘절반의 개혁’인 영조(英祖)의 균역법(均役法)을 극찬하는 한편 “9부(賦)를 정하여 민역(民役)을 고르게 하는 것은 그만둘 수 없다.”[455]고 하며 당시 선혜청(宣惠廳)에 병합되어 있던 균역청(均役廳)을 평부사(平賦司)라는 이름으로 독립시키고 있으나, 호포제와 비슷한 논의 자체는 보이지 않는다. 그의 이러한 모호함은 사(士)를 9직의 하나로 정립하고서도 몰락한 사족에게도 특권을 부여하였던 이중적 태도와 맥락을 같이한다. 즉 국권을 강화하기 위해 양천제를 복원하고 양인층을 육성하려 하면서도 동시에 개혁의 지지세력으로 유망했던 소외된 양반층의 입장을 배려할 수밖에 없었던 정약용의 처지가 반영된 결과로 추정된다.

천지간에 정한 이치는, 군왕은 마땅히 부유해야 하고, 백성은 마땅히 고르게 되어야 한다는 것이다. 그러므로 옛날 성왕(聖王)이 법도를 세울 때 무릇 천하 부귀의 권병을 위에서 잡도록 하고, 온 백성에게 덕(德)을 내렸다. 「홍범」에 “임금이 그 극(極)을 세우고, 오복을 거두어 널리 백성에게 준다.”고 한 것이 이것을 이름이다. 그러므로 천하의 전지는 모두 왕전이며, 천하의 재물은 모두 왕재이며, 천하의 산림, 천택은 모두 왕의 산림, 천택인 것이다.

무릇 그다음에 군왕이 그 전지와 재물을 백성들에게 널리 나눠 주며, 군왕이 그 산림, 천택의 소산을 백성들에게 널리 나누어 주었으니, 이것이 옛 법의 의(義)였다. 군왕과 백성 사이를 막는 자가 있어서, 그 렴시(斂時)의 권한을 훔치고, 그 널리 나누어 주는 은덕을 막는다면, 임금이 능히 극을 세우지 못하며 백성도 능히 고르게 받지

---

455) 『전서』 제5집 제1권, 「經世遺表」(1) “地官戶曹 敎官之屬” 定爲九賦 以平民役 斷不可已也

못한다. 탐관오리(貪官汚吏)가 부당하게 거두고 호상(豪商)과 활리(猾吏)가 이익을 독점하는 것이 이런 경우이다.456)

이 단락에 정약용 경제사상의 전부가 담겨 있다. 그는 정체되어 있던 '중세적' 농업사회의 변동기를 맞아 '9직론'을 통해 상공업의 독자성을 인정했으며, '광산국영론'을 통해 국가 주도의 산업 개발 가능성을 열었으며, '금은화폐 주조론'과 '조세 금납화론'으로 화폐경제의 발달과 국가경제의 발전에 실마리를 가져왔다. 또한 9직론과 호포제는 양반의 특권을 억제하고 '양인공동체' 건설을 지향한다는 의미도 있었다. 그러나 그의 경제사상의 핵심은 "국가는 부유해지고 민은 균등해져야 한다."는 점을 최고의 목표로 삼고, 그 목표 실현을 위해 "국가와 민 사이에 개입하여 사익을 탐하는 모든 중간세력을 타도, 억제해야 한다."는 것이었다. 그에 따라 서구의 경우처럼 상공업의 자생적 또는 국가의 후원에 따르는 발달과 그에 수반하여 시민계급이 성장하는 가능성은 대체로 그의 의도에 벗어나 있었다. 정약용은 고대의 활력을 근대에 적용하는 방법을 모색했고, 구체적 제도면에서도 여러 가지 새로운 가능성을 찾았다. 그러나 그는 항상 황극이라는 상(常)에서 벗어나지 않았고, 양반 계급의 기득권을 얼마간

---

456) 『전서』 제5집 제11권, 「經世遺表」(11) "地官修制 賦貢制"(5) 天地定理 人主宜富 下民宜均 故古之聖王 立經陳紀 凡天下富貴之權 總攬在上 降德于兆民 洪範曰 皇建其有極 斂時五福 用敷錫厥庶民 此之謂也 故 天下之田 皆王田也 天下之財 皆王財也 天下之山林川澤 皆王之山林 川澤也 夫然後王以其田敷錫厥庶民 王以其財敷錫厥庶民 王以其山林 川澤之所出敷錫厥庶民 古之義也 王與民之間 有物梗之 竊其斂時之權 阻其敷錫之恩 則皇不能建極 民不能均受 若貪官汚吏之橫斂 豪商猾賈 之推利者 是也

배려해야 한다는 상식적 현실주의 역시 외면하지 않았다.

2) 신분제론

(1) 양반과 양인

앞에서 본 대로 정약용은 한편으로 인-효제 중심의 덕론에서 신분의 차별을 초월했고, 양반 계급이 무위도식하며 국가와 민 사이에 유해(有害)한 중간 세력으로 작용하고 있는 점을 지양하려고 했다. 그리하여 그는 양천제의 복원과 양반 계급의 양인화를 도모한다. 하지만 다른 한편으로 그는 의-예 중심의 덕론에서 민중의 역량을 회의하고, 사 계급이 어느 정도의 특권을 유지하면서 사회도덕의 파수꾼으로 남기를 희망한다.

이러한 딜레마는 정약용의 「발고정림생원론(跋顧亭林生員論)」에 잘 나타나 있다. 그는 중국의 생원이 기생(寄生) 계급화되고 있다는 고염무의 우려를 소개하고, 그나마 중국의 경우는 과거를 거치지만 우리나라의 양반은 실제 관직이 없어도 지위를 세습하고 있기에 더욱 문제라고 하면서,

> 내가 바라기로는 온 나라 사람이 다 양반이 되는 것이다. 그렇게 되면 온 나라에 양반이 없어지리라.[457]

라고 선언한다. 이제껏 이 구절만을 따서 정약용이 양반 계급의 폐

---

[457] 『전서』 제1집 제14권, 「詩文集」, "跋顧亭林生員論" 余所望則有之 使通一國而爲兩班 則通一國而無兩班矣

지와 신분제의 철폐를 염원했다는 근거로 삼는 경우가 많았다.[458] 그러나 그다음에는 곧바로 "어린 자가 어른처럼 행세하고 천한 자가 존귀한 것처럼 하여, 모두가 존귀하다고 주장하면, 곧 존귀한 사람이 없어지리라(有少斯顯長 有賤斯顯貴 苟其皆尊 則無所有尊也)."는 언급이 따른다. 그리고 『관자(管子)』를 인용하여, "온 나라 사람이 다 존귀해질 수는 없다, 모두가 존귀한 사람이 되고 말면 질서가 무너지고 나라가 위험해진다(一國之人 不可以皆貴 皆貴則不成 而國不利也)."는 언급으로 논의를 끝맺고 있다. 여러 연구자들이 이 부분에 대해서는 언급을 회피하거나 '현실론적 제약을 표시한 것'이라고 보았으나,[459] "어린 사람이 어른처럼 행세하고……"의 부정적 뉘앙스를 고려하면, 정약용의 '전 인민의 양반화 선언'은 양반 폐지론도, 신분제 철폐를 지향하는 이상론도 아니며 "한 번 모두가 다 양반이 되어 보았으면 좋겠다. 어떤 곤란한 일이 일어나는지……"라는 의미의 일종의 해학(諧謔)이라고 읽어야 옳다.[460] 즉 이 논설은 양반이라는 계급이 유해하다는 점은 분명히 인정하면서, 벌열(閥閱)을 비롯한 기존 양반들이 지위를 세습하는 문제와 함께 평민, 천민층에서 부정한 방

---

458) 가령 신용하, 앞의 글(1990), pp.82−85; 김영호, 앞의 글, pp.170−171; 조성을, "정약용의 신분제개혁론", 「동방학지」 제51호. 1986. p.130; 금장태, 『실천적 이론가 정약용』, 이끌리오. 2005. p.376; 장승구, 앞의 책, pp.162−163.

459) 신용하, 앞의 글(1990), p.85; 김영호, 앞의 글, p.171; 차미희, "실학자의 교육제도 개혁론: 연구 현황과 과제", 연세대학교 국학연구원 편, 『한국실학사상연구(2)』. 혜안. 2006. p.475.

460) 그것은 「신포의」에서 평민들의 불법적인 양반화 추세를 크게 우려하면서 "이러다가는 온 나라가 모두 양반이 되고 말 것이다(將一國盡化爲兩班)."라고 개탄하고 있는 점에서도 확인할 수 있다.

법으로 양반이 되는 문제도 똑같이 고민하고 있다. 그러면서 결국 "존귀한 사람이 없을 수는 없다."는 '상(常)'을 확인하는 것이다.

정약용이 황극론 차원에서 양반 계급의 존재에 대해 부정적 시각을 갖고 있었음은 틀림없다. 그는 「농책」에서 이렇게 말한다.

『예(禮)』에 '갓끈을 두 치쯤 늘어뜨린 사람은 게을러 놀고먹는 사람이다.' 했는데, 우리나라의 사대부들은 나면서 생원(生員)이 되고 강보에 싸여서 경상(卿相)이 됩니다. 의관을 갖춘 양반들은 그냥 글 읽고 글씨나 쓰고 있으면, 양역(良役)에 동원되지 않음은 물론 신포(身布)도 징수하지 못합니다. 게다가 질서를 무시하고 위세를 휘둘러 백성에게 해독을 끼치니, 이들은 모두 놀고먹는 사람들로 농사를 해치는 무리입니다. 이제는 점차적으로 억제하여 그 한계를 정하는 것이 옳습니다. 경술(經術)을 시험하기도 하고 문예(文藝)를 시험하기도 하여 합격하지 못하는 자는 모두 군(軍)에 보충시키는 법령을 시행한다면, 그 추세가 농사꾼으로 돌아가지 않을 수 없을 것입니다. 신이 이른바 놀고먹는 것을 금하여 인력을 넉넉하게 해야 된다는 것이 이것입니다.[461]

그리고 앞에서 본 대로 「전론」에서 생업에 직접 종사하지 않는 사는 그 대신 실용적인 학문과 기술에 종사해야 한다고 규정하는 점, 「통색의」 등에서 귀천을 가리지 않고 인재를 등용하도록 권하는

---

461) 『전서』 제1집 제9권, 「詩文集」, "農策" 禮曰 垂綾二寸 惰游之士也 我
國之所謂士大夫 落之生員 襁褓卿相 峩官博帶 尋行水墨 良役不侵 身
布不徵 能軼武斷 毒痛生靈 此皆遊食之民 而病農之類也 今宜稍稍裁
抑 定其界限 或試經術 或試文藝 不能中矩者 並行充發 其勢不得不轉
綠南畝矣 臣所謂禁遊食以紓人力者此也

점 등이 모두 그런 사실을 뒷받침한다. 그러나 역시 앞에서 본 대로
『목민심서』에서 현직에 있지 않은 양반에게도 특권을 부여한 점,
『경세유표』에서 "사대부는 국가의 원기이므로 사대부가 빈약해지면
국가가 쇠망한다."462)고 본 점 등은 역시 그가 사 계급의 존재를 근
본적으로 긍정하고 있었음을 알려 준다. 9직에 사가 포함됨은 사를
'격하'시키는 의미도 되지만, 반대로 그 존재의 당위성을 확인하는
의미도 된다. 사가 양인(良人)으로서 민의 일부가 되는 것도 상(常)
이고, 사가 군자로서 소인과 구별되는 것도 상(常)이다. "족(族)에는
귀천(貴賤)이 있으니 마땅히 그 등급을 구별해야 하고, 세력(勢)에는
강약이 있으니 마땅히 그 정상(情)을 살펴야 한다. 이 두 가지는 어
느 하나도 폐할 수 없다." 양반은 사족(士族)으로써 존귀하며, 호강
(豪强)으로써 견제된다.

여기서 이 딜레마를 해소하는 방법으로 생각할 수 있는 것은 정
약용이 사 – 양반 계급의 존재는 긍정하되 그 성격을 개조하려 했다
는 것이다. 「전론」, 「농책」, 「통색의」 등의 기사는 이 가설을 대체로
뒷받침한다. 또한 '속유론(俗儒論)'에서는 실리(實理)를 강구하지 않
는 사는 사의 자격이 없다는 지적이 나온다.

> 참된 선비의 학문은 치국안민(治國安民)하고, 이적(夷狄)을 물리치
> 며, 재용(財用)을 넉넉하게 하고, 문(文)과 무(武)에 능하도록 하는 일
> 등이 두루 해당된다. 어찌 고문(古文) 구절을 따서 글이나 짓고, 벌레
> 나 물고기 이름에 주석이나 달고, 소매 넓은 옷을 떨쳐입고서 예모(禮
> 貌)만을 익히는 것이 학문이겠는가?463)

---

462) 『전서』 제5집 제10권, 「經世遺表」(10) "地官修制 賦貢制"(1)

또한 그는 양반과 상민의 관계가 일부에서 주장하듯 명분(名分)이 아니고 등급(等級)일 뿐이라고 했다.

> 변등(辨等)을 엄격히 하는 것을 시속(時俗)에서 명분을 바르게 하는 것이라고 말하지만 이것은 지나친 말이다. 군신(君臣), 노주(奴主) 사이에는 명분이 있어서 마치 하늘과 땅 사이가 타오를 수 없는 것과 같이 판연하다. 그러나 위에서 말한 바와 같은 경우에는 등급이라고 할 수 있으나 명분이라고는 할 수 없다.464)

명분이란 마치 상제가 지정해 준 것과 같은, ‘모든 인간이’ 극히 자연스럽게 여기는 상(常)이다. 그러나 등급은 본질적으로는 평등하지만 국가 사회의 목적상 차등이 지도록 구분된 것이다. 그것은 마치 군대에 있어서 장교와 사병의 관계와 같다. 장교는 분명 사병보다 존귀하며 사병은 장교의 명령에 복종해야 하지만, 양자 간에 어떤 ‘봉건적인’ 신분관계가 존재하는 것은 아니다.

이렇게 보면 양반은 "9직의 하나로써 농, 공, 상과 대등하지만", "도덕의 파수꾼으로서(그리고 「전론」 등의 기술에 따르면, 강구실리(講究實理)하는 전문가로서) 일반 민보다 존귀한 위치에 선다." 그러나 "그 존귀함은 단지 기능적인 것이다."

---

463) 『전서』 제1집 제12권, 「詩文集」, "俗儒論" 眞儒之學本 欲治國安民 攘夷狄 裕財用 能文能武 無所不當 豈尋章摘句 注蟲釋魚 衣逢掖習拜揖 已而哉

464) 『전서』 제5집 제23권, 「牧民心書」(8) "禮典六條 辨等" 然嚴於辨等者 俗謂之正名分 斯則過矣 君臣奴主 斯有名分 截若天地 不可階升 若上所論者 可曰等級 不可曰名分也

이러한 가설을 충분히 뒷받침하기 위해서는 정약용이 국가 정책에 그러한 이념을 반영하는 개혁안을 제시했어야 한다. 그가 양반 숫자의 감소를 지향했으며 시험에 따라 그 자격을 박탈하는 방안을 제시했음은 앞서 「농책」의 인용문에서 보았다. 하지만 그 밖에는 구체적이고 일관성 있는 개혁안이 많지 않다. 그가 교육 체제를 혁신하여 실리(實理) 위주의 교육이 되게끔 하려 했다는 주장이 이어져 왔으나, 그것은 대개 "공리(空理)에 그치지 말고 실천에 힘쓰도록 한다."는 이념 위주의 설명이다. 그런 이념은 주희 이래 대부분의 주자학자들도 상투적으로 제기하던 것이다.[465] 교과에 실무 과정을 포함시키는 것은 사의 강구실리를 제시한 「전론」의 내용에서 유추가 가능할 뿐, 정약용이 명확하게 제시한 교육-고시 과목은 수신, 유교경전 공부 등으로 주자학자들의 주장과 그다지 다르지 않다.[466] 「농책」에서 제시한 '양반 자격 시험'의 과목조차 '경술과 문예'인 것이다.

　다만 교과목에서 덕행을 앞세우고 기예를 뒤로 돌린 것은 민의 정치권력 참여가능성에 있어 두 가지로 해석할 여지를 남긴다. 생업에 종사하는 데 바쁜 민은 문예를 비롯한 기예 면에서는 양반 출신

---

465) 선행 연구의 이러한 맹점에 대해서는 차미희, 앞의 글, pp.476-481.
466) 『경세유표』에서는 선사(選士)를 뽑을 때 문과(文科)의 경우 "덕행으로 근본을, 경술(經術)은 그다음으로, 문예(文藝)는 끝으로 평가한다."고 규정한다(『전서』 제5집 제15권, 「經世遺表」(15) "春官修制　科擧之規"(1) 總以德行爲本　經術爲次　文藝爲末). 무과(武科)도 덕행을 우선시하고 다음은 지략, 마지막이 기예다(『전서』 제5집 제15권, 「經世遺表」(15) "夏官修制　武科"(1) 亦以德行爲本　智略爲次　技藝爲末). 다만 문과에서도 향의 교과목에는 18개 기예 중에 산(算), 율(律), 사(射)의 3개 기예가 포함된다. 그리고 「통색의」에서 제시한 무재이능과의 경우에도 수신과 경술, 문예를 선발 기준으로 삼는다.

을 따라갈 가능성이 적지만, 덕행(인－효제의 덕행) 면에서는 대등하거나 오히려 능가할 수도 있다. 이렇게 보면 정약용은 민에게 유리한 선발 제도를 계획한 셈이다. 하지만 문과의 경우 응시 자격부터 "행검(行檢)이 있고 글을 아는 자"로 정해 놓았는데다,[467] 1차 선발시에는 덕행 위주로 뽑되 이후 향(鄕)에서의 교육 과정을 거친 다음에는 문예 위주로 거현(擧賢)토록 정했으므로 결과적으로 평민 출신은 매우 불리해질 수 있다. 어쨌든 정약용이 구체적인 교육－고시 제도를 통해 '의와 예에 밝은 사'가 아니라 '전문지식인으로서의 사'를 창출하려 했다고는 보기 어렵다. 또한 현실적으로 기존의 사대부 층에서 계속 사대부가 배출될 가능성이 많다는 비판이 가능하다. 하지만 이는 사실적 차원의 문제이며, 정약용의 사상을 논할 때, 우리는 그가 등급으로서의 양반 계급의 존재를 인정한 다음 그 존재를 가능한 한 '합리적'으로 변화시키고자 했다는 가설을 받아들일 수 있다고 본다.

논의하기에 더 곤란한 문제는 그가 등급을 넘어 명분 차원이라고 언급한 신분관계, 즉 주인－노비의 관계 문제이다.

(2) 노비제의 문제

정약용에게 있어 노비제의 존폐 문제는 이중적인 의미를 갖는다. 황극론적으로 보면 노비가 늘어나면 그만큼 양인이 줄어들므로 노비제를 폐지하거나 억제하는 논의가 필요하다. 반대로 변등론적으로

---

467) 『전서』 제5집 제15권, 「經世遺表」(15) "春官修制 科擧之規"(1) 不可使
無行不文者 冒赴

보면 노비는 사족의 세력을 의미하며, 따라서 노비를 없애거나 줄이는 것은 사족을 억압하는 것이 되어 바람직하지 못하다.

정약용은 사실 그의 저작에서 이 두 가지 논의를 모두 보여 주는 듯 보인다. 영조가 시행한 노비종모종량제(奴婢從母從良制) 개혁을 놓고 상반되는 듯한 입장을 표명하고 있기 때문이다. 노비의 자식은 '당연히' 노비가 되는데, 노비와 양인 사이에 태어난 자식은 과연 노비인가, 양인인가가 문제였다. 대체로 노비 남편－양인 아내라는 경우가 많았기 때문에 종모제(從母制)를 택할 경우 노비 인구가 급증했다. 조선조에서는 태종(太宗) 때 양인 인구 확충을 위해 잠시 종부제(從父制)를 취한 경우를 제외하면 종모종부제를 취해, 부모 중 어느 한쪽만 노비이면 자식도 노비가 되도록 했다. 그런데 영조 7년(1731) 종모종량제를 실시해 양인 어머니에게서 탄생한 자식은 양인이 되도록 개혁했던 것이다.

정약용은 『경세유표』에서는 이 조치를 지지하며 "천리에 합당하고 인정(人情)에 화협하여 사시(四時)가 변하지 않는 것과 같다."고 찬양하였다.[468] 삼대의 고법(古法)과 같은 의미가 있다고 평가한 것이다. 그러나 『목민심서』에서는 "대개 노비법이 바뀐 이후로 민속(民俗)이 크게 변하였는데, 이것은 국가에 이익이 되지 않는다."[469]며 정반대로 보이는 언급을 하고 있다. 이러한 불일치는 정약용 연구자들에게 오랫동안 가장 큰 난제(難題) 중 하나였으며, 두 가지 입장

---

468) 『전서』 제5집 제1권, 「經世遺表」(1) "邦禮艸本 引" 英宗大王改奴婢法 改軍布法改翰林薦法 斯皆合天理而協人情 如四時之不能不變
469) 『전서』 제5집 제23권, 「牧民心書」(8) "禮典六條 辨等" 盖自奴婢法變 之後 民俗大變 非國家之利也

중 어느 쪽이 정약용의 진정한 견해인지에 대해서도 해석이 엇갈리고 있다.470)

그러나 정약용의 이 두 가지 입장이 그렇게까지 상호 모순되지는 않는다고 본다. 우선 『목민심서』의 경우, 정약용은 앞서 어느 노파의 말을 통해 '부계(父系) 계승은 상(常)'이라고 재인식했다는 일화에서도 알 수 있듯 '자식은 (혈통적) 아버지의 지위를 계승해야 한다.'는 신념을 갖고 있었다. 그래서 그는 「입후론(立後論)」에서도 적자(嫡子)가 없을 경우 방계 친족에서 양자를 들이기보다는 서자(庶子)를 세워야 한다고 주장했다.471) 의(義)에 비해 일단 인(仁)을 앞세우는 정약용 사상의 특징이 반영된 것이라 하겠는데, 그렇다면 영조의 노비제 개혁에서 "자식이 모친의 신분을 계승해 양인이 된다."는 점은

---

470) 가령 『경세유표』 쪽, 즉 정약용이 노비 해방을 지향했다는 해석은 신용하, 앞의 글(1990), p.111; 조성을, 앞의 글(1986), p.135. 반면 『목민심서』 쪽, 즉 정약용이 노비제를 유지 내지는 영조의 개혁 이전으로 복원시키려 했다는 해석은 이영훈, 앞의 글(2000), p.156. 정약용이 본래 노비제 폐지론을 생각했으나 현실적 제약 등을 고려하여 존치론으로 바뀌면서 폐지는 먼 미래를 기약했다는 해석은 김영호, 앞의 글, pp.184-187.

471) 『전서』 제1집 제11권, 「詩文集」, "立後論" 여기서 제시된 입후(立後), 즉 양자를 들여서 대를 잇는 일에 대한 원칙은 "대종(大宗)이라야 입후할 수 있다(大宗方立後)", "지자(支子)는 입후할 수 없다(支子不立後)", "서인(庶人)은 입후할 수 없다(庶人不立後)" 그리고 "죽은 뒤 아들이 없을 경우에만 입후할 수 있다(死而無子方立後)"인데, 장경우는 이 중 첫째에서 셋째까지는 경전에 명시된 원칙을 재확인한 것이며 네 번째, 즉 첩 소생의 서자가 있을 경우에는 그에게 계통을 전해야 하며 입후할 수 없다는 원칙은 정약용만의 독특한 사상이라고 한다. 장동우, "다산 예학의 연구: 『의례』「상복」과 『상례사전』「상기변」의 비교를 중심으로", 연세대학교 박사학위논문. 1998. p.147.

정약용에게 부적절하게 여겨졌을 것이다.472) 또한 종량(從良)된 노비들이 원래의 주인에게 '무례하게' 대했을 소지가 크고, 그것은 '하민이 선비를 업신여기고 기강이 무너지는 상황'으로 비쳤을 것이다. 그래서 정약용은 『목민심서』에서 개정 노비법의 폐단으로 '민속(民俗)의 변화'를 우선 들고 있는 것이다.

그러면 어째서 『경세유표』에서는 그런 우려를 표명하지 않고 오히려 노비법 개정을 지지했을까? 우선 그 내용에서 찬양의 대상이 된 법제는 노비법만이 아니며, 군포법, 한림천법 등 영조가 시행한 변법(變法)의 전부이다. 그리고 그 맥락은 신하들의 끈질긴 반대에도 불구하고 영조가 용단(勇斷)을 내려 여러 법을 개정했고, 그 결과 민생에 도움이 되었다는 것이다. 즉 그 내용은 숱한 개혁안을 담고 있는 자신의 『경세유표』를 군주에게 올리면서, 그 첫머리에 "법을 고치고 제도를 개혁하는 일을 꺼려서는 안 된다."는 메시지를 전달하기 위해 든 사례라고 할 수 있다.

그런데 『목민심서』에서 노비제 유지 내지 복원을 주장한 근거에는 민속 문제만이 아니라 '사족의 힘을 유지시킨다'는 것도 있었다. 정약용은 임진왜란 당시 많은 노비를 거느린 양반들이 의병을 일으켰다면서, 노비가 없어지거나 현저히 줄어들 경우 민란(民亂)을 무엇으

---

472) 그렇다면 반대로 양인 부친에 노비 모친을 둔 자식을 종량시키는 종부법을 찬성했어야 하는데, 정약용이 이를 구체적으로 명시한 내용은 없다. 그러나 여러 저작에서 서얼(庶孼)의 허통(許通)을 꾸준히 주장하고 있는 점과 천인 출신도 일단 선사(選士)가 되었다면 공평하게 대할 것을 주장하는 점(현실적으로 글을 익힌 천인 출신이라면 양반이나 양인의 서자일 가능성이 높다)을 보면 그가 종부법에 대체로 찬성하는 입장이었으리라고 짐작해도 좋을 것이다.

로 진압하겠느냐고 말한다.473) 그는 계속해서 노비세습제가 조선만의 것이 아니라 중국에도 있었으며, 원세조(元世祖)가 고려 충렬왕(忠烈王)에게 노비제를 개혁하도록 주문했다는 고사는 면천(免賤)된 노비의 자손을 다시 노비로 만드는 일을 금지하라는 의미였지, 노비제 자체를 폐지하라고 한 것이 아니었다고 한다. 매우 적극적으로 노비제 옹호론을 제기하고 있는 셈이다. 또한 그는 『경세유표』에서 당시 형조(刑曹)에 흡수되어 있던 노비 담당 부서인 장예원(掌隷院)을 부활시켜야 한다고 보았으며,474) 사소한 언급이지만 「전론」에 노비가 언급되어 있다는 점에서475) 정전제가 정착된 이상 사회에서도 노비제를 유지해야 한다고 여겼다고 추정할 수 있다.

이렇게 볼 때 정약용이 노비제의 유지를(반드시 종전의 형태와 같은 노비제는 아니더라도) 긍정했음은 의심하기 어려울 듯하다. 그렇다면 어째서, 천부의 기질적 차이에 따라 선악이 정해지지 않음을 강조한 그가, 노비제에 찬성할 수 있었을까?

앞서 사족의 특권을 논한 경우처럼, 실질적인 개혁의 지지 세력인 재지 양반층의 입장을 배려할 필요가 있었음을 생각할 수 있다. 그

---

473) 그는 어느 양반 출신 의병장이 '일반인 3천, 노비 8백'의 병력으로 임진왜란 당시에 크게 활약했다고 적고 있다(『전서』 제1집 제22권, 「詩文集」, "題梁靑溪遺事詩序"). 그것이 실제보다 과장되었을 가능성은 별도로, 이로써 정약용은 양반 소유 노비의 군사적 효용성을 실제로 믿고 있었다고 여길 수 있다.

474) 『전서』 제5집 제15권, 「經世遺表」(15) "秋官刑曹 刑官之屬"

475) "그들이 위로는 부모를 섬기고 아래로 처자를 기르기에 족하도록, 또한 족당(族黨)을 돌보고 빈객(賓客)을 대접하고 노복(奴僕)을 양육하기에 족하도록……."(『전서』 제1집 제11권, 「詩文集」, "田論"(6) 令仰足以事父母 俯足以育妻子 又足以周族黨 養賓客 字僕奴……)

러나 그러한 현실적인 필요만으로는 정약용이 이처럼 분명하고 집요하게 노비제 유지를 주장하는 이유로 불충분하다. 몇 가지 추론을 해 보자.

우선 정약용이 주노(主奴)의 관계를 군신(君臣)의 관계처럼 '타오를 수 없는 명분'으로 규정했음을 생각해 보자. 정약용은 군주권-국권을 강조하려는 입장이고, 그에 따라 상제(上帝)의 권위 또한 강조했다. 그런데 상제는 보이지 않으며 군주는 멀리 있다. 따라서 대의명분(大義名分)에 대한 의식이 미약한 서민들에게는 더 확실한 본보기가 필요할 수 있다. 그에 따라 주노의 관계를 군신의 명분에 대비시켜 '선속(善俗)'을 유도하려 했을지 모른다.

둘째, 덕(德)의 보존과 사회질서의 유지를 위해 노비제가 필요하다고 여겼을 수 있다. 정약용은 노비제 유지의 근거로 전쟁이나 민란의 경우 사족들이 노비를 이끌고 진압에 나서야 한다는 주장을 한다. 그런데 이는 「전론」에서 여장(閭長)이 여민들을 이끌고 전장에 나선다는 구도와 흡사한데, 물론 「전론」의 경우에는 주노관계에 따른 민병(民兵) 편성이 아니다. 그때에는 여장이 노동 일수의 계산을 비롯해 여민들의 절실한 이해관계를 장악하고 있으므로 여민들이 여장의 통솔에 복종할 것이라고 한다. 그렇다면 그처럼 정전제가 정착되지 않은 현실에서는 사족들이 주노관계의 권위에 의지해 비상사태에 민병을 동원할 필요가 있지 않을까? 또한 의(義) 추구 역량이 불충분한 하민(下民)들이 양반 소유의 노비들에 의해 물리적으로 제약될 뿐 아니라, 그중 상당수가 노비가 됨으로써 양반의 교화(教化)를 받는 것이 좋다고 생각했을 수 있다. 서구 덕론의 조종(祖宗)인 아리스토텔레스가 '노예들의 덕의 결여'를 이유로 노예제를 긍정했던 것을 비롯하여,476) 사회의 미덕을 보존하고 질서를 유지하기 위해 개개인의 자유는 필요할 때 제한할 수 있다는 것은 고대에서 근세까지 덕의 중요성을 강조한 사상가들의 공통된 생각이었다.

셋째, 정약용이 가사(家事)를 다스릴 때나 국사(國事)를 관장할 때나 모든 구성원이 잠시도 한가함이 없이 각기 맡은 직분에 전념(專念)해야 한다고 여겼음을 상기하자. 가정(家政)의 경우 그는 유아(幼兒)와 환자(患者)까지도 자신이 할 수 있는 일을 맡아서 해야 한다고 보았다. 그렇다면 「전론」에서처럼 이상사회가 이룩된 다음에도 사는 몸소 육체노동에 종사할 것이 아니라 자신의 장기인 정신노동에 전념하여 강구실리(講究實理)하거나 고문(古文)을 연구하거나 해야 한다고 생각했을 것이다(물론 「전론」의 경우에는 이러한 정신노동의 역량이 미흡한 사는 농상공으로 전직한 상태다). 그렇다면 그의 업무를 보조하거나 생활의 잡무(雜務)를 대신해 줄 인력이 필요하다. 이에 따라 노비의 존재 의의가 도출된다. 이 경우에는, 적어도 정전제가 수립되고 본격적인 교민이 이루어지는 이상사회에서는 노비가 사회질서 유지를 위해 필요하기보다 전혀 실무적 이유에서 필요하다고 할 수 있을 것이다. 정약용이 『주례』에서 9직의 근거를 찾으며 노비[臣妾] 역시 확인했는데, 다시 9직을 제시할 때는 노비가 빠지고 사(士)가 들어 있었다. 그렇다면 기존의 노비는 단순 노동직을 의미하는 주(走)에 편입되는 것이 아닐까?477)

---

476) Aristotle, Ernest Barker(trans.), Politics(Oxford University Press, USA; New Ed edition 1998), 1255a, pp.1－20.

477) 그렇다면 노비도 급료(給料)를 받고 봉직해야 합당할 것이다. 정약용의 저서 중에 이를 분명히 제시한 내용은 보이지 않는다. 다만 신용하는 정약용이 노비의 월급제도를 계획했다고 보는데, 그것은 『경세유표』

정약용은 노비제에 대해 유지론적 입장이었다. 그 이유는 당장의 현실에서 사족의 입장을 배려하고 사회의 덕과 질서를 보전하려는 것에 있었으며, 개혁이 성취된 뒤에는 단지 사의 업무 및 생활 보조를 위한 기능직으로서 유지하기를 희망한 것으로 보인다. 아무튼 그가 그 많은 저작 속에서 노비에 대해서는 별도의 논설을 마련하지 않고,[478] 인(仁)을 강조하는 사상의 소유자로서 노비의 가족 유지에 대해 별다른 배려를 나타내지 않은 것은[479] 다른 실학자들, 개혁론자들에 비해 보수적이라고 할 수 있다.

정약용의 신분제론은 급진적인 면이 비교적 적다. 그는 양반도 노비도 그대로 유지하며, 나아가 사족−서민 사이의 등급과 주인−노비 사이의 명분을 분명히 해야 된다고 하였다. 그러나 그것은 황극론에 따라 양반을 억제하고 노비를 줄일 필요성과 개혁 및 사회질서 유지를 위해 사족을 배려하고 그 도덕적 리더십을 지지할 필요성 사

중에 "공세(公稅)의 일부를 남겨서 목사(牧使)의 월름(月廩) 및 향관(鄕官), 이교(吏校), 조예(皁隸), 그리고 노비의 월료(月料)에 충당한다."(『전서』 제5집 제8권, 「經世遺表」(8) "地官修制 田制"(10))는 내용에서 유추한 것이다. 하지만 공노비(公奴婢)의 경우는 원래 급료를 지급받고 있었으므로, 정약용의 저서에 더 이상의 논의가 없는 이상 이 단순한 언급 하나에서 '노비 월급제 개혁안'을 유추하는 것은 무리라고 본다. 신용히, 앞의 글(1990), p.113.

478) 「詩文集」(제22권)에 '출동문(黜僮文)'이 있기는 한데, 이것은 종을 관대히 대했더니 나태하고 자만(自慢)하여 내쫓아 버렸다는 내용이다.

479) 조선의 노비는 많은 경우 서구의 노예에 비해 대우가 가혹하지 않았으며, 가족의 일원처럼 여겨질 정도로, 쉽사리 매매의 대상도 되지 않았다. 그러나 재산 분배 시에 노비도 분배되면서 노비 가족이 해체되는 경우가 많았고, 그것이 노비가 겪어야 했던 가장 비인간적인 처우라고 할 수 있었다. 김용만, 『조선시대 사노비 연구』, 집문당, 1997. p.47.

이에 빚어진 잠정 협정(modus vivendi)이라고 할 수 있었다. 정전제가 실시되고 성실한 친민의 정치와 교민이 이루어지는 세상에서도 사와 노비는 계속 존재할 것이지만, 그 성격은 매우 '합리적'이며, 국가사회가 필요로 하는 기능에 맞는 규모와 생활방식을 갖게 될 것이다. 이러한 신분제론은 분명 개인의 자유와 독립을 우선 과제로 여기는 서구 계약론자들의 신분제론과는 차이가 크다. 그러나 사회를 합리화하면서 동시에 그 덕을 증진하려는 초기 공화주의의 신분제론과는 상통하는 점이 있다.

3) 국방 체제론

(1) 정규군 체제 개혁

조선의 정규군 체제는 건국 초의 부병제(府兵制)적인 5위(衛) 체제가 변천을 거듭하여 상비군(常備軍)적인 5군영(軍營) 체제로 개편되어 있는 상태였다. 정약용은 다른 여러 실학자들처럼 고대의 병농일치(兵農一致) 체제를 선호했다. 그러나 국방 체제를 일거에 일신(一新)하는 데 따르는 정치적 어려움과, 일부 상비군 체제의 필요성 등을 고려하여 국초의 5위 체제로 복귀하기보다는 5군영 체제를 일단 유지한 다음 각론(各論) 차원에서 개혁을 도모하였다.

우선 관제 개편에 있어서 실질을 잃고 이름만 남은 부처를 정리 재편하여, 군주-의정부-6조의 계선(係線)에 모든 부처를 정렬시키는 원칙이 군사 분야에도 적용되어 5군영 체제 수립 이후 유명무실해졌으나 부서는 남아 있던 훈련원(訓練院)을 무거원(武擧院)으로,

도총부(都總府)를 좌액사(左掖司)로, 부장청(部將廳)을 의장국(儀仗局)으로 개편해 각각 새로운 임무를 맡도록 했다. 그리고 병조를 좌액사, 우액사(右掖司), 중위사(中衛司)의 3사(司)와 선교국(宣敎局), 의장국, 수어국(守禦局)의 3국(局), 용양위(龍驤衛), 호분위(虎賁衛), 우림위(羽林衛)의 3위(衛), 도통영(都統營), 좌어영(左御營), 우위영(右衛營)의 3영(營) 체제로 재편하여 "3사−3국−3위−3영이 차례로 늘어서 정연하게 갖춤으로써, 위에서 명령이 떨어지면 몸이 팔을 시키고 팔이 손가락을 시키듯 하도록 한다. 그러면 평시에는 조정의 체모(體貌)가 있고, 위급한 때에는 군오(軍伍)에 기율이 있어 지금처럼 산란하지 않을 것이다."480)는 구상을 하였다.

3사−3국−3위−3영은 지방군과의 연락 및 감찰 업무 외에 대부분 궁성(宮城)과 수도 경비·방비를 맡는 중앙군 체제였다. 이 중 3영은 훈련도감(訓練都監), 어영(御營), 금위영(禁衛營)을 개편한 것으로 나머지 2영인 총융청(摠戎廳)과 수어청(守禦廳)은 과도한 경비 소요와 부실한 훈련 실태 등을 이유로 혁파해야 한다고 했는데, 사실 수어청은 이미 혁파되어 있었고 총융청도 실세(實勢)가 부실하여 원래부터 사실상의 3군영 체제로 운영되고 있었으므로, 이를 그다지 대담한 개혁이라고는 할 수 없었다. 정약용 개혁론의 독특성은 여러 국방 관련 부서가 산만하게 운영되고 상설화된 비변사(備邊司)가 실질적으로 군주−의정부−6조의 계선을 뛰어넘어 국방행정을 포함한 국정을 좌우하고 있었던 것을 재편했다는 점 그리고 3군영이 서울

---

480) 『전서』 제5집 제2권, 「經世遺表」(2) "夏官兵曹 政官之屬" 唯是三司三局三衛三營 秩然成列 井然不紊 則凡有號令者 如身之使臂 若臂之使指 在平時則朝廷有體貌 値急時則軍伍有紀律 不如今之散漫也

근교에 둔전(屯田)을 설치하고 병사가 직접 경작도록 하여(당시에는 둔전이 지방 각지에 흩어져 있었고, 현지의 농민들이 징발되어 경작하고 있었다), 정규군에서도 병농일치의 방식을 일부 재현하려 했다는 점에 있다.

지방군의 경우 5군영 체제와 비슷한 시기에 수립된 속오군(束伍軍)이 주체였으나, 국가에서 유지비를 지급하지 않았기 때문에 훈련이 거의 전무(全無)한 상태였고 그나마 군적(軍籍)도 부실 운영되어 대부분 장부상으로만 병력이 존재하는 실정이었다. 이러한 부실함은 홍경래의 난을 통하여 여지없이 폭로되었고, 당시 유배 중인 처지에 있으면서도 창의문(倡義文)을 기초할 정도로 이 사태에 민감하게 반응했던 정약용은 국방 분야에 있어서 대대적인 대비와 개혁이 절실하다고 생각했던 것 같다.481) 그 일환이 위에서 든 중앙군제 개혁이며, 지방군제에 대해서는 『경세유표』의 「하관수제」 부분이 미완성이라 그런지 몰라도 당장 시행할 개혁안은 「민보의(民堡議)」 외에는 없다. 단지 여전제 내지 정전제가 시행된 이후의 군제를 「전론」과 『경세유표』의 「지관수제 전제」에 기술해 놓았는데, 그것은 병농일치제의 비정규군이라 할 수 있었다.

(2) 비정규군 체제 — 여군(閭軍)과 민보(民堡)

그런데 정약용이 병농일치제를 선호한 까닭은 무엇일까? 일부에서는 무조건 고례(古禮)로 돌아가려는 교조적 복고주의 때문이라고 보

---

481) 신대진, "조선후기 실학자의 국방론연구: 정약용의 「민보의」를 중심으로", 동국대학교 교육대학원, 「교육논총」. 9집. 1989. p.253.

며, 전쟁 과정이 전문화되며 상비군 체제의 수립이야말로 근대화의 한 특징인 상황에서 병농일치제를 선호한 것은 그의 전근대성, 시대 착오성을 드러내 주는 한 예라고 해석한다.482)

그러나 서구의 경우에도 마키아벨리를 비롯한 인문주의자들은 상 비군 체제의 효능을 보면서도 민병대(民兵隊) 체제를 고집했다.483)

---

482) James B. Palais, 앞의 책, pp.412-413. 단 그 비판은 구체적으로 유형 원의 병농일치제에 대한 것이지만, 병농일치제에 대한 기본 접근법은 유형원과 정약용의 차이가 없다는 점에서 정약용에 대한 비판이라고 보아도 좋을 것이다. 이러한 비판에는 재고(再考)의 여지가 있으나, 정 약용의 병농일치제 사상에 '시대착오적'이라고 볼 만한 요소가 없는 것은 아니다. 대표적인 것은 그가 병농일치제를 선호하는 이유 중 하 나가 '농부의 근력(筋力)'에 있다는 점이다. 정약용에 따르면 9직 중 가장 강인한 사람이 농부다. "힘이란 근육인데, 근육이란 쓰면 더욱 강해지고, 쓰지 않으면 더욱 약해진다. 천하에 항상 근력을 쓰는 자는 어찌 농부가 아니겠는가? 그렇기 때문에 농부를 군사로 삼으면 그 군 대는 강하고 농사짓지 않는 사람을 군사로 삼으면 그 군대는 약하다. …… 농부의 모자라는 것은 오직 날쌔게 말을 달리고 몸을 빠르게 굽 히고 펴며, 칼을 날리고 창을 춤추는 재주뿐이다. 그렇기 때문에 농부 를 보졸(步卒)로 삼고, 날쌔게 말 달리고 빠르게 굽히고 펴며 칼을 날 리고 창을 춤추는 자는 기병으로 삼는 것이 옛 제도인 것이다."(『전서』 제5집 제8권, 「經世遺表」(8) "地官修制 田制"(12) 力者筋也 筋之爲物 用則彌强 不用則彌弱 天下之恒用筋者 豈非農夫乎 故以農夫爲兵 則 其兵强 而不農之夫爲兵 則其兵弱 …… 農夫之所乏者 惟驍捷屈伸飛刀 舞槊之技而已 故農夫以爲步卒 驍捷屈伸飛刀舞槊者 以爲騎兵 古之道 也) 근대의 군대에도 병사의 체력은 중요한 선력 요소이지만, 근력을 전력의 '핵심'이라고 보았다는 것은 정약용이 화기(火器)와 전술 중심 의 근대전에 대해 이해가 부족했음을 시사한다. 그는 '군기론' 등에서 화기(火器)의 위력과 그 중요성에 대해 지적하고 있지만, 그래도 전쟁 의 기본은 병사들의 근력이라고 보았던 것 같다.

483) 정토웅, "마키아벨리", 육군사관학교 군사사학과 편, 『군사사상사』. pp.72-77. 또한 그러한 의식은 17-18세기의 공화주의자들에게까지 이어졌다. J. G. A. Pocock, 앞의 책, pp.401-422.; 전종훈, 앞의 글,

그것은 자기 조국, 자기 고향은 자신이 지킨다는 애국심(patriotism)
과 전투에 과감히 뛰어드는 용기(valor)가 대표적인 시민의 덕성이라
고 보았기 때문이다. 또한 용병(傭兵) 체제는 용병대장의, 상비군 체
제는 군주의 폭정(暴政)을 초래하는 기초가 된다고 보아서 꺼린 점
도 있었다.

정약용 역시 민병(民兵)의 덕을 진지하게 고려하였다.

> 살기를 좋아하고 죽기를 싫어하는 것이 인지상정(人之常情)이고,
> 흉을 피하고 길을 쫓음은 벌레도 하는 것이다. 그 이름이 반드시 죽
> 게 될 명부에 편입되고, 반드시 죽을 곳으로 끌려간다 하면, 어찌 아
> 그렇구나 하고 가만히 있겠는가. 바다가 가까우면 바다로 달아나 섬
> 에 숨고, 산이 가까우면 산으로 달아나 굴에 숨어서 나무를 울타리
> 삼아 틀어박힐 것이다. 그렇게 대책 없이 한갓 10일의 목숨을 연장하
> 려 할 것이다. ……
>
> 사람이 태어나 그 목숨을 살리려고 하지 않음이 없고, 그 부모를
> 살리려 하지 않음이 없고, 그 처자를 살리려 하지 않음이 없고, 그 재
> 산을 지키려 하지 않음이 없다. 그 욕망에 순하게 함이 인화(人和)요,
> 그 욕망에 순하게 하지 않음이 인불화(人不和)다. 이제 마땅히 따로
> 하나의 방책을 강구하여, 필부필부(匹夫匹婦)로 하여금 각자 자신의
> 생명을 살리고, 각자 자신의 부모와 처자를 살리고, 각자 그 재산을
> 보존하게끔 방도를 마련해야만 이에 나라를 지킬 수 있을 것이다.[484]

---

pp.22−23.

484) 『여유당전서보유』 제3권, 「民堡議」, "總議五則" 好生惡死　人之常情
避凶趨吉　蟲之所能　編名於必死之簿　歸身於必死之城　豈常性之所肯哉
近海者　走海匿於島砦　依山者　走山匿於巖穴　樹柵圍牆　以圖苟日之命
…… 人之生也　莫不欲自活其命　莫不欲活其父母　莫不欲活其妻子　莫不

다만 강제력으로 백성을 전쟁터로 몰아가려 할 경우 저마다 힘써 싸울 생각은 없이 달아나려고만 하여, 개인도 망하고 국가도 망한다는 것이다. 왜냐하면 그것이 상정(常情)이기 때문이다. 상정에 거슬리는 무리한 강제력, 무리한 법은 곧 비상식이 되고 마는 것이다. 그러나 사람은 자기 목숨을 지키려고만 하지는 않는다. 그런 성향이 가장 강하긴 하지만(정약용이 열거하고 있는 순서를 보라), 부모와 처자를 지키려는 마음 그리고 자기 재산을 지키려는 마음도 있다. 전자는 인―효제의 덕이며, 후자는 이욕(利慾)이다. 그리하여 정약용은 백성들이 인―효제의 덕을 진작시키고 또한 이욕도 충족할 수 있는 길을 열어 줌으로써(물론 자신의 생명을 지킬 가능성도 열어 주면서), 자신과 국가를 지킬 수 있게 만들어야 한다고 본다. 그것이 여군(閭軍) 또는 민보(民堡)의 체제다.

「전론」에서 제시한 여군 체제는 공동 농작 단위인 여가 그대로 군사 단위가 되어, 여장(閭長)은 초관(哨官)이 되고, 이장(里長)은 파총(把摠), 방장(坊長)은 천총(千摠)이 되어 현령(縣令)의 총지휘를 받도록 하는 편제다. 이 여군의 장점은 곧 병농일치제의 장점이다. 즉 평시의 리더십이 그대로 전시 리더십이 되고, 평시 업무 체제가 전시 업무 체제가 된다.

사람들마다 각기 전지를 가져 사사로이 일을 처리하기 때문에 기강이 서지 않고 명령이 서지 않았다. 이제 십구(十口)의 생명이 모두 여장에게 달려 있고, 1년 내내 부지런히 다니며 여장의 통제를 받고 있

欲保其錢糧　順其所欲　則其人和　不順其所欲　則其人不和　今宜別一策
使匹夫匹婦　各活其性命　各活其父母妻子　各保其錢糧財帛　於是乎守國矣

으니, 이제 이를 군대로 편성하면 전진과 후퇴가 군율(軍律)처럼 어김 없게 된다. 왜냐하면 평소부터 그렇게 교습(敎習)해 왔기 때문이다.485)

또한 정약용은 『경세유표』에서는 정전제 실시를 전제로 각 성(省) 에서 1천 명씩, 또한 각 노(路)에서 1천 명씩 지방군 정원을 두어 총 2만 2천 명의 지방군을 운영한다고 하였다. 이들 지방군은 병농 일치제를 따르므로 각자 향토방위(鄕土防衛)를 하고, 5군영 병력처 럼 중앙으로 번상(番上)하지 않는다. 초관과 교련관(敎鍊官)은 사족 (士族)이나 전주(田主) 출신이 선발되지만 대장(隊長), 기총(旗摠) 등 소부대 지휘관은 농부 중에서 임명한다. 그리고 평소에 관(官)은 훈 련이나 병영 운영에 전혀 간섭하지 않고 다만 그들 중 우수자를 평 가하여 매년 1명씩 관직을 수여하며, 그 외에도 일반 대장, 기총의 자제가 문과에 급제할 경우 출세에 차별을 두지 않음을 보여 줌으로 써 동기를 더욱 유발시킨다.486) 농부의 자율성을 매우 높은 수준까 지 보장하고 있음을 볼 수 있다.

여군은 여전제 내지 정전제가 정착된 이후의 체제이며, 당장 시행 할 수 있는 체제는 아니다. 대규모의 전란이 임박했다고 여기고 있 던 정약용은 이에 당장 쓸 수 있는 제도를 입안(立案)한다. 그것이 민보 제도인데, 전국의 요충지에 기존의 산성(山城)을 중심으로 민보 를 구축하여 적군에 저항할 거점으로 삼으며, 민보 이외의 전야(田

---

485) 『전서』 제1집 제11권, 「詩文集」, "田論"(7) 人自爲田 各私其私 故紀 綱不立 命令不行 今十口之命 縣於閭長 終歲奔走 聽其節制 以之爲兵 而進退如律 何者敎習有素也
486) 『전서』 제5집 제8권, 「經世遺表」(8) "地官修制 田制"(12)

野)는 청야전술(淸野戰術)을 써서 적군의 이용과 주둔을 막는다는 것이었다.

여군이나 민보는 일반 민중의 덕에 대한 정약용의 신뢰를 보여 주고 있는 것이지만, 그래도 그 신뢰는 불충분하다(적어도 정전제 실시 이전의 제도인 민보에 있어서는). 자기 땅은 자기가 지킨다는 서구 시민의 기개를 믿은 마키아벨리에 비해, 정약용은 '자기 목숨을 살리기'와 '자기 재산 지키기'를 민병이 움직이는 3대 동기 중 둘로 보았으며 국가에 대한 충의(忠義)는 아예 고려하지 않았다. 그가 진한 이래 민에 선속이 없다고 보면서 민의 의(義) 관련 덕성을 의심한 또 하나의 예다.

삼대에는 병농(兵農)이 일치되어 안으로는 그 지친을 보전할 수 있었고, 나가서는 그 우두머리를 지킬 수 있었다. 그 근본은 곧 정전(井田)을 둘러싼 8구역의 장정이 모두가 왕의 군졸이며, 또한 모두가 효자(孝子)요, 자부(慈父)였기 때문이다. 그러므로 선왕의 군대는 천하에 적이 없었다. 후세에는 군사와 백성이 적(籍)이 갈라져 군사를 징발하면 하늘에 사무치게 부르짖고, 행군 도중에는 저마다 도망치기 바쁘니, 그 제도를 시행할 수 없는 처지에 이르러 민보를 세우게 된 것이다.[487]

병농일치에 앞서 천하의 전지를 모두 왕전(王田)으로 만들어야만

---

487) 『여유당전서보유(與猶堂全書補遺)』 제3권, 「民堡議」, "總議五則" 三代之世 兵農合一 內可以保其骨肉 出可以捍其頭目 則井之八夫 無一而非王卒 亦無一而非孝子慈父 故先王之兵 無敵於天下 後世兵民異籍 徵發之際 號叫徹天 軍行之路 逃亡相續 至其不可爲而後 民堡興焉

군대가 곧 왕의 군대가 되고, 군대에서 싸움이 곧 자신의 이익이 되므로 용맹을 발휘하게 된다. 후세의 법대로 "태아의 칼자루가 거꾸로 잡힌 채" 내버려 두면, "백성은 자기 전지를 자기가 농사지어 먹는데, 군주가 공연히 편히 살던 백성을 잡아다 시석(矢石)이 날아드는 전쟁터로 내몰려 하면 백성이 선뜻 하려고 하겠는가?" 정전법이 확립되고 참다운 양민과 교민이 이루어지는 세상이 되어야만 비로소 민의 덕은 성숙할 것이며, 인ー효제의 덕은 나아가 충의(忠義)의 덕으로까지 이어질 것이다. 그러기 전에는 권도(權道)를 써서 이익을 주어 자기 목숨을 구하려는 성향을 불식시키고, 그래도 미진한 부분은 강제력과 엄한 규율을 쓰지 않으면 안 된다.

또한 민보의 편제에는 양반과 부농(富農)이 중요한 역할을 맡게 된다. 앞서 재지 양반의 권위와 특권을 보전해 주어야 한다고 한 이유 중 하나가 여기서 확실해진다. 주위에서 존경을 받고 지역에 미치는 세력이 큰 양반이나 부농이 보장(堡長) 또는 보총(堡總)이 되어 민보의 행정 또는 병력 지휘 책임을 맡는다.488) 그보다 더 중요한 점은 이들 양반이나 부농이 사재(私財)를 털어 민보의 재정(주로 식량)을 담당한다는 것이다. 정약용은 그러한 희생에 대하여 이후 작위(爵位)로 보상해야 한다고는 했으되,

> 재물을 써서 스스로를 지키고, 아울러 덕을 쌓는 것은 천하의 아름다운 일이다. 다시 무슨 한(恨)이 있겠는가.489)

---

488) 「민보의」에 명시되어 있지는 않지만, 앞서 『목민심서』의 내용과 관련해 보면 재지 양반의 경우 휘하의 노비들을 병력에 충원(充員)하는 역할도 담당할 것이다.

라고 하여 일반 민중에 비해 그러한 족속의 의(義) 관련 덕 수준을 높게 기대하고 있다. 하지만 정약용이 반드시 양반에게 민보의 지배권을 부여한 것은 아니다. 그는 그 지역에서 대대로 살아온 유지 그리고 용맹한 두목(頭目)의 경우는 지역민에 대해 법이나 명분을 초월한 권위를 지니기 때문에 그들을 보장, 보총으로 임명해야 한다고 한다. 그리고 그들이 맡은 소임을 다했을 경우 작위나 면천(免賤), 군역 면제 등의 포상을 해야 한다고 제안한다.

또한 그는 대오(隊伍)를 편성할 때 양반과 천민을 같은 대오로 편성할 경우 편한 일은 양반이 맡고 힘든 일은 천민이 맡게 될 공산이 크며, 그러면 불화(不和)가 일어나 전력(戰力)이 감소될 것이므로 신분별로 다른 대오를 편성하는 편이 낫다고 한다.490) 그는 더 이상의 분명한 언급을 하지 않고 있으나, 신분별로 다른 대오를 편성하고서 만약 양반 대오가 천민 대오보다 나은 대우를 받는다면 혼성(混成) 대오를 편성하는 것과 마찬가지일 것이다. 따라서 양반 대오와 천민 대오에 대해서 지휘부에서 공평한 대우를 해야 할 것이다. 양반의 도덕적 리더십은 특권에 안주하는 모습이 아니라, 천민과 어깨를 나란히 하고 함께 위험을 무릅쓰는 모습에서 발생하는 것이다. 그것이야말로 이 민속이 선하지 못한 시대, 전쟁의 급박성이 모든 것에 앞서는 상황에서도 발휘되는 친민(親民), 흥덕(興德)의 단(端)이다.491)

---

489) 『여유당전서보유』 제3권, 「民堡議」, “民堡支糧之法” 用財自衛 兼以積德 此天下之美事 復何恨矣
490) 『여유당전서보유』 제3권, 「民堡議」, “民堡編伍之法”
491) 정약용은 노인, 어린이, 여자도 각각 따로 대오를 편성하여 직접 전투에 참여하지는 않더라도 군무(軍務)를 보조하는 임무를 맡게 했다. 그런데 여기서 귀족부인(貴族婦人)과 천족부인(賤族婦人)의 대오가 다르

4) 소결

정약용 사상에 따르면 바람직한 정치 체제는 군주(국가)와 민이 직결되고, 부국강병(富國强兵)과 민생안정(民生安定)이 동시에 실현되며, 지극한 공(公)과 덕(德)이 달성되는 체제였다. 그가 구상한 경제, 행정, 군사체계는 모두 그러한 목표를 달성하려는 의도에 따라 편성되었다. 그 과정에서 '근대적'인 체제의 가능성도 여러 가지로 정립되었다. 상공업의 긍정, 금은화폐 주조, 조세의 금납화, 기술의 수입 및 육성, 불필요한 경비 절감과 행정의 합리화 그리고 평민 가구의 물질적 안정 보장 등은 경제의 비약적인 발전을 위한 토대를 마련하기에 충분했다.

그러나 정약용은 경제 영역에서 화폐물신성(貨幣物神性)에 착안하지 못했으며, 군사 영역에서도 군의 전문화 필요성을 간과했다. 농민을 비롯한 각 직업 종사자들이 한정된 영역에서 주어진 직무에만 분주하도록 하고, 다시 병농일치제를 수립하는 그의 개혁안에 따르면 중간 세력의 무단적(武斷的)인 착취나 불합리하고 부당한 관(官)의 징세 등으로 인한 농민의 부담은 사라지겠지만, 그 대신 농민이 전

며, 임무도 달라서 전자는 군기(軍旗), 군복(軍服), 장막(帳幕) 등을 바느질해 만드는 일을 맡고 후자는 취사(炊事)와 땔감 모으기, 식사 운반 등의 일을 맡도록 한 데 대하여 '민보 내에 신분차별이 있다는 증거'로 여기는 연구자가 있다(정하명·이충진, "정약용의 군사방위체제와 민보의", 「군사」 3. 1981. pp.113-114). 그러나 이는 평소 주로 하던 일을 고려하여 기능상의 분업을 실시한 것으로 보인다. 노인 대오(老軍)와 아동 대오(兒軍)는 귀천의 구별이 없이 혼성 편성을 하며 부대원들의 임무도 동일함을 보아도 알 수 있다.

통적 농업 외에 상업성이 높은 작물 재배, 가내수공업 경영 등에 여력을 쏟기 어렵게 될 것이었다. 군사력은 근대전에 알맞게 효과적이지 못하고, 농민은 농사와 군사조련에 바빠 여가(餘暇)를 잃을 것이었다. 정약용이 구상한 "모든 사람이 항상 바쁘고 저마다 맡은 일에 매진하는 사회"는 분명 기존의 주자학적 사회에 비해 역동성이 있었으나, 그 역동성이 충분한 수량화, 과학화의 수준에 이르지 못한 채 발휘된다면 서구적 근대사회로의 이륙(takeoff)은 어려울 수도 있었다.

더욱 문제가 되는 부분은 그의 신분제 관련 구상이었다. 기존과는 다른 접근법이 시도되기는 하지만, 당시의 절박한 현실적 고려를 이해할 수 없는 것이 아니지만, 미래의 이상 사회에서는 단지 기능상의 역할 분담에 그치게 될 가능성도 추정되지만, 양반도 노비도 그의 정치 체제에서 살아남았다. 중세의 특권 계급과 권리를 박탈당한 계급이 온존한다는 것은 그의 '민(民)의 흥기(興起)'가 결국 정해진 틀 속에서의 흥기에 지나지 않는 것인가 하는 의심마저 들게 한다. 또한 그가 끝내 '노심자(勞心者)와 노력자(勞力者)의 구분'을 상(常)으로 받아들인 사실은 그가 화폐의 자본적 가능성과 전쟁의 전문화 경향에 착안하지 못한 것처럼, 그가 근대(심화된)의 지식인으로서는 미달(未達)이었음을 시사한다고도 할 수 있다.

그러나 이 모든 것은 덕(德)을 위해서였다. 황극론을 통해 군주에 막강한 권력을 부여하는 한편 '국가' 관념을 창립한 것도, 양민과 교민을 동시에 실시하여 민의 역동성을 두들겨 깨운 것도, 병농일치제를 부활시켜서 대지(大地)에 뿌리박은 사람들이 스스로의 의지로 스스로의 가정과 향토와 국가를 지키게 한 것도, 사족(士族)들의 교육과 소양에 기대하여 그들에게 사회도덕의 파수꾼 역할을 맡긴 것까지, 모두가 덕을 위해서였다. 그리고 그것은 인간성에 대한 깊은 믿음에서 발로하는 것이었다. 비록 당장의 현실적 제약을 무시할 수 없고, 의와 예에 대해서는 순박하고 무지한 평민들의 역량을 신뢰할 수 없더라도, 끝내는 모두가 선속(善俗)을 회복해 모두가 더 사람다워지고, 모두가 더 사람답게 사는 세상을 만들어 가리라는 믿음이 정약용 사상의 저류(低流)로 흐르고 있다. 그런 믿음은 양명학(陽明學)이었다면 더 대담하고 거침이 없을 수 있었다. 우직(愚直)한 농군 수준조차 아니라 그 아래의 지적(知的) 단계, 즉 어린아이(赤子)의 마음만으로 양명학자들은 도덕이 성취될 수 있다고 낙관했다. 그러나 정약용은 거기에 동의할 수 없었다. 그는 절제하고 반성하는 인간의 역량을 지나치게 신뢰하는 것은 위험하다고 보았으며, 그런 의와 예의 덕은 상당 수준의 지적(知的) 배경이 필요하다고 보았다.492) 그는 성인(聖人)이 결국 그런 고민에 따라 인간성에 대한 근본적 신뢰에도 불구하고 철저히 감시하고 신칙(申飭)하는 체제를 구축했던 것이라고 이해했다. 그리고 우리, 현대 사회를 살아가는 우리는 정약용의 그런 우려가 상(常)에 통함을 알고 있다.

아무튼 정약용의 구상에 따르면 민은 이미 오래된 관습과 비합리

---

492) "왕양명(王陽明)은 자질이 본래 선하였기 때문에 그것으로 인하여 선하게 된 것이 많았다. 하지만 다른 사람들은 타고난 자질이 맑지 못했기에 그것으로 인해 악하게 된 바가 많았다. 다시 말해서 왕양명만은 스스로 현자(賢者)에 비길 수 있었으나, 그 무리들은 떼도둑(羣盜)이 되어 버린 것이다. 그러므로 사람이 스스로 덕이 있다고 여기고(自得), 스스로 즐거워하여 거리낌이 없음(自樂)은 바로 큰 우환을 초래하는 것이다."(『전서』 제1집 제12권, 「詩文集」, "致良知辨" 陽明資質本善 故以之爲善者多　他人資質不淸　故以之爲惡者衆　此陽明之能自託於賢者　而其徒之爲羣盜也　故人於其自得而自樂也　正所以生大患也)

적인 제재(制裁)에서 벗어나 흥기했다. 그리고 그렇게 흥기되고 고양
된 인간성은 단지 주어진 틀 속에서만 머무르려고 하지 않는다. 정
약용으로서는 유감스러웠을지 모르지만, '인문주의적인' 흥기에 따라
오랜 구속에서 벗어난 농민, 상공업, 과학기술 그리고 뭇 평범한 개
인(個人)들의 욕망(慾望)은 마침내 고전(古典)의 틀을 깨고 '의외의
결과'를 낳았을지 모른다.

4. 정약용 사상과 근대화의 정치

정약용의 사상은 '근대적'인가? 그의 사상에는 근대적이라는 평가
를 선뜻 내리기 어렵게 만드는 요소가 세 가지 두드러져 있다. 신
(上帝), 군주, 천민의 용인 내지 긍정이다.

물론 전혀 동떨어진 문명권(文明圈)에서 형성된 사상이 서구의 그
것과 전혀 일치하리라고는 기대할 수 없다. 서구 근대사상과 유사할
수록 그만큼 정약용의 사상이 가치가 있는 것도 아니며, 근대적이냐
아니냐가 어떤 사상의 가치를 평가할 유일한 기준이 되는 것도 아니
다. 그러나 정약용 사상이 또는 실학이 근대적이냐의 여부, 또한 전
통 한국이 또는 전통 동아시아기 '자체적'으로 근대화를 추진해 나
갈 사상적 배경을 가지고 있었는지의 여부가 오랫동안 논란의 대상
이 되어 온 만큼, 그 문제를 여기서 간단히 검토해 보는 것도 의미
가 없지 않으리라.

1) 인문주의적 근대와 자연과학적 근대

근대를 생각할 때 우리는 인간의 독립과 소외, 신(神)의 죽음, 자연과학과 수량화(數量化)의 지배, 개별 이익의 극대화를 위해 철저히 권리(權利) 중심으로 편제된 사회 체제를 생각한다. 그러나 이러한 측면들은 근대화 과정이 상당히 심화되고 난 다음에 비로소 상(常)이 되었으며, 인문주의(人文主義)가 서구에서 중세의 것과는 다른 인간 조건을 만들어 갈 무렵에는 자율적이지만 공동체를 지향하는 인간상이 두드러지고, 고대의 정열과 인문학적 지혜에 대한 사랑이 풍미하였다. 종교에 대한 정열도 도리어 중세의 절제된 신앙을 능가했다. 그런 시대를 앞선 시대와 다르게 '근대'라고 부를 수 있는 이유는 '개인(個人)'이 모든 것의 중심으로 부상했기 때문이다. 교회(敎會)가, 전통이, 관습이 지시하는 대로 따르지 않고, 스스로의 생각으로 판단하고 행동한다. 배덕(背德)도 개인의 선택이며, 광신(狂信)도 개인의 선택이 된다. 자연과학의 발달이나 수량화 문명; 권리의 극대화를 위한 체제 등은 일단 '개인 중심성'이라는 대주제가 확립된 다음 사상과 제도의 발전, 심화에 따른 결과였다.

특히 종교의 경우, 중세기에는 종교란 사실상 교회의 권위에 순치된 상태로서 일반 민중은 성서의 내용조차 제대로 몰랐다. 그러나 종교개혁(宗敎改革)은 기존 교회의 권위를 무너트렸을 뿐 아니라, 모두가 스스로 성서를 읽으며 스스로 믿고 싶은 방식대로 신을 믿도록 했다. 이런 점에서 정약용이 상제론을 제시했다고 해서 그가 '근대적 사상가'로서 자격 미달이라고 할 수는 없다. 오히려 그는 전혀 개인적인 차원, 스스로만이 존재하는 암실(暗室)에서 스스로의 양심

(良心)에 다름 아닌 상제와 마주 서도록 했으며, 그것은 전혀 개인
적인 '신앙'이었다. 성즉리(性卽理)의 교리에 따라 만물이 자신과 연
결되어 있다고 믿으며, 궁리진성(窮理盡性)을 위해 상학(上學) 공부
에 힘썼던 주자학적 '신앙'에서 분명히 이탈한 것이었다. 동아시아에
서는 신으로부터의 도피가 아니라 리(理)로부터의 도피가 중세를 극
복하는 단초(端初)였던 것이다.

　정약용이 상제로 눈을 돌린 것은 곧 고대로 눈을 돌린 것이었다.
이 또한 신학(神學)의 압박에서 벗어나 고대 그리스-로마로 눈을
돌린 서구 인문주의자들과 흡사한 방향 전환이었다. 정약용이나 서
구 인문주의자들이나, 고대에서 발견한 것은 조야(粗野)함과 미숙(未
熟)함이 아니었다. 잊혀 있던 학예(學藝)와 정법(政法)의 표준 그리
고 건강하고 능동적인 정열(情熱)이었다. 정약용은 『육경』을 근본으
로 삼고, 『주례』를 비롯한 삼대의 제도를 표준으로 제도를 개혁하고
자 했다. 또한 그가 생각한, 무일(無逸)의 군주가 조정을 이끌고 사
방을 순행하며 백성과 하나 되고 양민과 교민을 동시에 이루는 정열
그리고 전제 개혁 과정에서 대부분 더 큰 이익을 위해 그리고 어느
정도는 대의(大義)를 위해 전 국토를 열띠게 오고 가는 평민들의 정
열은 바로 고대에서 유추한 것이었으며, 주자학적 세계관과 제도가
요구해 온 정적(靜的)이고 순화된 세계에서는 기대할 수 없는 것이
었다. 그렇게 바쁘게 오고 가며, 성실하게 몰두하는 인간 군상(群像)
은 지리상의 대발견이나 종교 전쟁에서도 찾아볼 수 있지 않을까?
아니 어쩌면 산업 혁명에서도?

　한편 정약용은 과학과 기술에 관심과 조예가 깊었지만, 결코 자연
과학에 자신의 생을 의탁(依託)하고 과학의 추구를 통해서만 삶의

보람을 찾는 '근대적' 과학문명의 인간은 아니었다. 마찬가지로 정약용에게서 '근대적' 실증주의와 실용주의를 기대한다면 실망할 수밖에 없다. 그는 교조주의를 배격하는 실증적 자세를 취했다. 그러나 도덕적 가치판단을 외면하지 않았다. 또한 공리공담(空理空談)과 지나친 도덕주의를 기피하며 실용을 중시했다. 그러나 근본적인 도덕 원칙에서 이탈하지 않았다. 그는 상식적 실증주의, 실용주의와 함께 상식철학과 상식 윤리학을 견지했다고 볼 수 있으며, 모든 것은 상(常) 중심의 사상이라고 요약할 수 있었다. 그러한 성격은 심화된 근대의 서구 사상가들에게서는 찾기 어려우나, 초기 근대와 전환기의 사상가들에게서는 깊은 유사성을 찾을 수 있다.

2) 초기 공화주의와 '마키아벨리적 순간'

공화주의를 철저한 지배 탈피(non-domination), 자유의 이념으로 이해하는 경우에는[493] 공화주의와 정약용 사상을 친화적이라 보는 것이 당혹스럽기만 할 것이다.

그러나 공화주의가 본래부터 오직 자유를 최고의 가치로 여겼던 것은 아니었다. 고대 아테네의 공화주의는 자유보다는 공동선(共同善)과 덕이 중요하다는 관념에 기초해 있었다.[494] 포콕(J. G. A. Pocock)의 『마키아벨리적 순간(Machiavellian Moment)』은 상반되는

---

493) 가령 Philip Petit, *Republicanism: A Theory of Freedom and Government* (New York: Oxford University Press, 1997).
494) Leo Strauss, *What Is Political Philosophy?*(New York: Free Press, 1959) pp.36-37.

사조·세력의 대립과 공동체의 몰락 위기에 처한 엘리트들 사이에서 자유보다는 덕의 보존과 타락의 방지를 놓고 고민한 결과 자치(autonomy)에 역점을 둔 공화주의적 전통을 만들어 가는 과정을 보여 준다. 그리고 그에 따르면 17~18세기, 시민혁명 이전까지만 해도 그러한 덕에 대한 고려가 자유와 권리에 대한 고려보다 공화주의자들 사이에서 두드러졌다고 한다.[495] 물론 그 귀결이 강력한 군주와 천민의 유지는 아니지만, 과정에 있어서 군주와 천민의 존재라는 상식을 넘지 않으면서 공화주의적 발전을 추구한 단계도 있는 것이다. 고대 로마의 공화주의는 본래 귀족과 평민 사이에 이루어진 '계급 타협'의 결과였고,[496] 마키아벨리를 비롯한 인문주의적 공화주의자들 그리고 그 후계자들도 군주제를 정면으로 부정하지는 않고 한동안 혼합정체(混合政體)를 진지하게 고려했다.[497] 그리고 오랫동안 노예제는 쟁점이 되지 않았다.

공화주의를 페팃(Philip Petit)이나 스키너(Quentin Skinner), 비롤리(Maurizio Viroli) 같은 신공화주의자들처럼 절대적으로 자유를 추구하는 이념이 아니라 아렌트(Hannah Arendt), 샌들(Michael Sandel)처럼[498] 적극적 정치 참여를 통해 공동선과 덕이 충만한 정치체를 자율적으로 구성하려는 이념으로 이해한다면,[499] 정약용 사상과 공화

---

495) J. G. A. Pocock, 앞의 책.

496) Robert A. Dahl, *Democracy and Its Critics*(New Haven: Yale University Press, 1989), pp.79-87.

497) J. G. A. Pocock, 앞의 책, pp.354-356; 진원숙, 『마키아벨리와 국가이성』, 신서원. 1996. pp.524-526.

498) 이러한 분류는 Charles Lamore, Liberal and Republican Conceptions of Freedom, in Daniel Weinstock & Christian Nadeau(ed), *Republicanism: History, Theory, and Practise*(London: Frank Cass, 2004).

주의의 친화성은 한결 분명해진다. 우직한 농군과 무식한 아낙에서까지 덕을 추구할 수 있는 가능성을 발견하고, 고을의 풍속에서부터 국가의 체제에 이르기까지 덕을 고양(高揚)시키기 위한 틀로 고치고자 했던 사람이 정약용이 아니었던가? 그가 『경세유표』의 첫머리에서 언급했던 "예와 결코 분리되지 않았던 삼대의 법", 그것은 곧 시민덕과 분리되지 않는(따라서 준수자를 부당하게 구속하지 않는) 공화정부의 법이 아닌가? 앞서 정약용 경제사상의 핵심은 "국가는 부유해지고 민은 균등해져야 한다."는 점을 최고의 목표로 삼고, 그 목표 실현을 위해 "국가와 민 사이에 개입하여 사익을 탐하는 모든 중간세력을 타도, 억제해야 한다."는 것이라고 밝혔다. 그런데 이는 마키아벨리가 시민덕의 고양을 위하여 "국가는 부유하게, 시민은 가난하게" 유지해야 하며, 그러기 위해서는 무엇보다 무위도식하는 귀족계급을 타도, 억제해야 한다고 본 점과 거의 정확히 일치한다.[500]

물론 공화주의자들에 비해 정약용의 인간 신뢰는 완전하지 않다. 그는 낙선치악의 본성을 보편적이라고 보면서도 악의 유혹의 순간에 냉정하게 선으로 돌아설 역량과 지혜는 만인(萬人)이 가지기 어렵다고 보았다. 적어도 선왕의 법이 무너진 후세(後世)에는 말이다.[501]

---

499) Michael J. Sandel, *Democracy's Discontent*(Cambridge: The Belknap Press of Havard University Press, 1996), pp.25 – 27.

500) Niccolo Machiavelli, *Discourses on Livy*(New York: Oxford University Press, 1997), p.67, pp.136 – 137.

501) 이것은 한편으로 보다 비관적 관점을 가졌던 서구 공화주의자들, 즉 프랑스 혁명 당시의 자코뱅(Jacobin)과의 유사성을 떠올리게 한다. 가령 생쥐스트(Saint – Just)의 경우, 공화국의 수립과 덕(德)의 유지를 위해 먼저 공포정치(恐怖政治)가 필요하고, 이어서 시민적 제도(institution civile)가 수립되어 사회경제적 기반이 마련된 뒤에야 일반적 자유가

그래서 그는 민권의 보장에 인색했고 사족의 특권을 온존시켰다. 하지만 그가 이상적으로 생각한 그리고 그렇게 만들어 가야 한다고 믿은 세계에는 민이 선속(善俗)을 되찾고 있었고, '그에 따라' 어디에나 자율성이 있었다.

무엇보다 정약용이 새롭게 지향한 민의 흥기 그리고 그에 따라 전개되는 분주하고 열정적인 삶, 그것은 바로 공화정에서만 달성가능하다고 여겨졌던 '민중의 적극적인 삶(viva activa)'이 아닌가? 일부 제약은 있을지언정 민에 대한 근본적인 신뢰 그리고 그 열정의 해방이 선으로 귀결될 수 있다는 생각, 그것이 곧 덕의 권화(權化)로써 참다운 정치를 행하는 국가에서 성취된다는 생각은 정치를 냉정한 권익(權益)의 분배 이상으로 보지 않는 근대 자유주의 또는 국가권력의 음모를 항상 감시하고 그 구속을 거부해야 한다는 근대 신공화주의와는 다른 초기 공화주의의 근본이념과 상통한다. 그리고 그 이념은 바로 서구 근대정치의 여명기(黎明期)의 이념이기도 했다.

3) 혁명(革命)과 반동(反動)의 기로(岐路)

한국사는 세계사와 단절되어 있지 않다. 정약용이 자신의 개혁안을 구상하던 시기에는 이미 서구의 제국주의(帝國主義)가 활발히 진행 중이었고, 따라서 당시 정권이 그의 사상에 공감하고 적극적으로

온전하게 주어질 수 있다고 보았다. George Klosko, *Jacobins and Utopians: the Political Theory of Fundamental Moral Reform*(Notre Dame, Indiana: University of Notre Dame Press, 2003), pp.111-115; James M. Thompson, *Leaders of French Revolution*(New York: Harper & Row, 1967), pp.194-200.

추진했다고 해도 그가 바라던 세상이 그대로 실현되었을 가능성은 희박하다. 그러나 만약 정약용의 개혁안이 유감없이 추진될 수 있었다면, 이 나라와 사회는 어떻게 되었을까?

무어(Barrington Moore)는 전근대 농업사회에서 근대 산업사회로 이행하는 과정에서, 어떤 정치 체제를 갖게 되느냐가 구체제와 제반 계급의 세력관계에 따라 크게 세 가지로 달라진다는 '근대화의 세 가지 경로'를 제시하였다.

영국, 프랑스, 미국의 경우에서 찾아볼 수 있는 첫 번째는 자본주의적 민주주의로 가는 경로로서, 부르주아 계급이 비약적으로 성장하고 그들과 지주들이 제휴(提携)한 결과 자본주의를 방해하는 세력을 타도(시민혁명)하고 새로운 체제를 연 경우이다. 두 번째는 부르주아의 성장이 상대적으로 미약한 상태에서 구지배엘리트가 자유화를 억압하면서 위로부터 자본주의화를 추진하는 '보수적 근대화'이며, 독일과 일본이 대표적인 예다. 세 번째로는 사회의 절대다수가 소농(小農), 소작농이고 부르주아는 거의 존재가 희미했던 중국과 러시아처럼 구체제가 헤게모니를 유지하며 자유화와 자본주의화를 모두 억제하는 경로로서, 이들 중 '보수적 근대화'는 파시즘으로, 구체제의 유지-근대화 실패는 공산혁명으로 귀결된다고 한다.[502]

이 도식은 무어 스스로도 인정하듯 너무 단순하기 때문에 국가별로 다양하고 복잡한 근대화 과정을 정밀하게 설명하기에는 어려움이 있다. 또한 사회 변동을 주로 내재적(內在的) 요인에 의해서만 설명하기 때문에, 한국의 경우처럼 근대화 과정에서 외부세력의 영향을

---

502) Barrington Moore, 『독재와 민주주의의 사회적 기원』. 진덕규 역, 까치. 1985.

강하게 받은 경우는 물론, 실제 대부분 나라의 근대화 과정에서 상당한 역할을 했던 외부세력 변수를 제대로 평가하지 못한다는 비판이 가능하다. 하지만 지금 여기서 우리의 관심이 '정약용의 사상이 지배권력에 의해 적극적으로 수용되었더라면, 그리고 외부세력의 개입이 없었다면, 한국은 어떤 근대화 과정을 거쳤을까?'인 이상, 무어의 가설(假說)을 토대로 그 의문의 해답을 모색해 보는 것은 의미가 있을 것이다.

정약용이 추구한 사회개혁은 어디에 해당하는가? 앞서 정약용의 경제 개혁이 자본주의와 '민주화'를 초래하는 '의외의 결과'로 이어졌을 가능성을 언급했다. 그러한 '의외의 결과'는 정약용이 추진한 전제개혁이 성공적으로 성취되었을 때 강력한 추진력을 얻게 되었을지 모른다. 소유하고 있던 토지를 대부분 잃고 그 대신 상당 수준의 화폐를 보유하게 된 이전의 대토지소유자들은 어떻게 행동했을까? 역시 정약용의 개혁에 따라 족쇄에서 풀려난 상공업에 투자했을 가능성이 있다. 이것은 급속한 경기 과열을 초래하고, 인플레이션을 비롯한 각종 사회문제가 뒤따르며, 이러한 상황을 정부가 제대로 대처하지 못할 경우 새로 활력을 얻은 상공업 종사 계층은 농민층의 적극적 / 소극적 지지를 받으며 정치권력의 일부 또는 전부를 요구하게 된다(이때 아마도 정약용의 위민론과 '하이상'의 논설이 근거로 제시되리라). 이것은 결국 입헌군주제(立憲君主制)의 도입과 자본주의화를 낳는 것이다. 확실한 것은 정약용의 개혁에 따라 민의 자존(自尊) 의식과 공공 문제에 대한 관심은 전과는 비교할 수 없을 만큼 고양되어 있을 것이며, 이들이 새로운 사회의 경제난과 왕조의 리더십 부재를 목격했을 때 적극적인 정치적 행동에 나설 가능성이 높다는 점이다. 아니, 경제난이 있기 전에 그들이 자체적으로 체제 전복에 나설 수도 있다. 전(田)마저도 부(賦)와 함께 금납화하려 하거나, 노동 통제를 받으며 공전(公田)을 경영하는 대신 각자의 사전(私田)을 실질적으로 사유화한 다음 공전은 공동재산으로 돌리거나 상업적으로 활용하고자 할 수 있다. '민자권입법'을 통해서 국권에 도전하는 것이다. 그들의 역동성이 새롭게 출현한 '부르주아'와 동맹을 맺는다면, '구체제'는 주자학적 정치 체제에 따라 잠재 분산되어 있었던 정치권력을 하나로 결집시켰다가 고스란히 신정치세력에 내주게 될 것이다.

무어는 자본주의적 민주주의 발전의 조건으로 1) 왕권과 지주 계급 모두 어느 한쪽이 지나치게 강력해지지 않는 균형 수립, 2) 적절한 상업적 농업으로의 전환, 3) 지주-귀족 계급의 약화, 4) 농민-노동자에 대항하는 귀족-부르주아 계급의 동맹, 6) 과거와의 혁명적 단절을 들었다.[503] 이 중에서 귀족-부르주아가 농민-노동자에 대항하는 전개는 이 시나리오에 해당되지 않지만, 그런 '동맹'은 이루어진다. 가장 부적당해 보이는 것은 '과거와의 혁명적 단절'인데, 정약용은 상(常)으로 돌아가는 정치사상을 전개했기 때문이다. 그러나 주자학적 정치 체제의 붕괴 경험이 곧 혁명적 단절에 대한 '학습효과'를 낳을 가능성도 충분하다.

가장 가능성이 낮은 경로는 '보수적 근대화'를 통한 위로부터의 근대화와 파시즘 체제로의 전환이다. 이 경우에는 소작농과 노동자의 불만을 제압하기 위해 강력한 지주-귀족층과 그보다 열악하지만 어느 정도의 역량은 갖춘 부르주아의 동맹이 이루어져야 한다. 그런

---

503) 위의 책, pp.432-433.

데 정약용의 개혁이 성공했다는 전제에 따르면 강력한 지주-귀족층
은 이미 모습을 감추었다. 게다가 정약용의 황극 국가는 민덕의 흥
기라는 점에서 일반 민중의 동원을 어느 정도 추구하지만, 파시즘
체제처럼 대중 선동정치를 통해 목적을 달성하려고 하지는 않는
다.504) 대중 정치의 전제인 민권 자체가 미발전 상태이기 때문이다.
게다가 황극 국가가 흥기시키려는 민덕은 인-효제의 덕이지, 파시
즘 체제가 주력하는 격렬한 의분(義憤)이 아니다.

　한편 위에서든 아래에서든 근대화가 불발(不發)되고, '구체제'가
더욱 강력하게 유지되는 시나리오도 충분한 가능성이 있다(그래서
결국 사회주의 혁명이 발생하느냐는 별개 문제로, 그러한 혁명이 발
생한 사회적 배경과 비슷한 조건의 사회가 된다는 것이다). 토지를
잃은 옛 대토지소유자들이 상공업으로 전환하는 대신 국가에 일정한
'보상'을 요구한다. 황극 이념에 따르면 그런 '보상'은 있을 수 없지
만, 불만세력화를 우려한 정부는 결국 국가관료직을 보상의 수단으
로 삼는다. 정약용 사상에서 양반과 노비의 존재를 인정한 부분도
이때 중요한 근거가 될 것이다. 새로운 향거이선제식 과거도 선사
(選士)들이 대부분 지방의 귀족 출신들로 채워지고, 공전(公田)의 관
리역이나 지방관료직, 심지어 녹봉만 있고 실무는 없는 용관(冗官)까

---

504) 파시즘은 대중 정치(mass politics)를 필수적 전제조건으로 삼는다.
　　Robert O. Paxton, 손명희·최희영 역, 『파시즘: 열정과 광기의 정치
　　혁명』, 교양인. 2005. p.110. 사실 이런 면에서, 계급들 간의 세력관계
　　위주로 정치사회사(政治社會史)를 설명하는 무어의 가설 중 '보수적
　　근대화-파시즘화' 부분은 가장 비판을 많이 받고 있다. 김홍식, "일본
　　파시즘의 사회적 기원: 배링톤 무어의 테제에 대한 비판적 조명과 대
　　안적 분석", 「한국정치학회보」. 30.3호. 1996. pp.421-423.

지 양산되어 구대토지소유자들에게 분급된다. 당연히 양민층과 천민
층은 출사(出仕)의 길이 막히는데다 이들 새 관료들을 부양하기 위
해 '10분의 1'의 부담에 추가로 부담이 가해질 수밖에 없다. 이로써
민심(民心)은 악화되고, 신흥관료들은 난민(亂民)의 가능성을 경고하
여 황극 국가의 강력한 공권력으로 평민을 더욱 통제하고 압제하도
록 한다. 이와는 별도로, 군주도 황극 이념을 자의로 해석하여 전제
군주화하려 할 수 있다. 이로써 애써 흥기되었던 민의 역동성은 다
시 무산되며, 전근대 체제는 보다 중앙집권화된 형태로만 바뀐 채로
존속한다.

결국 정전제 수립 후 토지를 잃은 '중간 세력'이 어느 쪽을 지향
하느냐가 관건이며, 그 방향이 어느 쪽일지 분명하지 않은 것은 정
약용 사상에서 상공업과 신분제에 대해 분명하지 않은 입장을 취하
고 있는 데서 비롯된다. 물론 이러한 시나리오란 단순화를 단순화한
가설의 가설일 뿐이다. 도대체 정약용의 사상이 지배권력에 전폭 수
용되고 그에 따른 개혁안이 완전히 성공한다는 것부터 현실을 한참
뛰어넘은 가설인데, 그 가설을 토대로 다시 가설을 만드는 것은 연
구 과정에서 허용되기 힘든 억견(臆見)일 수 있다.

그러나 실제 역사상에서, 중국의 경우를 보면, 양명학이 개인의
덕성에 대한 거의 무조건적인 믿음과 상업 활동에 대한 전면적 긍정
을 낳음으로써 '광세의 화'가 일어나기까지의 급속한 경제 발전과
'부르주아' 형성을 촉발했고, 그 결과 구체제의 심각한 반동(反動)으
로 마무리된 바 있다.505) 사상사의 발전이 실제 정치사회사의 변동

---

505) 명말청초의 사회변동과 그것에 양명학이 미친 영향에 대해서는 余英時,
   정인재 역, 『중국근세종교윤리와 상인정신』, 대한교과서주식회사. 1993.

에 영향을 미쳤던 것이다. 또한 조선의 경우에도, 정약용의 사상이 대체로 매몰(埋沒)되었다고 하지만 이후의 변혁 과정에서 부분적인 영향을 미치고 있었다. 고종(高宗)은 황극론에 근거해 전제군주의 권위를 세우려 하였으며, 필사본으로 산재해 있던 『여유당전서』를 집성(集成)하여 내각에 보관토록 하고, 그에게 시호와 관작을 추증했다. 한편 동학운동(東學運動)의 주체들 사이에서는 「정다산비결(丁茶山秘訣)」이라는 책이 유행했다고 하며, 아마도 그의 전제개혁안 등이 동학에 중요한 영향을 주었으리라 추측되고 있다. 그리고 박규수(朴珪壽)를 비롯한 개화파(開化派) 역시 박지원, 정약용 등 실학의 영향을 받은 것으로 널리 이해되며,506) 구한말에 출간된 『경세유표』에 서문을 썼던 이건방(李建邦)을 비롯한 강화학파(江華學派)는 정약용의 사상을 충실히 탐구했으며 그 결과 서구의 사회계약론과 민권사상을 수용하게 된다.507) 이 모두는 그의 사상의 편린(片鱗)들이 각각 절대왕권론, 민권론 그리고 민중주의(民衆主義) 등으로 해석되면서, 무어 가설에서 제시된 두 가지 자생적 발전의 경로에 실제로 영향을 미치고 있었다는 증거다.

결국 정약용의 사상은 그 자체로 민주주의, 자본주의, '심화된' 근대화를 노정하고 있었다고는 볼 수 없다. 그러나 서구의 초기 근대화 과정에서 나타난 인문주의, 상식철학, 초기 공화주의 등의 사조(思潮)와는 상당한 공통점을 갖는다. 그리고 만약 그의 개혁안이 현실정치에서 온전히 실현되었다고 가정할 때, 그 결과는 '자생적인 심화된 근대화'라는 '의외의 결과'가 될 가능성도 충분했다.

---

506) 이광린, 앞의 글. pp.351-358.
507) 조성을, 앞의 글(2005). p.98.

제4장 결 론: 정약용 사상의 의의

정약용은 18세기 말~19세기 초의 조선이라는 환경에서 살면서 그 환경에 특유한 선과 악을(개인적 의미와, 국가적 의미에서 모두) 두루 맛보았다. 그리고 자신이 배울 수 있었던 모든 것들, 주자학, 양명학, 고증학, 일본 고학(古學), 서학(西學) 그리고 선배들의 '실학(實學)'까지 모든 것을 철저히 궁구하고, 자신만의 사상으로 완성하여 『육경사서와 일표이서』라는 저작에 체계화했다.

그의 사상은 국가와 개인의 불행과 혼란을 맞아 한 사람의 선비로서, 몰락한 사족으로서, 박해받고 잊혀 버린 하나의 인간으로서 현실을 개선하고 이상을 추구하기 위한 분투(奮鬪)의 산물이었다. 그것은 불안과 혼란 속에서 한편으로는 누구나 '당연하다'고 여기는 사소한 것에서부터 변혁의 실마리를 찾고, 영원히 변하지 않을 표준, 그러나 너무나 쉽게 무시되는 대원칙으로 복귀해야 한다는 이념의 산물이었다. 그리하여 온통 뒤틀려진 학문과 정치와 경제의 틀을 바로잡고, 온 나라를 하나의 대오(隊伍)처럼 가지런히 하며, 쇠퇴하고 있는 덕(德)을 붙들어 부흥시키려고 하였다. 19세기 초, 정약용은 조선의 한가운데에서 '마키아벨리적 순간'에 직면했던 것이다.

비록 그가 명시적으로 언급하지는 않았지만, 그의 사상을 관통하는 근본이념은 '상(常)'이라고 할 수 있다. 상은 지극히 평범한 것에 대한 존중에서 지극히 근본적인 것에 대한 존숭까지 두루 포괄한다. 그것은 공허한 이념보다 사실(事實)에 입각해서 사물을 판단하려는 상식적 실증주의, 모든 사상과 제도는 그 실용성(實用性)에 비추어 존재가치를 인정받을 수 있다는 상식적 실용주의, 가장 기초적이면서 누구도 부정할 수 없는 단서에서 출발해 이론을 구축해 나가는 상식철학, 모두가 공감할 수 있고 시대와 장소를 초월해 납득될 수 있는 근본 원칙에 충실하게끔 개혁을 해 나가야 한다는 상식윤리학으로 분류된다.

그러한 상(常) 중심성은 성즉리와 이일분수라는 교리를 통해 모든 차원의 논의를 천리(天理)에 대한 궁구로 귀속시켜 버리는 주자학의 리(理) 중심성과 양립할 수 없었다. 그래서 정약용은 '이에서 상으로' 이행했다. 그의 이러한 이행은 서구 상식철학의 전통과도 공통점을 찾을 수 있다. 서구 상식철학 역시 혼란의 시대를 맞이하여, 공허하거나 지나치게 추상적인 이념을 배격하고 가장 기초적인 것에서 가장 원대한 것까지 도달하려는 의지에 따라 구성되었다.

또한 정약용은 자연의 도를 인간의 도와 분리하고, 리(理)를 인간의 도(道)로서의 상(常)에서 축출한다. 그에게 도(道)란 단지 '사람이 걷는 길'이며, 그것은 곧 '교제를 잘 하자는 것'에 지나지 않는다. 따라서 도 자체에 실질적인 가치가 있는 것이 아니라, 인생의 길을 걸으며 실제 행동으로 쌓아 나가는 덕(德)이 진정 도덕적인 가치를 갖게 된다. 이것으로 정약용은 다시 '도에서 덕으로' 이행했다.

정약용의 덕론에서는 우선적으로 명덕(明德), 즉 효제자(孝弟慈)의 덕이 모든 덕의 요체로서 강조되었다. 이것은 누구에게나 존재하는 인(仁)의 단(端)에서 발로하는 것으로, 고매한 선비, 귀족뿐 아니라 평범한 농군이나 무지한 아낙에게도 기대할 수 있는 보편적인 덕이었다. 이 효제자의 명덕은 정치와 사회 영역에서도 확장되어 그 근본 원리로 작용할 수 있었다. 그런데 정약용은 인-효제의 명덕을 밝히는 명명덕(明明德)에 비해 인에서 의(義)로 옮아가는 숭덕(崇德)에 대해서는 거의 말을 하지 않았다. 물론 인으로 의를 대표할 수 있다고 하지만, 그가 이상할 정도로 의(義)에 대한 논의를 줄인 것은 의를 지나치게 내세우는 당시의 노론 집권세력에 대한 견제의 의미, 또한 의를 추구하고 예를 중시하는 일반 민중의 역량에 대한 회의 때문이었다.

정약용의 정치사상은 그의 경학사상과 밀접하게 관련을 맺고 있으며, 당면한 국가적 위기에 대처하고 근본적인 이상(理想)으로 돌아가려는 명백한 목적에 따라 구성되어 있다. 우선 그는 정치와 자연을 분리하고, 군주를 수신(修身), 성학(聖學)에 전념할 의무에서 해방시켰다. 또한 정치의 항목을 음양오행(陰陽五行)에 억지로 결부시키거나, 천변재이(天變災異)에 정치적인 의미를 부여하는 주자학적 정치론을 모두 배격하였다.

한편 정약용은 정치와 윤리는 미분화 상태로 두었는데, 그것은 소극적이고 '사적(私的)'인 도덕적 덕(moral virtue)을 정치의 근본 임무로 여겨서라기보다 정치와 윤리는 근본적으로 하나라는 생각에서 비롯된 것이다. 백성의 삶을 윤택하게 하는 양민(養民)과 백성의 도덕성을 진작시키는 교민(敎民)은 다른 것이 아니다. 그것은 군주를 비롯한 정치지도자들이 직접 민생 현장을 다니며 민중과 함께 의논하

고, 잔치하고, 문제를 해결해 나가는 친민(親民)의 과정을 통해 실현
될 수 있다. 그런 한편 정치문제를 자잘한 도덕성 문제로 치환시켜
대의명분과 품행(品行)에만 집착하는 주자학적 도학정치는 기피되었
으며, 정치에 있어서 때로는 '은미한 권도(權道)'를 비롯한 필요악
역시 사용할 수 있다고 여겼다.

'전통'의 전범(典範)이라고 할 수 있는 예(禮)는 인(仁)과 의(義)
두 이념에 모두 봉사하는데, 그에 따라 정치적으로는 진보와 보수
모두를 나타낼 수 있다. 명명덕에 연결되는 예는 정치적으로 만민을
화합시키고 상(常)에 맞지 않는 제도를 개혁하는 근거가 된다. 그러
나 한편으로 숭덕에 연결되는 예는 명분(名分)을 분명하게 하고 사
회 계층의 구분을 강화한다. 정약용은 상식적 현실주의의 입장에서
지나치게 급격한 변혁은 성공하기 힘들다고 보았다. 또한 민중의 의
(義) 추구 능력을 의심한 그로서는 사회의 덕을 보존하기 위해서 예
에 의한 절제가 절실하다고도 보았다.

'누가 어떻게 권력을 차지하느냐'의 문제를 탐구하는 정치권력론
에서 볼 때, 정약용은 전통적인 군-신-민의 권력구도를 국가-민
의 '근대적' 권력구도로 바꾸어 놓았다고 할 수 있다. 그리하여 '국
권론과 민권론'의 논의가 가능해졌다. 그러나 실제 집중되고 막강해
진 국권(國權)에 비해 민권에 대한 배려는 은미하다.

주자학적 정치론에서 "단지 수신에 힘쓰고, 현명한 신하를 발탁하
여 그에게 국정을 위임하면 되는 존재"였던 군주는 적극적으로 작위
(作爲)하는 국정의 중심으로 떠올랐으며, 그러한 권력의 근거는 '위
민(爲民)' 이념으로 수립된 주권(主權)으로서, 강화된 군주권은 '황극
(皇極)'으로 설명되었다. 그러나 그것이 군주 개인의 전제군주화를

의미하는 것은 아니었고, 군주와 대신들이 '리더십 팀'을 이루어 국정에 성실히 임하며 모든 중간세력을 배제하고 국가목표를 실현시키는 것이었기에, 정약용은 단순한 조정(朝廷)이 아닌 '국가(國家)'를 정립하였다고 할 수 있다.

이 정약용적인 '리바이어던(Leviathan)'의 권력은 한편으로 능률적이고 질서정연하게 재편성된 관료제와 그것을 효과적으로 관리하는 고적제도 그리고 한편으로 정전제(井田制)에 의한 중간세력의 경제력 거세(去勢) 및 경제의 공적(公的) 기반 확보에 의해 뒷받침된다. 이 과정에서 민(民)은 종전의 전혀 수동적이고 무기력하던 처지에서 탈피하여 적극적인 흥기(興起)의 대상이 된다. 하지만 그 민권을 민 스스로 발휘할 장치는 충분히 제공되지 않으며, 다만 개편된 과거제를 통해 정부에 참여하는 것과 '종민망', '재민이쟁', '민자권입법' 등의 수단에 의지하는 것이 배려되었다.

이처럼 국권에서 민권이 확실한 독립 수단을 확보하지 못함으로써, 국가가 사회에 대해 갖는 권력관계를 논의하는 국가 체제론은 충분히 전개될 수 없다. 그러나 정약용의 논의에서 중요한 국가 체제론적 주제를 선별해 검토하면, 먼저 경제 체제에 있어서 그는 9직론으로 사족의 특권적 지위를 격하시키고 상공업의 독자성을 강화하는 한편, 금은화폐를 제조·유통시키며 조세를 금납화하는 등 '자본주의적' 경제발전이 전개될 수 있는 단(端)을 마련했다. 그러나 그는 중간 세력을 억제하고 국가의 역량을 강화하며 민생의 편의를 도모하는 선에서 경제개혁을 입안했으며, 따라서 자본주의의 본격화에 필요한 사상적·제도적 기반 마련까지는 도달하지 못했다.

신분제와 국방 체제론에 있어서도, 정약용은 국가를 안정시키고 사회질서를 유지하며 그 덕(德)을 보전하는 중심 목표에 충실했다. 그래서 양반과 노비의 존재가 유지되었는데, 다만 정전제 실시 등의 개혁 완료 이후에는 전혀 기능적인 의미로서만 존속할 가능성이 있다. 그리고 현실적 여건에 따라 여러 조건의 제약을 부가했으되, 병농일치제를 재건함으로써 정치-경제-교육에 이어 군사 부문까지 통합적으로 작동되도록 하며, 민의 덕을 진작하고 보전하려고 했다.

이렇게 볼 때 정약용은 과연 '근대적'인 사상가인가라는 의문에 해답을 구할 수 있다. 그는 신(상제), 군주, 노비의 존재를 긍정했다는 점에서 일면 '중세'에 머물러 있는 사상가로 보인다. 그러나 '근대'를 자연과학과 수량화 문명, 계약론적 정치·사회 체제가 완전히 확립된 '심화된 근대'에 국한해 보지 않는다면, 근대의 본질은 '개인 중심화'에 있다. 그리고 이 개인 중심화는 정약용의 상(常) 중심 사상과 실천적 덕론 그리고 그에 수반되는 이신론(理神論)적 상제론에서 충분히 확인된다.

초기 근대화의 주역이었던 서구 인문주의자(人文主義者)들은 정치적으로 초기 공화주의의 신봉자들이기도 했다. 정약용의 사상은 비록 자유를 최고의 가치로 여기는 사상은 아니지만, 덕을 가장 중시하며 공동선의 추구를 위해 매진한다는 점에서 초기 공화주의와 유사하다.

이처럼 정약용의 사상에서 '근대성'이 상당히 발견된다면, 만약 그 사상이 실제로 현실화되었다면 정치사회적 발전이 어떻게 이루어졌을까 하는 의문을 가질 수 있다. 그 의문에 답하기 위해 무어의 '세 가지 경로'설에 의존해 검토해 보면, 정약용의 사상이 실현되었다고 할 때 그 미래는 자본주의적 민주주의로의 이행 또는 보수적 농업

중심 전제국가로의 전환이 가장 유력하다. 어느 것이나 정약용에게
는 '의외의 결과'였겠지만 말이다.

결국 그 시대의 도전에 결연히 응전했던 정약용은 오늘날의 우리
의 시각에서는 이견(異見)이 있겠지만 '오륜'과 '주례'에서 상(常)을
보았고, 그에 따라 일관성 있는 사상체계를 구축했다. 그리고 그 체
계는 그의 본래 의도와는 상관없이 자체적 근대화의 가능성을 풍부
하게 포함하고 있었다.

그렇다면 정약용의 시대로부터 너무나도 큰 단절, 너무나도 많은
변화를 겪은 오늘날의 우리에게 정약용의 사상은 아무 실용성도 없
는 것일까? 단지 우리 조상 가운데, 잘만 하면 서구 근대화의 사상
적 정초(定礎)를 놓았을 사상가가 있었다는 사실을 확인하는 의미밖
에 없을까?

지금 우리는 자유롭게 태어난다. 그러나 도처에서 사슬을 발견한
다. 그 사슬에 실제로 묶여 있는지 여부는 별개로 말이다. 우리는
정약용이 이상적이라고 생각했던 수준 이상으로 분주한 일상을 살아
간다. 그러나 반드시 보람과 열정이 넘치는 일상은 아니다. 다양한
이해관계와 관심 영역, 계층과 생활양식으로 분절화된 우리는 이념
적으로도 분열되어 있으며, 어떤 상(常)을 상상하지 못하고 있다. 그
리고 정치 영역에서든 어디서든 어떤 극(極)을 발견하지 못하고 있다.

이제 정약용의 시대에 비하면 비교할 수 없이 늘어난, 그러나 한
편으로 비교할 수 없이 상실된 우리의 지적 자산을 모아, 분화된 속
에서도 모두가 납득하고 신뢰할 수 있는 상(常)을 찾으며, 우리가 당
면한 문제를 함께 고민하고 함께 해결해 나갈 현대의 예(禮)를 만들

어 나갈 노력이 필요하지 않을까? 그런 노력이 이루어진다면, 그 노력의 과정 자체만으로 삶을 고양시키는 흥기(興起)가 가능할 수 있으리라.

우리는 가장 평범한 것(日用常行之則)에서 시작해야 한다.

우리는 가장 위대한 것(萬世常行之法)으로 돌아가야 한다.

참고문헌

1. 전적

『與猶堂全書』
『與猶堂全書補遺』
『論語』
『孟子』
『中庸』
『大學』
『書經』
『禮記』
『荀子』
『白虎通義』
『朱子大全』
『朱子語類』
『朱書百選』
『朱熹集』
『北溪字義』
『心經附註』

『古文眞寶』
『三峰集』
『浮休子談論』
『退溪集』
『栗谷全書』
『思辨錄』
『迂書』
『磻溪隧錄』
『擇里志』
『論語徵』
『天主實義』
『孟子字義疏證』
『朝鮮王朝實錄』

2. 논저

1) 국내

강광식,『신유학사상과 조선조 유교정치문화』. 집문당. 2000.
강만길, "정약용의 상공업정책론", 강만길 외,『정다산연구의 현황』. 민
    음사. 1985.
강만길, "정약용 시대의 경제사정", 강만길 외,『정다산과 그 시대』. 민
    음사. 1986.
강만길, "정약용의 세제개혁론", 강만길 외,『다산학의 탐구』. 민음사.
    1990.

강만길 외,『정다산과 그 시대』. 민음사. 1985.

강만길 외,『정다산연구의 현황』. 민음사. 1985.

강만길 외,『다산학의 탐구』. 민음사. 1990.

강만길 외,『다산의 정치경제학사상』. 창작과비평사. 1990.

강재언, "정다산의 서학관", 강만길 외,『다산학의 탐구』. 민음사. 1990.

강재언,『서양과 조선: 그 이문화 격투의 역사』. 학고재. 1998.

고창근, "한국행정의 실천사상에 관한 연구: 조광조, 정약용, 전봉준을 중심으로" 고려대학교 대학원 박사학위논문. 1990.

구만옥, "조선후기 존군비신론의 재이관: 허목의 춘추관과 재이론을 중심으로", 한국사연구회 편,『한국실학의 새로운 모색』경인문화사. 2001.

권순철, "'실학'을 다시 생각한다: 그 근대적 성격과 관련하여",「전통과 현대」11호. 2005.

권태욱, "『악서고존』에서 다산 악론의 사상적 기초", 한국철학사연구회 엮음,『다산경학의 현대적 이해』, 심산. 2004.

금장태, "다산의 유학사상과 서학사상", 최석우 외,『다산 정약용의 서학사상』, 다섯수레. 1997.

금장태,『다산실학탐구』. 소학사. 2001.

금장태,『도와 덕: 다산과 오규 소라이의 <중용>, <대학> 해석』. 이끌리오. 2004.

금장태,『실천적 이론가 정약용』. 이끌리오. 2005.

김비환, "현대 한국 정치와 유교 전통", 성균관대학교 동아시아 유교문화권 교육연구단 편,『근대 극복을 꿈꾸는 동아시아의 도전』, 청아람미디어, 2004.

김상준, "남인 예론과 근대주권론",「다산학」4호. 2003.

김승혜,『원시유교』. 민음사. 1990.

김시업·마인섭 편, 『동아시아학의 모색과 지향』. 성균관대학교출판부. 2005.

김영일, 『정약용의 상제사상』, 경인문화사. 2003.

김영호, "다산의 신분제 개혁론", 「한국사론」 10. 1989.

김용만, 『조선시대 사노비 연구』, 집문당, 1997.

김용섭, 『한국근대농업사연구』. 지식산업사. 2000.

김운태 외, 『한국정치행정의 체계』. 박영사. 1982.

김응종, 『서양의 역사에는 초야권이 없다』. 푸른역사. 2005.

김준석, 『조선후기 정치사상사 연구: 국가재조론의 대두와 전개』. 지식산업사. 2003.

김태영, 『실학의 국가개혁론: 한국의 탐구』. 서울대학교출판부. 1998.

김태영, 『조선성리학의 역사상』. 경희대학교출판국. 2006.

김한식, "다산의 민권사상", 강만길 외, 『정다산연구의 현황』. 민음사. 1985.

김한식, 『실학의 정치사상』. 일지사. 1985.

김형효, 『원효에서 다산까지: 한국 사상의 비교철학적 해석』. 청계출판사. 2000.

김형효, "실학 사상가 다산 정약용의 한 해석법", 「다산학」. 제3호. 2002.

김형효 외, 『다산의 사상과 그 현대적 의미』. 한국정신문화연구원. 1998.

김홍식, "일본 파시즘의 사회적 기원: 배링톤 무어의 테제에 대한 비판적 조명과 대안적 분석", 「한국정치학회보」. 30.3호. 1996

김홍우, "정치란 무엇인가 — '소유'에서 '소통'으로", 정문길 외, 『삶의 정치: 통치에서 자치로』. 크리스챤 아카데미 대화출판사. 1999.

박병련 외, 『유교리더십과 한국정치』. 백산서당. 2002.

박석무,『다산기행』. 한길사. 1996.

박성순,『조선유학과 서양과학의 만남: 조선후기 서학의 수용과 북학론의 형성』. 고즈윈. 2005.

박충석,『한국정치사상사』. 삼영사. 1982.

박현모,『정치가 정조』, 푸른역사. 2001.

박현모, "정약용의 군주론: 정조와의 관계를 중심으로",「정치사상연구」8집. 2003. 봄.

배병삼, "다산 정약용의 정치사상에 관한 연구: 그의 경학 해석을 중심으로", 경희대학교 대학원 박사학위논문. 1993.

배병삼, "조선시대 정치적 리더십론: 수기치인론과 무위이치론을 중심으로",「한국정치학회보」. 31.4. 1997.

배병삼, "다산 사상의 정치학적 해석", 김형효 외,『다산의 사상과 그 현대적 의미』. 한국정신문화연구원. 1998.

배병삼, "다산의 유학세계: 고적제의 정치학",「동양정치사상사」제1권 1호. 2002.

배종호,『한국유학의 과제와 전개』. 범학사. 1979.

부남철,『조선시대 7인의 정치사상』. 사계절출판사. 1996.

서근식, "다산 정약용의『주역』관" 한국철학사연구회 엮음,『다산경학의 현대적 이해』, 심산. 2004.

서태원, "실학자의 군사제도 개혁론", 연세대학교 국학연구원 편,『한국 실학사상연구』, 혜안. 2006.

성균관대학교 동아시아 유교문화권 교육연구단 편,『근대 극복을 꿈꾸는 동아시아의 도전』, 청아람미디어, 2004.

송재소, "다산의 사회시", 강만길 외,『정다산연구의 현황』. 민음사. 1985.

송재소, "정약용의 사상과 문학",「사상」12집. 1992.

신대진, "조선후기 실학자의 국방론연구: 정약용의 「민보의」를 중심으로", 동국대학교 교육대학원, 「교육논총」. 9집. 1989.

신용하, "다산 정약용의 여전제 토지개혁사상", 강만길 외, 『정다산연구의 현황』. 민음사. 1985.

신용하, "다산 정약용의 사회신분제도 개혁사상", 강만길 외, 『다산학의 탐구』. 민음사. 1990.

신용하, 『조선후기 실학파의 사회사상 연구』. 지식산업사. 1997.

안외순, "다산 정약용의 정치권력 개념: 「원목」과 「탕론」 사이", 한국정치학회 세미나자료, 「21세기 한국정치의 개혁과 발전: 정치사상 — 정치이론」. 2001.

연세대학교 국학연구원 편, 『한국실학사상연구』, 혜안. 2006.

오금성, "명말·청초 상품경제의 발전과 '자본주의 맹아'론", 오금성 외, 『명말·청초사회의 조명』. 한울. 1990.

오금성 외, 『명말·청초사회의 조명』. 한울. 1990.

오문환, "다산 정약용의 근대성 비판: 인간관 분석을 중심으로", 「정치사상연구」 7호. 2002.

오종록, "세도정치", 「내일을 여는 역사」 2001 겨울호.

원유한, "실학자의 화폐사상발전에 대한 고찰", 「동방학지」 제23·24합집호. 1980.

원재연, "다산 여전제의 사회 사상적 배경에 대한 일고찰", 「교회사연구」 제10집. 1995.

유권종, "다산 인간관의 재조명", 「철학」 제72집. 2002. 가을.

유미림, 『조선후기의 정치사상』. 지식산업사. 2002.

유종선, "존 포칵의 정치사상사 연구에 대한 비판적 논의(1): 정치사상사 연구의 목적", 「정치사상연구」. 제11집 2호. 2005.

유초하, "정약용의 우주관", 고려대학교 대학원 박사학위논문. 1990.

유초하, "정약용의 인식설과 과학 지향", 한국사상사연구회, 『실학의 철학』. 예문서원. 1996.

윤사순, "다산의 인간관: 탈성리학적 관점에서", 강만길 외, 『정다산연구의 현황』. 민음사. 1985.

윤사순, 『한국의 성리학과 실학』. 삼인. 1998.

윤재풍, "다산의 행정사상" 김운태 외, 『한국정치행정의 체계』. 박영사. 1982.

이광래, 『한국의 서양사상 수용사』. 열린책들, 2003.

이광린, "개화기 지식인의 실학관", 「동방학지」 제54·55·56합집호, 1987.

이광린, 『개화파와 개화사상 연구』. 일조각. 1989.

이남영, "다산의 경세사상", 「철학」 제25집. 1986.

이명희, "다산 정치윤리사상의 이론구조", 「동양철학」 2 1991.

이봉규, "다산학 연구의 최근 경향과 전망: 근대론의 시각을 중심으로", 「다산학」 제6호. 2005.

이상익, "정약용 사회사상의 새로운 지평", 「철학」 제48집. 1996.

이상익, "정약용의 윤리사상에 대한 주자학적 반성", 「동방학지」 제119집. 2003.

이상임, 『비교철학 연구 ― 윤리학의 문제들』, 범조사. 2002.

이승환, "정치사상으로서의 주자학", 2001년도 한국정치학회 세미나, 「21세기 한국의 정치발전과 정치학」 발표문.

이영훈, 『조선후기 사회경제사』, 한길사. 1988.

이영훈, "다산 경세론의 경학적 기초", 「다산학」 제1호. 2000.

이영훈, "조선후기 사회변동과 실학", 한국사연구회 편, 『한국실학의 새로운 모색』, 경인문화사. 2001.

이유진, "「춘추고징」의 경학과 주자학적 경학 사이의 연속성과 불연속성”, 한국철학사연구회 엮음, 『다산경학의 현대적 이해』, 심산. 2004.

이을호, “정다산의 경학사상연구”, 「동방학지」. 6집. 1963.

이을호, 『다산학의 이해』. 현암사. 1975.

이을호, “다산철학의 현대적 의의”, 「철학」 제25집. 1986.

이을호 외, 『정다산의 경학』. 민음사. 1989.

이재영, 『영국 경험론 연구』. 서광사. 1999.

이정우, “다산의 사유와 근대성”, 「다산학」 제2호. 2001.

이지형, 『다산경학연구』, 태학사. 1996.

이태진, “민본 이념 성립의 역사적 배경”, 「한국사시민강좌」 제26집. 2000.

임병훈, “다산 정약용의 국영광업정책·경영론”, 「동방학지」 제55·56·57합집호. 1987.

임형택, “다산의 ‘민’주체 정치사상의 이론적·현실적 근거”, 강만길 외, 『다산의 정치경제사상』. 창작과비평사.

임효선, 『삶의 정치사상』. 한길사. 1996.

장동우, “다산 예학의 연구: 『의례』「상복」과 『상례사전』「상기변」의 비교를 중심으로”, 연세대학교 박사학위논문. 1998.

장복동, 『다산의 실학적 인간학』. 전남대학교출판부. 2002.

장승구, 『정약용과 실천의 철학: 다산 철학의 근대성 탐구』. 서광사. 2001.

장승구, “다산경학의 특성과 연구현황”, 한국철학사연구회 엮음, 『다산경학의 현대적 이해』, 심산. 2004.

장승희, 『다산 윤리사상 연구』, 경인문화사. 2005.

장지연, 『조선유교연원』. 조수익 역, 솔. 1998.

전종훈, “아담 스미스와 정약용의 경제질서관 비교연구: 국가의 역할을 중심으로", 한국학중앙연구원 한국학대학원 박사학위논문. 2006.

정문길 외,『삶의 정치: 통치에서 자치로』. 크리스챤 아카데미 대화출판사. 1999.

정병련,『다산 사서학연구』. 경인문화사. 1994.

정석종, "정조·순조연간의 정국과 다산의 입장", 강만길 외,『정다산과 그 시대』. 민음사. 1985.

정석종,『조선후기의 정치와 사상』. 한길사. 1994.

정순우, "다산 공부론에 있어서 '덕성'의 문제",「다산학」. 제2호. 2001.

정순우, "실학의 공부론에 나타나는 새로운 인간이해: 순암과 다산을 중심으로", 한국정신문화연구원 편,『유교의 공부론과 덕의 요청』 휴먼필드. 2004.

정순우, "다산에 있어서의 천과 상제",「다산학」제9호. 2006.

정윤재, "정약용의 자작적 인간관과 왕정개혁론: 조선후기 정치권력의 공공성 문제와 관련하여",「한국정치학회보」. 33.4. 1999.

정윤형, "다산의 재정개혁론",『다산학의 탐구』. 민음사. 1990.

정인재, "서학과 정다산의 성기호설",「다산학」제7호. 2005.

정일균,『다산 사서경학 연구』. 일지사. 2000.

정토웅, "마키아벨리", 육군사관학교 군사사학과 편,『군사사상사』.

정하명·이충진, "정약용의 군사방위체제와 민보의",「군사」3. 1981.

정호훈,『조선후기 정치사상 연구: 17세기 북인계 남인을 중심으로』혜안. 2004.

정호훈, 실학자의 정치이념과 정치운영론", 연세대학교 국학연구원 편,『한국실학사상연구(2)』, 혜안. 2005.

조남욱, "정치철학적 측면에서 본 율곡과 다산의 만남",「동양철학연구」제45집. 2006.

조성을, "정약용의 신분제개혁론",「동방학지」제51호. 1986.

조성을, "정약용의 정치경제 개혁사상 연구", 연세대학교 대학원 박사학위논문. 1992.

조성을, "정약용의 지방제도 개혁론", 「동방학지」 제77·78·79합집호. 1993.

조성을, "정약용의 중앙관제 개혁론", 「동방학지」 제89·90합집호. 1995.

조성을, "조선후기 성리학 해체의 제양상", 「국학연구」 제5집 2004 가을 － 겨울.

조성을, 『조선후기 사학사 연구』. 한울. 2004.

조성을, "조선후기 실학의 이상국가와 국가체제론", 연세대학교 국학연구원 편, 『한국실학사상연구(2)』, 혜안. 2006.

지두환, "조선후기 실학연구의 문제점과 방향", 「태동고전연구」 제3집. 1987.

진원숙, 『마키아벨리와 국가이성』, 신서원. 1996.

차미희, "실학자의 교육제도 개혁론: 연구 현황과 과제", 연세대학교 국학연구원 편, 『한국실학사상연구(2)』. 혜안. 2006.

차성환, 『글로벌 시대 정약용 세계관의 가능성과 한계』. 집문당. 2002.

최석우 외, 『다산 정약용의 서학사상』, 다섯수레. 1997.

최익한, 『실학파와 정다산』. 청년사 복제. 1989.

하우봉, 『조선후기 실학자의 일본관 연구』. 일지사. 1989.

하우봉, "정약용과 오규 소라이의 경학사상 비교 연구", 「다산학」. 제3호. 2002.

하우봉, 한국사상사연구회 편, 『실학의 철학』. 예문서원. 1996.

하우봉, 『조선유학의 개념들』. 예문서원. 2002.

한국사연구회 편, 『한국실학의 새로운 모색』, 경인문화사. 2001.

한국정신문화연구원 편, 『유교의 공부론과 덕의 요청』 휴먼필드. 2004.

한국철학사연구회 엮음, 『다산경학의 현대적 이해』, 심산. 2004.

한국철학회 편,『한국철학사』. 동명사. 1999.

한영우, "다산 정약용",「창작과 비평」. 1967. 겨울.

한우근,『이조 후기의 사회와 사상』, 을유문화사. 1961.

한자경, "유교와 천주교 사이의 다산: 인간 본성의 이해를 중심으로 논함",「오늘의 동양사상」통권13호. 2005 가을－겨울.

한자경, "다산 사유의 깊이, 어디에서 찾을 것인가?",「교수신문」2005년 8월 2일자.

한형조,『주희에서 정약용으로』. 세계사. 1996.

한형조, "다산과 서학: 조선 주자학의 연속과 단절",「다산학」. 제2호. 2001.

한형조, "실학의 철학: 이학에서 기학으로", 한국사연구회 편,『한국 실학의 새로운 모색』. 경인문화사. 2001.

현상윤,『조선유학사』. 민중서관. 1971(4판).

홍원식 외,『실학사상과 근대성』. 예문서원. 1998.

황병기, "다산 정약용의 역상학", 연세대학교 대학원 박사학위논문. 2004.

2) 중국, 일본

勞思光,『중국철학사』. 정인재 역, 탐구당. 1986.

蕭公權,『중국정치사상사』. 최명 역, 법문사. 1988.

余英時,『중국근세종교윤리와 상인정신』. 정인재 역, 대한교과서주식회사. 1993.

余英時,『중국 전통적 가치체계의 현대적 의의』. 김종윤 역, 전주대학교 출판부. 1997.

張立文,『리의 철학』. 안유경 역, 예문서원. 2004.

錢穆, 『중국사의 새로운 이해』. 권중달 역, 집문당. 1987.

陳大齊, 『공자의 학설』. 안종수 역, 이론과실천. 1996.

何柄隷. 『중국과거제도의 사회사적 연구』. 조영록 외 역, 동국대학교출판부. 1993.

加地伸行, 『침묵의 종교 유교』. 이근우 역, 경당. 2002.

高橋亨, 『다카하시 도루의 조선유학사』. 이형성 편역, 예문서원. 2001.

小川晴久, 『한국실학과 일본』. 하우봉 역, 한울. 1995.

源了圓, 『도쿠가와 시대의 철학사상』. 박규태·이용수 역, 예문서원. 2000.

中村雄二郎, 『공통감각론』. 양일모·고동호 역, 민음사. 2003.

丸山眞男, 『일본정치사상사』. 김석근 역, 통나무. 1995.

3) 서양

Aristotle, David Ross(trans.), Nicomachean Ethics, Oxford University Press, USA; Reprint edition. 1998.

Aristotle, Ernest Barker(trans.), Politics, Oxford University Press, USA; New Ed edition, 1998.

Baker, Don, 『조선후기 유교와 천주교의 대립』. 김세윤 역, 일조각. 1997.

Baker, Don, Thomas Aquinas and Chong Yagyong, 「다산학」. 제3호. 2002.

Berkowitz, Peter, *Virtue and the Making of Modern Liberalism*, Princeton: Princeton University Press, 1999.

Boorstin, Daniel, 『탐구자들』. 강정인·전재호 역, 세종서적. 2000.

Coates, John, *The Claims of Common Sense: Moore, Wittgenstein,*

Keynes and the Social Sciences, Cambridge, UK: Cambridge University Press, 1996.

Cox, Robert, 『다수 문명에 대한 사유 외』. 홍기빈 역, 책세상. 2005.

Cuneo, Terence, Van Woudenberg, Rene(eds.). *The Cambridge Companion to Thomas Reid*. Cambridge, UK: Cambridge University Press. 2004.

Dahl, Robert A., *Democracy and Its Critics*, New Haven: Yale University Press, 1989.

Deuchler, Martina, The *Confucian Transformation of Korea: A Study of Society and Ideology*, Cambridge: Council on East Asian Studies, Harvard University, 1992.

Elman, Benjamin, 『성리학에서 고증학으로』. 양휘웅 역, 예문서원. 2004.

Fingarette, Herbert, 『공자의 철학』, 송영배 역, 서광사. 1993.

Klosko, George, *Jacobins and Utopians: the Political Theory of Fundamental Moral Reform*, Notre Dame, Indiana: University of Notre Dame Press, 2003.

Jullien, Francois, 『맹자와 계몽철학자의 대화: 도덕의 기초를 세우다』. 허경 역, 한울. 2004.

Lamore, Charles, Liberal and Republican Conceptions of Freedom, in Daniel Weinstock & Christian Nadeau(ed), *Republicanism: History, Theory, and Practise*, London: Frank Cass, 2004.

Lemos, Noah, *Common Sense: A Contemporary Defense*, Cambridge, UK: Cambridge University Press, 2004.

Machiavelli, Niccolo, *Discourses on Livy*, New York: Oxford University Press, 1997.

MacIntyre, Alasdair, 『덕의 상실』. 이진우 역, 문예출판사. 1997.

MacIntyre, Alasdair, 『윤리의 역사, 도덕의 이론』. 김민철 역. 철학과현실사. 2004.

Moore, Barrington, 『독재와 민주주의의 사회적 기원』. 진덕규 역, 까치. 1985.

Muller, Jerry Z. 『자본주의의 매혹』. 서찬주·김청환 역, 휴먼앤북스. 2006.

Nisbett, R. & Macpherson, C. B., 『에드먼드 버크와 보수주의』, 강정인·김상우 역, 문학과지성사. 1997.

Palais, James, 『전통한국의 정치와 정책: 조선왕조 사회의 정치경제 이데올로기와 대원군의 개혁』. 이훈상 역, 신원문화사. 1993.

Palais, James, *Confucian Statecraft and Korean Institutions: Yu Hyongwon and the Late Choson Dynasty*, Seattle: Washington University Press, 1996.

Paxton, Robert O., 『파시즘: 열정과 광기의 정치 혁명』, 손명희·최희영 역, 교양인. 2005.

Pettit, Philip, *Republicanism: A Theory of Freedom and Government*, New York: Oxford University Press.

Pocock, John, *The Machiavellian Moment: Florentine Political Thought and the Atlantic Republican Tradition*, Princeton: Princeton University Press, 1975.

Popper, Karl R., 『열린사회와 그 적들』, 이한구 역, 민음사. 1990(7판).

Reid, Thomas, *Inquiry and Essays*, edited by ronald E. Beanblossom and Keith Lehrer, Indianapolis: Hackett Publishing Company, 1983.

Rorty, Richard, 『실용주의의 결과』, 민음사, 1996.

Sabine, George H., *A History of Political Theory*, revised edition, New York: Henry Holt and Company, 1951.

Sandel, Michael, *Democracy's Discontent*, Cambridge: The Belknap Press of Harvard University Press, 1996.

Schwartz, Benjamin, *The World of Thought in Ancient China*, Harvard University Press, 1985.

Setton, Mark, "다산 정약용의 경학사상: 탁고개제의 구현", 「정신문화연구」 통권50호. 1993.

Setton, Mark, *Chong Yagyong: Korea's Challenge to Orthodox Neo — Confucianism*. Albany: State University of New York Press, 1997.

Setton, Mark, A Comparative Study of Chong Yagyong's Classical Learning(Susahak) and Japanese Ancient Learning(*Kogaku*), 「다산학」. 제3호. 2002.

Sidgwick, Henry, *Methods of Ethics*(Indianapolis: Hackett Publishing Company; 7th edition. 1981.

Skinner, Quentin, *The Foundation of Modern Political Thought*, Cambridge, UK: Cambridge University Press, 1978.

Straus, Leo, *Thoughts on Machiavelli*, Chicago: the University of Chicago Press, 1958.

Straus, Leo, *What Is Political Philosophy?* New York: Free Press, 1959.

Thompson, James M., *Leaders of French Revolution*, New York: Harper & Row, 1967.

Weinstock, Daniel & Nadeau, Christian(ed), *Republicanism: History, Theory, and Practise*(London: Frank Cass, 2004.

Wolin, Sheldon, *Politics and Vision: Continuity and Innovation in Western Political Thought*, Canada: Little, Brown & Company, Inc., 1960.

· 저자 ·

함규진   **·약 력·**
성균관대 행정학과 학사, 동 학교 정치외교학과 석·박사
박사논문: 정약용 정치사상의 재조명
현 성균관대 국가경영전략연구소 연구원
성균관대, 수원과학대, 용인대 출강 중

·주요논저·
『왕의 투쟁』, 『역사법정』, 『108가지 결정』
「유교문화와 자본주의적 경제발전」, 「예의 정치적 의미」,
「다산 정약용의 정론」
외 『마키아벨리』(역), 『리더십 강의』(역), 『팔레스타인』(역)

정약용 정치사상의 재조명

· 초판 인쇄	2008년 10월 16일
· 초판 발행	2008년 10월 20일
· 지 은 이	함규진
· 펴 낸 이	채종준
· 펴 낸 곳	한국학술정보㈜ 경기도 파주시 교하읍 문발리 513-5 파주출판문화정보산업단지 전화　031) 908-3181(대표)·팩스　031) 908-3189 홈페이지　http://www.kstudy.com e-mail(출판사업부)　publish@kstudy.com
· 등　　록	제일산-115호(2000. 6. 19)
· 가　　격	33,000원

ISBN   978-89-534-0426-7 93900 (Paper Book)
          978-89-534-0434-2 98900 (e-Book)